Zu diesem Buch
Dies ist die aufregende Lebensgeschichte eines Einzelkämpfers: Zwanzig Jahre lang hat der Schweizer Kommissar Fausto Cattaneo sein Leben riskiert in verdeckten Operationen gegen Kokain-Clans, die Drogenkartelle von Cali und Medellín, gegen türkische Paten und Waffenhändler, Geldwäscher und scheinbar honorige Finanzmakler. Seine Bilanz kann sich sehen lassen: sieben Tonnen Rauschgift und mehrere hundert Millionen Drogendollars beschlagnahmt, weit über hundert Drogenhändler hinter Gitter gebracht. Und dann wurde der weltweit erfolgreichste Undercoveragent gewissen Leuten zu gefährlich, denn er kam den brisanten Beziehungen zwischen Drogenkartellen, Polizei, Banken und Politik zu nahe.

Der Autor
Fausto Cattaneo, geboren 1943 in Roveredo, Graubünden. Ursprünglich Polizeiinspektor und Verantwortlicher des Informationsdienstes Drogen der Schweizer Bundespolizei, war er bis 1992 als Undercoveragent bei internationalen Anti-Drogen-Operationen tätig. Auf seinen Einsatz gehen spektakuläre Fahndungserfolge zurück. Nach einer längeren Zwangspause arbeitet er wieder als Undercoveragent.

Fausto Cattaneo

Deckname Tato
Als Undercoveragent gegen die Drogenkartelle

Aus dem Französischen von
Karola Bartsch und Jutta Kaspar

Rowohlt Taschenbuch Verlag

Die Originalausgabe erschien 2001
unter dem Titel «Comment j'ai infiltré les cartels de la drogue.
Quand la réalité depasse tous les ‹polars›»
bei Albin Michel in Paris.

Veröffentlicht im Rowohlt Taschenbuch Verlag GmbH,
Reinbek bei Hamburg, April 2003
Copyright © 2001 by Editions Albin Michel, S.A., Paris
Copyright © der deutschen Ausgabe 2001 by
Pendo Verlag GmbH, Zürich
Umschlaggestaltung any.way, Wiebke Buckow
Druck und Bindung Clausen & Bosse, Leck
Printed in Germany
ISBN 3 499 61484 7

Inhalt

Vorwort von *Jean Ziegler* 7

Prolog 15

1 Die Macht des Suárez-Clans 21
2 Eine Falle für den türkischen Paten 43
3 Die Geschäfte der Brüder Magharian 76
4 Ein großer Fisch aus Kolumbien 105
5 Die Paranoia des Junior 160
6 Der kalabrischen Mafia auf der Spur 231
7 Die *Samba*-Connection 274
8 Der Verrat 330

Epilog 363

Vorwort

Fausto Cattaneo – Ein Aufklärer und ein Demokrat

Vom vormaligen Präsidenten des Bundesamtes für Verfassungsschutz, Eckhard Werthebach, stammt die Feststellung:

«Die Gefahr für den Rechtsstaat liegt nicht in der kriminellen Handlung als solcher, sondern in der Möglichkeit, durch Kapital Einfluß auf gesellschaftliche Entscheidungen und Entwicklungsprozesse zu nehmen, die sich der demokratischen Kontrolle weitestgehend entziehen. Die vordergründigste Einflußnahme ist die Korrumpierung von Politikern und anderen Entscheidungsträgern. Durch ihre gigantische Finanzmacht gewinnt die organisierte Kriminalität heimlich zunehmend Einfluß auf unser Wirtschaftsleben, die Gesellschaftsordnung und in der Folge auf die öffentliche Verwaltung ... Auf diese Weise schwinden die Unabhängigkeit, die Gesetzmäßigkeit der Verwaltung, das Vertrauen in unsere Rechtsordnung und schließlich in die Schutzfunktion unseres Rechtsstaates. Dieser Vertrauensverlust ist auch bezweckt: Es kommt zu einem Staat, der von der organisierten Kriminalität unterwandert, ja gesteuert wird.»*

In der Schweiz sind wir noch nicht ganz so weit. Aber wir sind auf dem besten Weg dazu.

Im Februar 2001 ist Cattaneos Buch in Frankreich erschienen – und dort seit Monaten ein Bestseller. Ich las das Buch in einer Nacht nach meiner Vorlesung an der Sorbonne in Paris. Am frühen Morgen rief ich in Lugano bei Dick

---

* Eckhard Werthebach und Bernadette Droste Lehnen, «Organisierte Kriminalität» in: Zeitschrift für Rechtspolitik, Nr. 2, 1994.

Marty, dem ehemaligen Staatsanwalt und Vorgesetzten Cattaneos, an. Ich wollte wissen, wer dieser außerordentliche Mensch, dieser verdeckte Ermittler auf vier Kontinenten, dieser moderne Held war ... und wurde enttäuscht. Dick Martys Antwort: *«Tu sais, Fausto est un flic de base, un homme tout simple ... un citoyen.»* *

Ein Citoyen (ein «Staatsbürger»)? Das Wort *Citoyen* stammt aus der Aufklärung. Genauer gesagt von Jean-Jacques Rousseau. Der *Citoyen* ist der Autor der Gesetze, denen er sich selbst freiwillig unterwirft. Im Gegensatz zum *Citoyen* steht der *Délinquant*, der Gesetzesbrecher. Indem er die Gesetz gewordene kollektive Vernunft verletzt, schädigt er das Gemeinwesen. Schlimmer noch: er bringt den Gesellschaftsvertrag in Gefahr. Ohne die stete Wachsamkeit des *Citoyen* geht die Demokratie und damit die Freiheit aller zugrunde.

Franco Cattaneo ist in der Tat ein *Citoyen*.

Daß er einmal der Schrecken internationaler Mafiafürsten, der Sieger über mächtige Verbrecherkartelle werden könnte, hatte sich Cattaneo als junger Mann wohl selbst in seinen kühnsten Träumen nicht ausgemalt. Sein Tessiner Spitzname war Tato. Sohn eines Holzfällers und einer Gastwirtin, wurde er mit 27 Jahren Polizist. Durch Zufall. Eigentlich träumte er von einer Karriere als Koch, aber seine Mutter riet ihm, lieber eine festbezahlte Beamtenstelle anzutreten.

1975 wurde er Chef der Antidrogenbehörde in Locarno. Das Tessin war damals – dank vieler dubioser Wirtschaftsanwälte, Treuhänder, Großbankenmanager und halbblinder Richter – so etwas wie der «wilde Westen» der Schweiz. Einige wenige Staatsanwälte und ein paar Polizisten

---

* Weißt du, Fausto ist ein ganz normaler Polizist, ein einfacher Mann, ein Staatsbürger.

jedoch – allen voran Cattaneo – beschlossen, den Laden auszumisten.

Jeder verdeckte Ermittler arbeitet eng mit einem Staatsanwalt zusammen. Am Rande des Gesetzes, in der Dämmerzone der Infiltration überlebt der Ermittler nur dank dem Vertrauen und der Vorsorge, die der Staatsanwalt ihm entgegenbringt.

Im Buch kommen vor allem zwei Staatsanwälte vor, Dick Marty und Carla Del Ponte. Beide kenne ich persönlich, und ich halte beide für außergewöhnlich mutige und kompetente Menschen. Sie kämpfen beide bis heute gegen die internationale organisierte Kriminalität – Dick Marty als Ständerat im staubigen Bundeshaus in Bern und Carla Del Ponte als Generalstaatsanwältin des UNO-Kriegsverbrechertribunals in Den Haag. Ich verstehe nicht, warum zwischen Cattaneo und del Ponte so viele Mißverständnisse entstehen konnten. Jedenfalls leidet Cattaneo bis heute unter seiner – seiner Meinung nach – von Carla Del Ponte verursachten Zwangspensionierung.

Am Vorabend seiner Hinrichtung am 28. Juli 1794 schrieb Louis-Antoine de Saint-Just seinen letzten Brief an Robespierre. Da steht der Satz: «*Entre le peuple et ses ennemies il n'y a rien de commun, rien que le glaive.*» (Zwischen dem Volk und seinen Feinden gibt es nichts Gemeinsames, nichts als das Schwert.)

Cattaneo ging genau nach diesem Prinzip vor: Er ist blitzgescheit, spricht fünf Sprachen, arbeitet mit großer organisatorischer Effizienz, kennt aber weder politische noch gesellschaftliche Rücksichten. Er ist kein eitler Polizei-Rambo und auch kein Gerechtigkeitsfanatiker, kein Michael Kohlhaas. Er will nur, daß die Gesetze angewendet werden. Für alle. Er will, daß Unrecht bestraft, die Freiheit des Anständigen geschützt wird. Ein *Citoyen* eben.

Wie entscheidend wichtig verdeckte Ermittler sind, entdeckte ich bei der Forschungsarbeit zu meinem Buch «Die Barbaren kommen». Verdeckte Ermittler sind die einzig wirklich effizienten Waffen im Kampf gegen die blutrünstigen, astronomisch reichen und gesellschaftlich hochgeachteten Herren der internationalen Kriminalität.

Jack Blum und Robert Mazur vom amerikanischen FBI, welche die Bank BCCI und damit das kriminelle Schattenreich von Hassan Abedi zum Einsturz gebracht haben, sind weltberühmt. Viele andere sind bereits unter der Erde. So zum Beispiel Enrique Camarena Salazar, Agent der «Drug Enforcement Administration», der das größte mexikanische Drogenkartell infiltrierte. Er wurde enttarnt. Die mexikanischen Mafiafürsten ließen ihn zu Tode foltern.[*]

Cattaneo lebt noch. Es scheint mir fast wie ein Wunder. Er ist im Ruhestand, kümmert sich um seine brasilianische Gattin, um sein kleines Kind und hofft auf den illusionären Schutz, den ihm seine SIG-Kaliber-9, die er unter der Weste beim Einkaufen trägt, vorläufig verschafft.

Anders als in den meisten Rechtsstaaten gibt es in der Schweiz kein Zeugenschutzprogramm. Angeblich fehlt das Geld. Schutz für pensionierte Helden gibt es erst recht nicht. Dafür wurde bis zu Beginn dieses Jahres der in der Schweiz hausende Mafiamogul Gerardo Cuomo vom Tessiner Strafgerichtspräsidenten Franco Verda dank Schmiergeldern liebevoll beschützt.

Kriminaloberrat Schwertfeger, Leiter der Abteilung «Organisierte Kriminalität» im Landeskriminalamt in Düsseldorf, sagt: «Das organisierte Verbrechen ist verschärfter Kapitalismus». Tatsächlich erscheint heute die Kontinente übergreifende Herrschaft der Mafiafürsten als das höchste

---

[*] Für die Geschichte der verdeckten Agenten, siehe Jean Ziegler und Uwe Mühlhoff, «Die Barbaren kommen, Kapitalismus und organisiertes Verbrechen», München 2000.

Stadium des Kapitalismus. Im organisierten Verbrechen finden sich die meisten Grundmuster der kapitalistischen Akkumulationskultur – Profitmaximierung, Geheimnis, Unabhängigkeit von jeder öffentlichen Kontrolle, Internationalität – in höchster Potenz wieder.

In den Zeiten des Dschungelkapitalismus, wie er in der Schweiz grassiert, ist die rechtsstaatliche Bekämpfung der internationalen, schwerreichen, undurchsichtig organisierten Verbrecherkartelle äußerst schwierig. In der Eidgenossenschaft gehört die Justiz- und Polizeihoheit den 26 Kantonen. Außer in der Republik Genf wird organisierte Kriminalität in der Schweiz heute kaum oder dann nur sehr vorsichtig und schüchtern bekämpft. Berufliche Inkompetenz, helvetische Indolenz – insbesondere der Justiz – und fehlender politischer Wille sind der Grund. Die Geldwäscheskandale, in die helvetische Großbanken verwickelt sind, gehören hierzulande zum Alltag. Aber noch nie wurde eine Großbank gerichtlich belangt. In der Schweiz stehen Großbanken über dem Gesetz.

Gerade für die Indolenz der Justiz gibt das faszinierende Werk von Cattaneo zahlreiche Beispiele. Warum sollten sich Richter mit den einflußreichen Ganoven anlegen, die in ihrer unmittelbaren Nachbarschaft hochgeschätzt sind – nur weil diese ein paar Millionen Franken aus dubioser Quelle eingesteckt haben? Warum komplexe, internationale Dossiers wälzen, wenn man die Anklagepunkte auf ein paar kleine, leicht verständliche Nebendelikte reduzieren kann? Laut Cattaneo wurde das Verfahren gegen Mohammed Sharkachi – dessen Aktivitäten im Parlamentarischen Untersuchungsbericht von Moritz Leuenberger elf Seiten füllen – in Zürich eingestellt. Dreimal in zwölf Jahren verlangte die amerikanische Justiz von der Schweiz die Auslieferung von Marc Rich, eines wegen verschiedener Vergehen gesuchten Delinquenten. Die Schweiz schützt Rich.

Der Mann lebt immer noch in Ruhe und Luxus in Zug. Höchste Magistraten der Schweiz hielten rührende Fürsprache für den gesuchten Justizflüchtling.* Cattaneo überführte einen der blutrünstigsten, gefährlichsten Drogenbarone Kolumbiens, Severo Escobar Garzón, samt Komplizen, er lockte sie nach Lugano und ließ sie verhaften. Das Urteil der Justiz? Zwei Jährchen für den Killer.

Die Schweiz hat keinen König, nicht einmal einen Präsidenten der Republik. Der höchste Schweizer ist der Präsident der Bundesversammlung. Dieser heißt zur Zeit Peter Hess. Er kommt aus dem von Finanzskandalen geschüttelten Zug und führte als Wirtschaftsanwalt über 40 Verwaltungsratsmandate. Darunter das in einer multinationalen Tabakgesellschaft, die – gemäß der Kommission der Europäischen Union – den Zigarettenschmuggel auf der ganzen Welt befördert. Zudem verwaltet er auch ein paar Briefkastenfirmen im Ganoven-Paradies Panama.

Frank Garbely und andere energische Journalisten sind Hess auf die Schliche gekommen. Aber keine Regierungspartei verlangt seine Demission. Alles ist nämlich ganz legal. Als einziger Staat der zivilisierten Welt kennt die Schweiz kein Unvereinbarkeitsgesetz für ihre gewählten Volksvertreter. Schweizer Parlamentarier und Parlamentarierinnen – sind sie willig und in der richtigen Partei – werden daher meist gleich nach ihrer Wahl von Konzernen, Banken, Finanzgesellschaften und Versicherungen eingekauft.

Die bestdotierte Verwaltungsrätin des Parlamentes ist gegenwärtig eine Hausfrau aus Zürich (Nestlé, Crédit Suisse, u. a.).

Natürlich sagt dennoch jeder und jede, er oder sie stimme nur nach seinem Gewissen.

* Rich wurde inzwischen vom amerikanischen Präsidenten begnadigt.

Die Realität ist nachweisbar total anders. Cattaneo beschreibt zum Beispiel den Fall von Gianfranco Cotti, Christdemokrat aus dem Tessin – übrigens einer meiner sympathischsten Kollegen im Nationalrat. Cotti war Präsident der Parlamentskommission, die das erste Antigeldwäschegesetz (1990) ausarbeitete. Er setzte durch, daß nur das vorsätzliche Delikt, nicht die Fahrlässigkeit strafbar wurde. Ein ziemlich sinnloses Gesetz also.

Wenig später strauchelte der nette Cotti, Crédit-Suisse-Verwaltungsrat und Wirtschaftsanwalt, über seine eigenen dubiosen Freundschaften in Sizilien.

Von einem kolonisierten Parlament kann niemand erwarten, daß es gegen die organisierte Kriminalität und die Mafiafürsten dieser Welt, exzellente Klienten so vieler hiesiger Banken, drakonische Gesetze erläßt.

Doch hin und wieder geschehen Wunder – auch in der Schweiz. Dank dem Druck der sozialdemokratischen Parlamentsfraktion wurde das Geldwäscheverbot im Jahr 1998 auf die «Bank-ähnlichen» Wirtschaftszweige – also Geldwechsler, Anwälte, Juweliere, Treuhänder, etc. – ausgedehnt. Solche Finanzintermediäre gibt es in der Schweiz ungefähr 6000 an der Zahl. Ihre Überwachung aber wurde privaten, Branchen gebundenen Selbstkontroll-Organisationen übertragen.

Im Bundeshaus von Bern gibt es zwar eine Meldestelle für Geldwäscherei und eine Kontrollstelle für die Bekämpfung der Geldwäscherei. Der Chef der Meldestelle hat jedoch bereits demissioniert, und jener der Kontrollstelle hat das Problem, daß er die Selbstüberwacher überwachen muß. Niklaus Huber kann – laut Presse – das Bundesgesetz gegen die Geldwäsche nicht richtig umsetzen.[*] Warum? Weil ihn sein eigener Finanzminister daran hindert.

---

[*] Viktor Parma, «Der lädierte Jäger», in: Sonntagsblick, Zürich, 27.5.01.

Der Minister heißt Kaspar Villiger und wie ein Experte schreibt: «Villiger ist das Problem, er will das Gesetz aufweichen.»*

Selten habe ich ein so faszinierendes, gesellschaftspolitisch bedeutsames und menschlich bewegendes Buch wie das von Cattaneo gelesen. Albert Camus schreibt: «Wer könnte jetzt noch antworten auf die entsetzliche Hartnäckigkeit des Verbrechens, wenn nicht die Hartnäckigkeit des Zeugnisses?»

Fausto Cattaneo ist ein Zeuge von höchster Qualität. Für uns riskierte er sein Leben und dasjenige seiner Familie. Wir alle, die wir vorläufig noch in einem Rechtsstaat und einer Demokratie wohnen, schulden ihm tiefe Dankbarkeit und Bewunderung.

Jean Ziegler
Genf, im Juni 2001

---

* Hubert Mooser, «Villiger ist das Problem», in: Sonntagszeitung, Zürich, 20.5.01

Prolog

Der Regen prasselt gegen die Windschutzscheibe. Ich habe meine Dienstwaffe hervorgeholt, eine SIG Kaliber 9. Ich habe eine Patrone in den Lauf geladen, die Waffe entsichert, und ich warte. Wie lange schon sitze ich hier und starre auf den Lago Maggiore, der sich hinter dem *Park Bosco Isolino* in Locarno erstreckt? Ich habe keine Ahnung. Auf dem Tisch im Eßzimmer meiner Wohnung habe ich meiner Tochter ein paar Zeilen hinterlassen: «Adieu, meine geliebte Fausta, sei genauso stolz auf Deinen Vater wie sonst auch. Ein Adieu an alle, auch an die Jammergestalten, die ich einmal für meine Freunde hielt.»

Es ist noch gar nicht so lange her, da galt ich als Vorbild für alle Polizeikräfte der westlichen Welt. Der Schweizer Polizei zufolge war ich «weltweit einer der effizientesten Geheimagenten im Kampf gegen den Drogenhandel». In zwanzigjähriger Ermittlungsarbeit habe ich über sieben Tonnen Rauschgift und mehrere hundert Millionen Drogendollars beschlagnahmt und ein paar hundert schwere Drogenbarone hinter Gitter gebracht. Daß ich einer der meistdekorierten Undercoveragenten meiner Generation bin, kann mich allerdings nicht trösten. Meine Medaillensammlung, darunter die der «International Narcotic Enforcement Officers Association», der amerikanischen Antidrogenbehörde «Drug Enforcement Administration» (DEA), des FBI, des Bundeskriminalamts, von Interpol und der holländischen, belgischen, kanadischen und italienischen Polizei könnte ich genausogut im See versenken. Was werden die Kollegen der «International Undercover Working Group», in der die weltweit wichtigsten Organisationen vertreten sind und in der ich mehrere Jahre lang einen Sitz hatte, von mir halten?

Ich habe Dinge gesehen, die niemand sehen darf. Ich habe mir Zugang zum Allerheiligsten verschafft und ungeahnte Verbindungen zwischen den Drogenkartellen und der Welt der Banken und Finanzen, der Politik sowie manchen Bereichen der Polizei und der Geheimdienste aufgedeckt. Ich habe mich mit den lateinamerikanischen Kartellen angelegt, mit der italienischen und mit der türkischen Mafia und habe auf diese Weise herausgefunden, daß etwa zehn Personen an der Spitze des internationalen Drogenhandels stehen. Wie meine Kollegen auch, kenne ich ihre Namen. Sie genießen so allumfassende Protektion, daß sie zu keinem Zeitpunkt in Bedrängnis geraten. Erfolglos habe ich versucht, das Gesetz des Schweigens zu brechen. Letztendlich wiegt die Inkompetenz der Ermittler schwerer als die Korruption und ist der beste Verbündete der «Unberührbaren». Ich habe schließlich begriffen, warum unter den derzeitigen Bedingungen der Kampf gegen den großen internationalen Drogenhandel zum Scheitern verurteilt ist. Mir ist die Aussichtslosigkeit meiner Arbeit bewußt geworden.

Wenn man über zehn Jahre lang vor den größten Paten den Drogenhändler mimt, bleibt das nicht ungestraft. Am Ende, von allen verlassen, dem Verrat und der Hinterlist derer ausgeliefert, die ich für meine Kollegen hielt, verlor ich allmählich den Verstand, ohne mir dessen überhaupt bewußt zu werden. Mein Körper und mein Geist zerstörten sich selbst. Abends schlief ich mit dem panischen Gedanken daran ein, morgens wieder wach zu werden. Mir graute vor diesen frühen Morgenstunden, die furchterregend feindselig waren. Es schnürte mir regelmäßig die Kehle zu, ich bekam keine Luft mehr.

Ich kenne ein gutes Dutzend hochkarätige Drogenbosse, die sich geschworen haben, mich nicht entwischen zu lassen. Mehrere Kopfgeldjäger sind auf mich angesetzt. Viermal haben mir die Drogenkartelle ihre Killer auf die Fersen gehetzt, und viermal sind sie gescheitert, aber das Rennen ist noch längst nicht ausgestanden. Niemals werde ich die Drohgebärden jenes bolivianischen Drogenbosses vergessen, der mitten im Gerichtssaal so tat, als würde er eine Waffe auf mich richten und mich erschießen. Ein anderer hat stets ein Foto von mir und meine Adresse in der Tasche. Ich weiß, daß mir eine Kugel zugedacht ist, das haben mir die Drogenschieber unmißverständlich zu verstehen gegeben, als sie neben die Leiche eines Informanten ein aufrechtes Projektil stellten. Das war in Locarno, im Herzen der friedlichen italienischen Schweiz, in meinem Revier. An jenem Tag hat mir eine wundersame Bridgepartie das Leben gerettet. Später entkam ich in Mailand knapp einem Hinterhalt. Zwei meiner V-Männer wurden zu Tode geprügelt, wie Pakete verschnürt und im Kofferraum eines Autos mitten im Gelände abgestellt. Dennoch macht mir die Dummheit der Bürokratie mehr Angst als die Drohungen der Drogenbosse.

Nie habe ich dem Tod näher ins Auge gesehen als hier im Regen in meinem Auto, am Ufer des Lago Maggiore, mit meiner geladenen Dienstwaffe auf dem Schoß. Der Schauspieler ist am Ende. Der Verwandlungskünstler der Undercoveroperationen kann nicht mehr. Kaum jemand hat so viele Rollen beherrscht wie ich; heute wünschte ich, ich könnte tatsächlich jemand anderes sein. Der Vorhang fällt – *la commedia è finita*.

Anfang der achtziger Jahre habe ich an sämtlichen großen Undercoveroperationen auf europäischem Boden teilgenommen. Ich hatte Einsätze in Italien, Deutschland, Holland, in Belgien, Großbritannien, Frankreich und Österreich, in der Türkei, in Thailand, den Vereinigten Staaten, in Kanada und Lateinamerika. Sehr häufig handelte es sich um gemeinsame Aktionen mit der amerikanischen Drogenpolizei (DEA) und den örtlichen Behörden, wobei letztere zuweilen nur widerwillig mit einstiegen. Denn natürlich hatte ich auch mein Vergnügen, wenn ich den zwielichtigen Automechaniker, den Winkeladvokaten, den skrupellosen Finanzmakler, den zynischen Bankier oder den Drogenhändler spielte.

In Bolivien habe ich den Männern von Klaus Barbie alias Altmann geholfen, mehrere hundert Kilo Kokainpaste in Sportflugzeugen zu verstauen. Auf den ehemaligen Gestapochef, den «Henker von Lyon», habe ich mitten in der bangen Schweiz Jagd gemacht. Doch davon wollte in meiner Heimat niemand etwas wissen.

An den Ufern des Bosporus habe ich mit einem der größten Drogenbosse der türkischen Mafia über den Ankauf von mehreren hundert Kilo Heroin verhandelt, mit Aussicht auf Zugang zum iranischen Markt: tonnenweise Heroin gegen Waffen für den Krieg mit dem Irak.

Meine Ermittlungen sorgen für Unbehagen. In der Schweiz hatte die Beschlagnahmung von hundert Kilo türkischem Heroin in Bellinzona den Rücktritt der Bundesrätin Elisabeth Kopp zur Folge. Im Tessin habe ich einen der mächtigsten Politiker der Eidgenossenschaft, der über jeden Verdacht erhaben war, entlarvt und seiner Verurteilung zugeführt. Ich war einer der ersten, der die Verbindungen zwischen Familien der sizilianischen Mafia und europäischen Großindustriellen aufgedeckt hat. Ich habe mit armenischen Bankiers verkehrt, die sich als Geldwäscher für lateinamerikanische Kartelle betätigt haben, mit wichtigen libanesischen Devisenmaklern, die sowohl für den CIA als auch für von Libyen oder Syrien finanzierte terroristische Gruppierungen arbeiten. Alle hielten mich für einen der ihren.

Zu meinen Erfolgen zählen unter anderem 100 Kilo Heroin in Bellinzona, 40 Kilo in Graz, 50 zwischen Belgien und Italien; 100 Kilo Kokain in Seebrügge, die unter dem Rumpf eines Frachtschiffs zum Vorschein kamen, 480 Kilo in Frankreich, durch die ein ehemaliger Verantwortlicher der peruanischen Antidrogenpolizei zu Fall kam, drei Tonnen in Belgien, der Schweiz und den Niederlanden, die die Verhaftung des Sohnes von Severo Escobar Ortega nach sich zogen, jenes kolumbianischen Staatsbürgers, der als erster von seinem Heimatland an die Vereinigten Staaten ausgeliefert wurde. Dazu kommen noch etliche Tonnen aufgrund von Konfiszierungen im Zuge Dutzender «kleiner» Aktionen. Als überraschendste Drehscheibe tat sich mir der Vatikan auf, mitten im Geflecht der neapolitanischen Bankiers, die den Schutz des italienischen Innenministers genossen und sich nach Brasilien absetzten.

Es war die Operation *Mato Grosso*, mein größter Fall, der schließlich mein Schicksal besiegelt und meinen Untergang beschleunigt hat.

Tonnen von Kokain wurden beschlagnahmt, Hunderte verdächtiger Bankkonten in etwa einem Dutzend verschiedenen Steuerparadiesen aufgedeckt. Die amerikanische DEA, die brasilianische Antidrogenpolizei, die französische Zentralbehörde für die Bekämpfung des internationalen Drogenhandels (Office Central pour la Répression du Trafic Illicite de Stupéfiants OCRTIS) und die Schweizer Zentralstelle zur Bekämpfung des Betäubungsmittelhandels waren in Alarmbereitschaft. Ich habe den Ring bis Neu-Atlantis aufgedeckt, einer Stadt, die im Amazonas-Dschungel erstehen soll, damit 20 Milliarden Drogendollars aufbereitet werden können. Aber ich habe meine Ermittlungen zu weit getrieben. Weil ich an höchster Stelle äußerte, was niemand hören will, und weil ich zu viele ehrenhafte Bürger in Zweifel zog, wurde ich von meinen Vorgesetzten kaltgestellt.

Deswegen nun sitze ich in meinem Auto mit der Waffe in der Hand und weine beim Gedanken an meine Verlobte Isabel Maria, die sich in Brasilien versteckt hält. Meine letzte Ermittlung kostete sie ihre Arbeit, und ihr friedvolles Leben fand ein Ende. Verfolgt von den Killern der Drogenkartelle, wechselt sie mit Hilfe von Verwandten oder Freunden ständig ihren Wohnsitz. Tausende Kilometer entfernt bin ich zur Ohnmacht verurteilt, zermalmt von einer Bürokratie, die mir mein Gehalt drastisch gekürzt hat und mich dazu zwingt, monatlich mit 350 Schweizer Franken auszukommen. Ich bin seelisch wie finanziell am Ende. Ich bin der Sache nicht mehr gewachsen. Es vergeht kein Tag, an dem ich meinem Leben nicht ein Ende bereiten will.

Vor dem Lago Maggiore ziehen die Bilder wie in einem Alptraum vorüber. Ich sehe die Gesichter meiner ehemaligen Kollegen, die mich im Stich gelassen haben. Ich sehe sie vor mir in ihrer Schadenfreude.

Und da siegt die Wut über die Ohnmacht. Ich will nicht mehr sterben, sondern für Wiedergutmachung kämpfen. Ich springe aus dem Auto und gehe Richtung Stadt. Naß bis auf die Knochen, wild gestikulierend, schreie, heule und lache ich zugleich. Zu Hause angekommen, lege ich meine Pistole auf den Tisch und zerreiße den Abschiedsbrief. Es werden noch Monate vergehen, bis ich wieder einigermaßen ins Lot komme. Mein Körper produziert bereits beunruhigende Tumore, mein Gesicht zeigt bereits verzerrte Züge, bald werde ich keine Tasse mehr halten können, meine Hände fallen einem dem Parkinsonschen ähnlichen Virus zum Opfer.

Ich weiß, daß ich diese Hölle nur dann hinter mir lassen kann, wenn ich meine Geschichte zu Papier bringe. Was dann sein wird? Ich weiß es beim besten Willen nicht, und ich will es auch nicht wissen.

1 Die Macht des Suárez-Clans

Ich lehne an der Bar des Ascona Club, einem Nachtclub in Ascona, dem schweizerischen Saint-Tropez, und beobachte einen jungen Tessiner, Giuseppe Neri. Ein alter Kunde. Er mochte vielleicht dreizehn oder vierzehn Jahre alt gewesen sein, als ich ihn zum ersten Mal festnahm, wegen Lappalien. Ich war ihm erneut begegnet, als ich begann, mich um Drogengeschäfte zu kümmern. Auch da hatte er nichts Schlimmes verbrochen. Er war nur ein kleiner Konsument, der an allem schnüffelte, was er kriegen konnte. Der Art nach zu urteilen, wie er sein Geld nun großzügig ausgibt, scheint das Leben ihm endlich wohlgesonnen zu sein. Wieviel hat er verbraten? 50 000 Schweizer Franken oder mehr? Ich muß nur die Ohren spitzen, um zu erraten, woher das Geld stammt. Der Arme hat zuviel getrunken: Er redet über Säcke voller Geld, über Drogen, über die Mafia und Bolivien.

Damals, Anfang der achtziger Jahre, ist Bolivien sehr weit von der italienischen Schweiz und dem Tessin entfernt. Der plötzliche Reichtum des kleinen Neri aber läßt den Polizisten in mir aufhorchen. Durch den Barmann erfahre ich, daß der junge Mann neue Freunde hat, Südamerikaner. Und da kommen sie auch schon zur Tür herein, in Begleitung eines anderen Ganoven, Jakob Meyer, der ebenfalls bester Dinge ist. Er hat das große Los gezogen, wenn man darunter schicke Klamotten und die Begleitung einer reizvollen, dunkelhaarigen Frau versteht, die auch als «Miss Bolivien» durchgehen könnte.

Bevor ich die Bar verlasse, telefoniere ich noch schnell. Die Polizei soll in unmittelbarer Nähe des Nachtlokals eine

Straßensperre errichten und die Ausweise kontrollieren. Das ist die einzige Möglichkeit, um in Erfahrung zu bringen, wer die neuen Freunde meiner beiden Ganoven sind.

Ich muß zugeben, daß ich mit den Namen, die mir am darauffolgenden Morgen vorliegen, nichts anfangen kann. Es handelt sich um Bolivianer. Die reizvolle Schöne heißt Heidi Suárez und ist in der Tat die neueste «Miss Bolivien». Sie wird von einem ihrer Brüder begleitet. Unsere Karteien enthalten keinerlei Angaben zu diesen Personen. Zum Glück ist John Costanzo, der Leiter der Außenstelle der DEA in Mailand, ein Freund von mir. Der Name Suárez kommt ihm bekannt vor. Er werde mich zurückrufen, verspricht er.

Zwei Stunden später steht Costanzo völlig außer Atem in meinem Büro.

«Laß alles liegen und stehen. Suárez ist einer der größten Fische, die wir je hatten. Du bist bei der Operation dabei. Willkommen bei den Undercoveragenten.»

Bolivien ist eines der ärmsten Länder der Welt. Seit jeher wird dort die Kokapflanze angebaut. Die Indios kauen die Blätter, um den Hunger und ein oft an Sklaverei grenzendes Dasein zu vergessen. Der Konsum hat sich allerdings gewandelt. Bolivien ist zu einem der Hauptproduzenten für ein Alkaloid geworden, das besser unter dem Namen Kokain bekannt ist. Tausende von Indios auf den Hochplateaus überleben dank der Ernte von Kokablättern. Diese werden an ein regelrechtes Kartell weiterverkauft, das die Verarbeitung zu Kokapaste veranlaßt, aus dem das Rauschgift gewonnen wird. An der Spitze des Kartells steht ein mehrere Milliarden Dollar schwerer Großbauer: Roberto Suárez Gómez. Er ist der Vater von «Miss Bolivien» und ihrem Bruder, denen ich in der Nachtbar in Ascona begegnet bin. Aufgeregt weiht John Costanzo mich ein:

«Die DEA hat gerade von Miami aus verdeckte Ermittlungen gegen die Organisation von Suárez gestartet. Roberto Suárez hat das Monopol für das bolivianische Kokain und kontrolliert die Regierung des Landes. Wir müssen herausbekommen, was er in der Schweiz verloren hat. Was haben seine Kinder mit deinen beiden Gaunern zu schaffen?»

«Irgend etwas in dieser Geschichte leuchtet mir nicht ein. Meyer und Neri sind Kleinkriminelle, zwei Eierdiebe. Ich begreife nicht, was jemand vom Schlag eines Roberto Suárez mit ihnen zu tun hat.»

Jakob Meyer und Giuseppe Neri haben «Miss Bolivien» in Spanien kennengelernt. Die Tochter des Drogenbosses verliebte sich in Meyer, der sie nach Locarno mitnahm. Kurze Zeit später reisten Neri und Meyer nach Bolivien und wurden in Suárez' Organisation eingeführt. Sie nahmen an Familienfesten teil. Suárez stellte sie als die Schweizer *dottori* vor. Über sie wollte sich der bolivianische Drogenbaron Zugang zur Schweiz verschaffen.

Nachdem ich Renzo Respini, den Staatsanwalt von Lugano, unterrichtet und sein Einverständnis eingeholt habe, fliege ich nach Miami. Mein Ziel ist das Hauptquartier der Operation, die Roberto Suárez zu Fall bringen soll und den Decknamen *Hun* erhält.

Roberto Suárez ist ein mächtiger Mann. Am 10. Juli 1980 gelingt seinem Freund und Protégé, dem General Luis Garcia Meza, der 189. Staatsstreich in der Geschichte Boliviens, der als «Kokainputsch» bekannt wurde, derart eng waren Drogenhändler und Militärs miteinander verwoben. Die V-Leute der DEA haben eine ehemalige Geliebte von Roberto Suárez für sich gewonnen, die ihnen Informationen liefert. Die junge Frau hat Angst. Warum packt sie aus? Hat sie begriffen, daß die Tage des neuen Staatschefs gezählt sind? Daß die Vereinigten Staaten in ihrem lateinamerikanischen Revier kein Regime tolerieren können, das derart offensichtlich mit Drogenhändlern verquickt ist? Wird sie von der DEA bezahlt? Durch sie erfährt die amerikanische Antidrogenpolizei, daß Suárez' Geld in der Schweiz gewaschen wird. Ich halte das für sehr unwahrscheinlich.

Um meine Einschätzung zu verstehen, muß man sich die damaligen Verhältnisse ins Gedächtnis rufen. Das Wort Geldwäsche wurde damals nur widerstrebend benutzt. Gewiß stand die Schweiz auch schon im Ruf, es mit der Herkunft des Geldes, das in ihren Banken angelegt war, nicht allzu genau zu nehmen, doch war dabei lediglich von Steuerhinterziehung die Rede und nicht etwa von Drogendollars. Ich weiß, daß Drogenbarone außerhalb ihres Territoriums keinerlei Einfluß haben. Es ist mir folglich ein Rätsel, wie Roberto Suárez sein Geld in der Schweiz waschen sollte. Ein Bolivianer, der keinen Schweizer Bürgen hat und mehrere Millionen Dollar auf einem Konto deponiert, hat die besten Aussichten, der Polizei gemeldet zu werden. Also braucht er gut beleumundete Wegbereiter in der Eidgenossenschaft. Und das sollte ausgerechnet Giuseppe Neri sein? Mir will nicht in den Sinn, daß ein so kleiner Fisch als Mittelsmann für Roberto Suárez in Frage kommt.

Respini läßt die Telefonate der Familie Neri abhören. Schon bald stellt sich heraus, daß nicht Giuseppe sich um den Transfer der Drogendollars kümmert, sondern sein Bruder Walter, der Leiter eines Versicherungsbüros ist. In der Gewißheit, unbehelligt zu bleiben, hat er bei der Schweizerischen Bankgesellschaft (heute: UBS) in Locarno ein Konto auf den Namen Suárez eröffnet. Würde man die Bank offiziell informieren, könnte Suárez Wind von der Sache bekommen. Zum Glück ist Respini mit dem Bankdirektor bekannt und erfährt, daß sechs Millionen Dollar aus Bolivien überwiesen wurden.

Mit Hilfe von Suárez' ehemaliger Geliebter führt die DEA einige ihrer besten Agenten, die sich als amerikanische Käufer ausgeben, beim Drogenboß ein. Die Verhandlungen finden in Miami statt. Die bolivianische Delegation wird von einem jungen Mann um die Zwanzig geleitet, der sich in perfektem amerikanischem Englisch verständigt. Es handelt sich um den ältesten Sohn von Roberto Suárez, der auch denselben Vornamen trägt. Dank der mit seinem Vater befreundeten Militärs hat er im Rahmen eines militärischen Austauschprogramms mit Bolivien seine Jagdfliegerausbildung am Marinestützpunkt Presido in San Francisco absolviert und bereits im Alter von achtzehn Jahren Jagdflugzeuge vom Typ F-15 geflogen.

Richie Fiano, auf amerikanischer Seite für die Operation zuständig, ist gebürtiger Neapolitaner. Er spielt die Rolle eines italo-amerikanischen Drogenbosses und empfängt den Junior in einem Luxushotel, das die DEA in Beschlag genommen hat. Alle Bediensteten sind amerikanische Agenten. Mit seinem dunklen Teint, dem dichten Schnurrbart und den pechschwarzen, pomadigen Haaren spielt Mike Levine, ebenfalls ein amerikanischer Agent, im weißen Leinenanzug einen aus Kuba stammenden Boß. Roberto Suárez junior ist beeindruckt. Verhandelt wird über 600 Kilo Kokapaste. Die Agenten der DEA präsentieren den Bolivianern vierzehn Millionen Dollar, die sie anschließend in einer Bank deponieren; ein Schlüssel wird Suárez ausgehändigt, der andere Richie Fiano. Um den Tresor zu öffnen, benötigt man beide Schlüssel sowie die Unterschrift beider Inhaber. Um sicherzugehen, haben die Agenten der DEA den Schlüssel, der für Roberto Suárez bestimmt ist, ausgetauscht; man kann nie wissen.

Derweil vergehe ich fast vor Ungeduld. Ich hätte gerne als vermeintlicher Schweizer Käufer oder italienischer Pate an den Verhandlungen teilgenommen, aber wegen der Verbindungen zwischen dem Suárez-Clan und Giuseppe Neri, der mich nur allzu gut kennt, lief ich Gefahr, erkannt zu werden. Dafür melde ich mich freiwillig bei der Truppe von DEA-Agenten, die die Kokapaste in Bolivien abholen soll. Man wird mich nicht zu Gesicht bekommen, ich werde mit der Besatzung im hinteren Teil des Flugzeugs sitzen. Meine Freunde von der DEA tun mir den Gefallen, vorausgesetzt, meine Anwesenheit bleibt vor den Schweizer Behörden geheim. Respini, den ich davon unterrichte, gestattet mir den Abstecher nach Bolivien. Die Expedition, die mitten in die Bastion von Suárez führt, in ein Land, kontrolliert von Militärs, die sich bei ihm verdingen, ist weiß Gott kein Vergnügen. Wenn ich erwischt werde, so muß ich es auf meine Kappe nehmen. Meine Vorgesetzten geben mir nie und nimmer Rückendeckung. Den Skandal, der die Schweiz heimzusuchen droht, sollte mein Ausflug nach Bolivien je bekannt werden, wage ich mir kaum auszumalen, aber ich muß die Gelegenheit beim Schopfe packen.

Die DEA stellt unserer Truppe eine zweimotorige Maschine zur Verfügung, die mehrere hundert Kilo Material und etwa zwölf Personen befördern kann. Am Steuer sitzen Dave Kuntz und Richard Vandaveur, die im Vietnamkrieg Jagdbomber geflogen haben. Mit meinem langen Bart, den überlangen Haaren, meinen verwaschenen Bluejeans, der Baseballmütze und der Sonnenbrille sehe ich einem Drogenhändler sehr viel ähnlicher als einem aufrechten Schweizer Polizeibeamten.

Die Reise ist eintönig und lang, und selbst ein Zwischenstopp in Manaus, der brasilianischen Stadt am Rande des amazonischen Urwalds, kann uns nicht aus unserer Erstarrung reißen. Erschlagen von der Hitze warten wir schicksalsergeben darauf, daß unsere Maschine vollgetankt wird. Aufgrund des Schutzes, den Roberto Suárez damals genoß, hätten wir die Kokapaste am Flughafen von La Paz einladen können. Doch der Drogenboß läßt Vorsicht walten und wickelt seine Geschäfte lieber geschützt vor neugierigen Blicken ab. Zu diesem Zweck hat er mitten in seinem Hauptquartier in Cochabamba eine Landebahn anlegen lassen. Dort wollen wir hin.

Als die Maschine am Ende der Piste zum Stehen kommt, sehe ich Geländefahrzeuge rings um uns. Durch das Seitenfenster erkenne ich bewaffnete Männer, Bolivianer, die von Europäern kommandiert werden. Es handelt sich um militante italienische, schweizerische und deutsche Neofaschisten, die zu einer Einheit mit Namen *los novios de la muerte*, «die dem Tod Angetrauten», gehören. Ihr Anführer ist Klaus Barbie, der ehemalige Gestapo-Leiter von Lyon. Die *novios* werden vom Drogenboß mit niederen Aufgaben betraut, die von Erschießungen bis hin zur Bewachung angelieferter Kokapaste reichen.

Zehn Minuten später landen zwei weitere kleine Sportflugzeuge auf der Landebahn. Es sind nagelneue Schweizer Maschinen der Marke Pilatus Porter, die, wie ich später herausfinden werde, von Klaus Barbie selbst angeschafft worden sind. Zu diesem Zweck hat er sich höchstpersönlich in die Schweiz begeben. Bleibt die Frage, ob dies mit Billigung der Schweizer Behörden geschah. Die Silhouette eines der Piloten kommt mir bekannt vor. Und tatsächlich: Es ist Roberto Suárez junior. Der junge Mann springt auf die Piste, umarmt unseren Expeditionsleiter Richie Fiano und berät sich mit ihm, während die *novios* die Pakete ausladen, die an Bord der beiden Pilatus Porter lagern.

Gemeinsam mit zwei weiteren Agenten bleibe ich an Bord der amerikanischen Maschine. Am Ende der von den *novios* gebildeten Kette nehmen wir die 600 Kilo Kokapaste in Empfang. Obwohl ich sehr neugierig bin, vermeide ich den Blickkontakt mit ihnen. Als die Fracht verladen ist, überreicht mir einer der *novios* ein kleineres Paket: zehn Kilo reines Kokain, ein Geschenk vom Junior. Wenige Minuten später starten wir erneut. Unsere Erleichterung hält nur kurze Zeit vor. Eine Jagdstaffel der bolivianischen Luftwaffe fängt uns ab. Aber nein, falscher Alarm: Sie sind nur dazu da, uns an die Grenze des nationalen Luftraums zu geleiten ... Eine zartfühlende Aufmerksamkeit von Don Roberto Suárez und seinen befreundeten Generälen, die man aber durchaus auch als Säbelrasseln verstehen darf.

Zurück in den Vereinigten Staaten, rufe ich Staatsanwalt Respini an, um ihm vom erfolgreichen Abschluß der Operation zu berichten. An die Zeitverschiebung denke ich dabei nicht. Der Richter dankt mir und geht, da er mich nun in Sicherheit weiß, beruhigt wieder schlafen. Jetzt muß sich das Netz nur noch zuziehen. Wir sind uns sicher, daß der Junior persönlich das Geld abholen wird. Leider aber werden es nur zwei Emissäre sein, die mit Vollmacht und Schlüssel erscheinen. Die DEA muß sie verhaften. Der große Fisch geht uns durch die Lappen.

Als ich wieder in Locarno bin, lasse ich Giuseppe Neri und Jakob Meyer verschärft überwachen. Die beiden Schweizer Kontaktmänner des Suárez-Clans sind viel unterwegs. Gespannt verfolge ich aus der Ferne ihre Treffen mit diversen Vertretern des örtlichen Milieus, aber auch mit einer politischen Persönlichkeit aus der Gegend, Stelio Stevenoni. Dieser intelligente, nonkonformistische Mann, der eine bewegte Vergangenheit hat, gründete Anfang der siebziger Jahre die Partito Anti-Mafia (PAM). Er ist stellvertretender Bürgermeister von Ascona, mit zahlreichen führenden Persönlichkeiten der Schweizer Eidgenossenschaft befreundet und ein Vertrauter des Polizeipräsidenten. Ich muß also behutsam vorgehen. Stelio Stevenoni respektiert mich. Ich gehöre zu den wenigen Personen, mit denen er seinen Jack Daniel's teilt, der in jeder Nachtbar von Ascona für ihn bereitsteht. Oft habe ich bis zum Morgengrauen mit ihm zusammengesessen. Hinter dem Nachtschwärmer verbirgt sich allerdings ein eiskalter Geschäftsmann, der im Immobiliengeschäft tätig ist.

Im November 1980 berichtet mir ein Informant von einem Treffen im Ascona Club, einem der Lieblingsorte von Stevenoni. Es war ein regnerischer Abend, und Stevenoni, Giuseppe Neri, Jakob Meyer und Mauro Blosch, ein Ganove, der an einem bewaffneten Raubüberfall beteiligt gewesen war, waren die einzigen Gäste. Vor dem Kamin, in dem die Kastanien vor sich hin brutzelten, plauderten die vier Männer über Kokainlieferungen und Geldwäsche. In der Unterhaltung soll Stevenoni einen seiner Freunde aus Rom erwähnt haben, genannt «der Schauspieler». Umgehend informiere ich Respini.

«Das ist ja interessant. Dann wird man sich mit Stevenonis Telefonmitschnitten beschäftigen müssen.»

«Womit bitte?»

Der Name Stevenoni war ein paar Monate zuvor im Zusammenhang mit einer Ermittlung zu einem Kunstraub aufgetaucht, der zwei Jahre zurücklag und in der Kirche des *Collegio Papio*, einer der vornehmsten Schulen von Ascona, verübt worden war. Die Diebe, zwei Schüler, waren festgenommen worden, aber die Spur der gestohlenen Gegenstände verlor sich bei einem von Stevenonis Vertrauten. Von da war es nur noch ein Schritt hin zu der Vermutung, Stevenoni selbst stehe hinter dem Raub, und tatsächlich hatten einige meiner Kollegen dahingehend ermittelt. Sie hatten sein Telefon abgehört. Die Abhöraktionen setzten vor Beginn der Operation *Hun* ein und fanden, ohne mein Wissen, auch auf dem Höhepunkt der verdeckten Ermittlungen gegen den Suárez-Clan statt. Wegen des heiklen Charakters der Angelegenheit war die Bearbeitung der Telefonmitschnitte dem Servizio Informazioni, dem Schweizer Nachrichtendienst, anvertraut worden.

Ich nehme mehrere tausend Seiten Papier in Empfang, die ich in wochenlanger Arbeit durchforste, und komme zu dem Schluß, daß der wichtigste Politiker der Gegend eine der zentralen Figuren im internationalen Drogenhandel ist. Er hat regelmäßig Kontakt mit Neri und Meyer, die ihm das aus Bolivien importierte Kokain übergeben. Stevenoni beliefert Fernando Carnesecchi, einen zweitrangigen italienischen Schauspieler, mit Kokain und Prokain, einem in der Zahnanästhesie verwendeten Pulver, dessen Verkauf zum damaligen Zeitpunkt in der Schweiz nicht kontrolliert wird. Stevenoni kauft es kiloweise ein – ein normaler Zahnarzt dagegen verbraucht nur wenige Dutzend Gramm pro Jahr. Das dem Kokain verwandte Prokain eignet sich ausgezeichnet zum Strecken. Aus den Abhörprotokollen geht hervor, daß der Politiker den Schauspieler auffordert, die Mengen zu drosseln, da sie andernfalls leicht auffliegen könnten. Carnesecchi aber will davon nichts wissen. Eigenartigerweise scheint er derjenige zu sein, der Stevenoni die Befehle erteilt. Dabei müßte es eigentlich andersherum sein.

Ich habe mich aufs Land zurückgezogen, um alle Protokolle noch einmal zu lesen, und schlafe jede Nacht nur drei Stunden. Ich sortiere die Gespräche nach Anrufern, und dabei stoße ich auf das fehlende Puzzleteil: Stevenoni wird von Carnesecchi erpreßt. Die Telefongespräche belegen alles lückenlos. Ich frage mich, was der Nachrichtendienst zwei Jahre lang gemacht hat. Hat er mitgehört, ohne sich auf irgend etwas einen Reim zu machen?

1971 war Carnesecchi in einen Einbruch bei einem Pelzhändler in Bellinzona verwickelt. Nachdem Stevenoni für ihn eine Kaution hinterlegt hatte, wurde er auf freien Fuß gesetzt. Seither waren die beiden Männer in Kontakt geblieben. Eines Tages bat der Politiker den Schauspieler um einen Gefallen. Stevenoni hatte ein außereheliches Verhältnis mit einer amerikanischen Animierdame aus einem

Nachtlokal in Locarno. Diese bekam ein Kind von ihm, das Stevenoni aber nicht anerkennen wollte, genausowenig, wie er bereit war, sich scheiden zu lassen. Seine Frau war vermögend, und ein weniger aufwendiger Lebensstil kam für ihn nicht in Frage. Die Bardame wandte sich an die Polizei, um eine Vaterschaftsanerkennung in die Wege zu leiten. Woraufhin Stevenoni behauptete, er könne unmöglich der Vater sein, da er sterilisiert worden sei, und zum Beweis eine Spermaprobe ablieferte, die allerdings nicht von ihm stammte. Da weiterhin Zweifel bestanden, sollte ein zweiter Test durchgeführt werden. Carnesecchi leistete Schützenhilfe und trieb einen italienischen Arzt auf, der bereit war, Stevenoni zu sterilisieren und die entsprechende Bescheinigung um einige Jahre zurückzudatieren. Seither hat der Schauspieler den Politiker in der Hand.

In einem zweiten Anlauf nehme ich mir die Mitschnitte der Gespräche zwischen Stevenoni und Jakob Meyer vor. Wenn sie über Kokain reden, sind sie etwas mehr auf der Hut und verwenden einen einfachen Code. Aus dem Rauschgift wird ein Grundstück in Bolivien, man verständigt sich über Quadratmeter. Schnell jedoch lassen die beiden jede Vorsichtsmaßnahme außer acht. So fragt beispielsweise Stevenoni, wieviel Quadratmeter man ihm liefern könne. Gegen Ende des Gesprächs dann haben sich die Quadratmeter in Kilo verwandelt.

Die Anhaltspunkte, über die ich verfüge, reichen nicht aus, um den Politiker festzunageln. Da erweist mir das Schicksal einen kleinen Dienst: Jakob Meyer wird mit mehreren Kilo Kokain in Chile festgenommen. Nach einem Schnellverfahren wird er zu fünf Jahren Haft verurteilt. Kurz darauf bekomme ich Besuch von Mauro Blosch, dem Gangster aus Locarno, der mit Meyer befreundet ist. Er bittet mich um Unterstützung, damit Meyer in ein Schweizer Gefängnis verlegt wird.

«Warum sollte ich mich dafür ins Zeug legen?»
«Wenn du es tust, sage ich alles, was ich weiß.»
«Über wen? Über die Familie Suárez? Zuerst einmal sagst du, was du weißt, und dann tue ich, was ich kann. Ich garantiere für nichts, ich habe keinerlei Handhabe in Chile. Meyer muß aussagen, daß das Kokain für die Schweiz bestimmt war, für jemanden, den wir beide gut kennen. Dann kann ich mich einschalten.»

Blosch ist sprachlos. Er hat kapiert, daß ich im Bilde bin. Kurz darauf gibt er mir die Antwort bekannt: Meyer lehnt ab.

Derweil legt Respini, der die Aufsicht über meine Ermittlungen führte, sein Amt als Staatsanwalt nieder, um in die Politik zu gehen. Sein Kollege Dick Marty übernimmt das Amt. Über Stevenoni weiß er gut Bescheid, denn er selbst hat die Abhöraktionen im Rahmen des Kunstraubs veranlaßt. Schon bei unserer ersten Begegnung merke ich, daß er die Affäre Stevenoni bestimmt nicht im Sande verlaufen lassen wird. Marty nimmt kein Blatt vor den Mund:

«Zu deiner ausgezeichneten Arbeit bei der Auswertung der Stevenoni-Protokolle kann ich dir nur gratulieren. Dein Bericht läßt keinen Zweifel offen. Stevenoni ist bis über beide Ohren in die Sache verstrickt. Wenn ich mir überlege, daß unser Geheimdienst sich die Mitschnitte nicht einmal vorgenommen hat...»

«Ich würde gern nach Italien fahren, um etwas über Carnesecchi und seine Verbindungen in Erfahrung zu bringen.»

«Gute Idee. Fahr meinetwegen bis ans Ende der Welt, aber gib mir etwas an die Hand, damit ich Stevenoni hinter Gitter bringen kann. Und: Kein Wort, zu niemandem. Du sagst keinem Menschen etwas über den wirklichen Grund deiner Reise. Wir werden schon einen Vorwand finden.»

Meine Reise sollte nicht vergebens sein. Die italienische Polizei beginnt, Carnesecchi zu überwachen, und nimmt ihn kurze Zeit später fest. In der Zwischenzeit wird Jakob

Meyer dank einer Amnestie aus dem chilenischen Gefängnis entlassen. Er wird unverzüglich zu Roberto Suárez zitiert, wo er Rede und Antwort stehen soll. Wenige Stunden nach seiner Ankunft in Cochabamba wird er unter der Dusche durch einen Kopfschuß getötet. Der bolivianischen Polizei zufolge handelt es sich um Selbstmord.

Meyers Tod bringt meine Ermittlungen wieder in Gang. Ich muß die Chance nutzen und einen zweiten Versuch starten, um mich in die Gruppe um Stevenoni einzuschleusen. Dafür habe ich genau den richtigen Mann. Giuseppe Paneci, genannt Pippo, ein kleiner, kurzbeiniger Sizilianer mit dickem Bauch, ist die Mafioso-Karikatur schlechthin. Seit Jahren schon arbeitet er für die Mailänder Außenstelle der DEA. Als ich meine Absichten erläutere, lassen sich meine amerikanischen Freunde nicht lange bitten. Pippo vertieft sich in sämtliche Verästelungen von Meyers Lebenslauf. Nach wenigen Wochen weiß er so gut wie alles über den Toten. Wenn man ihn reden hört, könnte man schwören, daß er ihn von Kindesbeinen an gekannt hat. Die zweite Phase der Operation wird eingeläutet, als Pippo einen Aufenthalt in New York nutzt, um mit Mauro Blosch in Verbindung zu treten. Für alle Fälle läßt er das Gespräch durch eine Telefonzentrale vermitteln, damit sein Gesprächspartner auch überprüfen kann, woher ihn der Anruf erreicht. Mitten in der Nacht – die Zeitverschiebung hat ihre Gesetze – wird Mauro Blosch also aus dem Schlaf geholt.

«Hallo, Mauro, nenn mich einfach Pippo. Ich komme gerade aus dem Urlaub in Santiago de Chile. Im Hotel bin ich deinem Freund Jakob begegnet ... Der Arme ... Ich hab's gerade erfahren. Wir hatten uns hier verabredet, aber, na ja, du verstehst schon ...»

«Ja, ja, ich verstehe.»

«Über ihn bin ich jedenfalls auf dich gekommen. Wir haben jeden Tag einen kleinen Spaziergang gemacht. Er hat mir von dir und dem anderen Typen in Ascona erzählt. Er hat mir deine Telefonnummer und deine Adresse gegeben. Vielleicht hat er was geahnt ... Ich sollte dich anrufen, wenn irgendwas ist. Er hat gesagt: Bei Mauro und den anderen bist du an der richtigen Adresse, setz dich mit ihnen in Verbindung.»

«Ja, ich weiß, ich habe versucht, etwas für ihn zu tun, aber ohne Erfolg.»

«Als ich ihn in Santiago kennengelernt habe, wollte er noch weiter reisen. Er hatte ein Projekt für seinen Freund in Ascona. Und dann hat's Probleme gegeben ... Er mußte da erst nach dem Rechten sehen. Das braucht eben seine Zeit. Er hat mir gesagt, du bist wie ein Bruder für ihn. Ich hab' hier noch ein paar Sachen zu regeln, aber in zwei Tagen bin ich wieder in Mailand. Ich rufe dich an, und komme bei dir vorbei. Dann können wir uns in Ruhe unterhalten, und du stellst mir deinen Freund aus Ascona vor.»

Bei dem Freund aus Ascona handelt es sich natürlich um Stelio Stevenoni. Vierzehn Tage darauf trifft Pippo Mauro Blosch in einem Hotel in Locarno. Unser V-Mann wird von Samuel Meale begleitet, einem Agenten der DEA in Mailand. Er ist ein Freund von mir, mit dem ich einige Jahre später eine meiner gelungensten Operationen abwickeln sollte. Pippo glänzt in seiner Rolle als Drogenboß.

«Sieh mich genau an», befiehlt er Blosch als erstes. «Ich traue niemandem. Ich sehe die Spitzel überall. Wenn ein Kopf rollen muß, dann sicher nicht meiner. Und benutze niemals das Wort Kokain.»

Ein paar Tage später werden die beiden Agenten der DEA von Stevenoni empfangen. Ihre Unterhaltung wird aufgezeichnet. Es geht um Drogenhandel. Etwas Neues erfahren wir nicht, aber wir haben jetzt etwas in der Hand, womit wir weitermachen können, ohne dabei in die Klemme zu geraten.

Ende 1981 stellt sich die politische Situation in Bolivien auf einmal ganz anders dar. Die Regierung Meza ist gestürzt. Da Suárez nicht mehr protegiert wird, bricht auch seine Organisation zusammen. Der Patriarch muß sich in einer seiner Festungen im Herzen der Anden verschanzen. Seine Familie wandert nach Europa aus. Für den Clan beginnt hier ein prunkvolles Leben in den größten Luxushotels des Alten Kontinents. Bei einem seiner Aufenthalte in der Schweiz kauft sich Roberto Suárez junior einen Porsche und einen Mercedes 450 L. Die Familie reist im Privatjet. Aus den abgehörten Telefonaten erfahren wir, daß in Gemälderahmen, die gemeinsam mit den Möbeln transportiert wurden, Schecks und Kreditbriefe für Schweizer Banken versteckt sind. Die Schecks sind auf eine Bank ausgestellt, die von der Familie geführt und kontrolliert wird und deren Kundschaft sich aus dem Who's who der Drogenhändler zusammensetzt.

Was Giuseppe Neri angeht, so gibt auch er das Geld mit vollen Händen aus, sehr zum Kummer seines Bruders, der der Mutter sein Herz ausschüttet.

«Dieser Schwachkopf von Bruder bringt mich womöglich noch ins Gefängnis!»

«Warum?»

«Wegen dem Geld! Die Bolivianer haben schon vier oder fünf Millionen Dollar auf mein Konto überwiesen. Wenn das so weitergeht, wird die Polizei mißtrauisch werden.»

«Aber warum denn?»

«Mama, das Geld kommt von der Mafia!»

«Dann geh sofort zur Bank, heb das Geld ab und versteck es auf dem Dachboden!»

Silvester finden sich alle in einem Nobelhotel im piekfeinen Sankt Moritz in den Schweizer Alpen ein. Geschlemmt wird gemeinsam mit einem Mitglied der Familie Grimaldi, dem man wahrscheinlich bei einem Empfang in Monte Carlo begegnet ist. Nach dem Fest besteigt der Clan einen gemieteten Jet und fliegt zurück nach Locarno. Am 10. Januar tut Roberto Suárez seine Absicht kund, nach Paris, Madrid und dann wieder zurück in die Schweiz zu reisen. Da erhalten wir von den eidgenössischen Behörden in Bern die Order, den Suárez-Clan samt seinen Schweizer Komplizen festzunehmen. Ich bin fuchsteufelswild. Meiner Ansicht nach ist diese Entscheidung grundfalsch. Man müßte Suárez junior ins Ausland folgen, sehen, mit wem er sich trifft, warten, bis sein Geld in der Schweiz eintrifft, und dann – aber auch erst dann! – sollte man zur Tat schreiten. Wir wissen, wo er sich aufhält, die Agenten der DEA lassen ihn nicht mehr aus den Augen, verhaften kann man ihn immer noch. Ich bin mir meiner Sache nicht zuletzt deshalb so sicher, weil sich das Geld in der Schweiz befindet und Suárez junior hier seine Stützpunkte innerhalb Europas hat.

Da es unmöglich ist, die Verantwortlichen der Schweizer Polizeibehörde umzustimmen, heißt es handeln. John Costanzo von der DEA und ich planen die Operation. Am 18. Januar 1982 um fünf Uhr morgens stürmen Dutzende von Polizisten die Wohnungen von Giuseppe Neri und Mauro Blosch sowie die von dem Suárez-Clan bewohnte Villa. Die Aktion findet keine 500 Meter von meiner Wohnung statt. Bei den Hausdurchsuchungen werden in den Rahmen der Gemälde Schecks in Höhe von mehreren hundert Millionen Dollar sichergestellt. Unmittelbar im Anschluß daran wird die friedliche Schweiz durch die Verhaftung von Stelio Stevenoni erschüttert. Ein Jahr später wird der Politiker zu sieben Jahren Freiheitsstrafe verurteilt und stirbt kurze Zeit nach seiner Entlassung an einem Herzinfarkt.

Hans Joachim Fiebelkorn ist ein junger Deutscher, athletisch, blond, blauäugig, und man könnte ihn für kultiviert halten, wäre da nicht seine Sympathie für das Dritte Reich. Durch seinen regelmäßigen Kontakt zu neonazistischen Kleinstgruppierungen war er ohne besonderes Zutun in La Paz mit Klaus Barbie in Kontakt gekommen. Der ehemalige Chef der Gestapo in Lyon war angetan von den Qualitäten und dem Fanatismus des jungen Mannes und machte ihn zu seinem rechten Arm. Im bolivianischen Santa Cruz hat Fiebelkorn ein Café mit Nazidekor eröffnet, in dem sich unter dem Porträt von Adolf Hitler und diversen Hakenkreuzen die *novios* treffen.

Ende 1981 wird Präsident Garcia Meza auf Druck der Amerikaner gezwungen, diese paramilitärische neonazistische Einheit aufzulösen. Fiebelkorn verläßt das Land und geht nach Argentinien. Dort wird er mit drei Kilo Kokain und einem beeindruckenden Vorrat an Nazipropaganda verhaftet. Die örtliche Stelle der DEA nimmt Kontakt mit ihm auf, und er willigt ein, mit der amerikanischen Organisation zusammenzuarbeiten; im Gegenzug wird ihm Straffreiheit zugesichert.

Die DEA bringt Fiebelkorn nach Deutschland zurück, wo man ihn dem Bundeskriminalamt übergibt. Im Anschluß daran wird er von mir in den Räumlichkeiten der DEA im amerikanischen Konsulat von Mailand verhört. Unter strengster Geheimhaltung begleite ich ihn in die Schweiz und bringe ihn in einem Hotel in Locarno unter, ohne meine Vorgesetzten davon zu unterrichten noch Formulare für die Einwanderungsbehörde auszufüllen. Fünf Tage später ist unsere Beziehung zwar nicht gerade freundschaftlich, aber durchaus entspannt. Er überreicht mir Fotos von seinen ehemaligen Waffenbrüdern, berichtet von Massakern der *novios*, von Panzerwagen, die mit Säcken voller Dollars vollgestopft waren und in La Paz bis zur Bank der Familie Suárez eskortiert wurden. Allerdings verzichte ich darauf, mich gemeinsam mit Fiebelkorn in der Öffentlichkeit zu zeigen, denn als ich mich eines Abends einmal darauf eingelassen hatte, war er mit ausgestrecktem Arm auf den Tisch des Bistros gesprungen und hatte «Heil Hitler» geschrien.

Fiebelkorn wird von mir ein Paß, der auf anderen Namen lautet, ausgehändigt. Auf mein Ersuchen gestattet ein Staatsanwalt eine Begegnung mit dem inhaftierten Suárez junior. Der weiß nicht, daß Fiebelkorn verhaftet wurde, und ahnt auch nicht, daß dieser das Lager gewechselt hat. Fiebelkorn begibt sich in das Gefängnis. Die Wachposten sind nicht eingeweiht und verständigen mich. Ich genehmige meinerseits das Gespräch und bitte darum, daß man den beiden Männern einen Raum zur Verfügung stellt. Suárez umarmt Fiebelkorn. Ihre Unterhaltung ist nichtssagend, manchmal flüstern sie. Der Beamte, der sie überwacht, einer meiner Männer, hat ausdrückliche Weisung, nicht zuzuhören, sondern ostentativ Zeitung zu lesen. Ich brauche keine Mithörer, da mir Fiebelkorn im Anschluß Bericht erstatten wird. Junior bittet ihn, die *novios* in der Schweiz zu versammeln, um durch eine Kommandoaktion seine Flucht zu ermöglichen. Ein interessantes Vorhaben, das auch mir zupasse kommen könnte. Das Netz von Verbindungen kann nur dann aufgedeckt werden, wenn man Fiebelkorn seine Todesschwadron in der Schweiz wieder aufstellen läßt. Mir wird klar, daß Junior auch vom Gefängnis aus noch immer seine Befehle erteilt. Da können wir seine Flucht genausogut selbst organisieren, sofern wir ihn keine Sekunde aus den Augen lassen.

Der Staatsanwalt, dem ich meinen Plan unterbreite, mag zwar grundsätzlich hinter meinen Methoden stehen; dennoch hält er mich für verrückt. Der Plan wird aufgegeben.

Hans Joachim Fiebelkorn hat uns einen weiteren *novio* in die Hände gespielt: Rudi Grob. Er hat den Fehler begangen, seine Ankunft in Deutschland mit zwei Kilo Kokain im Gepäck vorab bekanntzugeben, und wird auf frischer Tat ertappt. Der aus Sankt Gallen stammende ehemalige Mechaniker hat genausowenig Skrupel wie sein Waffenbruder: Bleibt er straffrei, packt er aus.

Rudi Grob verrät uns Einzelheiten über Klaus Barbies Reisen nach Europa und insbesondere in die Schweiz. In Begleitung meines Kollegen Jacques Kaeslin vernehme ich ihn als Zeugen beim BKA in Wiesbaden, wo das Weinfest gerade seinen Höhepunkt erreicht. Grob zufolge reist Barbie regelmäßig mit einem bolivianischen Diplomatenpaß in die Schweiz, um diverse Geschäfte zu tätigen, so zum Beispiel den Kauf von Flugzeugen des Typs Pilatus Porter oder den Ankauf Dutzender Panzer vom Typ Centurion, die den bolivianischen Streitkräften zugedacht sind. Zurück in der Schweiz, verfaßt Jacques Kaeslin einen detaillierten Bericht, der keinerlei Beachtung findet. Dabei macht die internationale Presse damals Jagd auf den ehemaligen Gestapochef, der erst zu einem späteren Zeitpunkt von Bolivien an Frankreich ausgeliefert werden sollte, um in Lyon, wo er schließlich auch starb, verurteilt zu werden.

Grob findet Gefallen an seiner Spitzeltätigkeit. Er bietet mir an, als bezahlter Informant für die Schweizer Polizei zu arbeiten, und erklärt sich bereit, nach Lateinamerika zu fahren, um mir zu zeigen, wo das für Europa bestimmte Kokain verladen wird. Ich wende mich an die zuständigen Kantons- und Bundesbeamten. Das ist jedoch ein Schlag ins Wasser. Es sei sinnvoller, den Fall der DEA anzuvertrauen. Doch Grob weigert sich, für die Amerikaner zu arbeiten.

Mit den beiden Neonazis bin ich aber noch nicht fertig. Staatsanwalt Gentile, der mit den Ermittlungen zu dem Attentat im Bahnhof von Bologna befaßt ist, bei dem am

2. August 1980 über 85 Menschen getötet und 150 verletzt wurden, hat einen internationalen Haftbefehl gegen Fiebelkorn erlassen. Ein ehemaliger *novio* hatte ihn beschuldigt, die Bombe gelegt zu haben. Fiebelkorn hat jedoch ein handfestes Alibi: Am Tag des Attentats hatte er auf einem geheimen Flughafen der Familie Suárez eine Ladung Drogendollars in Empfang genommen. Das Alibi wird von Rudi Grob bestätigt, der keinen Grund hat, dem Mann, dem er seine Verhaftung verdankt, einen Freundschaftsdienst zu leisten. Doch auch wenn Fiebelkorn entlastet werden konnte, bleibt der Eindruck, daß beide Männer die Wahrheit über das Massaker von Bologna kennen. Sie wissen, daß es in Bolivien geplant und vorbereitet wurde. Das haben sie mir so zwar nie gesagt, aber durchaus durchblicken lassen. Damals gab es in den Reihen der *novios* einige rechtsextremistische italienische Terroristen, darunter der gefürchtete Stefano Delle Chiaie, der in Italien wegen seiner Teilnahme an mehreren Attentaten gesucht wurde. Grob und Fiebelkorn sollen in Bolivien einen wichtigen italienischen Politiker getroffen haben, sie haben die äußerst anrüchige Freimaurerloge P2 erwähnt und den Transfer gigantischer Geldsummen nach Italien. Sie haben mir zu verstehen gegeben, daß sie, wenn man ihnen genau festgelegte Garantien gäbe und Geld und Pässe verschaffte, zu einer Zusammenarbeit bereit wären. Die Italiener weigerten sich, und so wurde nichts daraus.

Roberto Suárez senior wollte noch ein Wörtchen mitzureden haben. Untröstlich über die Verhaftung von Junior, schlägt er der amerikanischen Regierung vor, Boliviens Auslandsschuld im Gegenzug für die Freilassung seines Sohnes zu begleichen. Präsident Reagan lehnt strikt ab. Von da an verlagert sich die Schlacht auf das Feld der Justiz. Der Drogenbaron verpflichtet die besten Anwälte, um Juniors Auslieferung an die Vereinigten Staaten zu verhindern – vergeblich. Zum ersten Mal in der Geschichte erkennt ein Schweizer Bundesgericht die Gültigkeit einer Undercoveraktion im Ausland an und fällt damit ein Grundsatzurteil. Ende 1982 wird der Junior zum Zwecke seiner Verurteilung an die Vereinigten Staaten ausgeliefert.

Die Agenten der DEA sind an die harten Gesetze verdeckter Ermittlungen gewöhnt. Die meisten haben in Vietnam ihre Laufbahn begonnen und können mit Gefahren umgehen. Und doch habe ich sie nie so nervös gesehen wie bei dem Suárez-Prozeß. Schon bei meiner Ankunft in Miami werde ich von bewaffneten Posten empfangen. Die amerikanischen Geheimdienste behaupten, die Agenten der DEA würden permanent von Roberto Suárez' Killern überwacht. Da ich das Privileg und die Ehre hatte, den Junior festzunehmen, stehe ich ganz oben auf ihrer Liste.

Also stürze ich mich in ein gepanzertes Fahrzeug, das stundenlang durch die Straßen von Miami kurvt, um eventuelle Verfolger abzuschütteln. Sicherheitshalber wechsele ich mehrfach das Zimmer und die Etage oder auch gleich das Hotel.

Am ersten Abend übergibt mir ein Kollege von der DEA eine Smith & Wesson.

«Du sollst zwar keine Waffe tragen, aber mit bolivianischen Killern auf den Fersen sollte man nichts riskieren. Steck sie unter dein Kopfkissen. Wenn die Tür aufgeht und du niemanden erwartest, drück ab. Auch wenn es der Boy ist, der sich in der Zimmernummer geirrt hat. Das ist mir völlig egal. Sollte etwas sein, bringe ich das schon wieder in Ordnung. Aber vergiß nicht: Der Schuß muß sitzen. Geredet wird danach.

Der Prozeß ist nervenaufreibend. Meine Kollegen von der DEA sind einem Zusammenbruch nahe. Suárez hat namhafte Anwaltskanzleien mobilisiert, sie nutzen jede noch so kleine Gesetzeslücke. Noch bevor das Urteil verkündet wird, wissen wir, wie es lautet: denn die DEA hat herausgefunden, daß ein einfacher Flug nach Bolivien auf den Namen Roberto Suárez gebucht worden ist. Nur die Frage nach dem Grund des Freispruchs steht noch offen. Denn schließlich hat der junge Mann den Handel mit Kokain gestanden. Da die Drogen jedoch nicht für die Vereinigten Staaten bestimmt waren, plädieren die Anwälte darauf, daß dies nicht unter die Zuständigkeit der amerikanischen Bundesjustiz falle. Die Geschworenen pflichten ihnen bei.

Am Ende der Verhandlung, nachdem er seine Anwälte umarmt hat, dreht sich Roberto Suárez zu den Zuhörern. Unsere Blicke treffen sich. Er lächelt mich an und tut so, als würde er eine Waffe auf mich richten und abdrücken. Wie ein spielendes Kind knickt er den Finger leicht und sagt «Bumm». Zwei Jahre später wird er in Bolivien bei einer Schießerei mit der Polizei getötet.

2 Eine Falle für den türkischen Paten

An der äußersten südlichen Spitze der Schweiz liegt Chiasso, einst ein einfacher Grenzübergang, eine kleine Zollstation der Gotthard-Bahn. Es ist dem am Tor zum Orient gelegenen Kapikule nicht unähnlich, einem einfachen Durchgangsort mitten in den Bergen, weit entfernt vom geschäftigen türkisch-bulgarischen Treiben. Im Juni 1986, nach zwanzig Jahren ebenso chaotischer wie schwindelerregender Entwicklung, hat Chiasso sein Gesicht gewandelt. Mächtige, schwer durchschaubare Interessen sind über das kleine Schweizer Städtchen hereingebrochen. Über dreißig Jahre lang, vom Ende des Zweiten Weltkriegs bis Anfang der achtziger Jahre, hatte es von den Begleiterscheinungen des Schmuggels mit amerikanischen Zigaretten nach Italien und Spanien profitiert. Ein lukratives Geschäft, das von den internationalen Tabakkonzernen mitbegünstigt und von der organisierten Kriminalität in Italien (allen voran der neapolitanischen Camorra und der kalabrischen N'drangheta) kontrolliert wurde. Die Umschlagplätze waren Belgien, Holland und die Schweiz, und in Städten wie Neapel ist es noch immer der wichtigste Wirtschaftszweig.

Als dann die große Stunde der Geldwäsche schlug, blieb Chiasso nicht hinter der Entwicklung zurück. Spediteure, Import- und Exportfirmen, Großhändler, Wechselstuben oder Finanzberater, Handelsvertreter, Treuhänder, Anwälte und Notare – alle teilten untereinander auf, was die großen Schweizer Banken übriggelassen hatten.

Adriano Corti ist ein allseits bekannter und geschätzter Devisenhändler. Seine Firma Telecambio SA mit Sitz in

Chiasso arbeitet mit den Banken zusammen. Seine Spezialität: Devisenschmuggel. Eine risikoreiche Profession für Corti, der die Grenzen des Zulässigen zuweilen überschreitet, nicht aber für seine Kunden, die ihr Geld auf einem Schweizer Konto in Sicherheit wissen. Corti steht im Ruf, immer zu zahlen, auch in dem Fall, daß das Geld an der Grenze beschlagnahmt werden sollte. In Schmugglerkreisen berichtet man, er habe einem Kunden, dessen Koffer vom französischen Zoll konfisziert wurden, vier Millionen Schweizer Franken zurückerstattet, ohne mit der Wimper zu zucken. Er kann es sich leisten: Die Geschäfte laufen gut, und Corti gibt sein Geld mit vollen Händen aus. Er sponsert Rennfahrer und besitzt einen Fuhrpark, der vom Ferrari bis zum Rolls-Royce reicht, vom vergleichsweise bescheidenen Range Rover ganz zu schweigen. Er gehört zum Jetset und ist in den Luxushotels von Monte Carlo und Sankt Moritz zu Hause. Wegen seiner Schiebereien hat er sich schon Ärger eingehandelt, aber aus dubiosen Geschäften hat er sich immer herausgehalten. Heimlich Devisen von Bürgern in die Schweiz zu schleusen, die mit dem Fiskus des Nachbarlandes Italien nicht auf dem allerbesten Fuß stehen, bedeutet nicht unbedingt, auch etwas über die Herkunft dieses – zuweilen «schmutzigen» – Geldes zu wissen. Zweifellos hat sich Adriano Corti in den Augen manch eines europäischen Landes diverser Steuervergehen schuldig gemacht, doch er hält sich an die Schweizer Gesetze. Der Ruf des «Kassenwart der Mafia», den ihm vorschnell bedenkenlose Journalisten und böswillige Ermittler angehängt haben, entbehrt jedenfalls jeder Grundlage.

1983 kommt Adriano Corti in die Bredouille, als er sich auf Bitten des stellvertretenden Direktors der Schweizerischen Kreditanstalt (heute: Crédit Suisse) in Bellinzona bereit erklärt, etwa drei Millionen Dollar aus den Vereinigten

Staaten in die Schweiz zu transferieren. Der Bankier versichert Corti, das Geld sei sauber. Es gehöre einem Stahlhüttenbesitzer aus Brescia, der angeblich Scherereien mit den amerikanischen Steuerbehörden habe. «Wir verstehen nichts davon», gesteht der Bankier. «Sie schon. Wenn Sie wollen, geht die Sache an Sie, gegen Provision natürlich.» Adriano Corti führt die Transaktion durch und deponiert das Geld im Namen der italienischen Industriellen auf dem Wall Street-Konto der Schweizerischen Kreditanstalt in Bellinzona. Was die Herkunft des Geldes angeht, glaubt er, Rückendeckung durch die Bank zu haben. Er kassiert seine Provision, die sich im üblichen Rahmen bewegt. Die Transaktion scheint völlig legal zu sein.

Kurz darauf jedoch decken die italienische, die Schweizer und die amerikanische Polizei im Zuge der Operation *Pizza Connection* ein gigantisches Netz von Heroinhändlern auf, das von sizilianischen Produzenten über Schweizer Geldwäscher bis hin zu amerikanischen Wiederverkäufern und natürlich auch Drogenbossen reicht. Zum ersten Mal in der Geschichte des organisierten Verbrechens wird ein internationaler Händlerring komplett hinter Schloß und Riegel gebracht. Zu Cortis Leidwesen fördert die Ermittlung in Sachen *Pizza Connection* zutage, daß das von ihm gewaschene Geld zu den Gewinnen gehört, die von der Cosa Nostra im Heroinhandel erwirtschaftet wurden. Wider Willen wird Corti also in einen Fall hineingezogen, der nur am Rande mit ihm zu tun hat. Die italienischen Behörden beschuldigen ihn, einer der Geldwäscher der Cosa Nostra zu sein, und stützen sich dabei einzig und allein auf die Aussagen von *pentiti*, reuigen Mafiosi also, in denen nur von Cortis Kunden, dem Industriellen, die Rede ist, nie jedoch von ihm selbst. Da sie keine weiteren Beweise haben, schalten die italienischen Richter die Schweizer Justiz ein.

Der Fall wird Dick Marty übertragen, dem Staatsanwalt von Bellinzona, der, nachdem er die Sache genauestens untersucht hat, zu dem Schluß kommt, Adriano Corti habe nicht wissen können, woher das transferierte Geld stammte. Doch es ist zu spät, Corti hat seinen Ruf als «Kassenwart der Mafia» weg. Indem sie ihm dieses Etikett anhängen, verhelfen uns die Medien zu einer phantastischen Spitzeloperation im Schmugglermilieu, die die beiden Pfeiler der Eidgenossenschaft erschüttern sollte: Banken und Politik.

Am 5. Juni 1986 stößt Gaetano Petraglia, ein Sizilianer, der seit Jahren in Lugano lebt und dort einen Laden hat, auf einen der zahlreichen Artikel über Corti. «Jetzt schöpf ich auch mal aus dem vollen», sagt sich Petraglia. Er träumt vom großen Coup, der ihn aus der täglichen Mühle befreien soll. Unangemeldet taucht er im Büro von Adriano Corti auf.

«Herr Corti, Sie kennen mich nicht, aber ich kenne Sie gut. Ich habe alles gelesen, was man über Sie geschrieben hat, und ich glaube, wir haben gemeinsame Bekannte, die einer bestimmten ... Organisation angehören, wenn Sie verstehen, was ich meine.»

Corti runzelt die Stirn und befürchtet, tatsächlich verstanden zu haben, worauf sein Gesprächspartner hinauswill.

«Ich bin ganz direkt. Sie haben Kontaktmänner in den Vereinigten Staaten; ich kenne Leute in Istanbul, die gern mit Ihnen Geschäfte machen würden. Sie haben etwas zu verkaufen und ...»

Corti gehen die Nerven durch.

«Sie wollen, daß ich mich mit den amerikanischen Clans in Verbindung setze? Raus, auf der Stelle!»

Corti springt auf, stürzt sich auf Petraglia, schlägt ihm die Faust ins Gesicht und wirft ihn aus seinem Büro. Als er sich wieder beruhigt hat, sagt sich Corti, daß es womöglich ein Fehler war, die Beherrschung zu verlieren. Es wäre besser gewesen, den ungebetenen Gast ausreden zu lassen und herauszufinden, ob sich auf diesem Wege nicht eine Möglichkeit gefunden hätte, die Schwierigkeiten mit der italienischen Justiz aus der Welt zu räumen.

Entgegen allen Erwartungen läßt Petraglia schon am nächsten Tag wieder von sich hören. Corti erbittet sich eine kurze Bedenkzeit und empfängt ihn am 11. Juni in seinem Büro; er hat einen Plan. Ruhig hört er Petraglia zu, bis dieser zu Ende gesprochen hat, und sagt ihm bei der Verabschiedung folgendes:

«Bei unserer ersten Begegnung habe ich Sie für einen Provokateur gehalten. Ich habe mich erkundigt und weiß jetzt, daß man mit Ihnen arbeiten kann. Ich nehme Ihr Angebot zur Kenntnis und werde darüber nachdenken.»

Zwar wußte ich von der mißlichen Lage Cortis, doch ich kannte ihn nicht persönlich. Nachdem ich seinen Fall mit Dick Marty besprochen hatte, war auch ich der Ansicht, daß die Italiener auf dem Holzweg waren. Als Corti mich am Tag nach seiner zweiten Begegnung mit Petraglia sprechen möchte, lasse ich ihn sofort zu mir kommen. Er faßt die Geschehnisse zusammen und fährt dann fort:

«Ich verstehe das so, daß der Sizilianer Kontakte zur türkischen Mafia hat, die ihrerseits in den Vereinigten Staaten neue Absatzmöglichkeiten für ihr Heroin sucht. Mit dem Ende der *Pizza Connection* sind die alten Netze aufgeflogen. Ich habe mir gedacht, wenn er mich schon für den Kassenwart der Mafia hält, kann ich das Spiel ja mitspielen. Vielleicht komme ich so endgültig aus dieser Sache heraus und kann meinen Ruf ein wenig aufpolieren. Was spricht dagegen, daß man sich einmal ansieht, wie weit Petraglia geht und wer seine Hintermänner sind? Wenn Sie das interessiert, bin ich dabei. Als Gegenleistung verlange ich, daß die Schweizer Justiz keinen Zweifel an meiner Rechtschaffenheit läßt.» – «Natürlich interessiert mich das, aber wissen Sie auch, welches Risiko Sie da eingehen? Eine Mafiaorganisation zu bespitzeln ist ein gefährliches Unterfangen. Und eine Antwort kann ich Ihnen sowieso erst dann geben, wenn ich die zuständigen Justizbehörden dazu befragt habe.»

Gleich im Anschluß treffen wir Staatsanwalt Marty: Er ist einverstanden. Corti hat grünes Licht. Er wird den Polizeibeamten, die sich in die Organisation einschleusen sollen, den Weg bereiten.

Am 1. Juli trifft sich Corti mit dem Sizilianer in einem Café am Ufer des Luganer Sees. Petraglia wird von Nicola Giulietti begleitet, einem etwa dreißigjährigen, überschwenglichen Mailänder Geschäftsmann, der sehr fein gekleidet ist; sein ausgesuchter Stil fällt regelrecht auf. Giulietti, dessen Wahlheimat die Türkei ist, hat seine Kindheit in Istanbul verbracht und arbeitet mit der dortigen Mafia zusammen. Er ist ein skrupelloser Abenteurer. Sein Unternehmen steht kurz vor der Pleite, er ist unter Druck und ist allem bereit.

Petraglia hat gute Vorarbeit geleistet. Corti und Giulietti kommen sofort zur Sache. Giulietti legt Corti nahe, seine Kontakte im Heroingeschäft wieder zu mobilisieren, um auf diese Weise eine neue Verbindung zwischen den türkischen Händlern, die an der Balkanroute aktiv sind, und der amerikanischen Cosa Nostra herzustellen, diesmal unter Umgehung der sizilianischen Clans, die sich in einem brutalen Krieg gegenseitig zerfleischen. Angesichts der drängenden Bitten seines Gegenübers hält Adriano Corti es für ratsam, mit Bedacht zu agieren.

«Immer mit der Ruhe. Ich kann unter Umständen etwas für Sie tun, aber meine Partner sind extrem mißtrauisch. Sie schalten sich niemals direkt ein, zumindest nicht in den Vereinigten Staaten. Wer sagt mir, daß Sie wirklich derjenige sind, für den Sie sich ausgeben? Ich kenne Sie nicht. Vielleicht sind Sie von der Polizei, oder aber Ihr Kontaktmann ist von der Polizei. Sie wissen, daß die Agenten der amerikanischen Antidrogenpolizei permanent versuchen, sich bei uns einzuschleusen. Ständig schicken sie uns ihre Undercover-Leute. Sie wissen ja, was passiert, wenn man einen von uns erwischt? Ich brauche mehr Informationen. Aber eines kann ich Ihnen versichern: Wenn ich zusage, dann geht die Sache auch klar.»

«Einverstanden, Sie können darüber nachdenken. Wenn Sie Interesse haben, stelle ich Ihnen meinen Kontaktmann vor.»

Unser Plan ist simpel. Über Nicola Giulietti soll Corti die türkischen Händler mit eingeschleusten Polizeileuten bekannt machen, die sich als amerikanische Mafiosi ausgeben. Giulietti ist gebildet und polyglott – er spricht fließend italienisch, türkisch, englisch und französisch –, und er sucht neue Absatzmärkte in den Vereinigten Staaten. Der Polizeibeamte, der die Rolle des Vertreters einer der zahlreichen Clans der Cosa Nostra spielen soll, will also gut ausgewählt sein. Er muß amerikanischer Muttersprachler sein, und seinem Italienisch muß dieser typische Einschlag anzuhören sein. Kurzum, ideal wäre ein italienisch-amerikanischer Kollege.

Das Schweizer Büro der DEA ist gerade erst eingerichtet worden und noch nicht funktionstüchtig. Aus Gründen der territorialen Zuständigkeit möchten die Schweizer Bundesbehörden, daß wir uns an die Pariser Außenstelle der DEA wenden. In Paris aber gibt es keinen Mann mit diesem Profil. Ich kämpfe wie ein Besessener, um die Schweizer Behörden dazu zu bringen, ihre Entscheidung zu revidieren, und drohe sogar damit, alles zu stoppen. In Übereinstimmung mit Dick Marty und meinem direkten Vorgesetzten, Polizeikommandant Dell'Ambrogio, widersetze ich mich schließlich den Anordnungen aus Bern und beschließe, die Schweizer Behörden vor vollendete Tatsachen zu stellen. Ich weiß, wer der ideale Mann für die Rolle des italo-amerikanischen Paten ist: Samuel Meale, ein Kollege von der DEA in Mailand, mit dem ich auch befreundet bin und mit dem ich gemeinsam die Operation *Hun* durchgeführt habe. Sam ist ein kleiner blonder, zurückhaltender Mann, der seine ersten Erfahrungen mit der Cosa Nostra im New Yorker DEA-Büro gesammelt hat.

Die erste Begegnung zwischen Sam und Giulietti findet am 15. Juli 1986 in Cortis Büro in Chiasso statt. Angeblich trifft Sam direkt aus den Vereinigten Staaten ein. Mit einer Maschine der Crossair aus Mailand via Zürich kommt er am Flughafen von Lugano an. Wir haben nichts dem Zufall überlassen: Sein Gepäck wurde in New York unter seinem Decknamen Sam De Rosa registriert. Empfangen wird er von Corti, der ihn direkt in sein Büro in Chiasso zu dem Treffen mit Nicola Giulietti bringt. Schweigsam läßt Sam sich von Giulietti über dessen Boß Haci Mirza berichten.

«Er ist einer der mächtigsten Männer in der Türkei. Er handelt mit Heroin und Waffen. Wenn Sie wollen, besorgt er Ihnen eine Tonne Rauschgift.»

«Mal sehen, was die Familie dazu sagt», bemerkt Sam. «Aber sollte sie Interesse haben, muß ich direkt mit Ihrem Boß verhandeln, ohne Zwischenhändler. Ich gebe Ihnen über meinen Freund Adriano Corti Bescheid. Sie wenden sich ausschließlich an ihn.»

«Geben Sie mir bald Bescheid, in ein paar Tagen reise ich in die Türkei. Sie können mich jeden Mittag im Sheraton in Istanbul anrufen. Wenn Sie mich nicht erreichen oder wenn es etwas Dringendes gibt, ich hinterlasse Ihnen die Nummer von einem Kontaktmann, der immer weiß, wo ich zu finden bin.»

Haci Mirza ist einer der größten Drogenhändler der Balkanroute. Wegen Mordes gesucht, floh der Drogenbaron in den siebziger Jahren nach Varna in Bulgarien, wo er den Schutz des bulgarischen Geheimdienstes genoß und mit dem staatlichen Unternehmen Kintex zusammenarbeitete, das auf den internationalen Handel mit Waffen, Heroin und Zigaretten spezialisiert war. Mit Billigung seiner neuen Freunde lieferte Mirza von Bulgarien aus Waffen an die rechtsextreme türkische Gruppierung Graue Wölfe, die auch am Attentat auf Papst Johannes Paul II. am 13. Mai 1981 beteiligt war. Geheime Heroinlabors, von den Paten der Cosa Nostra in Palermo eingerichtet, wurden von ihm mit Morphin beliefert. In einem erbarmungslosen Kampf zwischen den auf der Insel residierenden Familien wurden die sizilianischen Labors aufgerieben. Mit dem Ende der *Pizza Connection* in den Vereinigten Staaten kann Haci Mirza seine Ware nicht mehr an den Mann bringen. Er sucht also verzweifelt nach neuen Absatzmöglichkeiten.

Mirza ist ein besonders großer Fisch. Für die amerikanischen Beamten der DEA und des FBI ist er einer der größten, wenn nicht der größte Heroinhändler der Türkei. Auch für unseren Geheimdienst ist er kein Unbekannter. In den achtziger Jahren hielt er sich, wie andere türkische Paten auch, in Zürich auf. Als ich seine Akte öffne, stelle ich zu meinem großen Erstaunen fest, daß sich etliche europäische und amerikanische Polizeidienste bereits damit beschäftigt haben, allerdings jeder für sich. In Mailand beispielsweise ermittelten Carabinieri und Mitarbeiter der italienischen Finanzbehörde, Guardia di Finanza, unabhängig voneinander zu ein und demselben türkischen Händlerring. In anderen europäischen Ländern und auch in Amerika sieht es ähnlich aus. Kriminalpolizei, Staatsanwaltschaft, Geheimdienste – jeder arbeitet für sich und hat nur den eigenen Posten und Vorteil im Auge, was nicht nur unnötig doppelte Arbeit verursacht, sondern indirekt das organisierte Verbrechen auch noch begünstigt. Niemand hat sich je um eine globale Vision der Problematik bemüht, hat die Akten miteinander verglichen, um zu begreifen, welche Rolle die darin auftauchenden Personen spielen und wofür sie verantwortlich zu machen sind. Dick Marty, der für das strafgerichtliche Verfahren zuständig ist, gibt grünes Licht für den weiteren Verlauf der Ermittlungen. Erste Phase: die Bildung einer Task Force mit der amerikanischen DEA, der Antidrogeneinheit der Carabinieri in Mailand und der Zentralstelle zur Bekämpfung des internationalen Betäubungsmittelhandels in Bern.

Zurück in Mailand geht Sam wieder seiner Tätigkeit bei der dortigen DEA-Stelle nach. Sein Büro befindet sich im amerikanischen Konsulat. Eines Mittags, als er das Gebäude verläßt, um essen zu gehen, erkennt er von weitem Nicola Giulietti. Der Geschäftsmann wohnt in allernächster Nähe. Sam ist nicht allzu beunruhigt: Als amerikanischer Bürger kann er durchaus gute Gründe haben, die Vertretung seines Landes aufzusuchen. Dennoch ist er auf der Hut. Fortan informieren ihn die Carabinieri, die Giulietti auf unser Betreiben hin überwachen, wann sich dieser außer Hauses begibt. Außerdem hören sie seine Gespräche mit Haci Mirza ab. Nach und nach baut sich die Organisation vor unseren Augen auf. Wir finden heraus, daß Giuliettis Kontakte zu Mirza über einen großen türkischen Industriellen laufen, einen der Geschäftsführer von Pepsi Cola in Istanbul, der schwer zu fassen ist und dessen Spur wir eigenartigerweise auch wieder aus den Augen verloren haben. Nach meiner Einschätzung ist er ein Mitarbeiter des bulgarischen Geheimdienstes oder aber einer von dessen Verbindungsmännern innerhalb der türkischen Mafia.

Giulietti hat Vertrauen gefaßt und macht Angebote für weitere Geschäfte. Am 24. Juli 1986 trifft er Adriano Corti an einer Autobahntankstelle bei Chiasso und fragt ihn, ob er auch Waffen liefern könne. Ohne sich allzu weit aus dem Fenster zu lehnen, gibt Corti zu verstehen, er verfüge über entsprechende Kontakte.

«Ich kenne einige der Machthaber in Teheran», erläutert Giulietti. «Durch den Krieg gegen den Irak und das Embargo der Vereinten Nationen hat die iranische Armee immer größere Schwierigkeiten mit ihrem Nachschub. Da sind gute Geschäfte zu machen, zumal man Drogen und Waffen miteinander kombinieren kann, falls Sie das interessiert.»

Bevor er sich verabschiedet, überreicht Giulietti Sam noch eine Liste mit dem von den Iranern gewünschten Material, darunter fünfzig Flugabwehrbatterien vom Typ Oerlikon GDF-005. Anfangs haben Corti, Sam und ich noch unsere Zweifel, ob Giuliettis Behauptung, er habe Kontakte zu führenden Stellen im Iran, auch der Wahrheit entspricht. Unsere Zweifel werden jedoch schon bald ausgeräumt.

Die Verhandlungen zwischen Sam und Giulietti gehen zügig voran. Es ist jetzt an der Zeit, Haci Mirza zu treffen. Aus naheliegenden Gründen der Sicherheit wäre uns eine Begegnung in der Schweiz lieber gewesen als in Istanbul. Andererseits ist das Vertrauen möglicherweise eher herzustellen, wenn wir Mirza in seinem eigenen Revier aufsuchen.

Am 28. Juli 1986 fliegt Nicola Giulietti mit der Alitalia nach Istanbul. Wie vereinbart ruft Corti ihn am darauffolgenden Tag an. Giulietti gibt das erhoffte Signal: «Es geht alles klar, wir haben einen Termin am 4. August im Sheraton.»

Mehr denn je stellt sich jetzt die Frage nach der Sicherheit. Sam kann unmöglich allein in die Türkei fliegen. Die Zeit für meinen Auftritt in der Doppelrolle als Bodyguard und Berater ist also gekommen. Darüber hinaus müssen Sam und ich allerdings auch bei den örtlichen Behörden als Polizeibeamte akkreditiert sein, die Voraussetzung schlechthin, um überhaupt tätig werden zu können. Über Interpol stelle ich einen Eilantrag. Unter Angabe unserer richtigen Namen und Funktionen kündige ich unsere Ankunft für den 30. Juli an. Zwei Tage später genehmigt Ankara die Operation.

Natürlich steht es außer Frage, tatsächlich am 30. Juli anzureisen. In der Türkei verbreitet sich die Korruption in dem Maße, wie die Inflation anzieht. Wir wollen vermeiden, daß uns am Flughafen ein bestochener Beamter oder gar Schlimmeres erwartet. Am 1. August, dem Schweizer Nationalfeiertag, fliegen Sam und ich mit der Swissair nach Istanbul. Die Papiere von Samuel Meale lauten auf den Namen Sam De Rosa, meine auf Pierre Consoli, unsere Decknamen seit Beginn der Ermittlungen.

Am Flughafen nimmt uns ein Kollege der DEA in Istanbul diskret in Empfang. Er hat uns zwei Zimmer in einem kleinen Hotel am Bosporus reserviert. Achtundvierzig Stunden Rückzug liegen vor uns, bevor wir uns in die Höhle des Löwen begeben – zwei Tage für Besprechungen mit unseren Kollegen von der DEA, die wir auch brauchen, um noch an unserem Plan zu feilen.

Am Morgen des 4. August ziehen wir ins Sheraton um. Um halb eins, wie verabredet, holt Giulietti uns ab. Wir sollen mit Haci Mirza zu Mittag essen. Eine bleierne Hitze und eine schier wahnwitzige Luftfeuchtigkeit haben die Paßform unserer sommerlichen Anzüge zunichte gemacht, schweißgebadet betreten wir das Restaurant. Der Kontrast zwischen den kühlen Räumen und der stickigen Stadt ist enorm. An den Tischen sitzen fast ausschließlich Geschäftsleute. Auf der am Bosporus gelegenen Terrasse erwartet uns ein gedrungener, beleibter Mann mit eckigem Gesicht und krausen, graumelierten Haaren. Sofort erkenne ich den Mann, dessen Foto ich in unserer Kartei gesehen habe.

Der größte Drogenhändler weit und breit sieht aus wie ein Bauer aus Anatolien. Des Lesens und Schreibens kaum mächtig, spricht er ausschließlich türkisch, radebrecht Englisch und Deutsch und macht sich mehr schlecht als recht verständlich. Als ich ihn mir so ansehe, stelle ich mir vor, wie er Anfang der achtziger Jahre einen Schweizer Polizeibeamten bestochen hat. Volltrunken wurde er in den Straßen Zürichs am Steuer seines Mercedes erwischt und hielt dem Polizisten daraufhin einen Packen Geldscheine hin, die er aus seiner Jackentasche gezogen hatte, etwa zwanzigtausend Schweizer Franken. Der Polizist war integer, und Mirza landete im Gefängnis. Kurz darauf wurde er wieder auf freien Fuß gesetzt und ging erneut seinen Geschäften in Zürich nach, bevor er nach Istanbul zurückkehrte.

Der Mann scheint in dem Restaurant ein oft gesehener Gast zu sein. Von Zeit zu Zeit kommt der Besitzer herbei, um sich nach unserem Wohlbefinden zu erkundigen und sich vor dem Drogenbaron zu verneigen, dem *büyük baba*, wie man hier sagt. Nachdem er uns zu einem Glas Raki eingeladen hat, wählt Haci Mirza ein paar Langusten aus einer Kiste aus, die man uns präsentiert. Giulietti ist wie euphorisiert und redet ununterbrochen. Immer wieder kommt er auf seine Kontakte zur iranischen Regierung zu sprechen. Er behauptet, daß es trotz der offiziellen amerikanischen Politik und des Embargos der Vereinten Nationen jemanden in der amerikanischen Regierung gebe, der einen iranischen Würdenträger, Hashemi Rafsanjani, mit Waffen beliefere. Damals wußte noch niemand darüber Bescheid. Es fällt uns schwer, Giulietti Glauben zu schenken. Ich nehme die Sache zur Kenntnis und beschließe, ihn später dazu zu befragen.

Mirza, der seine Worte immer gut abwägt, reagiert schließlich ungehalten auf Giuliettis Offenbarungen. Er weist den italienischen Industriellen zurecht und sagt dann in dem ihm eigenen gemächlichen Tonfall:

«Sie wollen 100 Kilo? Gut.»

Nach reiflicher Überlegung sind Sam und ich übereingekommen, uns mit einer «geringfügigen» Menge zufriedenzugeben, geringfügig zumindest in den Augen eines Händlers von Mirzas Kaliber, der leicht die dreißigfache Menge beschaffen kann. Bei einem ersten Geschäftsabschluß geht man nicht blindlings ein zu großes Risiko ein. Auch im Handel mit normalen Waren wie beispielsweise Kaffee wird das nicht anders gehandhabt. Und beim *first business* gelten für Drogen noch strengere Gesetze als für sonstige Produkte. Jede andere Vorgehensweise hätte uns in eine bedrohliche Situation bringen können.

«Allerdings gäbe es da noch ein kleines Problem.»

Als Giulietti weiter dolmetscht, haben wir schwer an unseren letzten Bissen zu schlucken.

«Man hat mich informiert, daß zwei Ermittler von der Schweizer Kriminalpolizei in Istanbul sind. Sie wohnen in Ihrem Hotel, im Sheraton. Sie sind einer großen Sache auf der Spur, einer großen Heroinlieferung. Vielleicht ermitteln sie auch gegen mich. Ich bitte Sie alle, vorsichtig zu sein und Geduld zu haben.»

Es herrscht Totenstille, als der Drogenboß eine Kopie des von mir verfaßten Telex hervorzieht, in dem unsere wirklichen Namen stehen und unsere Funktionen als Beamte der Schweizer und der amerikanischen Polizei genannt sind. Ohne Sam auch nur eine Sekunde anzusehen, schlukke ich ein Stück Languste herunter und wende mich an Giulietti.

«Hör zu, Nicola, erkläre Herrn Haci Mirza, daß wir seine Sorge verstehen können. Ehrlich gesagt, an seiner Stelle ginge es mir genauso. Da die Dinge so stehen, dürfen wir uns jetzt auf keinen Fall wieder treffen. Ich sage es ungern, aber wenn Herr Mirza nicht ausschließt, daß ihm die Polizei auf der Spur ist, so betrifft das nicht nur ihn, sondern auch uns. Schließlich wollen wir nicht im Gefängnis landen. Danke Herrn Mirza für seine Gastfreundschaft. Wir müssen den Kontakt abbrechen. Wir können es uns nicht erlauben, mit jemandem Geschäfte zu machen, der von der Polizei überwacht wird.»

Giulietti, der mit einem Schlag aus seinen Träumen vom großen Geld erwacht, fällt fast hintenüber. Ich lege meine

Serviette auf den Tisch, schiebe meinen noch vollen Teller von mir und stehe auf. Sam folgt mir auf dem Fuß, und wortlos verlassen wir das Lokal.

Leicht beunruhigt kehren wir ins Hotel zurück. Haci Mirza hat uns gerade einen zusätzlichen Beweis für seine Macht geliefert. Wir müssen abwarten, die Ruhe bewahren und dürfen dabei nicht vergessen, daß das Kartell uns mit Sicherheit überwacht. Für diesen Fall haben wir eine Reihe von Vorsichtsmaßnahmen ergriffen. So können wir zum Beispiel nicht eine Woche lang im Hotel bleiben, ohne das Telefon zu benutzen; das wäre schlichtweg nicht normal. Wir haben also mehrere Vermittler oder Filter zwischengeschaltet, um unsere Vorgesetzten vom Verlauf der Operation zu unterrichten. An erster Stelle Adriano Corti, der unsere Berichte regelmäßig an Dick Marty weiterleitet. Ferner steht uns in New York ein eigens von der DEA angemietetes Büro zur Verfügung, in dem ein Mitarbeiter von Sam unsere Anrufe entgegennimmt. Und schließlich greifen wir auf die Dienste eines jungen Türken zurück, der hin und wieder für die DEA tätig ist und gute Arbeit leistet; an ihn geben wir Informationen weiter, die er den zuständigen Stellen übermittelt. Offiziell haben wir ihn als Fremdenführer engagiert und können ihn so ohne Umstände im Hotel empfangen. Als feststeht, daß wir beschattet werden, klappert er mit uns die schummrigsten Ecken Istanbuls ab.

Am 5. August, dem Tag nach unserer Begegnung mit Haci Mirza, stehe ich frühmorgens auf und gehe zum Swimmingpool. Die Sonne ist schon sengend, ein drückend heißer Tag kündigt sich an. Noch halb schlafend und gedankenverloren trete ich falsch auf und falle ungeschickt. Dabei verstauche ich mir den Knöchel. Als Sam zu mir stößt, liege ich mit einem Eisbeutel auf der Schwellung in einem Liegestuhl. Er prustet vor Lachen. Dann ziehen wir Bilanz und kommen zu dem Schluß, daß Mirza uns das

Telex gezeigt hat, um unsere Reaktion zu testen. Wir gehen davon aus, daß er bald von sich hören lassen wird. Da ich außer Gefecht gesetzt bin, wird sich Sam allein zu einem möglichen weiteren Treffen aufmachen müssen, was vielleicht sogar als Ausdruck unseres Mißtrauens gewertet werden könnte. Sam wird leichtes Spiel haben, denn er kann sich lange bitten lassen, bevor er in den Handel einschlägt.

Am späten Vormittag taucht der verschwitzte und verstört wirkende Giulietti im Hotel auf. Er dürfte eine schlaflose Nacht hinter sich haben. Er holt tief Atem und redet dann, wie gehabt, *prestissimo*.

«Mir tut leid, was gestern passiert ist. Ihr müßt eure Entscheidung rückgängig machen. Herr Mirza kann eure Reaktion verstehen, aber er versichert euch, daß es keine Probleme geben wird. Ihr müßt wissen, daß er hier derjenige ist, der die Polizei unter Kontrolle hat. Schließlich war er sofort davon unterrichtet, daß die beiden Beamten eingetroffen sind.»

«Mir tut mein Knöchel höllisch weh», sage ich mürrisch. «Mir ist nicht danach, Geschäfte zu machen.»

«Haci Mirza braucht umgehend eine Antwort.»

In dem Moment tritt Sam auf den Plan und legt sein ganzes Geschick an den Tag.

«Wir können unter Umständen weiter diskutieren, aber nur unter einer Bedingung: Die Ware wird an einen Ort unserer Wahl außerhalb der Türkei geliefert.»

Innerlich stoße ich einen Seufzer der Erleichterung aus. Soeben hat Sam die heikelste Frage in unserem Sinne gelöst: es nämlich nicht dem Gegner zu überlassen, wo die Übergabe der Ware stattfindet. In der Türkei kann Mirza allerorten darauf setzen, daß er protegiert wird. Vor diesem Vorfall hätte er darauf bestehen können, das Heroin an Ort und Stelle zu übergeben, indem er uns beispielsweise einen sehr günstigen Preis genannt hätte. Ein solches Angebot hätten wir unmöglich ausschlagen können. Sam hat den Ausweg gefunden: Entweder die Sache läuft nach unseren Vorstellungen, oder sie läuft gar nicht!

«Kein Problem», entgegnet Giulietti, «ich bin sicher, daß Herr Mirza mit einer Lieferung in ein Land Ihrer Wahl einverstanden ist.»

Giulietti ist beruhigt und weiht uns sofort in weitere Geheimnisse ein. Wieder kommt er auf den gigantischen Waffenhandel mit dem Iran zu sprechen, der von den Vereinigten Staaten aus organisiert werde. Es ist die Rede von hochrangigen Offizieren der amerikanischen Armee, darunter ein gewisser Oliver North, die unter Verletzung der UNO-Beschlüsse und der offiziellen Linie der amerikanischen Politik illegal Waffenhandel mit dem Iran betreiben sollen. Ich kann das alles nicht ganz glauben. Doch ich täusche mich. Drei Monate später sollte der Skandal die Vereinigten Staaten erschüttern. An jenem Tag am Swimmingpool in Istanbul hat uns Giulietti den Schlüssel zur sogenannten *Irangate*-Affäre geliefert.

Noch für denselben Abend organisiert Giulietti ein zweites Treffen mit Haci Mirza. Ich bleibe im Hotel und sehe nur ungern, wie Sam in die vom Drogenbaron geschickte Limousine steigt. Ich habe zu große Schmerzen, mein Knöchel ist so geschwollen, daß mir kein Schuh mehr paßt. Mirza gibt sich überzeugt, daß nicht er Gegenstand der Ermittlungen der beiden Beamten ist. Darüber hinaus hat er alle erdenklichen Informationen über uns eingeholt. Er fragt Sam, ob unsere Organisation ihm Chemiker zur Verfügung stellen könne, die Morphin zu Heroin verarbeiten. «Kein Problem», sagt Sam. Ruhig und entspannt schlägt er Sam vor, er könne ihm ein Heroindepot zeigen, eine Einladung, die Sam natürlich höflich ausschlägt. Hätte er angenommen, hätte er sich verdächtig gemacht. Neugierde ist in diesen Kreisen keine gute Visitenkarte.

Bei Transaktionen wie dieser ist es üblich, daß der Verkäufer dem Käufer eine Warenprobe zur Verfügung stellt. Haci Mirza möchte uns jedoch zu verstehen geben, daß er sich bei uns nicht hundertprozentig sicher ist. Er will sich die Bedingungen, zu denen die Probe übergeben werden soll, noch durch den Kopf gehen lassen. Dann geht es um die Lieferung. Sam schlägt die Schweiz vor, was allen recht ist. Niemand wird Fragen stellen, wenn das Geld, mit dem die 100 Kilo bezahlt werden sollen, in einem Bankschließfach hinterlegt wird. Haci Mirza willigt ein. Im Anschluß an diesen Deal können wir die Drogen 300-kiloweise direkt aus dem Iran und aus Pakistan beziehen.

Später am Abend, um Viertel nach neun, ruft Giulietti Sam im Sheraton an: «Ich soll Ihnen die Probe vorbeibringen. Sie ist schon unterwegs. Wir liefern sie Ihnen morgen abend ins Hotel.»

Am darauffolgenden Tag zur vereinbarten Zeit stößt ein sichtlich nervöser Giulietti zu uns:

«Unsere Organisation hat gerade dreiundzwanzig Kilo Heroin verloren, die von türkischen Soldaten in Bitlis beschlagnahmt wurden, und siebzig Kilo in Holland. Vier Personen wurden vom Militär in der Türkei verhaftet. Mit der Polizei gibt es keine Schwierigkeiten, die leitenden Beamten haben wir gekauft, aber das Militär läßt sich auch von einem Haci Mirza nicht bestechen. Er hat die türkische Armee nie gemocht, und das zahlt sie ihm heim. Ihretwegen mußte er auch nach Bulgarien ins Exil. Im Moment bleibt uns jedenfalls nichts anderes übrig, als auf der Hut zu sein. Ich werde Ihnen die Probe persönlich in die Schweiz bringen.»

Am 11. August, zwei Tage nach unserer Rückkehr in die Schweiz, haben wir gerade eine Sitzung im Büro der DEA im amerikanischen Konsulat in Mailand, als uns ein Gespräch mit Adriano Corti durchgestellt wird. Er habe soeben einen Anruf von Giulietti erhalten, den er um zwölf

Uhr mittags in Coldrerio treffen solle, einer kleinen Ortschaft nördlich von Chiasso. Für ein Überwachungsteam ist es zu spät. Adriano wird allein auftreten müssen, ohne Netz und doppelten Boden. Es stellt sich heraus, daß Giulietti uns lediglich beruhigen will. Wir bekämen die Heroinprobe, aber mit der Lieferung müßten wir warten, bis die Wogen sich geglättet hätten.

Nachdem die Holländer von den Behörden in Bern dazu befragt wurden, informieren sie uns am 14. August 1986 endlich über die Details der Sicherstellung der siebzig Kilo Heroin in Amsterdam. Sie fand nur wenige Stunden vor dem Zeitpunkt statt, als Giulietti uns in Istanbul davon berichtete. Und als in der örtlichen Presse die Meldung über die Beschlagnahmung durch die Türken erschien, waren wir über Giulietti bereits vierundzwanzig Stunden auf dem laufenden. Er ist offensichtlich gut informiert, und zwar von ganz oben. Wir sind auf der richtigen Fährte.

Am selben Tag gegen sechs Uhr abends trifft sich Adriano Corti in einem Hotel bei Lugano erneut mit Nicola Giulietti, der ihn ein weiteres Mal um Geduld bittet. Haci Mirza ist außer sich. Die in Amsterdam beschlagnahmten siebzig Kilo gehörten ihm und einigen anderen Clans der türkischen Mafia und bedeuten, auch wenn sich der Ausfall auf mehrere verteilt, einen herben Verlust.

Ein paar Tage später reisen Sam, Corti und ich in die Vereinigten Staaten. Wir haben Termine mit den Leitern verschiedener Antidrogeneinheiten. Am Sitz der DEA in Washington treffen wir gleich eine ganze Schar von Bundesbeamten, denen wir Giuliettis vertrauliche Mitteilungen über die *Irangate*-Affäre weitergeben. In New York begegnen wir dem künftigen Chef des FBI, Louis Freeh, den mit dem Fall der *Pizza Connection* betrauten Staatsanwalt. Er soll die heikle rechtliche Lage prüfen, in der Corti sich befindet, denn Italien hält am internationalen Haftbefehl gegen ihn fest. Eine absurde Maßnahme, die unseren Ermittlungen schaden kann. Freeh verspricht, daß er sein möglichstes tun wird, um dies den italienischen Behörden klarzumachen.

In unserem New Yorker Hotel ist Sam unter seinem Decknamen abgestiegen. Er ruft in Giuliettis Büro in Mailand an, nachdem die Carabinieri, die ihn dort beschatten, Bescheid gegeben haben, daß Giulietti das Gebäude verlassen hat. Sam hinterläßt seine Nummer in New York. Es gilt, wann immer, den Eindruck zu erwecken, daß Sam in der amerikanischen Hauptstadt der Cosa Nostra zu Hause ist. Giulietti ruft zurück. Er ist, wie vereinbart, zur Übergabe der Probe bereit.

Unverzüglich kehren wir in die Schweiz zurück, um in einer Reihe von Sitzungen die weitere Vorgehensweise abzusprechen.

Am 21. August 1986 um vierzehn Uhr ruft Giulietti bei Corti an und teilt ihm mit, daß er nach Istanbul fliege und ihm nach seiner Rückkehr am 23. August die Probe übergeben könne. Am darauffolgenden Tag bestätigen uns die Zürcher Kollegen Giuliettis Flug nach Istanbul mit einer Maschine der Swissair und seinen voraussichtlichen Rückflug um 18.30 Uhr tags darauf.

Am 23. August empfängt Corti Giulietti im Transitbereich des Flughafens. Der Mailänder Industrielle hält ihm eine Lokumschachtel hin. Die 30-Gramm-Probe ist im Boden versteckt. Die von uns beauftragten Chemiker der Schweizer Kripo machen sich sofort an die Arbeit. Das Heroin ist von sehr schlechter Qualität; die Probe enthält nur knapp dreißig Prozent reines Heroin. Am 25. August trifft Giulietti auf einen wutschnaubenden Corti: «Wir wollen keine Scheißware!» Der Industrielle entschuldigt sich: «Das ist ein Versehen, ich fahre noch mal nach Istanbul und bringe euch eine andere Probe.»

Am 10. September meldet sich Giulietti bei Corti und kündigt ihm an, daß er am darauffolgenden Tag in Istanbul abfliege, mit einer Probe von besserer Qualität im Gepäck. Am 11. September allerdings herrscht in der Stadt nach einem Bombenattentat, das moslemische Extremisten in der Synagoge verübt haben und bei dem etwa zehn Menschen getötet worden sind, praktisch der Ausnahmezustand. Giuliettis Rückkehr ist dadurch jedoch nicht gefährdet. Haci Mirza beordert ihn zum Flughafen. Er werde dafür sorgen, daß er die strengen Kontrollen ungehindert passieren könne. Tatsächlich holen ihn zwei vom türkischen Paten bezahlte Polizeibeamte aus der langen Warteschlange und begleiten ihn zum Flugzeug. Corti, der Giulietti am Flughafen Zürich-Kloten erwartet, muß sehr an sich halten, um nicht in lautes Gelächter auszubrechen, als er Giuliettis Aufmachung sieht: ein großer schwarzer Hut und ein langer dunkler Schal über einer knallroten Jacke. Haci Mirzas Kurier ist nicht gerade unauffällig. Er überreicht Corti eine 70-Gramm-Probe. Dieses Mal schätzen die Chemiker der Kripo den Reinheitsgehalt auf achtzig Prozent. Das Rauschgift stammt aus dem Iran.

Seit Anfang September haben wir uns in einer Wohnung einer Genfer Luxuswohnanlage in Grand-Saconnex eingemietet. Die Fassade soll bei Giulietti Eindruck schinden. Wenn wir unterwegs sind, fahren wir zuweilen mit Cortis Rolls-Royce Silver Shadow.

Am 18. September schlägt uns Giulietti in unserer Genfer Wohnung ein weiteres Geschäft vor. Wieder betont er seine freundschaftlichen Beziehungen zur iranischen Regierung. Er stehe dem künftigen Präsidenten Rafsanjani sehr nahe und habe wichtige Kontaktleute in der iranischen Botschaft in Bern. Wir wissen, daß er in der Botschaft fünfzehn Kilo Heroin in Empfang genommen hat, die sehr wahrscheinlich mit dem diplomatischen Kurier dorthin gelangt waren.

«Wenn ihr wollt, habe ich zehn Kilo Heroin für euch. Sie stammen von jemandem aus der iranischen Botschaft. Allerdings muß das Heroin mit Waffen bezahlt werden. Ich habe eine Liste von dem gewünschten Material.»

Um die Spur bis in den Iran zu verfolgen, müßten wir die 100 Kilo Heroin von Haci Mirza kaufen und dafür vier Millionen Dollar bezahlen, ohne irgend jemanden zu verhaften. So etwas gab es noch nie. Dick Marty, den wir von unserer Idee unterrichten, sichert uns Rückendeckung zu. Wenn wir die 100 Kilo kaufen und nicht einschreiten würden, könnten wir auch die verschlungenen Pfade der Wirtschafts- und Finanzwelt offenlegen und möglicherweise dem Händlerring in der Schweiz auf die Schliche kommen. Allerdings ist das Vorhaben nicht gerade dazu angetan, die staatlichen Stellen in Begeisterung zu versetzen. Die Regierung in Bern lehnt es kategorisch ab, über den Kauf der hundert Kilo Heroin hinaus weitere Schritte zu unternehmen. Sehr wahrscheinlich haben die betroffenen Minister weiche Knie bekommen, weil sie sich durch einen möglicherweise unguten Ausgang der Affäre nicht in eine heikle Lage manövrieren möchten.

In Telefonaten erwähnt Giulietti auch Lieferungen von Waffen und hochwertigem Verteidigungsgerät, die als Versand von Grundnahrungsmitteln getarnt über eine Frankfurter Import-Export-Firma in den Iran gelangen. Ich habe den Eindruck, daß hinter dieser Scheingesellschaft der israelische Geheimdienst steckt. Der Mailänder Geschäftsmann nennt den Namen des eidgenössischen Vertreters der Frankfurter Firma. Es handelt sich um einen Schweizer Bürger, der in der Gegend von Locarno ansässig ist. Wir lassen sein Telefon abhören. Der Verdacht bestätigt sich. Wir verständigen die Deutschen. Dem BKA gelingt es, bei einem Treffen in einem Frankfurter Hotel, an dem auch der Schweizer teilnimmt, Fotos zu machen. Die Deutschen scheinen die Sache vertiefen zu wollen. Mehrere Arbeitssitzungen werden anberaumt, zunächst in der Botschaft der Vereinigten Staaten in Bonn, dann im BKA in Wiesbaden. Sam Meale und ich geben den deutschen Ermittlern alles weiter, was wir von Nicola Giulietti über die iranischen Kontakte wissen. In der Folge erfahre ich, daß das BKA die Sache auf politischen Druck hin fallengelassen hat.

Giulietti legt sich mächtig ins Zeug, um uns dazu zu bringen, im Gegenzug für das Heroin Waffen an den Iran zu liefern. Er läßt nicht locker, wir wissen nicht mehr ein noch aus. Er will partout fünfzig Flugabwehrbatterien. Kaufpreis: 1,2 Milliarden Schweizer Franken bar auf die Hand und die verbleibenden fünfzehn Prozent in Form von Heroin, was drei Tonnen entspricht! Er scheint es durchaus ernst zu meinen. Da wir keinen Handlungsspielraum haben, erfinden wir jedesmal eine andere glaubwürdige Ausrede. Zu unserem Glück wird die *Irangate*-Affäre am 4. November 1986 publik und liefert uns den geeigneten Vorwand, um die iranische Dimension der Angelegenheit auf Eis zu legen.

Der Verlauf und die Koordinierung der Operationen lassen uns keine Ruhepause mehr. Wir sind am Beginn einer kniffligen Phase. In Begleitung von Giulietti kommt Haci Mirza am 10. Januar 1987 mit einem falschen Paß, der auf den Namen Josip Ramazan lautet, über Mailand in die Schweiz. Wir halten eine kleine Überraschung für ihn bereit. Adriano Corti bringt die beiden Männer zum Hotel Posta im berühmten Ferien- und Wintersportort San Bernardino, wo er zwei schöne Zimmer für sie reserviert hat.

«Lassen Sie es sich gutgehen, wir holen Sie morgen ab», ruft er ihnen beim Weggehen zu.

Am nächsten Tag fahren Sam und Adriano Corti vor, um Mirza und Giulietti abzuholen. Corti sitzt am Steuer eines Range Rover, den er sich gerade erst zugelegt hat,

Sam sitzt neben ihm, und Mirza und Giulietti nehmen auf dem Rücksitz Platz. Corti fährt los, wortlos. Es geht über kleinere Straßen und mehrfach an ein und derselben Stelle vorbei. Mirza begreift, daß der Wagen über Land seine Kreise zieht, damit sie die Orientierung verlieren. Nach einer Stunde hält Corti am Straßenrand. Sam dreht sich um und sagt:

«Meine Herren, wir haben eine kleine Überraschung für Sie vorbereitet. Wir möchten Sie mit einem Besuch am geheimsten Ort unserer Organisation beehren. Sie werden etwas sehen, was nur wenige je gesehen haben. Sie verstehen, daß wir dazu besondere Sicherheitsvorkehrungen treffen müssen.»

Er hält ihnen Halstücher hin. Die beiden Männer auf dem Rücksitz verbinden sich die Augen.

«Das macht der CIA auch, wenn er jemanden beseitigen will», lautet der Kommentar des türkischen Drogenbosses.

Als Sam und Corti prüfen, ob die Tücher auch richtig sitzen, können sie nur mit Mühe einen Lachkrampf unterdrücken. Der Wagen fährt weiter und hält eine halbe Stunde später vor einem Haus mitten auf dem Land, in Roveredo-Grigioni.

«So, wir sind da. Sie können die Augenbinden abnehmen.»

Drinnen machen sich fünf Männer eifrig an Retorten, Bunsenbrennern und Reagenzgläsern zu schaffen. Mit Gasmasken vor dem Gesicht verarbeiten sie Morphin zu Heroin. Die Männer wirken sehr professionell, und das nicht ohne Grund: Es sind Chemiker der Schweizer Kripo. Die Ausrüstung ist äußerst perfektioniert; sie wurde in einem geheimen Heroinlabor eines ehemaligen Mitglieds der French Connection sichergestellt. Die Chemiker arbeiten in einem keimfreien Raum. Hier herrschen andere Bedingungen als in den miserablen Mobillabors der Mafia, wie man sie in den heruntergekommenen Stadtvierteln

Palermos oder in irgendwelchen Hütten mitten in Kurdistan vorfindet.

«So arbeitet man nur in der Schweiz», sagt Haci Mirza beeindruckt.

In den Gesellschaftsräumen des Hotels in San Bernardino verlangt Mirza dann eine Anzahlung.

«Sagen wir fünfzigtausend Dollar.»

«Kommt nicht in Frage», erwidert Sam.

«Gut, dann dreißigtausend.»

Es gehört zu den goldenen Regeln des Undercoveragenten, daß er seine Rolle mit Sinn für die Realität spielt. Kein italo-amerikanischer Pate würde je eine solche Summe im voraus bezahlen. Sam muß durchhalten, auch wenn dadurch die gesamte Aktion scheitert. Zuletzt verlangt der Türke fünftausend Dollar. Sam und Corti verlassen den Raum und schlagen die Tür hinter sich zu. Es ist nach Mitternacht, als sie in mein Büro kommen. Enttäuschung und Wut stehen ihnen ins Gesicht geschrieben. Alles scheint verloren. Mein direkter Vorgesetzter, Oberkommissar Diego Corrazzini, ein Polizist der alten Schule und ein wirklicher Gentleman, glaubt als einziger weiterhin an einen Erfolg.

«Noch ist nichts entschieden, ihr werdet sehen. Ihr habt getan, was zu tun war. Die anderen sind mit Sicherheit auch frustriert. Schließlich haben sie schon eine ganze Menge in das Geschäft investiert.»

Mitten in der Nacht rufe ich Staatsanwalt Dick Marty an. Schon an meiner Stimme merkt er, daß irgend etwas nicht in Ordnung ist.

«Wir haben ein Problem. Sollen wir jetzt eingreifen? Vorbereitende und vollendete Straftaten werden in der Schweiz gleichermaßen geahndet. Man müßte ihnen also beikommen können. Was halten Sie davon?»

«Sie sollten alle schlafen gehen, Sie sind deprimiert, fertig und vor allem übermüdet. Nach unserer wohlverdienten Nachtruhe werden wir uns in aller Ruhe in meinem Büro unterhalten. Dann haben wir auch wieder einen klaren Kopf.»

Um sieben Uhr morgens klingelt das Telefon.

«Tato? Ich bin's, Adriano. Der kleine Gockel (so lautet unser Spitzname für Nicola Giulietti) hat mich gerade angerufen. Er sagt, daß sie weitermachen. Sie wollen die Sache unter Dach und Fach bringen. Wir sollen, wie vereinbart, vier Millionen Dollar in einem Bankschließfach in Zürich deponieren. Du kannst alles in die Wege leiten. Ich rufe Sam in seinem Hotel in Bellinzona an. Ich hole ihn ab, und wir fahren nach San Bernardino und reden mit ihnen. Hallo? Tato? Mein Gott, Tato, so sag doch was!»

Ich kann nichts mehr sagen. Ich heule und zittere, ich bin mit den Nerven am Ende.

Tags darauf kommen wir alle in den Räumen der Zürcher Kantonalpolizei zusammen. Zu uns stoßen noch die Verantwortlichen der Schweizer Außenstelle der DEA und der Leiter der Sondereinheit der Kantonalpolizei. Die Falle für Haci Mirza und Giulietti soll endgültig zuschnappen.

Ein paar Stunden später fährt Sam den Drogenbaron zu einer Zürcher Bank, wo er ein Schließfach mietet, das nur mit zwei Unterschriften, seiner eigenen und der von Haci Mirza, zugänglich ist. Dort hinterlegt er die vereinbarten vier Millionen Dollar, nachdem der Türke die Summe nachgezählt hat.

Mirza fährt mit dem Schlüssel in der Tasche nach Istanbul zurück. Die 100 Kilo Heroin sollen binnen eines Monats eintreffen. Zum Zeitpunkt der Lieferung wird sich der Drogenboß in der Schweiz aufhalten, um das deponierte Geld abzuholen. Wir fragen uns, wie das Rauschgift befördert werden sollen. Vermutlich mit einer legalen Ladung in einem in der Türkei registrierten TIR-Laster, nach einem simplen, aber effizienten System, das ähnlich wie das der russischen Steckpuppen funktioniert. Haci Mirza wird keinerlei Kontakt zu dem LKW haben. Sobald sie in der Schweiz sind, werden er und die Fahrer, die sich nicht kennen, über alles weitere durch eine dritte Person informiert, die von Istanbul aus die heikle Phase des Transports steuert. Nur der türkische Pate weiß, wer der Mittelsmann ist. Durch dieses nach außen hin undurchdringliche System schützt sich das organisierte Verbrechen vor Unterwanderung.

Die Stunde der Wahrheit naht, und die Spannung steigt. Unsere Nerven sind zum Zerreißen gespannt. Spöttisches Lächeln, beißende Ironie und deplazierte sarkastische Bemerkungen, zu denen sich manche meiner Kollegen hinreißen lassen, Bürokraten, die nie vor Ort im Einsatz sind, ertrage ich jetzt immer weniger.

Haci Mirza kommt am 10. Februar 1987 in Zürich an. Sein getreuer Gefolgsmann Giulietti begibt sich zu ihm ins Hotel, wo beide Männer geduldig der Nachricht über den Verbleib der 100 Kilo Heroin entgegensehen, überwacht von der Sondereinheit der Zürcher Kantonalpolizei. Wir selbst können einfach nur abwarten.

Die Koordinierungsgruppe ist jetzt rund um die Uhr im Einsatz. Die Mailänder Carabinieri haben die in Italien abgehörten Gespräche auf unsere Büros umgeleitet – eine große Premiere in der Polizeigeschichte.

Nicola Giulietti soll Sam an dem Tag anrufen, an dem der LKW in der Schweiz ankommt. Der Termin steht bereits fest. Sam wird am Samstag, den 21. Februar, um Punkt zehn Uhr in einer Telefonzelle in Lugano den Anruf erwarten. Dieser Teil der Operation wird von Luganer Kollegen betreut. Sie sollen Sam zur Telefonzelle fahren. Der kleinste Fehler kann noch alles zu Fall bringen.

Um zehn nach zehn erfahre ich durch die Abhörzentrale, das Telefon habe lange geklingelt, aber niemand habe das Gespräch entgegengenommen. Das ist um so verwunderlicher, als mir die Kollegen, die Sam begleiten, bestätigen, sie seien noch vor der Zeit an der Telefonzelle gewesen, hätten aber kein Klingeln gehört. Wir brauchen nicht lange, um herauszufinden, daß die Beamten Sam zu einer falschen Telefonzelle geführt haben, unmittelbar neben der gelegen, in der Giulietti angerufen hat. Das verpfuschte Telefonat führt dazu, daß sich die Ereignisse in Zürich überstürzen. Die Kollegen, die Haci Mirza und Nicola Giulietti überwachen, teilen uns mit, daß die beiden Hals über Kopf den ersten Zug Richtung Mailand genommen haben, ohne Rückfahrkarte. Ich sacke in meinem Sessel zusammen.

Zwei Stunden später macht der Zug im Schweizer Bahnhof Bellinzona halt. Dort steigen zwei unserer Agenten und zwei Carabinieri in Zivil zu, die ihre Zürcher Kollegen ablösen. Eine halbe Stunde später hält der Zug in Lugano, und es passiert etwas Überraschendes: In letzter Sekunde steigt Haci Mirza aus, während Giulietti weiter in Richtung Mailand fährt.

Beamte folgen Haci Mirza bis zu dem Luxushotel Excelsior. Er nimmt dort ein Zimmer und meldet sich telefonisch bei Corti. In äußerst gebrochenem Englisch gibt er ihm zu verstehen, daß er Sam sehen will. Eine halbe Stunde später ist Sam bei ihm. Mirzas Englisch ist zu rudimentär, als daß der amerikanische Agent verstehen könnte, was vorgefallen ist. Es ist kurz nach eins. Giulietti müßte bereits in Mailand angekommen sein.

Sam ruft ihn an und erfährt den Grund für die panische Reaktion der beiden Händler: Der LKW mit den Drogen wurde von der Polizei angehalten, nachdem er bei einer Firma in der Gegend um Bern die Glaswolle ausgeladen hatte, welche die offizielle Fracht war. Es handelte sich um eine banale Abgaskontrolle. Routinemäßig hatten die

Beamten eine Sonde in den Auspuff gehalten. Die beiden Fahrer waren natürlich in Aufruhr wegen des eigenartigen Apparates, den sie für ein Röntgengerät hielten, und in diesem Glauben folgerten sie, daß die Säcke, die im doppelten Boden unter der Ladefläche versteckt waren, bei der Entwicklung der Negative zum Vorschein kommen würden. Als die Kontrolle beendet war und die Polizei sie wieder fahren ließ, verständigten sie also panisch die Zentrale in Istanbul, die ihrerseits unverzüglich Haci Mirza informierte.

Wenige Minuten zuvor nun hatte Giulietti vergeblich versucht, Sam zu kontaktieren. Er sah einen Zusammenhang zwischen diesen beiden Vorfällen, und völlig aufgelöst überzeugte er Haci Mirza, den nächsten Zug nach Mailand zu nehmen. Erst nachdem der türkische Pate Zürich verlassen hatte, gewann er seine Beherrschung wieder. Wenn Gefahr gedroht hätte, hätte Istanbul nicht bestätigt, daß sich Fahrer und LKW am Treffpunkt befanden. Also stieg er in Lugano aus, entschlossen, die Sache mit oder ohne Giulietti zu Ende zu bringen.

Innerlich macht Sam drei Kreuze. Die erstaunliche, aber verständliche Unwissenheit der Fahrer, gepaart mit der alles andere als verständlichen Nachlässigkeit der Kollegen, die Sam zur falschen Telefonzelle geführt haben, hätte die monatelange Arbeit um ein Haar zunichte gemacht.

Drei Stunden später trifft Giulietti, der mittlerweile wieder beruhigt und zu Kräften gekommen ist, Haci Mirza erneut in Lugano. Alles geht weiter wie geplant: Istanbul hat mitgeteilt, daß der LKW ab neunzehn Uhr auf der Möwenpick-Autobahnraststätte Nord-Süd in Bellinzona bereitstehe. Giulietti gibt Sam das Kennzeichen des Fahrzeugs bekannt.

Nach diesem Alarm kann ich mich eines unguten Gefühls nicht erwehren. Im Büro von Staatsanwalt Marty findet ein Gespräch mit den verantwortlichen Ermittlern statt. Unter dem Eindruck der Schnitzer, die auf das Konto der Schweizer Polizei gehen, will er sichergehen, daß jeder seiner Aufgabe bestmöglich gerecht wird. Detailliert erläutere ich meine Ziele: Die 100 Kilo Heroin zu beschlagnahmen und niemanden festzunehmen, ist nicht möglich. Wollten wir die Spur der *Turkish Connection* weiter verfolgen, müßten wir ihre Drahtzieher gut bewachen, aber frei herumlaufen lassen. Daran ist nicht zu denken, da die Bundesbehörden uns eine entsprechende Vorgehensweise untersagt haben. Vielmehr sollten wir das Beste aus der Sache machen und Haci Mirza und seine Bande zu einem spätestmöglichen Zeitpunkt verhaften, nach der Übergabe des Heroins. Die Zeit ist auf unserer Seite, da das Wochenende beginnt. Mirza muß also zwangsläufig warten, bis die Banken wieder öffnen, um sein Geld entgegennehmen zu können. Bleibt also zu hoffen, daß die Überwachung des Drogenbosses und seiner Männer während der nachfolgenden achtundvierzig Stunden uns hinreichend Informationen liefert, um die Ermittlungen weiterzuführen. Jeder muß seinen Part fehlerfrei spielen.

Ein Kommissar, der die Angaben zum Kennzeichen hat, wird damit beauftragt, den Treffpunkt zu überwachen. Aller Voraussicht nach wird das Fahrzeug lange vor dem angegebenen Zeitpunkt dort eintreffen. Um 18.30 Uhr hat der Kollege den Lastwagen jedoch immer noch nicht ausgemacht. Ungläubig fahre ich zu dem Parkplatz. Dort stehen etwa zehn TIR-Laster. Nach wenigen Minuten habe ich den gefunden, der uns interessiert. Der Kommissar ist seit drei Stunden vor Ort! Er hat nicht beachtet, daß Sattelschlepper aus einer Zugmaschine und einem Anhänger bestehen, die manchmal unterschiedliche Kennzeichen haben. Er hat sich damit begnügt, jeweils den hinteren Teil der Schwertransporter zu überprüfen, während das von Haci Mirza übermittelte Kennzeichen das des Schleppers war...

Kurz darauf kommen Sam und Corti am Parkplatz an. Giulietti hat ihnen einen Zettel mitgegeben, den sie den Fahrern zeigen. Die beiden Türken besitzen eine Kopie davon und prüfen, ob die eigenartig hingekritzelten Zeichen übereinstimmen.

In Begleitung eines unserer Leute steigt Sam in den LKW. Die Fahrt geht zu einer Lagerhalle am Rande von Lugano. Unter Aufsicht einer kleinen Gruppe von Zivilbeamten werden die hundert Sack Heroin in einen Mercedes gepackt, der sofort darauf losbraust. Ein paar Stunden später fällen die Chemiker der Polizei ihr Urteil: Das Heroin ist zu fünfundsiebzig Prozent rein; es ist von ausgezeichneter Qualität.

Sam hält Haci Mirza und Nicola Giulietti über den guten Verlauf der Operation auf dem laufenden. In die benachbarten Hotelzimmer im Excelsior in Lugano werden Polizeibeamte einquartiert. Sie hören den türkischen Paten die ganze Nacht lang beten.

Am Sonntag, den 22. Februar, um neun Uhr beraumt Dick Marty ein weiteres Arbeitstreffen an, bei dem letzte Einzelheiten für die darauffolgende Phase – die der Verhaftungen also – abgestimmt werden. Gegen Mittag begibt sich Sam in Begleitung eines von mir ausgesuchten Beamten zu Mirza und Giulietti, um die Modalitäten der Bezahlung zu besprechen.

Zwei Stunden später werden der türkische Pate, der Mailänder Industrielle und die beiden LKW-Fahrer verhaftet. Die Beamten, die am Vorabend an der Übergabe des Heroins teilgenommen haben, sind jetzt nicht dabei. Im Hinblick auf die Verhöre und die sich daran anschließenden Aussagen wollen wir uns noch nicht zu erkennen geben. Die Beschuldigten dürfen nicht wissen, daß ihre Verhaftung das Ergebnis einer Spitzelaktion ist, solange die erste Phase des gerichtlichen Verfahrens nicht abgeschlossen ist.

Schon kurze Zeit später steht mein Büro voll von dicken Aktenordnern. Mühsam versuche ich, die Informationen auszuwerten, die wir aus unseren Gesprächen mit Haci Mirza und Nicola Giulietti sowie den Überwachungsprotokollen gewinnen konnten. Und immer wieder stolpere ich über Mirzas Decknamen: Ramazan. Ich bin mir sicher, daß ich ihn schon irgendwo gehört oder gelesen habe. Es stellt sich heraus, daß es im Zusammenhang mit früheren Ermittlungen war, die auf den verwinkelten Pfaden der Balkanroute im Sande verliefen. Anfang der achtziger Jahre waren Beamte, die zu dem Mord an zwei Polizisten in der Nähe von Basel ermittelten, auf die Spur von drei großen Drogenhändlern gestoßen, von denen einer ein gewisser Ramazan war.

Parallel dazu führt die Transkription der Telefonate von Haci Mirza und Nicola Giulietti zu ersten Ergebnissen: Die Zentrale, von der aus der Drogenboß und die Fahrer ihre Anweisungen erhielten, befindet sich in einem Istanbuler Hotel, dessen Besitzer, einer der angesehensten Männer der Stadt, einen Sportclub leitet. Man weiß, daß Drogenbosse hier ein und aus gehen. Dieser Ort fungiert nicht zum ersten Mal als Drehscheibe im Drogengeschäft. Am Tag der Übergabe der hundert Kilo Heroin hat Haci Mirza den Hotelbesitzer mindestens siebenmal auf seiner Privatleitung angerufen. Einer der beiden LKW-Fahrer sagt aus, die Drogen seien ihnen mit dem Auto des Hoteliers, einem dicken, schwarzen Mercedes, angeliefert worden, eskortiert von einem weiteren Fahrzeug voller bewaffneter Männer.

Ich nehme mir auch die Notizbücher von Mirza und von Giulietti vor. Letzterer weigert sich, mir das Paßwort für sein elektronisches Notizbuch zu geben. Den Code zu knacken ist nicht so einfach, Vorsicht ist gefragt, denn durch die kleinste Fehlbedienung kann der Inhalt gelöscht werden. Erst nach mehreren Tagen gelingt es einem

Mailänder Carabinieri und Computeras, die Geheimnisse des Speichers zu lüften und die Daten auf der Festplatte freizulegen. Eine Notiz taucht mindestens fünfmal auf: «491 33 88 Rsit Osman». Die Telefonnummer gehört zu einem Büro, das in einem der größten Zürcher Luxushotels angemietet ist, im Nova Park, wo die türkischen Mafiosi für gewöhnlich absteigen. Das Telefon ist auf den Namen eines in der Schweiz ansässigen libanesischen Geschäftsmannes angemeldet: Barkev Magharian.

3 Die Geschäfte der Brüder Magharian

Am 27. November 1986 um 9.45 Uhr ist Anna Tschepaniak am Schalter der Pan Am im internationalen Flughafen von Los Angeles mit der Abfertigung für den Flug PA 90 nach Istanbul via Zürich beschäftigt. Bald werden die Fluggäste gebeten, sich an Bord der Maschine zu begeben. Zwei kleinwüchsige Männer dunklen Typs haben drei graue Samsonite-Koffer auf die Waage gestellt. «Vartkes Torunyan, geboren am 3. April 1960 ... «, liest Anna Tschepaniak im türkischen Paß des einen.

«Ich möchte mein Ticket nach Istanbul ändern. Ich würde gern länger in Zürich bleiben.»

Nur einer der beiden fliegt. Seine Koffer sind schwer, jeder wiegt an die dreißig Kilo. Anna Tschepaniak berechnet den Zuschlag.

«645 Dollar für das neue Ticket und 80 Dollar für das Übergepäck. Wie möchten Sie bezahlen?»

«Am besten damit, ich möchte vor allem keine Schwierigkeiten», sagt einer der beiden und hält seine American Express-Karte hin.

Wenige Wochen zuvor hatte es in Karatschi an Bord einer Pan Am-Maschine mit 358 Insassen eine Geiselnahme gegeben. Als die Maschine von den Soldaten der Armee gestürmt wurde, kamen zwanzig Passagiere ums Leben. Seitdem sind die Angestellten der Fluggesellschaft in höchster Anspannung; sie haben strenge Sicherheitsvorschriften zu befolgen. Anna Tschepaniak bittet diskret einen Kollegen, sich die zwei Männer und ihre Koffer genauer anzusehen.

«Was ist da drin?» fragt der Pan Am-Bedienstete, als er die Zürich-Etiketten an den drei Koffern befestigt.

Die beiden Männer kommen ins Schwitzen.
«Kleidung, Schuhe, Geschenke ...»
Die Stimme verrät Panik.
«Wie heißen Sie denn?»
«Torunyan.»
«Und warum steht dann ein anderer Name auf den Etiketten?»

Während Anna Tschepaniak das Problem regelt und drei neue Etiketten auf den Namen des Passagiers ausstellt, steht Torunyan und seinem Freund die Verzweiflung ins Gesicht geschrieben. Endlich wird Torunyan seine Bordkarte ausgehändigt.

Unbemerkt von den beiden nehmen sich die Angestellten der Pan Am die Koffer unter dem Röntgengerät vor. Auf dem Bildschirm sind rechteckige Päckchen zu sehen, so gestapelt, daß der Koffer bis auf den letzten Quadratzentimeter genutzt ist. Die Zollfahndung wird verständigt.

Kurz nachdem die Passagiere an Bord sind, hält ein Fahrzeug unter der Maschine. Herr Vartkes Torunyan wird ausgerufen. In Begleitung von Anna Tschepaniak betreten zwei Zollinspektoren das Flugzeug. Torunyans Platz ist leer. Das Flugzeug wird geräumt. Die Koffer des verdächtigen Passagiers werden aussortiert, die Schlösser von Experten der Polizei gesprengt. Bei den rechteckigen Päckchen handelt es sich um Stapel von Banknoten, insgesamt zwei Millionen Dollar in 20- und 100-Dollar-Scheinen.

Torunyan und sein Freund haben das Flughafengelände bereits verlassen. Sie haben einen Landsmann verständigt, einen fünfundvierzigjährigen Juwelier, dessen Laden lateinamerikanischen Kokain-Kartellen als Geldwaschanlage dient. Hals über Kopf fährt dieser zum Flughafen und kann sich von dem Chaos überzeugen, das am Pan Am-Schalter herrscht. Die drei Männer kontaktieren einen befreundeten Reisebüroinhaber, der mit einem Stapel unausgefüllter

Flugtickets ebenfalls zum Flughafen kommt. Eines davon stellt er für den Flug 604 der KLM nach Zürich aus. Dieses Mal kommt Torunyan wohlbehalten an, allerdings ohne das Geld, für das er als Kurier angeheuert worden war.

Torunyan ist nicht zum ersten Mal in geheimer Mission unterwegs. Schon im Juni hatte er in geräumigen Koffern «schmutziges» Geld zum Flughafen Zürich-Kloten gebracht. Alles war problemlos verlaufen. In Los Angeles, hatten ihm seine Auftraggeber eingeschärft, müsse er vorsichtig sein, der Schweizer Zoll dagegen bräuchte ihm keine Kopfschmerzen zu bereiten. Nach seiner Ankunft in Zürich wäre er aus dem Schneider. Damals sah die Schweiz noch großzügig über die Herkunft eingeführter Gelder hinweg. Genaugenommen mußte sich Torunyan wegen des Zolls überhaupt keine Sorgen machen.

Im Flughafen von Zürich wird er im Sicherheitsbereich neben dem Laufband von seinem Kontaktmann erwartet, einem kleinen, beleibten Levantiner mit Brille, der als Erkennungszeichen ein in türkischer Sprache beschriebenes Blatt Papier hochhält.

Dieser Mann sollte mich noch mehrere Jahre meines Berufslebens beschäftigen. Natürlich ist der Devisenmakler Barkev Magharian über die Geschehnisse in Los Angeles informiert. Er ist der eigentliche Empfänger der von den amerikanischen Zollbehörden beschlagnahmten Koffer. Sein Name und seine Anschrift standen auf den Etiketten, bevor die argwöhnische Pan Am-Angestellte neue Etiketten ausstellte.

Die Beschlagnahmung der Koffer blieb auch von der Presse nicht unbemerkt. Die Nachrichtenagentur Reuters widmete ihr eine Meldung, die in der Samstagsausgabe des *International Herald Tribune* vom 29. November 1986 erschien. Es handelte sich um ein paar Zeilen ganz unten auf der Titelseite, mit der Überschrift: «Explosion fördert zwei Millionen Dollar zutage.» Die kleine Welt der levantinischen Börsenmakler in Zürich geriet in Aufruhr. Ausgerechnet ich nahm jedoch kaum Notiz von der Meldung. Damals steckte ich mitten in den Verhandlungen mit Haci Mirza über die Lieferung der hundert Kilo Heroin.

Erst Monate später stoße ich im elektronischen Notizbuch von Nicola Giulietti auf Magharians Telefonnummer. Nachdem ich unsere Kartei durchforstet habe, wird mir der Zusammenhang mit den zwei Millionen Dollar in Los Angeles klar. Ich überlege mir, wie ich an Barkev Magharian herankommen könnte. Ohne Schützenhilfe würde ich das wohl nicht schaffen.

Im späten Frühjahr 1987 nehmen Dick Marty und ich an einem Arbeitstreffen im Generalsekretariat von Interpol in Paris teil. Es geht um die Affäre Haci Mirza und alles, was direkt oder indirekt damit zu tun hat. Wir bleiben eine Woche in Paris. An einem der Abende sind wir zu einer Cocktailparty eingeladen, die unsere französischen Kollegen von der OCRTIS veranstalten. Gefeiert wird die Beschlagnahmung mehrerer Kilo Drogen im Zuge einer verdeckten Ermittlung. Unter den zahlreichen Kollegen sticht mir einer besonders ins Auge. Ich habe sein Foto in unserer Kartei gesehen. Er ist Drogenhändler, arbeitet aber zweifelsohne für die französische Polizei. Und doch: Einen Spitzel zu einem Treffen mit lauter Polizisten einzuladen geht vielleicht doch etwas zu weit! Ich nehme Dick Marty zur Seite:

«Haben Sie ihn wiedererkannt?»

«Nein, wer ist das?»

«Das sage ich Ihnen später.»

Erst als wir außer Hörweite sind, eröffne ich ihm, wer sich hinter dem Gast verbirgt. Der Mann wird von der italienischen und der Schweizer Polizei gesucht. Ich hätte einen Aufstand machen und seine sofortige Verhaftung verlangen können, doch es hätte wenig genützt: Tags darauf hätte man ihn wieder freigelassen.

«Das ist Georges.»*

Bei dem Namen stößt Dick Marty – nachdem er sich von einem Hustenanfall erholt hat, an dem er fast erstickt wäre – einen derben Fluch aus. Georges ist ein eleganter Mann mit ausgezeichneten Manieren, sehr intelligent und gebildet. Dieser Libanese, der durch Heirat die kanadische Staatsbürgerschaft erworben hat, beschäftigt uns schon seit mehreren Monaten. In den frühen siebziger Jahren war sein Name zum ersten Mal im Zusammenhang mit einer gigantischen Drogenaffäre in Italien aufgetaucht, bei der es um mehrere Tonnen Haschisch ging. Die Comer Staatsanwaltschaft, die schon seit einiger Zeit die Ermittlungen koordinierte, stellte einen internationalen Haftbefehl gegen ihn aus. In Lugano wurde der Deal vorbereitet, auch die Bezahlung wurde dort abgewickelt. Die Luganer Staatsanwaltschaft, die mit dem Fall betraut wurde, stellte ihrerseits einen internationalen Haftbefehl aus. Zwei Jahre später ersuchte die Pariser Außenstelle der DEA die Schweizer Behörden um Zusammenarbeit bei einer Bankentransaktion. In der Akkreditierungsmeldung wiesen die amerikanischen Agenten darauf hin, daß einer ihrer Leute eine beträchtliche Geldsumme in einer Bank in Lugano deponieren müsse, als Köder für einen Händlerring. Eine Routineoperation, doch förderten die Fotos, die die Schweizer Polizei während der Operation machte, zutage, daß es sich bei dem Mitarbeiter der DEA um keinen anderen als um Georges handelte. Als wir ihn verhaften wollten, war er bereits wieder in Frankreich.

Diese neuerliche Begegnung bei der Pariser Kriminalpolizei wenige Monate später beweist, daß Georges, wie einige

---

* Der Name wurde geändert, um den Mann, der nach wie vor im Einsatz ist, nicht zu gefährden.

andere Drogenhändler auch, den Schutz der OCRTIS genießt. Nach meiner Rückkehr rede ich mit zwei amerikanischen Mitarbeitern der DEA, die in Bern stationiert sind, über den Vorfall. Ich mache kein Hehl daraus, daß dieser seltsame Typ mich neugierig gemacht hat und ich Georges gerne treffen würde. Kurze Zeit später übermitteln mir die beiden amerikanischen Agenten ein erstaunliches Angebot, das auf die Pariser Außenstelle der DEA zurückgeht. Georges ist mit etwa zehn Händlern im Geschäft. Zu ihnen zählt auch Alex, ein intelligenter, gut angezogener und gebildeter Mann mit sehr selbstsicherem Auftreten, der sowohl bei der OCRTIS als auch in den Pariser Büros der DEA ein und aus geht. Der aus Syrien stammende Alex ist fünfunddreißig, Armenier und der Verbindungsmann für verschiedene Waffen- und Drogenhändler im Libanon; ihr Terrain ist die Bekaa-Ebene, die durch traurige Schlagzeilen von sich reden gemacht hat. Zudem ist er in den Büros, die sich Barkev Magharian mit seinem Bruder Jean, seines Zeichens ebenfalls Devisenmakler, teilt, praktisch zu Hause. Den Agenten der DEA zufolge sind sie entfernt miteinander verwandt.

Georges spielt, wie alle hochkarätigen V-Männer, ein doppeltes Spiel. Er hat sich aufgrund ansehnlicher Beteiligungen zu Geldwäschegeschäften verlocken lassen und sichert sich gleichzeitig zur anderen Seite hin ab, indem er der DEA in Paris ein paar vage und nichtssagende Informationen liefert. Von ihm erhalten die amerikanischen Behörden auch den Hinweis, daß Magharian und sein Bruder ihre Situation behördlich regeln wollen. Sie versuchen, eine Aufenthaltsgenehmigung zu bekommen, um ihren Geschäften in aller Ruhe nachgehen zu können. Georges hat ihnen zugesagt, er werde ihnen die Papiere über seine Freunde bei der Pariser DEA beschaffen, die sich wiederum über ihre Berliner Außenstelle mit uns in Verbindung gesetzt haben. Es ist Zeit einzugreifen, aber zunächst gilt es,

Georges auszuschalten. Er ist zu undurchsichtig und sollte außer Reichweite sein, wenn wir unsere Leute bei den Magharian-Brüdern einschleusen. Die Operation wird nach einem der höchsten Schweizer Berge, dem Eiger, benannt. Mit den Geldwäschern verhält es sich genau wie mit den Berggipfeln: Es gibt nur wenige wirklich große, und zu ihnen gehören die beiden Magharians.

Da Barkev Magharian und sein Bruder Jean beide professionelle Devisenmakler sind, kann nur ein Kenner der Materie sie in die Falle locken. Natürlich denke ich an Adriano Corti, dessen Talent als Geheimagent und Finanzexperte viel zur Zerschlagung der Organisation von Haci Mirza beigetragen hat. Ich werde ihn als Rechtsanwalt begleiten, der die behördlichen Fragen regeln soll. Jetzt müssen wir nur noch das Vertrauen der beiden gewinnen. Die DEA bietet Georges 10 000 Dollar für einen Anruf bei den Magharians, bei denen er für Cortis und meine Dienste werben soll. Ich werde erneut unter dem Decknamen Pierre Consoli auftreten. Georges soll ihnen sagen, daß wir neue Möglichkeiten für die Geldwäsche mit Transfer in die Vereinigten Staaten eröffnen können.

Kurze Zeit später treffen ein Verantwortlicher der Berner DEA-Zentrale und ich Georges in den Büros der Pariser DEA, um diesem Telefonat beizuwohnen. Georges windet sich: 10 000 Dollar seien nicht genug. Er behauptet, daß er viel Geld verlieren werde; er könne mit den Magharians nie wieder Geschäfte machen. Er will deutlich mehr Geld. Man könnte meinen, wir seien in einem Istanbuler Suk und würden um einen Teppich feilschen. Der Leiter der Pariser DEA-Stelle sagt keinen Ton. Er scheint auf sämtliche Forderungen seines Informanten eingehen zu wollen. Mir platzt der Kragen.

«Jetzt hör mal gut zu, Georges! Entweder du tust auf der Stelle, hier und jetzt, was du zu tun hast, nimmst deine 10 000 Dollar und machst dich aus dem Staub, oder ich gehe runter auf die Straße und fordere den nächstbesten Polizisten auf, dich zu verhaften, denn du solltest nicht vergessen, daß zwei internationale Haftbefehle gegen dich laufen, und einer davon wurde von dem Land ausgestellt, das ich repräsentiere. Wer oder was dich protegiert, ist mir völlig egal. Habe ich mich klar genug ausgedrückt?»

Es herrscht Totenstille in dem Büro. Georges hat begriffen, daß ich es ernst meine. Er nimmt den Hörer ab und wählt die Nummer der Magharian-Brüder. Das Gespräch findet auf arabisch statt. In Zürich werden die Telefonleitungen der beiden Brüder von professionellen Dolmetschern abgehört, die uns die DEA vermittelt hat. Am selben Abend wird mir bestätigt, Georges habe mitgespielt. In der Folge sollte ich noch des öfteren mit ihm zu tun haben. Er wird mir wertvolle Informationen liefern, ohne je irgend etwas dafür zu verlangen.

Wenige Tage später steht unser Schlachtplan. Corti und ich werden als Finanzmänner auftreten, die die Drogendollars der amerikanischen Mafia waschen. Vierzehn Tage später sind wir zum ausgemachten Zeitpunkt im Nova Park in Zürich, dem Luxushotel, in dem sich die Büros der Magharian-Brüder befinden. Ein kleiner, faßrunder Mann nimmt uns mit einem weichen Händedruck in Empfang. Es ist Jean Magharian. Nachdem er uns die Suite gezeigt hat, in der die Büros und die Wohnräume der beiden Brüder untergebracht sind, bietet er uns eine Tasse Tee an. Im Nebenzimmer arbeiten zwei Angestellte am Computer.

«Wir haben wichtige Kunden», erläutert uns Jean. «Wir arbeiten mit den großen Schweizer Banken wie der Schweizerischen Bankgesellschaft und der Schweizerischen Kreditanstalt. Früher waren wir für den größten Schweizer Devisenmakler tätig, aber jetzt sind wir selbständig. Georges hat mir gesagt, Sie könnten uns Schweizer Papiere beschaffen?»

«Wie machen Sie es denn momentan?»

«Wir haben Touristenvisa. Mein Bruder ist nicht da, weil sein Visum eben abgelaufen ist. Er ist zu uns nach Aleppo gefahren und kommt mit einem neuen Visum zurück.»

«Wir sind Geschäftsleute», sage ich zu ihm. «Mein Kollege ist Finanzexperte, und ich bin für die Kundenbetreuung zuständig. Ich werde mich um Ihre Papiere kümmern, das ist meine Aufgabe. Aber das wird sicher viel Zeit und viel Geld kosten. Ich kann Ihnen nichts garantieren, aber ich denke, Sie haben gute Aussichten. Wir sind am Finanzplatz Lugano gut positioniert.»

«Was werden Sie tun?»

«Wir könnten eine Firma gründen», sagt Corti, «und so Ihre Aufenthaltsgenehmigung beantragen.»

Drei Tage später lerne ich Barkev Magharian kennen. Er ist, wie sein Bruder, klein und rund, hat aber ein längliches Gesicht und tritt energischer auf. Wir erläutern den beiden Brüdern das Projekt der Firmengründung.

«Zunächst muß man die Höhe des Stammkapitals festlegen. Das sind bei einer Aktiengesellschaft mindestens 50 000 Franken. Mit dem Mindestbetrag macht man allerdings auf sich aufmerksam. Drogenhändler gehen grundsätzlich nicht darüber hinaus, die Beamten sind dahintergekommen und führen systematisch Kontrollen durch. Es ist besser, eine höhere Summe anzusetzen.»

«Zum Beispiel 300 000 Franken.»

«Das ist ein guter Betrag. Einen Firmennamen brauchen wir auch noch.»

«Wie wäre es mit JBM, unseren Initialen?»

Entsprechende Erkundigungen ergeben, daß der Name JBM bereits vergeben ist. Also einigt man sich auf JMB, mit Sitz in Lugano. Verwaltungsratspräsident muß ein Schweizer Bürger sein, so will es das Gesetz. Einer meiner Bekannten erklärt sich dazu bereit.

Durch die Telefonmitschnitte erfahren wir, daß die Brüder Erkundigungen über uns einziehen. Sie wenden sich unter anderem an einen levantinischen Drogenhändler, der für den CIA arbeitet. Er versorgt sie mit erstklassigen Informationen über uns und äußert nebenbei den Wunsch, uns treffen zu wollen. So organisieren die beiden Brüder ein Abendessen mit diesem «Cousin», der sie auch in Unternehmensfragen berät. Er stammt aus vermögenden Verhältnissen und hat die vornehmste Schweizer Privatschule besucht. Er lebt in Monaco und besitzt mehrere Finanzgesellschaften. Als ich ihn nach dem Abendessen wieder einmal treffe, bezeichnet er die beiden Brüder glattweg als «Schwachköpfe» und teilt mir vertraulich mit, die am Flughafen von Los Angeles konfiszierten zwei Millionen Dollar stammten von ihnen und es handele sich um «schmutziges Geld». Ich gewinne den Eindruck, daß er die Brüder in Mißkredit bringen will, um direkt mit mir zu verhandeln. Sein ganzes Auftreten und seine Äußerungen erinnern mich daran, daß er für den amerikanischen Geheimdienst arbeitet. Später sollte die Schweizer Polizei bei ihm Telefonnummern vom CIA in Langley sicherstellen sowie die Nummer eines ehemaligen CIA-Leiters, der dann im internationalen Handel tätig war.

Einmal die Woche sehen Corti und ich die Magharian-Brüder in Zürich oder im Tessin. Adriano Corti hat uns seine komfortablen und gut ausgestatteten Büroräume zur Verfügung gestellt. Bei jedem Treffen erkundigen sich die beiden nach dem Fortgang ihrer behördlichen Angelegenheiten. Natürlich habe ich das Problem bereits gelöst, doch man darf nichts überstürzen. Fristen und Modalitäten müssen stimmen. Und so erhalten die Magharian-Brüder nach Ablauf einer angemessenen Frist endlich ihre Aufenthaltsgenehmigung, dank der sie ihrer Tätigkeit als Devisenmakler offen nachgehen können. Sie dürfen ihre erste Schweizer Aktiengesellschaft gründen, und aus nächster

Nähe können wir endlich mitverfolgen, wie eine als Büro getarnte Geldwaschanlage der großen internationalen Drogenkartelle funktioniert.

Nach der Beschlagnahmung am Flughafen von Los Angeles haben die Magharian-Brüder den Transfer von Geldern aus den Vereinigten Staaten vorübergehend eingestellt, während das Geschäft mit der Türkei noch immer auf Hochtouren läuft. Das Geld wird hinter dem Eisernen Vorhang in Bulgarien zentral gesammelt. Zweimal pro Woche fliegen zwei der libanesischen Angestellten der Magharians mit Koffern und Taschen voller Geld von Sofia nach Zürich. Ab sofort werden die Devisen noch im Flughafenbereich direkt an den Schaltern der Schweizerischen Kreditanstalt und der Schweizerischen Bankgesellschaft abgeliefert und auf Konten diverser Kunden der beiden Brüder verteilt. Oder sie werden gegen Goldbarren eingetauscht, die im doppelten Boden von TIR-Lastwagen via Sofia in die Türkei gebracht werden, wo man sie an die vielen Schmuckhändler im Suk von Istanbul verkauft.

Trotz – oder gerade wegen – ihrer zwielichtigen Tätigkeit genießen die Magharian-Brüder den Schutz Schweizer Bankiers. Anfangs arbeiteten sie mit einem einfachen Touristenvisum, ohne daß dies den schweizerischen Bankenplatz sonderlich beunruhigt hätte. Mehrfach baten durchaus namhafte Bankiers Schweizer Diplomaten, die in Sofia tätig waren, schriftlich darum, den Devisenkurieren der Magharian-Brüder die Einreiseformalitäten zu erleichtern. Ein großes Schweizer Kreditinstitut unterstützte einen Visumsantrag, der bei der amerikanischen Botschaft in Bern einging.

Bis zu dem Vorfall in Los Angeles stellte die Geldwäsche im Dienst von amerikanischen Drogenkartellen die Haupteinnahmequelle der zwei Brüder dar. Innerhalb von zwei Jahren, so unsere Schätzung, haben sie über zweieinhalb Milliarden Dollar aus den Vereinigten Staaten herausgeholt. Allerdings hat ihr System auch Schwachstellen, wie wir feststellen konnten. Wie ist es möglich, daß jemand in Zeiten des elektronischen Kapitaltransfers noch auf Kuriere zurückgreift, die Koffer voller Geldscheine transportieren? Da wir in ihren Augen Vertreter großer krimineller Organisationen in Nordamerika sind, behaupten wir, daß wir über perfekt eingespielte Verbindungen verfügen. Wir bieten ihnen an, den Transfer der Gelder ihrer Kunden aus den Vereinigten Staaten exklusiv zu übernehmen.

Wir sind nicht die einzigen, die sich für diesen Markt interessieren. Auch Alex, der von Georges zu den Magharian-Brüdern geschickt wurde, hat ein Auge darauf geworfen. Er schlägt ihnen vor, eine neue Organisation mit Kurieren aus dem Mittleren Osten aufzubauen. Alex hat einen großen Trumpf in der Hand: Er ist Informant der DEA. Weltweit versuchen alle großen Drogenhändler, die DEA zu manipulieren. Das Prinzip ist einfach: Man informiert die amerikanische Behörde über die Aktivitäten der Konkurrenz und bekommt im Gegenzug Straffreiheit zugesichert oder kann zumindest mit Nachsicht rechnen. Wegen dieser vorteilhaften Verbindungen zur DEA sind die beiden Brüder geneigt, Alex die Sache anzuvertrauen, denn auch sie hoffen auf Protektion durch die US-Behörde.

Unsere dringendste Aufgabe besteht also darin, die Brüder dazu zu bringen, auf diese Lösung zu verzichten. In einem zweiten Schritt werden wir, um den endgültigen Zuschlag zu erhalten, die Magharians dazu einladen, sich in den Vereinigten Staaten selbst von der Effizienz unserer Organisation zu überzeugen.

Anfang April 1987 reise ich in Begleitung eines Mitarbeiters der DEA in Bern nach Los Angeles. Wir treffen dort den Staatsanwalt, der mit dem Fall der beiden am Flughafen beschlagnahmten Koffer betraut ist. Wir tauschen Informationen aus und besprechen letzte Details im Hinblick auf eine Wiederaufnahme der Devisentransfers, die allerdings diesmal unter unserer Kontrolle stattfinden werden. Eine Woche später sind wir zurück in der Schweiz.

In beiderseitigem Einvernehmen haben wir beschlossen, unsere Falle in Miami zu legen, und zwar aus zwei Gründen: Zum einen ist Miami eine der Hochburgen der Drogengeldwäsche, und zum anderen besitzt die DEA dort eine Finanzgesellschaft mit einer Wechselstube, die das ganze Jahr über betrieben wird. Die Firma, die ihren Sitz in einem Luxusgebäude im Geschäftszentrum hat, ist ein ganz normales Unternehmen, wenn man davon absieht, daß alle Mitarbeiter in Finanzsachen versierte Agenten sind.

Ich verbringe zwei Tage in den Büros, um mich mit den Räumlichkeiten vertraut zu machen. In mehreren Sitzungen erklären wir, wer wir sind und was wir vorhaben. Bei einer Undercoveroperation ist jedes Detail wichtig. Gegen Ende des Sommers sind alle Vorbereitungen getroffen, wir müssen nur noch zuschlagen.

Barkev Magharian hat sich sein Flugticket bereits besorgt; wir erwarten ihn am übernächsten Tag. Beruhigt lege ich mich in meinem Hotelzimmer im Hilton Fontainebleau schlafen. Wenige Stunden später werde ich durch einen Anruf von Jacques Kaeslin geweckt, einem Kollegen der Schweizerischen Bundesanwaltschaft in Bern. Kaeslin ist sehr nervös.

«Tato, da ist etwas schiefgelaufen. Barkev Magharian kommt nicht nach Miami. Es ist eine Katastrophe. Wir haben ein Gespräch zwischen Magharian und einer Angestellten von der Schweizerischen Kreditanstalt abgehört. Magharian hat ihr erzählt, er habe geschäftlich mit Adriano Corti und Pierre Consoli zu tun. Er wollte nähere Informationen. Die Angestellte hat ihm gesagt, er solle vorsichtig sein mit Adriano Corti, weil er Ärger mit der Justiz habe und in die *Pizza Connection* verwickelt sei. Sie hat ihm geraten, sich auf keinerlei Finanzgeschäfte mit ihm einzulassen. Sie hat wörtlich gesagt: ‹Lassen Sie die Finger von Corti, das ist gefährlich, Sie könnten Schereinen bekommen. Sagen Sie Corti nicht, wie Sie darauf kommen. Erfinden Sie irgendeine Ausrede, aber lassen Sie sich auf nichts ein mit ihm.› Barkev hat seinen Flug schon storniert. Ich habe Dick Marty verständigt, er ist außer sich. Wir glauben, daß es besser ist, wenn ihr mit dem nächsten Flug in die Schweiz zurückkommt, aus Sicherheitsgründen. Wenn Barkev sich nicht meldet, ruft ihn an. Er wird sich rausreden. Und dann reist ab. Paßt auf euch auf, diese Leute verstehen keinen Spaß!»

Ich bin am Boden zerstört. Wir können die Operation nicht fortführen. Die Angestellte von der Schweizerischen Kreditanstalt muß wissen, daß Cortis Geschichte komplizierter ist, als es den Anschein hat. In der Affäre mit der *Pizza Connection* hat Corti schwere Vorwürfe gegen die Bank erhoben und ein Zivilverfahren gegen sie angestrengt. Ein paar Stunden nach Kaeslins Anruf – wir packen gerade unsere Koffer – ruft Barkev Magharian an und eröffnet uns, er komme nicht nach Miami.

Am Flughafen von Lugano treffen wir Barkev und Jean Magharian sowie Alex. Es kommt zu einem heftigen Streit. Wir wollen von den Brüdern selbst erfahren, warum sie ihre Meinung so plötzlich geändert haben. Schließlich geben sie zu, daß die Bank sie eingeweiht hat. Anscheinend nicht in alles, denn immerhin hält uns keiner unserer drei Gesprächspartner für Beamte der Kriminalpolizei. Alex nimmt mich sogar zur Seite, um mir ein Heroin- und Waffengeschäft anzubieten.

Ich bin zu verärgert und frustriert, um mit ihm zu reden. Ich brauche Zeit zum Nachdenken und muß erst wieder Klarheit gewinnen. Natürlich würde mir Alex, der Georges, dem Informanten der OCRTIS und der DEA in Paris, zuarbeitet, nie Heroin und Waffen offerieren, wenn er wüßte, wer ich bin. Georges hat ihm also nichts gesagt, da bin ich mir sicher. Dennoch lasse ich mich nicht darauf ein. Hätte ich das Angebot angenommen, wäre ich früher oder später unvermeidlich entweder auf Georges selbst oder einen seiner «Kollegen» gestoßen, der für die DEA oder die OCRTIS tätig ist. Ich hätte also nur noch mehr Chaos gestiftet. Bei aller Enttäuschung bleibt uns nichts anderes übrig, als die Operation Eiger zu beenden und den Schaden so klein wie möglich zu halten.

Am 7. Juli 1988 werden die Magharian-Brüder mitsamt ihren Angestellten auf Weisung von Staatsanwalt Dick Marty verhaftet. Ihnen wird zur Last gelegt, Millionen Drogendollars gewaschen zu haben. Wir lassen das amerikanische Verfahren bezüglich der in Los Angeles beschlagnahmten zwei Millionen Dollar und sämtliche Informationen, die wir im Zuge unserer verdeckten Ermittlung sammeln konnten, in die Akte aufnehmen. Damit beginnt der als *Libanon*-Connection bekannt gewordene Schweizer Polit- und Finanzskandal.

Uns steht lediglich Artikel 19 des Bundesbetäubungsmittelgesetzes zur Verfügung, um die beiden Brüder strafrechtlich zu verfolgen. Bevor wir Anklage erheben, müssen wir beweisen, daß sie vorsätzlich an einer Straftat mitgewirkt haben. Im Klartext heißt das, es muß der Nachweis erbracht werden, daß sie von Anfang an wissentlich Geldwäsche mit Drogengeldern betrieben haben. In der Rechtsprechung kann der Tatbestand der Vorsätzlichkeit auch schon beim «bedingten Vorsatz» erfüllt sein, das heißt allein aufgrund der Tatsache, daß man den Verdacht hegt, man könne eine Straftat begehen. Da die Klientel der Magharians fast ausschließlich aus Drogenhändlern besteht, liegt die Vermutung nahe, die Magharians könnten über die zweifelhafte Herkunft der Gelder Bescheid gewußt oder zumindest eine Ahnung davon gehabt haben. Das allein ist jedoch kein hinreichender Grund für eine Verurteilung:

Für jeden einzelnen Transfer muß nachgewiesen werden, aus welchem Drogenverkauf das Geld stammt. Ohne die Mitarbeit der türkischen Behörden sind wir machtlos.

Der General, der die türkischen Polizeikräfte in Ankara befehligt, sagt seine Unterstützung zu. Im Laufe einer Sondersitzung in Bellinzona entwickelt er in Anwesenheit von Staatsanwalt Dick Marty sowie Vertretern der DEA, des FBI und der italienischen Behörden einen Aktionsplan. Zwei Monate später wird er versetzt – auf den Posten des Leiters eines Provinzkommissariats ...

Mit einem internationalen Rechtshilfeersuchen reise ich in Begleitung von Jacques Kaeslin nach Istanbul, um einen der Verdächtigen zu befragen und über die anderen Informationen einzuholen. Vor dem Justizpalast erwarten uns Dutzende von Journalisten und Fotografen. Die türkischen Behörden haben sie zu einer Pressekonferenz eingeladen. Es steht außer Frage, diesen Zirkus mitzumachen: Wir sind da, um unsere Arbeit zu tun. Als die Journalisten fort sind, nehmen unsere Gesprächspartner unser Anliegen zur Kenntnis, doch erhalten wir nicht auch nur die geringste Auskunft.

Das ist nur ein Beispiel von vielen. Wir hoffen, mehr zu erfahren, wenn schon nicht über Haci Mirzas Organisation, so zumindest über den türkischen Teil der Akte zu den in Bellinzona konfiszierten hundert Kilo Heroin. Wir möchten Informationen über die Verbindung zwischen Haci Mirza und den Magharian-Brüdern. Wir wissen, daß einer der größten Kunden der beiden der Besitzer des Hotels ist, von dem aus die Lieferung zentral gesteuert wurde, der Mann, in dessen Mercedes die hundert Kilo zu dem TIR-Lastwagen befördert wurden. Er ist uns knapp entwischt. Nur zwei Tage vor der Verhaftung der Magharians war er in ihrem Büro gewesen. Aus dem beschlagnahmten Material geht hervor, daß dieser Mann den Brüdern über dreihundert Millionen Dollar anvertraut hat. Die türkischen

Behörden registrieren unsere Fragen, aber wir werden nie eine offizielle Antwort erhalten. Von einem Kollegen der DEA erfahre ich, daß die Polizisten, die am 22. Februar 1989 das Büro dieses «Unberührbaren» durchsuchten, in einem Tresor kompromittierende Dokumente fanden. Sie ließen sie liegen und zogen mit einer halben Million Dollar in der Tasche klammheimlich wieder von dannen.

In den Büros der Magharian-Brüder haben wir einen Berg von Bankunterlagen beschlagnahmt, eine richtige Fundgrube. Nach monatelanger Geduldsarbeit haben wir die Papiere so weit gesichtet und sortiert, daß wir den Kreislauf der Geldwäsche rekonstruieren können. Es kommt Licht in ein Kapitel der Schweizer und der europäischen Kriminalgeschichte. Dennoch muß ich erbittert darum kämpfen, daß mir eine Gruppe professioneller Finanzexperten zugeteilt wird, die diesen Wust an Bankdokumenten lesen und auswerten können. Dank der energischen Unterstützung von Dick Marty wird endlich ein Team von Schweizer, amerikanischen und italienischen Spezialisten auf die Beine gestellt. Die meisten Magharian-Kunden sind den Polizeibehörden bereits bekannt. Ihre Namen sind in der Akte zur *Pizza Connection* aufgetaucht, im Rahmen der Untersuchungen zum Papst-Attentat oder im Zusammenhang mit anderen Affären, bei denen italienische Staatsanwälte entlang der Balkanroute ermittelten. Wir führen der Staatsgewalt die Ineffizienz ihres Systems beim Kampf gegen das internationale organisierte Verbrechen vor Augen, indem wir den eklatanten Machtmißbrauch bestimmter Finanzinstitutionen aufdecken. Dieses Beziehungsgeflecht löst bei mir die Befürchtung aus, die Untersuchung könne von hochrangigen Persönlichkeiten im Keim erstickt werden. Schließlich wurde die Ermittlung in Sachen Magharian von einer Angestellten der Schweizerischen Kreditanstalt zu Fall gebracht.

Die Bestechlichkeit der Banken springt uns regelrecht ins Auge, als wir bei der Durchsuchung der Büros der Magharian-Brüder mehrere zehntausend gefälschte Dollarscheine finden. Ohne uns wenigstens von dem Vorfall zu unterrichten, haben die Bankangestellten sie den Magharians zurückgegeben und lediglich mit dem Stempelaufdruck «Fälschung» versehen. Manch einem Angestellten sind freilich auch großzügige Aufmerksamkeiten zuteil geworden, beispielsweise ein Familienurlaub in Griechenland oder ein prächtiger Orientteppich ...

In der Schweiz kommt es schließlich zum Eklat. Ins Rollen kommt die Sache durch einen Bericht meines Kollegen Jacques Kaeslin, der die Bundesanwaltschaft auffordert, ein Strafverfahren gegen die Firmen einzuleiten, die, wie die Magharians, unter dem Verdacht stehen, schmutziges Geld gewaschen zu haben. Angefangen bei dem Unternehmen eines der einflußreichsten Finanzleute der Schweizer Eidgenossenschaft, dem Milliardär Mohammed Shakarchi.

Der 1939 in Mossul im Irak geborene Mohammed Shakarchi stammt aus einer wohlhabenden Familie, die während der irakischen Revolution 1958 nach Beirut floh und mit Zucker sowie im Gold- und Devisenhandel zu neuem Reichtum kam. Bei Ausbruch des libanesischen Bürgerkriegs ließ sich die Familie zunächst in Genf und dann in Zürich nieder. Der Tod des Patriarchen im Jahr 1983 löste einen erbitterten Krieg um die Nachfolge aus. Laut islamischem Gesetz stand das gesamte Erbe den Kindern aus erster Ehe zu, also Mohammed und Salem. Die Schweizer Gesetzgebung aber erkannte auch die in den besten Schulen der französischen Schweiz unterrichteten Kinder der zweiten Ehegattin, Karma und Marvan, als rechtmäßige Erben an. So übernahm der erst zwanzigjährige Marvan die Leitung der Shakarchi SA in Genf, während der älteste Sohn Mohammed in

Zürich sein eigenes Unternehmen gründete, die Shakarchi Trading AG, die sich zu einer der größten Devisen- und Handelsfirmen der gesamten Schweiz entwickelte. Dabei kamen ihm das Vertrauen der Banken und solide Freundschaften zugute, zu denen auch die mit Edmond Safra zählt, einem der zehn mächtigsten Bankiers der Welt. Ihn kennt Mohammed seit seiner Kindheit. Ferner verfügt er über besondere Beziehungen zu verschiedenen Geheimdiensten, darunter auch zum CIA, dem er etwa pakistanische und afghanische Devisen beschafft; innerhalb von acht Jahren den Gegenwert von fünfundzwanzig Millionen Dollar.

Im Prinzip dürfen die Banken Gelder unbekannter Herkunft nicht annehmen. Diese Problematik ruft Geschäftsleute wie Shakarchi auf den Plan. Sie dienen als Strohmänner zwischen levantinischen Händlern und Schweizer Banken. Wie man auf den Devisenmärkten des Nahen Ostens jongliert, Kunden gewinnt und deren Kapital professionell verwaltet, ist eine Kunst, die an keiner Universität der Welt gelehrt wird. Deshalb verläßt sich Shakarchi auf ebenso sorgfältige wie zuverlässige Mitarbeiter. Einer von ihnen stammt aus Aleppo, dem schönsten Suk der Welt, und sein Name ist ... Barkev Magharian. 1983 machte Shakarchi ihn zu seinem Geschäftspartner. Er räumte ihm eine Kreditlinie von einer Million Schweizer Franken ein und stellte ihm einen Computer und ein vornehmes Büro direkt neben dem seinen zur Verfügung. Durch die Arbeit im Hause Shakarchi konnte Barkev Magharian sich einen beachtlichen Marktanteil sichern und beschloß dann mit seinem Bruder, sich selbständig zu machen und Räume im Hotel Nova Park anzumieten, um dort schwarz zu arbeiten.

Die Shakarchi Trading AG konnte das nicht in die Knie zwingen, aber der neue Konkurrent, der nebenbei auch noch ungeschickt zu Werke ging, wurde alles andere als geschätzt. Einige Monate vor der Beschlagnahmung am Flughafen von Los Angeles hatte die Polizei bereits mehrere Koffer voll Devisen abgefangen, die von Kurieren der beiden Brüder eskortiert wurden. Damals wurde die Direktion der Schweizerischen Kreditanstalt von Shakarchi noch einmal telefonisch daran erinnert, daß er ihnen von einer Zusammenarbeit mit den Magharian-Brüdern abgeraten hatte.

Die Shakarchi Trading AG wird von einem kleinen Verwaltungsrat geleitet, in dem der Firmeninhaber sowie eine Handvoll libanesischer, syrischer und türkischer Freunde und, gemäß den eidgenössischen Vorschriften, ein Schweizer Anwalt vertreten sind. Shakarchi hat Hans W. Kopp zu demjenigen auserkoren, der ihm den Rücken freihalten soll. Der Vize-Präsident und Anwalt der Shakarchi AG ist der Ehemann der Schweizer Bundesrätin Elisabeth Kopp, Nummer zwei der Eidgenossenschaft, der das Justiz- und Polizeidepartement untersteht.

Der von Jacques Kaeslin verfaßte Bericht, in dem Ermittlungen gegen diverse Firmen, darunter auch die von Shakarchi, gefordert werden, geht also auch an Elisabeth Kopp. Sie befürchtet politische Konsequenzen und ruft deswegen ihren Mann an. Am 27. Oktober 1988 legt Hans Kopp seine Ämter bei der Shakarchi AG nieder. Am 4. November veröffentlicht der Zürcher *Tages-Anzeiger* einen detaillierten Bericht über die *Libanon Connection*, in dem auch das Telefonat der Ministerin mit ihrem Mann erwähnt wird. Damit ist die politische Karriere der Bundesrätin beendet. Sie wird nicht die Frau sein, die als erste Präsidentin der Eidgenossenschaft in die Geschichte eingeht... Am 5. Dezember verabschiedet sich Elisabeth Kopp mit abgespannter Miene aus dem Bundesrat. Ihr Mandat als Vize-Präsidentin der Eidgenossenschaft hat genau zwei Tage gedauert.

Das unglückliche Telefonat der Ministerin ist nur die spektakulärste Episode einer katastrophalen Innenpolitik. So ließ sich ein Zürcher Staatsanwalt zu folgender Bemerkung hinreißen: «Was macht es für einen Sinn, dem Geldfluß nachzugehen, wenn das schmutzige Geld doch früher oder später auf der Bank landet? Viel wirksamer ist es, die weitaus sichtbareren und konkreteren Wege des Heroins zu verfolgen.» Noch deutlicher sind die Banken: «Geldwäscherei darf in der Schweiz kein Vergehen sein.» Zum damaligen Zeitpunkt gibt es diesbezüglich keinerlei gesetzliche Grundlage. Unsere Ermittlungen ergeben lediglich, daß Geldwäsche das schwache Glied in der langen Kette der mit dem Drogenhandel verbundenen Transaktionen ist.

In seinem Urteil über einen Revisionsantrag seitens der Anwälte der Magharian-Brüder äußert sich der Kassationshof des Bundesgerichts am 27. Oktober 1989 in einer historischen Erklärung wie folgt:
«Die Schweiz hat sich unter anderem dafür entschieden, ‹mit Vorsatz begangene Finanzoperationen› als Verstoß zu werten. (...) Der Transfer von Drogengeldern ist strafbar. (...) Das ist der Fall, wenn bewiesen werden kann, daß die Übergabe großer Geldsummen eine der zahlreichen Phasen in der Abwicklung des Drogengeschäfts darstellt. (...)» Der Kassationshof stützt sich auf die Erklärung des Buchhalters der Brüder Magharian, der behauptet, seine Angestellten hätten gewußt, daß das Geld aus Drogengeschäften stammte. Weiter heißt es: «Die vielen die Antragsteller belastenden Indizien sind so schwerwiegend, daß ihre Verurteilung naheliegend erscheint, zumindest in dem Punkt der Finanzierung von Betäubungsmittelgeschäften im Sinne von Art. 19, Abs. 7. Die Frage, ob sie bei den ihnen zur Last gelegten Tatbeständen Haupt- oder lediglich Mittäter sind, kann derzeit offen bleiben.»

Über mehrere Monate hinweg haben wir beachtliche Kleinarbeit geleistet, von der nichts an die Öffentlichkeit gedrungen ist. Mit Unterstützung der Schweizerischen Bankiervereinigung veröffentlicht die Schweizerische Kreditanstalt nun in mindestens fünfunddreißig Schweizer

Tageszeitungen auf eigene Kosten ganzseitige Anzeigen, um sich zu rechtfertigen. Psychologisch gesehen ein Irrtum mit Bumerang-Effekt. Gleichzeitig schreibt der Verwaltungsratspräsident der Bank an Dick Marty, um sich über die Art und Weise zu beschweren, in der die Ermittlung in Sachen *Libanon-Connection* geführt wurde. Er fragt wortwörtlich, «was Sie zu tun gedenken, um die Bank zu rehabilitieren».

In der Schweiz hat die *Libanon Connection* behördliche, parlamentarische und juristische Ermittlungen zur Folge gehabt. Die behördliche Untersuchung hat dazu geführt, daß der Bundesstaatsanwalt, gegen den im übrigen auch ein Disziplinarverfahren lief, in den vorzeitigen Ruhestand versetzt wurde. Der erste parlamentarische Untersuchungsausschuß fällt ein hartes politisches Urteil über Elisabeth Kopp und nennt die Schwächen und Mißstände bei der Schweizer Justiz, der Polizei und der Schweizerischen Bundesanwaltschaft beim Namen. In den Vereinigten Staaten wird eine Verbindung zwischen den beiden größten Operationen im Kampf gegen die Geldwäsche, *Polar Cap* und *Pisces*, und der *Libanon Connection* hergestellt. Jahre später, als ich in Brasilien im Rahmen der Operation *Mato Grosso* zu tun habe, stoße ich erneut auf die Strukturen, die auch im Zusammenhang mit der *Libanon Connection*, mit *Polar Cap* und *Pisces* aufgetaucht sind.

Bei diesen Operationen ist ein Belastungszeuge gegen die Magharians aufgetaucht, ein Drogenhändler. Er sitzt eine Strafe ab, zu der er im Zusammenhang mit der *Pizza Connection* verurteilt worden war. Er läßt mich wissen, daß er mit mir sprechen will. Er möchte für uns arbeiten, verlangt im Gegenzug jedoch Garantien für sich und seine Familie. Er beruft sich namentlich auf das amerikanische Zeugenschutzprogramm (*Witness Protection Program*, WPP), ein Sondergesetz, das in den Vereinigten Staaten die Möglichkeit bietet, gefährdeten Zeugen Schutz zu gewähren. In der Schweiz gibt es keine vergleichbaren

Maßnahmen. Ich rede mit Greg Passic, dem verantwortlichen Leiter der DEA in Bern, der mir sagt, daß ein solcher Schutz grundsätzlich gewährt werden könne, vorausgesetzt, die zuständigen politischen und juristischen Instanzen in der Schweiz würden sich einverstanden erklären.

Der Drogenhändler ist ein Schweizer türkischer Herkunft, etwa fünfzig Jahre alt und Inhaber zweier Computerfirmen. Er war sowohl für die Kontakte zur sizilianischen Mafia als auch für die Geldwäsche zuständig. Er kennt viele Geheimnisse der *Pizza Connection*, unter anderem die Verbindungen der Drogenhändler zur bulgarischen und zur türkischen Regierung.

Am 23. Januar 1989 kommt es zu einer Begegnung zwischen ihm, Greg Passic, Jacques Kaeslin – als Vertreter der Schweizerischen Bundesanwaltschaft – und mir. Dem Mann ist klar, daß seine Aussage sich auf konkrete Angaben stützen muß, und so redet er mehrere Stunden lang. Seine Enthüllungen füllen mein Notizbuch. Er liefert uns das Organigramm der Händler, die auf der Balkanroute aktiv sind, und nennt uns deren Geldwäscher; er erklärt uns, wie er die Geldsummen eingesammelt und transportiert hat; er gibt die Namen seiner iranischen Kontaktmänner sowie der Anwälte prcis, die als Berater für die Schweizer Firmen arbeiten.

Vor einer Abordnung des parlamentarischen Untersuchungsausschusses wiederholt der Drogenhändler seine Aussagen. Obwohl diese glaubwürdig sind, verlangt der Untersuchungsausschuß die uneingeschränkte Mitarbeit des Mannes, das heißt die Wahrheit über sämtliche geheimen Aktivitäten der *Pizza Connection*, bevor seine Ausreise in die Vereinigten Staaten überhaupt in Erwägung gezogen werden könne. Der Drogenhändler bekräftigt immer wieder, er werde «die Köpfe auf einem silbernen Tablett präsentieren», sobald seine Familie und er in Sicherheit seien. Kurzum, wir sind in einer Sackgasse, und die ganze Sache verläuft im Sande. Der Händler wird nie gegen die

Brüder Magharian aussagen, und neue, wichtige Untersuchungen können nie durchgeführt werden.

Unser Drogenhändler war die rechte Hand eines der meistgesuchten Männer der Balkanroute – ein mächtiger türkischer Industrieller namens Yaşar Avni Karadurmuş, bekannt unter dem Pseudonym Musullulu. Offiziell ist er der Gründer und Generaldirektor der Import-Export-Firma Oden Shipping. Musullulus Anwalt stammt aus der von Hans Kopp geleiteten Kanzlei und hat ihm auch schon sein Feriendomizil in einer reizenden Graubündner Ortschaft vermietet. Zwar kann nicht unbedingt von engen Verbindungen die Rede sein, doch eine gewisse Verquickung ist hier durchaus zu erkennen.

Oden Shipping kontrolliert Dutzende von Firmen. Anfang der achtziger Jahre fanden sich unter Musullulus Partnern eine Handvoll Schweizer Geschäftsleute und vor allem türkische und libanesische Industrielle, darunter einige gutbetuchte aus Zürich. Zwar wurde auch zum damaligen Zeitpunkt bereits auf internationaler Ebene gegen Musullulu ermittelt, doch genoß er in geradezu beunruhigendem Maße Protektion. Im März 1983 beispielsweise wiesen die Justizbehörden in Bern ein Rechtshilfeersuchen des Richters Rocco Chinnici aus Palermo ab. Durch den Mord an dem Richter kurze Zeit später wurde der Fall wiederaufgegriffen. Ein internationaler Haftbefehl wurde ausgestellt. Die Schweizer Behörden kamen ihm nicht nach, weil er «unvollständig ist und einen Formfehler aufweist». Ein Jahr später informierten die amerikanischen Behörden ihre Schweizer Kollegen darüber, daß Musullulu im Zentrum der *Pizza Connection* stünde. Die Amerikaner legten ihm zur Last, einer der Lieferanten von Morphin und Heroin auf amerikanischer Seite zu sein.

Währenddessen begab sich Musullulu Tag für Tag in seine noblen Büroräume in der Zürcher Bahnhofstraße. Erst Ende 1984 wurde die Schweizer Staatsanwaltschaft munter. Endlich wird Musullulu von der Polizei verhört. Der von der Justiz bestellte Dolmetscher war selbst ein Drogenhändler und Freund und Komplize von Musullulu, was ihn nicht daran hinderte, gelegentlich auch als Informant der Zürcher Polizei tätig zu werden. Nach einem reinen Routineverhör wurde Musullulu freigelassen. Am 20. Dezember 1984 endlich beauftragt die Staatsanwaltschaft die Zürcher Kantonalpolizei mit der Durchsuchung der Büroräume der Oden Shipping. Der Anweisung wurde allerdings erst am 28. April 1985, also vier Monate später, Folge geleistet. In der Zwischenzeit hat sich der Firmenboß natürlich abgesetzt. Seine Spur verlor sich in Spanien. Er wurde in Großbritannien und in der Schweiz gesichtet, wohin er sich regelmäßig unter falschem Namen begab, um seine Bankkonten zu überprüfen.

Mehrfach stießen wir bei unseren Ermittlungen auf die Spur der Magharian-Brüder, so im Januar 1988 im Rahmen einer gemeinsamen Operation in Lausanne und Mailand, bei der es um einen kleinen Heroindeal ging (fünfhundert Gramm). Mehrere Personen wurden verhaftet, darunter auch jemand, der versucht hatte, einen Zettel mit folgender Notiz verschwinden zu lassen: «Nurettin Güven, Konto Nr. 2376/c/o Jean und Barkev Magharian, Zürich». Die Überprüfung des von den Brüdern Magharian geführten Kontos ergab, daß besagter Nurettin Güven dort 1 200 000 Dollar eingezahlt hat. Bei Nurettin Güven handelt es sich jedoch um einen der großen Heroinhändler. Sechs Monate zuvor hatte seine Organisation einem Strohmann der italienischen Mafiafamilien in Rom hundert Kilo Heroin geliefert, die zum Teil mit Waffen bezahlt waren.

Die Untersuchung wurde von Philippe Strano* vom Rauschgiftdezernat des Kantons Waadt geleitet. Er ist ein Mann der Tat und an harten Einsatz gewöhnt. Von Roberto Villani, dem Marschall der Carabinieri in Mailand,

* Es handelt sich um ein Pseudonym.

erfuhren wir, daß einer der Festgenommenen, Ali Dündar, ein türkischer Ingenieur mit Wohnsitz in Frankreich, zur Zusammenarbeit bereit wäre. Dündar behauptet, die Familie Güven habe ihn beauftragt, Kunden für eine große Menge Heroin aufzutreiben. Er ist willens, uns bei Nurettin Güven einzuführen.

Am 28. Januar 1989 findet in Mailand eine Sitzung mit Dick Marty, den Mailänder Carabinieri und der DEA statt. Die DEA ist deshalb so wichtig für uns, weil sie zum einen über ausgezeichnete Stützpunkte in der Türkei verfügt und zum anderen die einzige Institution ist, der Mittel für bestimmte Ausgaben wie beispielsweise die Bezahlung von V-Männern zur Verfügung stehen. Wir sind gezwungen, bei den Amerikanern um finanzielle Unterstützung zu betteln, wenn wir unseren Informanten nicht freie Hand lassen wollen, wie es die französischen Beamten der OCRTIS tun.

Ali Dündar läßt Nurettin Güven also wissen, er habe einen Käufer gefunden. Er bezeichnet ihn als Gesandten einer sizilianischen Familie der Cosa Nostra. In Wirklichkeit ist der Käufer, nennen wir ihn Pippo, ein Mitarbeiter der in Mailand stationierten DEA. Am 7. Februar um 16.30 Uhr fliegt Nurettin Güven von Istanbul nach Genf. Pippo trifft Güven im Hilton. Das Heroin soll nach Mailand geliefert werden, für fünf Millionen Schweizer Franken. Der türkische Drogenhändler will das Geld sehen, bevor die Übergabe erfolgt. Kein Problem. Am 9. Februar reist Nurettin nach Mailand, um die fünf Millionen Schweizer Franken in Augenschein zu nehmen, bevor er wieder nach Istanbul fährt. Danach wollen die Brüder Nurettin und Mehmet Güven direkt mit den Empfängern der Ware reden, ohne Zwischenhändler. Mein Auftritt steht unmittelbar bevor.

Die Vorstellung, wieder in die Türkei zu reisen, begeistert mich nur mäßig, aber von dieser Reise kann der Erfolg der gesamten Operation abhängen. Da die Drogen für eine

Mafiafamilie mit Sitz in Mailand bestimmt sind, muß ich in Begleitung eines Italieners auftauchen. Für diese Rolle ist der Kommisar der Kriminalpolizei im Tessin, Giorgio Soldini, die ideale Besetzung. Ich hatte bei mehreren Undercoveroperationen Gelegenheit, seine Gelassenheit und sein strategisches Gespür zu bewundern. Eingedenk der schlechten Erfahrungen, die ich in der Türkei gemacht hatte, stellen wir keinen Antrag für eine Akkreditierung. Wir müssen unsere Mission, so gut es geht, geheimhalten, wenn wir wieder die Rückreise antreten wollen.

Am 11. Mai abends kommen wir in Izmir an. Meine Papiere lauten noch immer auf den Namen Pierre Consoli, die meines Kollegen auf Giorgio Soldini. Wir haben einen Termin mit den Brüdern Nurettin und Mehmet Güven. Wie vereinbart, treffen wir Ali Dündar und Pippo im Hotel Efe. Unser Hauptquartier liegt mehrere hundert Kilometer weiter nördlich, im Sheraton in Istanbul, wo sich Roberto Villani sowie ein Agent der DEA Mailand aufhalten.

Am darauffolgenden Morgen haben Soldini und ich eine Verabredung mit einem Agenten der DEA Istanbul, der die Abwicklung mit den türkischen Behörden erleichtern soll. Schon als wir ihn kommen sehen, wissen wir, daß irgend etwas nicht in Ordnung ist. Er weigert sich, mir die Hand zu geben, und sagt:

«Sie müssen die Türkei auf der Stelle verlassen. Sie sind nicht akkreditiert, also packen Sie Ihre Koffer und reisen Sie ab. Sie haben Zeit bis heute mittag. Sollten Sie dann noch hiersein, werde ich Sie den türkischen Behörden melden und wegen Verletzung der Gebietshoheit verhaften lassen. Bedenken Sie, daß ich sowohl Ihren Decknamen als auch Ihren richtigen Namen kenne. Der Fall Güven ist nicht Ihre Sache.»

Ich weiß bis heute nicht, warum der Agent der DEA so reagiert hat. Da er noch einen weiteren amerikanischen

Agenten dabeihatte, der direkt aus Frankfurt kam, nehme ich an, daß er den Fall der deutschen DEA-Außenstelle zuschanzen wollte. Damals jedenfalls haben wir keine Wahl. Wir müssen, so schnell es geht, die Flucht ergreifen, möglichst ohne Spuren zu hinterlassen und selbst auf die Gefahr hin, daß unser «Kollege» doch zur nächsten Polizeidienststelle eilt, um uns zu denunzieren. Um zwölf Uhr nehmen wir ein Taxi, das uns von Izmir zum Sheraton nach Istanbul fährt. Eine Strecke von achthundert Kilometern bis zum Basislager, in dem sich unsere Freunde aufhalten. Noch am selben Abend kümmert sich der Leiter der DEA in Ankara, der für die gesamte Türkei zuständig ist, darum, uns aus der Türkei herauszuschleusen. Er muß seine persönlichen Beziehungen spielen lassen, damit wir am Flughafen durch die Paßkontrolle kommen. Vierzehn Tage später wird der DEA-Agent, der uns aus Izmir verjagt hat, nach Washington zurückbeordert, gegen ihn wird ein Disziplinarverfahren eingeleitet.

Dündar und Pippo, die wir in Izmir zurückgelassen haben, ist es gelungen, die Güven-Brüder zu beschwichtigen. Sie haben irgendwelche zwingenden Gründe ins Feld geführt, um unsere überstürzte Rückkehr nach Mailand zu rechtfertigen. Eine Woche später treffen wir Mehmet Güven und seinen getreuen Kompagnon, einen gewissen Ibrahim Aziz. Die Türken informieren uns darüber, daß die 40 Kilo Heroin die Türkei bereits verlassen haben. Sie befinden sich an Bord eines TIR-Lastwagens, der Baumwolle für die Niederlande geladen hat. Da Italien im Carnet nicht aufgeführt ist, muß ein anderer Übergabeort gefunden werden. Wir entscheiden uns für Graz, einer wichtigen Drehscheibe auf der Balkanroute an der Grenze zu Ex-Jugoslawien.

Ich rufe einen Freund bei Interpol in Wien an, um die Sache vorzubereiten. Am Donnerstag, den 18. Mai 1989, um 18 Uhr verlasse ich Mailand in Richtung Graz, wo der Lastwagen zwei Tage später eintreffen soll. Mehmet Güven ist mißtrauisch. Er zieht es vor, bei der Übergabe nicht dabeizusein. Pippo begleitet ihn in ein Hotel in Triest, wo die Bezahlung abgewartet wird, die im Anschluß an die Übergabe erfolgen soll. Die Antidrogeneinheit der Mailänder Carabinieri ist für die Überwachung zuständig.

Währenddessen treffen sich Soldini, Ali Dündar, Ibrahim Aziz und ich im Hotel Urdl, einer angenehmen Herberge am Stadtrand von Graz. Die österreichische Kriminalpolizei, die von Interpol informiert wurde, ist einsatzbereit.

Am darauffolgenden Tag um 17 Uhr hält der Lastwagen auf einem öffentlichen Parkplatz. Gegen 23 Uhr holen die Fahrer die Heroinsäcke aus dem Ersatzrad, wo sie versteckt waren, und übergeben sie Ibrahim Aziz, der von Soldini begleitet wird. Er soll das Zeichen für die Verhaftung geben. Im selben Moment jedoch bricht ein heftiges Gewitter los. Wegen des sintflutartigen Regens nehmen die Kripobeamten Soldinis verzweifelten Wink nicht rechtzeitig wahr und begreifen zu spät, daß sie eingreifen sollen. Endlich entschließen sie sich, mehrere Schüsse in die Luft zu feuern. Sogleich werfen sich Soldini und die Fahrer unter den Laster, während Ibrahim Aziz in die Dunkelheit flieht. Ich erhalte die Warnung im Hotel, wo ich auf ihn warte. Zehn Minuten später sitze ich im Restaurant, als Aziz den Raum betritt. Schlotternd und naß bis auf die Knochen kommt er auf mich zu. Bevor er den Mund aufmachen kann, strecke ich ihn mit einem kräftigen Faustschlag zu Boden.

Der Lastwagen hatte fünfzig Kilo Heroin geladen, von denen vierzig für uns bestimmt waren. Mehmet Güven wurde festgenommen und zu einer langen Haftstrafe verurteilt; mehr als seinen Namen gab er nie zu Protokoll. Sein Bruder wurde erst gar nicht behelligt. Und von allen Beteiligten sagte niemand gegen die Magharian-Brüder aus.

Ihr Prozeß begann am 27. August 1990. Sie wurden zu viereinhalb Jahren Haft verurteilt, «wegen Mittäterschaft bei der Finanzierung eines Drogengeschäfts».

4 Ein großer Fisch aus Kolumbien

Philippe Strano, der junge Kollege vom Rauschgiftdezernat des Kantons Waadt, hat Kontakt zu einem Enthüllungsjournalisten, der auf organisierte Kriminalität spezialisiert ist. An diesen ist eine Dänin namens Dora Halmen herangetreten, um Informationen über einen großen Kokainhändlerring mit Verbindungen zum panamaischen General Noriega zu verkaufen. Damals, im Juli 1989, war Noriega der starke Mann in Panama. Der für die Information geforderte Preis ist hoch, zu hoch für den Journalisten. Jeder andere Reporter hätte das Angebot wahrscheinlich auf sich beruhen lassen. Da der Journalist jedoch die Möglichkeit weiterer Scoops wittert, stellt er Dora Halmen Philippe Strano vor, ohne verlauten zu lassen, daß dieser bei der Polizei ist. Die Dänin wird in dem Glauben gelassen, es mit dem Vertreter eines mächtigen europäischen Drogenhändlerringes zu tun zu haben. So beginnt die Operation *Parano*.

Philippe Strano kann die Operation nicht allein von Lausanne aus durchführen. Er hat nicht sehr viel Erfahrung und nicht die nötigen Mittel, um es mit den Drogenkartellen aufzunehmen. Am Tag nach seiner ersten Begegnung mit Dora Halmen in Genf werde ich in die Ermittlungen eingeschaltet. Wie vereinbart spielt mein Kollege mir die Dänin zu, indem er ihr eine Telefonnummer im Tessin gibt, angeblich die seines Bosses Pierfranco Bertoni – das bin ich.

Am 13. Juli 1989 gegen 16.15 Uhr ruft Dora Halmen bei der Finanzgesellschaft Bertoni an. Die Telefonistin legt das Gespräch auf mein Büro im Kommissariat um.

«Herr Bertoni», sagt sie, «Philippe Strano hat mir geraten, Sie anzurufen. Ich habe Erdnüsse zu verkaufen. Ich brauche dringend Geld.»

«Wenn uns das Geschäft zusagt, dann schließen wir es auch ab, aber wir haben sehr strenge Auswahlkriterien. Geschäft ist Geschäft. So wird das bei uns gehandhabt. Wir gehen immer auf Nummer Sicher. Wir müssen die Investoren berücksichtigen, die Märkte, die Konkurrenz, die Kundschaft ...»

«Herr Bertoni, das einzige, was mich interessiert, ist meine Provision. Ich bin etwas unerfahren, mit großen Import-Export-Geschäften kenne ich mich nicht aus. Ich stelle nur die Kontakte her und bekomme dafür eine Beteiligung.»

«Jetzt mal immer der Reihe nach, wir wollen nichts überstürzen.»

«Ich glaube, Philippe hat Ihnen bereits gesagt, worum es geht. Ich kenne eine Gruppe von Südamerikanern und Spaniern, die tonnenweise Erdnüsse verkaufen. Sie suchen Absatzmöglichkeiten auf dem europäischen Markt. Das ist ein gutes Geschäft. Es geht dabei um 50 bis 100 Kilo pro Transaktion.»

«Das habe ich verstanden, aber ich brauche mehr Informationen, um eine Entscheidung zu treffen. Ich glaube, daß auch Sie mich gut verstanden haben. Ich übernehme diese Art von Geschäften für Investoren, die mir vertrauen und Vertrauen in meine Finanzgesellschaft haben. Ich bin ihnen Rechenschaft schuldig und muß ihnen Sicherheiten bieten, die ich in diesem Fall noch nicht habe.»

«Meine südamerikanischen Freunde kommen in zwei Tagen nach Genf. Ich werde ein Treffen mit ihnen vereinbaren, aber vergessen Sie bitte nicht meine Beteiligung.»

Dora Halmen ist groß, blond und blauäugig. Man könnte sie als hübsch bezeichnen, wenn ihre Züge nicht ein wenig verhärmt wären. Ab vierzig, heißt es, sind wir verantwortlich für das Gesicht, das wir haben, und bei dieser fünfundvierzigjährigen Dame hat die Habsucht Spuren hinterlassen. Unsere erste Begegnung findet am Flughafen von Lugano statt. Die Dänin kommt aus Genf. Sie ist in Begleitung zweier Männer, eines kleinen kugelrunden Südamerikaners namens José und eines in Spanien lebenden, zirka dreißigjährigen Algeriers, der sich Victor Benhalia nennt. Dieser ergreift sofort das Wort, als wir an einem der Tische des Flughafencafés Platz genommen haben. Ganz offensichtlich stellt er mich auf die Probe und spricht von einem ersten Geschäft mit 200 Kilo Kokain. Er möchte wissen, ob ich bar zahlen kann.

«Das hängt vom Preis ab», sage ich ungerührt.

«80 000 Dollar das Kilo.»

Ich lache laut auf. Der Betrag ist viel zu hoch. Ich beobachte den Algerier, während er spricht, und mir wird klar, daß das Trio Kontakt zu wichtigen Verkäufern südamerikanischer Drogenkartelle hat, aber selbst keine Entscheidungen treffen kann. Die drei sind einfache Unterhändler und träumen vom großen Coup: deswegen verlangen sie einen so stark überhöhten Preis.

«Ich vertrete eine Gruppe von Geschäftspartnern», sage ich. «Ich habe freie Hand, nur kann ich nicht im voraus bezahlen. Ich möchte mit Verantwortlichen Ihrer Organisation sprechen, mit jemandem, der Entscheidungen treffen kann wie ich. Ich bin dazu ermächtigt, zwölf Millionen Schweizer Franken in dieses Geschäft zu investieren. Ich kann sie Ihnen jederzeit zeigen. So können Sie sich davon überzeugen, daß wir seriös und solvent sind. 80 000 Dollar pro Kilo sind inakzeptabel. Je nach Menge und Qualität der Ware kann ich bis zu 25 000 Dollar pro Kilo gehen, inklusive Transport. Entweder Sie sind einverstanden oder wir lassen es bleiben.»

Es war schon immer meine Taktik, meine Gesprächspartner zu brüskieren, um zwischen ihnen und mir eine Art psychologische Abhängigkeit herzustellen. Vor allem aber weiß ich, daß ich es weniger eilig habe als mein Gegenüber. Als ich mich von Dora Halmen und den beiden Männern verabschiede, bin ich mir sicher, daß ich bald von ihnen hören werde. Die Verlockung des Geldes ist zu groß. Tatsächlich ruft die Dänin mich an, und wir vereinbaren ein Treffen.

Als mein Flugzeug am 24. Juli morgens um halb neun in Lugano Richtung Genf startet, weiß ich, daß ich das Spiel noch nicht gewonnen habe. Zwar hat das Trio meine Bedingungen akzeptiert, aber Dora Halmen hat mir versichert, daß ich sie noch am gleichen Tag mit ihren beiden Geschäftspartnern sehen würde; dabei geht aus den abgehörten Telefongesprächen hervor, daß sie noch in Spanien sind und erst am nächsten Tag ankommen. Als ich die junge Frau im Foyer des Hôtel du Rhône wieder treffe, in dem ich mit Philippe Strano abgestiegen bin, habe ich meinen Auftritt schon vorbereitet. Es kostet mich nicht viel Mühe, wütend zu werden – die Dänin nervt mich. Selten habe ich jemanden kennengelernt, der so auf seinen Vorteil bedacht ist. Hinter ihren schönen eisblauen Augen scheint ein Taschenrechner zu arbeiten.

«Sie hätten mir sagen können, daß Ihre Freunde erst morgen ankommen», sage ich, nachdem sie mir eröffnet hat, was ich bereits weiß. «Ich verschwende meine Zeit und mein Geld mit Ihnen. Aber da Sie nun schon einmal hier sind, zeige ich Ihnen, was Sie sehen wollten, damit Sie auch wissen, daß wir es ernst meinen.»

Philippe erwartet uns draußen am Steuer eines Mercedes. Die Dänin setzt sich auf den Rücksitz, ich steige auf der Beifahrerseite ein. Der Wagen startet und fährt Richtung Stadtrand, wo uns auf einem abgelegenen Parkplatz ein Audi Quattro mit zweien meiner Männer erwartet:

Polizisten in Zivil aus Bellinzona. Kaum sitzt Dora Halmen im Audi, fahren wir wieder Richtung Stadtzentrum. Es geht zum Hauptsitz der Schweizerischen Bankgesellschaft. Uns folgen Philippe im Mercedes und in größerem Abstand einige Zivilstreifen der Genfer Polizei.

«Ich habe eine kleine Überraschung für Sie», sage ich zu der jungen Frau. «Sie wollten das Geld sehen: hier ist es.»

Auf mein Zeichen betätigt der Fahrer beim Aschenbecher einen Schalter, dann öffnet er das linke vordere Seitenfenster und drückt dabei ein paar Sekunden länger als notwendig auf den Knopf. Daraufhin öffnet sich zu Füßen der jungen Frau eine Schiebetür und gibt stapelweise Banknoten frei, die im doppelten Boden des Wagens aufgeschichtet sind. Die bleiche Dänin wird noch blasser.

«Fünf Millionen Schweizer Franken, wie vereinbart. Wir werden sie bei der Bank deponieren. Meine Assistenten werden die restlichen sieben Millionen später hinterlegen, in Ihrem Beisein, wie heute auch. Ich hoffe, wir haben Sie überzeugt.»

Das Geld ist uns von der Schweizer Regierung zur Verfügung gestellt worden. Philippe hatte es erst am Vormittag in der Genfer Zweigstelle der Nationalbank abgeholt. Nachdem wir das Geld deponiert haben, gehe ich mit Dora Halmen einen Kaffee trinken. Erwartungsvoll spricht die Dänin Zahlen vor sich hin und rechnet ihren Gewinn aus, während ich in aller Stille zusammenzähle, wie viele Jahre sie hinter Schloß und Riegel abzusitzen haben wird.

Am folgenden Tag sehen wir uns in meinem Hotel wieder. Diesmal ist sie in Begleitung ihrer beiden Komplizen. Ich begreife sofort, daß es kriselt.

«Wir würden das Geld auch gern sehen», sagt Victor Benhalia zu mir.

«Eine Bank ist kein Museum! Vertrauen Sie Ihrer Bekannten nicht? Glauben Sie, daß sie Ihnen etwas vormacht? Oder haben Sie Angst, daß sie mit der Kasse durchbrennt?»

«Nein, das ist es nicht», sagt der Algerier hastig. «Ich habe mich mit einem der Verantwortlichen getroffen; er hat 100 Kilo Ware, 90 Prozent rein, aber er möchte, daß ich persönlich überprüfe, ob das Geld da ist. Sie wissen, daß ich in einer schwierigen Lage bin. Verstehen Sie mich, ich befinde mich quasi zwischen Hammer und Amboß.»

«Das war mir von Anfang an klar. Wissen Sie, ich bin schon eine ganze Weile im Geschäft. Ich wußte sofort, wer Sie sind, als Sie 80 000 Dollar pro Kilo wollten. Ich kann Sie verstehen. Sie möchten möglichst viel Geld verdienen. Sie sind Unterhändler, und dafür bezahle ich auch, aber es geht nicht an, daß ich Ihre einzige Einkommensquelle bin. Ich begleite Sie auf die Bank, damit Sie das Geld sehen können, und dann sagen Sie Ihren Kunden, daß Pierfranco Bertoni mit ihnen sprechen möchte, und zwar mit jemandem, der die Entscheidungen trifft. Ich verhandle nicht mit Mittelsleuten. Damit verliere ich Zeit und Geld. Sie wollten, daß ich zwölf Millionen Schweizer Franken in einem Schließfach deponiere, wo das Geld nicht arbeitet. Wissen Sie, wie viel ich dabei Tag für Tag verliere? Mindestens 3000 Schweizer Franken.»

Nachdem ich den dreien das Geld gezeigt habe, lade ich sie in Rolle in eines der besten Restaurants der Gegend ein. Als ich mich verabschiede, habe ich den Eindruck, daß es nicht so leicht sein wird, die drei Geldgeier dazu zu bringen, einen direkten Kontakt zwischen mir und den Bossen des Kartells herzustellen. Ich verstehe sie, sie wollen sich ein gutes Geschäft nicht durch die Lappen gehen lassen. Auf sie habe ich es jedoch nicht abgesehen, ich interessiere mich eher für ihre südamerikanischen Kontakte. Ich wende meine übliche Taktik an und werde wütend, als mir der Algerier am nächsten Tag am Telefon eröffnet, sein Kontakt wolle zwar ein Treffen mit mir, aber nicht sofort.

Bevor ich den Hörer aufknalle, sage ich ihm noch, wo er sich seine «Erdnüsse» hinstecken kann. Ich weiß, daß ich jetzt alles bestens in die Wege geleitet habe. Durch die abgehörten Telefonate von Dora Halmen haben wir erfahren, daß der Algerier sich in Amsterdam aufhält, wo die Drogenlieferung höchstwahrscheinlich eintrifft.

Am 1. August erfahre ich von Philippe, daß Victor Benhalia ein Zimmer im Hôtel Président in Genf reserviert hat. Ein paar Stunden später ruft der Algerier mich an und verlangt, mich allein zu sehen. Offensichtlich möchte er seine Partner jetzt ausschalten, um allein abzukassieren. Ich nehme die Gelegenheit wahr und rufe sofort Dora Halmen an.

«Herr Bertoni, welch angenehme Überraschung! Die Erdnüsse stehen bereit.»

«Ich weiß, Ihr Bekannter hat es mir gesagt. Aber ich bin mir nicht sicher, ob sie mich noch interessieren. Wo ist Ihr Bekannter denn zur Zeit?»

«Irgendwo zwischen Holland und Spanien.»

«Tja, ich sehe, daß Sie über die Aktivitäten Ihres Kompagnons nicht auf dem laufenden sind. Mir gefällt sein Verhalten nicht. Er hat mich gerade aus Genf angerufen und wollte mich allein sehen, ohne Sie und ohne den ‹Dicken›, wie er José nennt. Sie haben offenbar nicht die allerbesten Beziehungen untereinander. Ich kann unter solchen Bedingungen nicht arbeiten. Ich kann eine solche Investition nicht aufs Spiel setzen.»

«Sagen Sie, Herr Bertoni, wo genau ist mein Bekannter?»

«Im Hôtel Président. Ich fahre morgen nach Genf, um die Sache zu regeln. Ich kann es mir nicht erlauben, zwölf Millionen Schweizer Franken in einem Tresor herumliegen zu lassen, ich muß sie anlegen. Wenn ich die Zeit dazu habe, besuche ich Ihren Freund, um das klarzustellen. Ihnen vertraue ich, Sie haben mir das Geschäft ja angeboten. Bei ihm habe ich ein weniger gutes Gefühl.»

«Ich glaube, ich werde diesem Bastard eine kleine Überraschung bereiten.»

«Sagen Sie ihm, daß ich Ihnen Bescheid gesagt habe.»

«Herr Bertoni, bitte kommen Sie nach Ihrem Termin in der Bank ins Hôtel Président. Wenn nötig, warte ich dort den ganzen Tag auf Sie.»

Es hat geklappt, ich habe ein wenig Öl ins Feuer gegossen. Um keinen Preis der Welt möchte ich mir das Treffen am nächsten Tag entgehen lassen.

In Lausanne habe ich das ganze Jahr über ein Zimmer im Château d'Ouchy, einem Hotel am Ufer des Genfer Sees. Es wurde in einer ehemaligen Festung eingerichtet, hat aber nichts von einem Nobelhotel. Die Spesensätze der Polizei hätten mir den Aufenthalt in einem teureren Hotel nicht ermöglicht. Dieser Ort stellt ein annehmbares Quartier dar, in dem ich die von mir zu überwachenden Personen empfangen und auch unterbringen kann. Ich verbringe dort den 3. August in Begleitung von Philippe Strano und einigen Kollegen, um die Aufzeichnungen der bei Dora Halmen abgehörten Telefongespräche auszuwerten. Wir unterbrechen die Arbeitssitzung um 17 Uhr. Es ist Zeit, den Qualen des Trios, das uns seit dem Morgen erwartet, ein Ende zu bereiten. Wir fahren nach Genf.

Die drei erwarten mich seit Stunden in der Lounge des Hotels. Der dicke José sieht besorgt aus, Dora macht ein verdrießliches Gesicht, und beim Anblick des Algeriers mit seinen bis aufs Blut zerkratzten Wangen muß ich beinahe laut auflachen. Die Dänin Dora hat gründliche Arbeit geleistet. Ich begrüße alle drei mit einem Lächeln.

«Wie sieht's aus bei Ihnen, fassen Sie sich kurz, ich habe einen Termin und bin schon spät dran. Ich möchte wissen, was los ist.»

Der Algerier stammelt:

«Ich glaube, Sie haben mich nicht richtig verstanden.»

Ich stehe auf, entrüstet:

«Wollen Sie etwa behaupten, daß ich schlecht höre oder nicht bei Sinnen bin?»

«Nein, nein, Herr Bertoni, ich bitte Sie! Als ich sagte, ich wollte Sie allein sehen, meinte ich ohne Philippe, ich traue ihm nicht.»

«Unsinn! Ich kenne Philippe seit Jahren, ich habe volles Vertrauen in ihn, er würde sein Leben für mich riskieren.»

Ausnahmsweise sage ich einmal die Wahrheit. Dann, nach einem kurzen Schweigen, sage ich kurz angebunden:

«So, ich muß jetzt los. Ich habe einen sehr wichtigen Termin in Lausanne. Ich werde im Château d'Ouchy sein, kommen Sie morgen dort mit mir frühstücken. Mit oder ohne Erdnüsse.»

Im Hotel erwartet mich eine Nachricht von Dora Halmen. Sie bittet mich darum, sie unbedingt zurückzurufen, selbst zu später Stunde. Es ist nach zwei Uhr früh, und ich verspüre nicht die geringste Lust, mit der Dänin zu sprechen. Aber ich weiß jetzt, daß das Trio zum Frühstück dasein wird, das Katz-und-Maus-Spiel geht weiter.

Als ich sie um 9.30 Uhr im Frühstücksraum des Hotels treffe, sehe ich wütend aus und bin es auch. Ich habe sehr wenig geschlafen, da mich Dora Halmen um 7.30 Uhr geweckt hat, um noch einmal von ihrer Provision zu sprechen. Ich habe sie zum Teufel gejagt und sie für zwei Stunden später herbestellt. Das Trio sieht auch nicht gerade frisch aus. Das Gesicht der Dänin trägt die Spuren einer durchwachten Nacht, Victor Benhalia sieht mit den Kratzern im Gesicht wie ein Indianer mit Kriegsbemalung aus. Die bekümmerte und verschlossene Miene Josés hingegen beunruhigt mich. Mir ist klargeworden, daß der Kontakt zu den Erdnußbesitzern über ihn läuft.

«Ich bin mir noch nicht sicher, ob mich das Geschäft wirklich interessiert», eröffne ich ihnen, nachdem ich an meinem schwarzen Kaffee genippt habe. «Sie wissen genau, daß der Handel mit Erdnüssen gefährlich ist. Eine Lappalie, die kleinste Dummheit genügt, um für zehn Jahre hinter Gitter zu kommen. Ich arbeite nicht mit Leuten, die sich ständig streiten und mir ein X für ein U vormachen.»

«Uns ist klar, daß das Geschäft nur läuft, wenn Sie den Besitzer der Erdnüsse sehen», sagt die Dänin. «Wir haben Kontakt mit ihm aufgenommen, er wird bald in die Schweiz kommen. Er ist mit einem kurzen Treffen einverstanden.»

Nachdem ich mich von dem Trio verabschiedet habe, treffe ich mich mit Philippe Strano in der Polizeidienststelle. Wir müssen nur abwarten, bis das Trio bei Dora Halmen in Yverdon eintrifft, was schon eine Viertelstunde später der Fall sein wird, und können die weitere Entwicklung beim Abhören der Telefongespräche live miterleben. Die Dänin ruft einen Mittelsmann in Amsterdam an, der ihr mitteilt, die Erdnüsse würden bald nach Basel geliefert. Im selben Gespräch wird das baldige Eintreffen eines Abgesandten des Kartells in Genf oder Lausanne bestätigt, der mich sehen und mir für das erste Geschäft mit ihm eine Menge von vier oder fünf Kilo Kokain anbieten will.

«Das ist nicht viel», sagt Philippe zu mir.

«Nein, aber das ist normal. Vergiß nicht, daß es sich um den ersten Kontakt handelt. Heutzutage geht kein Drogenhändler, der diesen Namen verdient, das Risiko ein, beim ersten Geschäft eine große Menge zu liefern. Man muß nicht nur die Methoden der Rauschgifthändler kennen, man muß auch so argumentieren wie sie und ihre Mentalität verstehen. Mehrere Millionen Dollar stehen auf dem Spiel, sie riskieren eine jahrelange Gefängnisstrafe und sogar ihr Leben. In diesem Geschäft hat der geringste Fehler fatale Folgen.»

«Was meinst du, was nun geschehen wird?»

«Du wirst sehen, sie werden einen Vorschuß von uns verlangen.»

Früh am nächsten Morgen erfahren wir durch die abgehörten Telefonate Dora Halmens, daß das Trio den «Neuankömmling», wie sie ihn nennen, am Dienstag, den 8. August, im Hotel Bristol in Genf treffen wird. Der Abgesandte des Kartells wird von mindestens zwei Bodyguards begleitet. Wir müssen größte Vorsicht walten lassen, der Sicherheitsdienst der Organisation hat möglicherweise Maßnahmen ergriffen, um einer etwaigen Beschattung zuvorzukommen, was in unserem Jargon als Gegenüberwachung bezeichnet wird. Ein paar Minuten später hinterläßt mir Dora Halmen eine Nachricht im Hotel: «Ich treffe mich am Tag seiner Ankunft in Genf mit dem ‹Erdnußvertreter›».

Dieser ist ein kleiner Kolumbianer um die Dreißig namens Joselito, der sich in seinen teuren italienischen Maßanzügen sichtlich wohl zu fühlen scheint. Als ich ihm die Hand gebe, mache ich mir nichts vor: Wir haben einen großen Schritt in die richtige Richtung getan, aber das Spiel ist noch lange nicht gewonnen. Wir brauchen noch mehr Zeit und Geduld, um an Joselitos Bosse heranzukommen. Nachdem ich ihn im Foyer des Hotels Bristol begrüßt habe, sage ich mit einem Blick auf das Trio zu ihm:

«Ich möchte unseren Freunden hier nicht zu nahe treten, aber ich glaube, wir haben ein Gespräch unter vier Augen zu führen.»

Ich fasse den jungen Mann am Arm und bringe ihn zu einem Tisch, wo niemand unsere Unterhaltung mit anhören kann.

«Joselito, ich habe ein Problem mit zwei von Ihren Partnern: Victor und Dora; mit ihnen kann man nicht arbeiten, das ist zu gefährlich. Sie streiten sich ununterbrochen.»

«Ich weiß, José hat es mir gesagt. Er hat mir auch gesagt, daß er sich große Sorgen macht. Ich denke genauso wie Sie, das ist ein Problem.»

«Sie müßten auf, sagen wir mal ... diplomatische Weise ausgeschaltet werden. Sie müssen im Glauben bleiben, daß sie ihre Beteiligung bekommen, dann lassen sie uns in Ruhe. Ich denke, daß man ihnen bis zu 1500 Dollar pro Kilo geben könnte, für beide zusammen, versteht sich.»

«Gute Idee, aber ich kann diese Entscheidung nicht allein treffen. Ich muß meine kolumbianischen Freunde, die mich geschickt haben, darüber informieren.»

«Ich verstehe, auch ich muß meinen Geschäftspartnern Rechenschaft ablegen.»

«Wir haben 200 Kilo auf Lager. Wenn die Entscheidung nur bei mir läge, würde ich alles auf einmal verkaufen. Bevor ich Sie getroffen habe, habe ich zu meinen Freunden gesagt: Wir könnten ihm doch gleich alles verkaufen. Erst 30, dann 70 und dann die restlichen 100. Aber sie sind mißtrauisch.»

«Ich würde eher sagen, vorsichtig. Wir können gern das ganze Geschäft miteinander abwickeln, aber auch ich muß mit meinen Freunden erst darüber sprechen. Sie lassen mir freie Hand bei den Investitionen unserer Gruppe, aber wenn etwas schiefläuft, bin ich dran. Ich brauche vor allem eine Probe, 90 Prozent reine Ware.»

Zwei Tage später bringen mir Victor Benhalia und Dora Halmen eine Probe von vier Gramm, es ist 86,7 Prozent reines Kokain.

Ein paar Tage darauf ruhe ich mich in meinem Zimmer im Château d'Ouchy aus. Ich komme soeben aus Mailand, wo ich im Rahmen einer anderen Infiltration eine Gruppe von Sizilianern getroffen habe, um ihnen ein paar Kilo Heroin «abzukaufen». Ich bin müde, mit den Nerven am Ende, da erhalte ich einen Anruf von José. Der

Kolumbianer ist aufgeregt, und ich kann ihm nur schwer folgen.

«Herr Bertoni, wir müssen uns unbedingt sehen. Dora und Victor haben sich schon wieder gestritten, sie hatten einen heftigen Krach. Joselito hat jetzt Angst und möchte die ganze Sache abblasen. Dora hat ihm vorgeschlagen, alleine mit ihm zu arbeiten, sie möchte Victor und mich ausschalten.»

«Immer mit der Ruhe, José, warten Sie in Ihrem Hotel in Genf auf mich. Ich fahre gleich los.»

In Begleitung von Philippe und zwei Polizeibeamten, die meine Bodyguards spielen, stehe ich eine Stunde später im Foyer des Bristol dem bleichen, völlig aufgelösten Victor gegenüber. Er hat mit José und Joselito gesprochen und kriegt es mit der Angst zu tun. Er kennt die Mentalität der Kolumbianer, und er weiß, daß der geringste Fauxpas ihm teuer zu stehen kommen kann; sein Leben steht auf dem Spiel. Ich muß nicht erst lange auf ihn einreden, damit er sich aus dem Geschäft zurückzieht. Nur das Problem mit Dora Halmen ist noch nicht gelöst. Ich möchte nicht, daß sie aus dem Spiel ausscheidet. Ihr Haus ist zu einer Art Schweizer Hauptquartier der Organisation geworden. Die abgehörten Telefongespräche liefern uns zahlreiche wertvolle Informationen. Es kommt nicht in Frage, darauf zu verzichten, auch wenn mir die raffgierige Dänin äußerst unsympathisch ist. Ich muß Joselito davon überzeugen, sie weiter mitmachen zu lassen:

«Sie wird schwieriger zu vertreiben sein als Victor», sage ich zu dem Kolumbianer. «Sie ist keine Südländerin wie Victor. Victor weiß, wie es Verrätern ergeht, Dora aber lebt in der Schweiz, nicht in Kolumbien. Außerdem ist sie nicht dumm, sie hat vielleicht bei einem Notar einen Umschlag hinterlegt, der im Falle ihres Ablebens geöffnet wird.»

Ich sehe Joselito in die Augen, er wirkt besorgt. Ich lese in seinen Gedanken und sage:
«Wenn ihr etwas zustößt, könnt ihr die Sache vergessen, da mache ich nicht mehr mit.»
Joselito überlegt.
«Sie haben recht. Wir könnten sie vielleicht sogar ein wenig mehr in die Sache hineinziehen.»
«Das ist ein Wort, mein Freund!»
An diesem Abend liegt Genf unter einer dumpfen, feuchtheißen Glocke. Es ist spät, als ich das Hotel mit meinen Bodyguards verlasse. Ich bin schweißgebadet und kann mich vor Erschöpfung kaum noch auf den Beinen halten.
Zwei Tage später treffe ich Joselito wie vereinbart am Genfer Sitz der Schweizerischen Volksbank, wo wir ein Schließfach auf unsere beiden Namen mieten. Ich bin in Begleitung meiner beiden Bodyguards, die in Gegenwart von Dora Halmen die in einem Schließfach der Schweizerischen Bankgesellschaft verwahrten zwölf Millionen Schweizer Franken abgeholt haben. Joselito zählt das Geld noch einmal nach, bevor er es einschließt. Ich spiele auf die Warenprobe an, die ich bekommen habe:
«Ich hoffe, daß die Ware von besserer Qualität sein wird. Ihr habt mir 90 Prozent versprochen, ich komme aber nur auf knapp 87 Prozent. Der Preis muß der Qualität entsprechen.»

Am 13. August haben wir durch die Telefonmitschnitte erfahren, daß ein gewisser Fredy bei Dora Halmen in Yverdon zu Gast ist. Seinem Akzent nach ist er Kolumbianer. Alle seine Gespräche werden auf spanisch geführt und sind verschlüsselt. Es wird nie direkt von Kokain gesprochen, aber wir können der Unterhaltung trotzdem folgen und entnehmen ihr, daß die Organisation über ein Depot im Hafen von Amsterdam verfügt, das regelmäßig beschickt wird. Fredy ruft oft einen gewissen Fabio in Frankfurt an, der offensichtlich eine sehr wichtige Rolle in der Hierarchie der Organisation spielt. Wir müssen mehr über Fredy und Fabio erfahren.

Da ihre Namen nie von einem der Drogenhändler erwähnt wurden, darf ich nichts von ihrer Existenz wissen. Die einzige Lösung ist, unsere holländischen und deutschen Kollegen zu informieren, damit sie die Ermittlung in ihren Herkunftsländern weiterführen.

Als ich meinen Kollegen Kommissar Ronald Hasler vom BKA benachrichtige, habe ich keine Ahnung, daß wir nicht als einzige hinter den beiden her sind. Eine rivalisierende Abteilung des BKA hat Fabio bereits aufs Korn genommen. Sie kennt nicht nur seine wirkliche Identität und weiß, daß er einer der wichtigsten Bosse des Cali-Kartells ist, ihr ist es sogar gelungen, einen Informanten in die Organisation einzuschleusen. Es handelt sich um einen Drogenhändler aus Frankreich, der Mario der Araber genannt wird.

Ich kenne Mario den Araber gut, da ich mit ihm und meinem Freund Sam Meale von der DEA in Mailand bereits Drogenringe infiltriert habe. Mario ist ein guter Informant, der sich bestens auf seine Arbeit versteht. Er wird nicht gerade von Gewissensbissen geplagt, ist mit einer Pariser Bordellbesitzerin verheiratet und betätigt sich nebenbei auch als Zuhälter. Er ist genau der Typ von V-Mann, den man mit eiserner Hand unter Kontrolle halten muß.

Die Abhöraktion im Haus von Dora Halmen liefert uns weiterhin interessante Informationen. Bis jetzt hat Fredy noch keinen Kontakt zu Mario dem Araber aufgenommen. Die Organisation ist gut abgeschirmt, was uns sehr entgegenkommt.

Am 17. August ruft mich Ronald Hasler an, er hat eine schlechte Nachricht für mich:

«Tato, ich habe mit meinen Kollegen von der anderen Abteilung gesprochen, die sich um Fabio kümmern. Sie wissen, daß Fabio mit einem gewissen Fredy in der Schweiz in Kontakt steht, aber sie haben ihn noch nicht identifiziert. Von euren Ermittlungen habe ich nichts erwähnt, denn ich habe den Eindruck, daß meine Kollegen nicht mit offenen Karten spielen. Ich habe über Umwege erfahren, daß Fabio in ein paar Tagen verhaftet werden soll, bei der Übergabe von 60 Kilo Kokain. Das gefällt mir gar nicht. Ich traue der Sache nicht. Mario der Araber ist allein mit der Infiltration betraut worden, er wird dabei von keinem Polizeibeamten kontrolliert. Du weißt, wie die Informanten sind, sie denken nur ans Geld. Wenn ich Fredy vor meinen Kollegen zur Sprache bringe, geht uns die Sache durch die Lappen. Wenn Mario der Araber etwas von Fredy erfährt, wird er sich an ihn heranmachen wollen, um die Prämie für seine Verhaftung zu kassieren.»

«Keine Sorge, Ronald, sollte Mario je in die Schweiz kommen und sich ohne unsere Einwilligung in Fredys Nähe begeben, lasse ich ihn einfach verhaften. Und wenn herauskommt, daß er von deinen Kollegen geschickt wurde, mache ich einen Riesenskandal und lasse es auch auf einen diplomatischen Zwischenfall ankommen.»

Zu dieser Zeit beginne ich gerade erst zu realisieren, daß Mario der Araber zu einer Gruppe von Informanten zählt, die sowohl für die französische OCRTIS, die amerikanische DEA, das deutsche BKA als auch für verschiedene italienische Antidrogeneinheiten arbeiten. Diese Händler haben kapiert, daß sie bequem ihren Lebensunterhalt verdienen können, indem sie sich im Auftrag verschiedener Polizeibehörden in fremde Drogenringe einschleusen. Sie sind immer auf der Hut und verstehen es, die Schwachstellen des Systems auszunutzen.

Unabhängig von Mario dem Araber hat einer seiner Informanten, Bruno, in Madrid einen Verantwortlichen der kolumbianischen Kartelle getroffen, der als Sonderbotschafter tätig ist. Bruno ist die baldige Ankunft von 400 Kilo Kokain im Hamburger Hafen zu Ohren gekommen, und er bietet den Fall Ronald Hasler an. Durch seine Ermittlungen findet Hasler heraus, daß der «Sonderbotschafter der Kartelle» für dieselbe Organisation arbeitet wie Fabio, der von Mario dem Araber in Frankfurt bespitzelte Drogenhändler. Eine neue Undercoveraktion innerhalb derselben Organisation wird eingeleitet. Deckname: Gulby. Den Namen haben meine Tessiner Kollegen und ich gewählt. In der schweizerisch-italienischen Mundart ist dies ein Anagramm des männlichen Geschlechtsmerkmals: Das soll eine ironische Hommage an den unersättlichen Appetit eines der Leiter der Ermittlung sein. Das Problem bei der Sache ist, daß die beiden verdeckten Ermittlungen von rivalisierenden Abteilungen des BKA geführt werden, ohne jede Koordinierung mit der von mir geleiteten dritten Infiltration derselben Organisation. Es ist an der Zeit, die Dinge zu regeln. Ich schlage Hasler also vor, gemeinsam vorzugehen und Fabio und Mario den Araber so weit wie möglich aus unseren beiden Operationen herauszuhalten.

Der Sonderbotschafter Mario Calderón ist ein Kolumbianer um die Fünfzig. Bruno hat ihn geködert, indem er ihm Kontakte zu wichtigen Drogenhändlern vorgespiegelt hat, ohne jedoch Namen zu nennen. Calderón ist dazu bereit, die Gesamtmenge von 400 Kilo oder einen Teil davon zu liefern. Das einzige Problem dabei ist, daß der Botschafter das Geld in der Schweiz sehen will, sonst spielt er nicht mit. Ronald Hasler bittet mich, ihm zu helfen. Wir tüfteln einen Plan aus. Zunächst schlägt Bruno, der V-Mann, Mario Calderón vor, ihm seinen Schweizer Geschäftspartner Pierfranco Bertoni – das bin ich – vorzustellen. Das Treffen wird für Ende August 1989 in Genf angesetzt, nicht weit vom Grenzübergang nach Frankreich.

Als ich in einem protzigen Mercedes SEC 500, der von meinem Kollegen Philippe Strano gefahren wird, vor Ort eintreffe, erwarten uns Mario Calderón und Bruno bereits in einem BMW.

Ich kenne Bruno. Ich hatte ihn im Frühjahr 1987 in den Büros der OCRTIS bei der kleinen Feier bemerkt, auf der Dick Marty und ich zufällig Georges gesehen hatten. Ein kurzes Aufblitzen in seinen Augen zeigt mir, daß auch er mich wiedererkannt hat. Es ist jedoch weder der geeignete Augenblick für Erklärungen noch für ein großes Wiedersehen. Ich muß mich voll auf meinen neuen Kunden konzentrieren.

Mario Calderón ist ein Kraftmensch mit kantigem Gesicht, kurzen Haaren und einem durchdringenden Blick. Sein Handschlag ist energisch. Von vornherein behandelt er mich wie seinesgleichen: Bruno hat gute Arbeit geleistet. Er hat ihm erklärt, daß ich ein wichtiger Boß sei.

Philippe spielt seine Rolle als Fahrer und Mann für alles ganz ausgezeichnet und öffnet uns die Wagentür des Mercedes. Calderón ist völlig verschwitzt, also stellt Philippe die Klimaanlage auf die höchste Stufe. Wir fahren auf der Autobahn nach Lausanne, Richtung Château d'Ouchy; Bruno folgt uns im BMW.

«Herr Bertoni», sagt Calderón zu mir, «Bruno hat so viel von Ihnen gesprochen, daß ich das Gefühl habe, Sie schon lange zu kennen. Wir werden bestimmt Geschäfte miteinander machen, gute Geschäfte.»

«Mario, du kannst mich gern duzen, ich heiße Pierfranco. Wir werden miteinander arbeiten, da können wir die Förmlichkeiten ruhig beiseite lassen. Wenn du mich duzt, fühle ich mich auch ein bißchen jünger.»

Calderón bleckt seine Wolfszähne zu einem kurzen Lachen, dann sagt er:

«Ich habe einem kolumbianischen Freund, der in Spanien lebt, einen Gefallen versprochen. Er möchte 130 Millionen angolanische Kwanza in eine stärkere Währung – Dollar oder Schweizer Franken – umtauschen. Das Geld liegt bereits in einem Bankschließfach in der Schweiz. Wenn du da etwas machen könntest, wäre das großartig. Ich habe gemerkt, daß das nicht so einfach ist, ich weiß nicht, wer an angolanischen Devisen interessiert sein könnte. Ich sage das, weil ich meinem Freund versprochen habe, mich darum zu kümmern. Er wird in zwei oder drei Tagen in die Schweiz kommen, nicht nur deswegen; er will jemanden treffen, um 30 Kilo Kokain abzusetzen, die schon in Madrid sind. Er verlangt 30 000 Dollar pro Kilo, was hältst du davon?»

Daß er so direkt zur Sache kommt, wundert mich. Fünf Minuten nachdem wir Bekanntschaft gemacht haben, sprechen wir schon über Kokain und Geldwäsche.

«Mario, laß uns in aller Ruhe darüber reden, wenn wir im Hotel sind, geduscht haben und zusammen etwas trinken. Wir haben Zeit ..., und die Gegend darf man sich einfach nicht entgehen lassen.»

«Ja, aber ich muß nach Deutschland, vielleicht schon morgen.»

Mit Ronald Hasler habe ich Calderóns weiteren Reiseverlauf bereits festgelegt.

Unser Plan sieht vor, daß Bruno Calderón nach Frankfurt begleitet, um ihm einen meiner «Geschäftspartner» vorzustellen, einen deutschen Polizisten, der als Bordellinhaber getarnt ist.

«Ich weiß, Mario, du wirst meinen Freund Fifi treffen, er ist ein anständiger Typ, du wirst sehen.»

«Ja, und ich muß auch einen von meinen Partnern sehen. Das ist ein sehr wichtiges Treffen für unsere weiteren Geschäfte. Er ist dafür zuständig, einen Teil des bolivianischen Kokains in Europa in Empfang zu nehmen.»

Unglücklicherweise kann es sich nur um Fabio handeln, der von der rivalisierenden Abteilung des BKA überwacht wird und dessen Verhaftung laut Hasler unmittelbar bevorsteht. Wir müssen improvisieren und dafür sorgen, daß die beiden sich nicht begegnen. Ich will Calderón nicht verlieren. Ich habe noch einiges mit ihm vor, bevor ich ihn in die Versenkung schicke.

Noch am selben Abend, als wir im Restaurant von Ouchy an einem Tisch mit Blick auf den See sitzen, erkläre ich dem ausgeruhten Mario Calderón meine Pläne:

«Bruno hat dich immer in den höchsten Tönen gelobt und gesagt, daß ich dir vertrauen kann. Also habe ich Vertrauen in dich. Er hat dir bestimmt gesagt, daß ich eine Gruppe von Investoren vertrete. Wir machen Geschäfte, alle möglichen Geschäfte. Wir haben das Geld, du hast die Kontakte mit den Leuten, die uns die Ware liefern können. Aber wir sollten nichts überstürzen und erst einmal ein Geschäft über die Bühne bringen, bevor wir mit dem nächsten anfangen. Bei mir läuft gerade noch eine Sache mit einem deiner kolumbianischen Kollegen, der in Genf ist. Ein ganz großes Ding. Sie haben mir 200 Kilo über 90 Prozent reine Ware zum Preis von 25 000 Dollar pro Einheit angeboten. Jetzt sind noch ein paar Probleme aufgetaucht, Kleinigkeiten. Ich habe mir gedacht, daß du mir vielleicht helfen könntest. Du bist einer der Ihren, ihr sprecht die gleiche Sprache und außerdem: Ihr Kolumbianer kommt untereinander besser klar. Du könntest mir eine Hilfe sein. Ich muß diese Sache abschließen, bevor ich mit einer neuen beginne. Ich habe zwölf Millionen Dollar investiert, und meine Geschäftspartner nehmen es sehr genau, sie haben es nicht gern, wenn ich mehrere Geschäfte gleichzeitig laufen habe.»

Während ich mit ihm rede, sehe ich Calderón direkt in die Augen. Als ich fertig bin, zeigt sich ein breites Lächeln auf seinem Gesicht.

«Gern, mein Freund, wenn du willst, fahren wir gleich nach Genf. Ich weiß, wie man mit meinen Landsleuten verhandelt. Du hast recht, wir sprechen schließlich die gleiche Sprache.

«Wir müssen uns nicht sofort auf den Weg machen.»

«Du sagst mir, wann du fahren willst. Und dann machen wir zwei miteinander Geschäfte. Ich erwarte 400 Kilo im Hamburger Hafen. Wenn du das Geld hast, gehören sie dir. Vielleicht ist die Ware schon da. Aus Bogotá soll jemand kommen, der sie abholt, sie ist im Zollgut versteckt. Wir wollen in der Schweiz bezahlt werden, deswegen bin ich hier.»

«Langsam, eins nach dem andern. Was ist mit diesem Freund, von dem du gesprochen hast, der mit dem angolanischen Geld und den 30 Kilo in Madrid?»

«Er wird in zwei Tagen hiersein, wir müssen ihm helfen. Das ist sehr wichtig für mich. Die 30 Kilo in Madrid sind ein ausgezeichneter Deal. Wir werden dort beliefert. Ich fahre mit einem von deinen Leuten, mit Bruno oder Philippe, los, und wir holen sie dort ab. Das ist ein Kinderspiel, und wir können direkt hier bezahlen.»

«Mario, ich werde sehen, was ich tun kann. Pierfranco Bertoni hält sein Wort. Das mit den 30 Kilo ist kein Problem, ich kann mich darum kümmern. Die Geschichte mit dem angolanischen Geld kann ich dir nicht garantieren. Philippe soll sich damit beschäftigen. Er kennt die Bankiers in Lausanne und Genf gut. Was das Geschäft in Hamburg angeht: Wenn die Ware gut ist, sprechen wir später darüber.»

«Bestens. Komm doch mit mir nach Deutschland. Ich könnte dir meinen Freund Fabio vorstellen, er ist ein wichtiger Boß. Die 400 Kilo in Hamburg, da steckt er dahinter. Er vertritt die kolumbianischen Kartelle in Nordeuropa. Wir haben Depots an den verschiedensten Orten und können euch beliefern, wann ihr wollt.»

«Mario, wir können bei dem Geschäft ganz dick absahnen. Denk daran, daß ich unseren Gewinn über meine

Finanzgesellschaften an der Börse oder in Immobilien investieren kann. Laß uns eine Gesellschaft gründen: wir machen halbe-halbe. Ich steuere das Geld bei, und du lieferst die Ware. Und weißt du was? Du wirst unser Botschafter in Lateinamerika.»

Ein strahlendes Lächeln legt sich auf Mario Calderóns Gesicht. Mit unserem restlichen Champagner besiegeln wir unsere Abmachung.

«Sag mal, Mario, hast du eigentlich Schweizer Geld?»
«Ehrlich gesagt, bin ich gerade etwas knapp bei Kasse.»
«Warum hast du mir das nicht eher gesagt?»

Diskret ziehe ich ein Bündel Schweizer Tausendfrankenscheine aus meiner Tasche. Ich nehme zwei Geldscheine und stecke sie ihm zu. Calderón kann sich beim Trinken nicht zurückhalten, verträgt aber nicht viel. Als ich ihn an diesem Abend zu seinem Zimmer schleppe, hat sich mir diese Schwäche gut eingeprägt.

Tags darauf rufe ich nach Calderóns Abfahrt Ronald Hasler an. Wir beide wissen, daß der Erfolg unserer Aktion von einem einzigen Umstand abhängt: Um nichts in der Welt darf Calderón Fabio treffen. Ich überrede den Kolumbianer, Fabio anzurufen, um ihm zu sagen, daß er dieses Mal keine Zeit habe, ihn zu sehen. Das tut er auch.

«Ronald», sage ich zu meinem Kollegen, «gib Fifi Bescheid, daß er Calderón nicht eine Minute aus den Augen läßt. Und wenn er mal nicht mehr weiß, wie er es anstellen soll: Er muß ihn nur in Nachtlokale mitnehmen und ihm einen Drink nach dem anderen ausgeben. Ihr werdet sehen, Calderón wird nicht einmal mehr daran denken, seinen Freund Fabio anzurufen.»

Genauso kommt es. Fifi und Bruno klappern sämtliche Bars mit Calderón ab. Fabio wird am 24. August in Frankfurt verhaftet, als er sich anschickt, Mario dem Araber, dem V-Mann des BKA, 58 Kilo Kokain zu liefern. Die für die Aktion verantwortlichen deutschen Polizeibeamten tun so, als habe dieser Fall nichts mit dem unseren zu tun. In Wirklichkeit aber arbeiten sie bereits daran, ohne uns darüber informiert zu haben.

Während Calderón in Frankfurt ist, nutze ich die Gelegenheit und verbringe das Wochenende bei mir im Tessin. Nach vier Stunden Fahrt sinke ich zu Hause völlig erschöpft in Tiefschlaf. Meine fassungslose Frau zeigt erste Anzeichen von Überdruß, da sie mich immer nur kurz zwischen zwei Operationen zu Gesicht bekommt. Am Sonntag abend finde ich im Château d'Ouchy eine Nachricht von Joselito vor. Er möchte mich so schnell wie möglich sehen. Eine Stunde später treffe ich ihn zusammen mit José im Foyer des Bristol in Genf. Ihre Erdnuß-Geschichten gehen mir allmählich auf die Nerven, aber wir verhandeln weiter. Ab und zu geht Joselito hinaus, um nach Kolumbien zu telefonieren.

«Meine Freunde sind einverstanden, daß wir mit 100 Kilo anfangen», sagt Joselito zu mir, «aber sie möchten einen Vorschuß von 380 000 Dollar.»

Ich lache laut auf.

«Und warum nicht andersherum? Zuerst gebt ihr mir die 100 Kilo, und dann bezahle ich euch. Ihre Freunde haben wirklich Humor.»

«Wir haben unsere Vorschriften, und damit nehmen wir es sehr genau. Der erste Deal ist dazu da, sich kennenzulernen. Wir müssen wissen, daß wir Ihnen vertrauen können.»

«Natürlich, Joselito, aber das gleiche gilt für uns. Wir haben auch unsere Regeln. Na ja, ihr wißt ja, wo ihr mich erreichen könnt. Sie wissen jetzt Bescheid, bis dann!»

Trotz unseres kühlen Abschieds ruft mich Joselito am nächsten Tag wieder an. Er möchte, daß ich einen symbolischen Vorschuß leiste, wobei er noch einmal betont, daß «nur die Regierung», das heißt die Polizei, sich weigere, im voraus zu zahlen. Mir bleibt nur, den Hörer aufzulegen, nachdem ich ihm gesagt habe, daß ich ihn am nächsten Tag aufsuchen würde. Ich bin wütend auf meine Vorgesetzten, die mir systematisch verbieten, Vorschüsse zu zahlen. Ich habe mich noch nicht beruhigt, als das Telefon erneut klingelt. Diesmal ist es Mario Calderón. Er möchte am nächsten Tag nach Genf zurückkommen.

«Geht in Ordnung, ich sage Philippe, daß er sich um die Tickets kümmern soll. Du holst sie einfach in Frankfurt am Flughafen ab. Wir treffen uns im Hotel Bristol, dort werden wir ein Wörtchen mit diesen verflixten Kolumbianern reden.»

Am nächsten Tag um Viertel nach fünf eröffne ich Joselito und José, mit denen ich in der Bar des Bristol verabredet bin, daß mein kolumbianischer Geschäftspartner Mario Calderón bald eintreffen werde.

Die beiden Männer erblassen. Eine Dreiviertelstunde später gesellt sich ein ausgesprochen munter wirkender Mario Calderón zu uns.

«Sagt mal, Jungs, mein Geschäftspartner hat mir gesagt, daß ihr einen deftigen Vorschuß verlangt.»

«Den verlangen nicht wir, das sind unsere Leute in Kolumbien.»

«Ihr in Kolumbien müßt Garantien geben, nicht Herr Bertoni. Wenn ihr was zu sagen hättet, hättet ihr schon längst grünes Licht bekommen. Ihr habt anscheinend nichts zu melden.»

Die beiden Männer sind wie versteinert. Mario redet weiter, seine Stimme wird streng und sein Blick eisig:

«Ihr kommt hierher, um von mir, Mario Calderón, Garantien zu verlangen. In Kolumbien gibt man sich mit meinem Wort zufrieden. Wer Don Mario kennt, weiß, wer ich bin; die Escobars und die Ochoas kennen mich gut. Ihr seid nur kleine Nummern! Erkundigt euch ruhig über mich. Wir lassen von uns hören.»

Die Situation entbehrt nicht einer gewissen Komik, und ich muß beinahe laut auflachen. So geht es mir auch, als Mario Calderón und ich ein paar Tage später Joselito in der Bar des Bristol wieder treffen. Ich muß mir auf die Lippen beißen, um ernst zu bleiben, so verängstigt wirkt er. Ich beschließe, einen entscheidenden Schlag zu führen. Ich möchte, daß Joselito seinem Landsmann den Schlüssel zu dem Bankschließfach aushändigt, in dem die zwölf Millionen Schweizer Franken liegen. Ich bin mir der Bedeutung dieses symbolischen Aktes für den Kolumbianer bewußt. Mario Calderón packt Joselito am Kragen:

«Erstens gibst du mir sofort den Schlüssel, und zweitens will ich die Telefonnummer von deinem Geschäftspartner in Kolumbien.»

Aschfahl überreicht Joselito Don Mario den Schlüssel, aber die Telefonnummer möchte er nicht herausrücken.

«Du verstehst wohl kein Kolumbianisch!» brüllt Don Mario. «Ich will die Telefonnummer und den Namen deines Geschäftspartners! Wenn nicht, garantiere ich dir, daß es dich deinen Kopf kostet, sobald du auch nur einen Fuß auf kolumbianischen Boden setzt!»

Mario Calderón sieht nicht aus, als wäre er zum Scherzen aufgelegt. Joselito weiß, daß sein Leben auf dem Spiel steht.

«Mister John, er heißt Mister John. Ich habe ihn nie gesehen, ich habe nur seinen Namen und seine Telefonnummer. Von ihm bekomme ich die Aufträge.»

«Mister John? Nie gehört. Obwohl ich alle kenne, die in Kolumbien etwas zu sagen haben, das kannst du mir glauben. Ich werde ihn anrufen, wir werden schon sehen, was dann passiert», sagt Calderón und geht telefonieren.

Rund zehn Minuten später kommt Mario Calderón strahlend zurück und winkt mich zu ihm:

«Es geht alles klar. Jetzt wissen sie, mit wem sie es zu tun haben. Sie verlangen keinen Vorschuß mehr. Ich weiß noch nicht, wieviel Ware sie dir geben werden. Er muß mit seinen Freunden vom Kartell sprechen. Ich habe ihm gesagt, daß Mario Calderón Entgegenkommen von ihm erwartet: ‹Informiere dich bei denen über mich, die das Sagen haben und die in Kolumbien Geschichte gemacht haben, du wirst schon sehen, was sie dir sagen werden.› Ihm blieb die Spucke weg. ‹Alles klar, Don Mario›, hat er gestammelt, ‹machen Sie sich keine Sorgen, ich werde dem jungen Mann sagen, was er zu tun hat.›»

Dann wendet sich Calderón an Joselito und sagt in aller Seelenruhe:

«Von nun an gehört dein Leben mir. Du solltest mir dankbar sein, daß dein Kopf noch auf deinen Schultern sitzt.»

Wir verlassen die Bar des Bristol in betretenem Schweigen. Calderón hat sein wahres Gesicht gezeigt, und die Lust am Lachen ist mir vergangen. Ich weiß jetzt, daß dieser Mann fähig ist, jemanden zu töten, ohne mit der Wimper zu zucken. Ich werde ihm das Handwerk legen, nach allen Regeln der Kunst. Fragt sich nur noch, ob mit den 400 Kilo in Hamburg oder mit den 30 Kilo in Madrid.

Obwohl der 30-Kilo-Deal in Madrid weiter gediehen ist als der andere, scheint er mir keinswegs sicher. Seit einigen Tagen sind die Verkäufer im Château d'Ouchy, und die Verhandlungen gehen gut voran. Von den beiden Männern ist der etwa dreißigjährige Federico Quesada, ein kräftiger, matthäutiger Dominikaner, der wichtigere. Er ist als Vertrauensmann des bis vor kurzem von Severo Escobar Ortega, dem führenden Drogenbaron Kolumbiens, geführten Clans in Madrid stationiert. Escobar wurde an die Vereinigten Staaten ausgeliefert, wo er in einem Hochsicherheitstrakt eine Freiheitsstrafe von 25 Jahren absitzt. Quesada ist in erster Linie am Verkauf der Kwanzas interessiert. Zu seinem großen Bedauern gelingt es Philippe Strano trotz all seiner Bemühungen in Schweizer Bankenkreisen und seiner persönlichen Beziehungen nicht, die Devisen an den Mann zu bringen. Nelson Guillermo Rodríguez, der zweite Verkäufer, wirkt nicht im geringsten vertrauenerweckend. Ich habe kein gutes Gefühl bei ihm, irgend etwas ist faul an der Sache. Mein Mißtrauen steigt, als unser Überwachungsteam feststellt, daß er regelmäßig eine Telefonzelle unweit vom Hotel aufsucht. Er führt sicher Ferngespräche, denn er ist dauernd auf der Suche nach Fünf-Franken-Münzen. Nach kurzer Überprüfung stellt sich heraus, daß Nelson Guillermo Rodríguez immer dieselbe Nummer in Madrid wählt, die jedoch nicht im Telefonbuch verzeichnet ist. Nelson Guillermo Rodríguez ist der Besitzer der 30 Kilo Kokain. Es ist also Vorsicht geboten.

Mario Calderón hingegen möchte das Geschäft möglichst schnell abwickeln.

«Kümmern wir uns um die 30 Kilo», sagt er zu mir, «das ist ein gutes Geschäft, ein Kinderspiel. Wir haben nur das Transportproblem zu regeln. Gib mir Philippe und einen deiner Männer mit. Ich fahre nach Madrid und bringe dir die Ware.»

Ich fasse Mario beim Arm und führe ihn zu dem Audi Quattro:

«Mario», sage ich, «der Transport ist kein Problem. Sieh mal her.»

Ich betätige den Mechanismus zum Öffnen des Geheimfachs. Mario Calderón ist sprachlos. Noch nie hat er ein so perfektes Versteck gesehen.

«Mario, wenn die Sache schiefgehen sollte, wenn Guillermo nicht der ist, für den er sich ausgibt, verliere ich alles: dich, Philippe und dieses Juwel. Der Wagen ist nämlich dazu da, auf der Hinfahrt das Geld und auf der Rückfahrt die Ware zu transportieren, du verstehst?»

Mario Calderón hört mir schon gar nicht mehr zu.

«Heilige Mutter Gottes! Bei uns kostet so etwas ein Vermögen. Mindestens 100 000 Dollar nur für das System. Kann man das in jeden Wagen einbauen? Das ist ja die reinste Goldgrube!»

«Natürlich! Ich zeige dir das, damit dir klar ist, was für mich auf dem Spiel steht. Wenn ich den Wagen verliere, verliere ich alles.»

«Ich kenne Guillermo nicht gut. Federico hat ihn mir vorgestellt. Für Federico lege ich die Hand ins Feuer, bei Guillermo bin ich mir nicht sicher.»

«Also sollten wir nichts überstürzen. Wir machen das 30-Kilo-Geschäft nur, wenn wir sicher sind, daß alles in Ordnung ist. Beim geringsten Zweifel lassen wir lieber die Finger davon und konzentrieren uns auf die Sache in Hamburg.»

Bruno ist ein paar Tage in Frankfurt geblieben. Nach seiner Rückkehr läuft ihm im Château d'Ouchy Nelson Guillermo Rodríguez über den Weg.

«Ich habe ihn schon einmal irgendwo gesehen», sagt er zu mir. «Das war, glaube ich, in den Büros des Rauschgiftdezernats in Madrid. Ja, das ist es. Der Typ ist ein Informant der Polizei.»

Ein Telefonat mit meinem Kollegen, Kommissar Aranda von Interpol Madrid, bestätigt, was Bruno gesagt hat. Aranda eröffnet mir, daß die 30 Kilo in Madrid «unter der Kontrolle» der spanischen Polizei stünden. «Die Sache ist so verwickelt», sagt Aranda zu mir, «daß wir nicht mehr wissen, wer auf unserer Seite ist. Drogenhändler, Informanten und Polizisten sind kaum noch auseinanderzuhalten.» Bruno erfährt seinerseits aus Polizeiquellen, daß die ganze Sache eine Provokation ist. Die 30 Kilo stammen aus einer von der Madrider Polizei durchgeführten Beschlagnahmung. Unter diesen Umständen dürfen wir Mario Calderón auf keinen Fall blindlings in die Falle rennen lassen.

Wenn es ihn erwischt, verlieren wir die 400 Kilo in Hamburg und damit die ganze Organisation, die dahintersteckt. Ich kann ihm aber auch nicht so mir nichts, dir nichts ankündigen, die Sache in Madrid würde mich nicht mehr interessieren. Also bemühe ich mich darum, den Informanten in ein schlechtes Licht zu rücken.

«Kommt es dir nicht komisch vor», sage ich zu Mario, «daß er dauernd von einer Telefonzelle aus telefoniert?»

Bei dem Kolumbianer regen sich erste Zweifel, aber er gibt die geplante Fahrt nach Madrid nicht auf. Einige Zeit später unterläuft Nelson Guillermo Rodríguez eine Ungeschicklichkeit, die uns zupasse kommt. Eines schönen Tages begibt er sich direkt nach dem Frühstück zum Genfer Flughafen, um nach Madrid zu fliegen, vergißt aber, vorher seine Hotelrechnung zu bezahlen. Für die Hoteldirektion stellt das kein Problem dar. Ich habe mit meiner Kreditkarte für die Ausgaben der Drogenhändler gebürgt, aber Calderón weiß das nicht. Als Philippe Strano von Nelson Guillermo Rodríguez' übereilter Abreise erfährt, hat er einen genialen Einfall: Er schickt sofort eine Polizeistreife zum Hotel. Unter dem Vorwand, wegen Betrugs gegen Rodríguez zu ermitteln, belagern die uniformierten Polizisten, die von Philippe eingeweiht wurden, die Rezeption des Hauses und vernehmen auch Quesada und Calderón als Zeugen. Die beiden Kolumbianer sehen blaß und mitgenommen aus.

Philippe beruft sich auf die Empfangsdame:

«Es handelt sich um ein Mißverständnis, Herr Rodríguez ist ein Gast von Herrn Bertoni.»

Ein paar Minuten später schalte ich mich ein. Ich mache ein wütendes Gesicht und betone, daß ich für alle Ausgaben meiner Gäste aufkommen würde. Ich brauche Calderón nicht erst anzusehen, um zu wissen, was er jetzt von Rodríguez hält. Ein Drogenhändler darf nie die Aufmerksamkeit der Polizei auf sich ziehen, das ist eine goldene Regel der Unterwelt. Von den 30 Kilo in Madrid ist nie wieder die Rede.

Die Tatsache, daß ein Schweizer Polizeibeamter seine spanischen Kollegen daran hindert, einen kolumbianischen Drogenhändler zu verhaften, mag skandalös erscheinen. Zu meiner Rechtfertigung könnte ich anführen, daß die 30 Kilo Kokain im Rahmen einer vollkommen illegalen Aktion von der Polizei selbst ausgehändigt wurden. In Wahrheit möchte ich dadurch ja nicht Calderón schützen, sondern unsere Operation zu Ende führen, die im Gegensatz zu der von den Spaniern durchgeführten Aktion den größten zu diesem Zeitpunkt in Europa angesiedelten kolumbianischen Drogenhändlerring sprengen könnte.

Von diesem Tag an bin ich mehr als ein Freund für Mario Calderón: Ich gehöre zu seiner Familie. Um dies deutlich zum Ausdruck zu bringen, nennt mich der kolumbianische Pate von nun an «mein Onkel», was er auch seinen kolumbianischen Gesprächspartnern mitteilt. Auf diese Weise zeigt er, wie wichtig ich bin, steht aber auch mit seinem Leben persönlich für mich ein. Während meiner ganzen Laufbahn als Undercoveragent ist mir noch nie ein Verbrecher seines Schlages begegnet: ein richtiger Gentleman-Killer. Seine Gewalttätigkeit steht ihm ins Gesicht geschrieben, aber er ist stets wie aus dem Ei gepellt. Wenn er erst Vertrauen gefaßt hat, kennt er keine Zurückhaltung mehr. So wird er gegen seinen Willen zu einem hochkarätigen Informanten. Durch ihn erfahre ich binnen weniger Monate praktisch alles über eines der wichtigsten Kartelle Kolumbiens. Jetzt habe ich die Gelegenheit, einen weiteren Schritt nach vorn zu machen, indem ich Calderón noch mehr auf meine Seite ziehe.

«Ich habe genug von Lausanne, komm, laß uns ein paar Tage aufs Land fahren», sage ich zu Mario Calderón. «Ich kenne da ein hübsches Plätzchen.»

Nicht weit von Locarno liegt mitten auf dem Land das Fünf-Sterne-Hotel Sogno. Einzelne Bungalows verteilen sich über einen Garten mit exotischen Pflanzen, zwei Restaurants, zwei Swimmingpools, Tennisplätzen und sogar einem kleinen Zoo. Die Inhaber sind langjährige Freunde von mir, die alles über meine Arbeit wissen. Deswegen sind sie nicht überrascht, als ich unter dem Namen Pierfranco Bertoni in Begleitung eines waschechten Kolumbianers in ihrem Hotel absteige. Sie empfangen mich, als ob ich bei ihnen zu Hause wäre. Bei ihnen habe ich keine Fauxpas zu befürchten. Seit langem schon nennen mich die Söhne der Inhaber «Onkel», und für ihre Eltern bin ich der «liebe Sozius».

Kaum ist er in seinem Zimmer, ruft Mario Calderón seinen Geschäftspartner Federico Quesada in Madrid an. Wie alle Gäste des Hotels hat er eine direkte Telefonleitung, so daß seine Gespräche um so einfacher abzuhören sind.

«Hola, Federico. Du hast ja gesehen, was im Hotel in Lausanne für ein Mist gelaufen ist. Wenn nicht mein Partner Bertoni gewesen wäre, hätte das böse ins Auge gehen können. Und das alles wegen diesem Trottel! Was hat er sich nur dabei gedacht, einfach abzureisen, ohne seine Rechnung zu bezahlen! Paß bloß auf, ich bin sicher, daß er für die Polizei arbeitet. Ich lasse ihn nicht entwischen, der wird seine Abreibung schon noch kriegen.»

«Ja, und zwar auf kolumbianische Art.»

«Federico, ich bin in dem Hotel meines Geschäftspartners. So was habe ich noch nicht gesehen, da stecken mehrere Dutzend Millionen Dollar drin. Mein Partner ist wirklich einer der ganz Großen. Du solltest mal sehen, wie er hier empfangen wird, wie ein König. Federico, ich muß mit Junior sprechen.»

Hinter Junior verbirgt sich Escobar junior, der Sohn von Severo Escobar Ortega.

«Kein Problem. Erinnerst du dich an den Dicken? Der Kontakt läuft über ihn. Er trifft morgen oder übermorgen in Europa ein; ich halte dich auf dem laufenden.»

Gleich anschließend ruft Calderón einen seiner Geschäftspartner in Bogotá an, Gustavo López:

«Ich habe mich mit einem sehr einflußreichen Mann zusammengetan, er ist wirklich seriös. Wir können ihm das Geschäft in Hamburg ohne weiteres anvertrauen. Keine Sorge, ich bürge dafür. Du kennst mich ja.»

«Okay, ich sage dir Bescheid, wann ich von Bogotá nach Deutschland fliege. Bei dem Geschäft geht es um eine Kreuzfahrt mit 400 Kolumbianern» [was 400 Kilo bedeutet].

Am nächsten Tag erfolgt eine neue Kontaktaufnahme mit der Zentrale in Bogotá. Junior beabsichtigt, in die Schweiz zu kommen, um mich kennenzulernen. Er möchte mir zwei Geschäfte anbieten: 300 Kilo Kokain, die in Madrid deponiert sind und einem Konsortium gehören, und 500 Kilo, die in einem Vorort von Mailand zwischengelagert sind und über deren Alleinverkaufsrecht er gerade verhandelt. Zunächst aber müssen die 400 Kilo in Hamburg «abgewickelt» werden. Gustavo López, der kolumbianische Geschäftspartner von Mario Calderón, wurde vom Kartell abgeordnet, um den ordnungsgemäßen Verlauf der Verhandlungen zu überwachen. Bruno und Mario Calderón werden ihn in Frankfurt abholen und nach Lugano bringen, um ihn mir vorzustellen.

Während ich die verdeckte Ermittlung innerhalb von Calderóns Gruppe, die Operation *Gulby*, weiterführe, bleibe ich im Rahmen der Operation *Parano* weiterhin in Kontakt mit Dora Halmen und ihren Freunden, den Erdnußhändlern. Zwei Operationen gleichzeitig durchzuführen ist eine knifflige Angelegenheit. Abwechselnd telefoniere ich mit den beiden Organisationen und vereinbare Treffen mit ihnen. Zum Glück haben es Dora Halmen und Joselito nicht eilig. Sie fahren nach Spanien, um organisatorische Probleme zu regeln, während ich die Verhandlungen mit Mario Calderón beginne. So kann ich während der Abwesenheit Calderóns, der Gustavo López in Deutschland abholt, Joselito in Lausanne treffen.

Dieses Mal ist Joselito in Begleitung eines anderen jungen Kolumbianers namens Paco. Calderóns Machtwort an die Adresse von Mister John hat seine Wirkung nicht verfehlt. Die Organisation bietet mir an, zehn Kilo ohne Vorschuß zu liefern. Joselito und Paco sollen nach Basel fahren, um dort die Drogenkuriere zu treffen. Am nächsten Tag erfahren wir durch die Telefonmitschnitte, daß besagte Kuriere aus Amsterdam kommen, aber in der Nähe der Schweizer Grenze umgekehrt sind, nachdem ein Wagen, der vorausgefahren war, um die Lage zu sondieren, im Rahmen einer Routinedurchsuchung von Zollbeamten mit Spürhunden durchsucht worden war. Aber: aufgeschoben ist nicht aufgehoben. Ich fahre also nach Lugano zurück, um Gustavo López zu empfangen.

Ich habe für López eine Wohnung in einer Nobelresidenz gemietet, um ihn gebührend zu empfangen. Auch Mario Calderón bezieht dort Quartier. Das ist uns durchaus recht, denn die Wohnung ist mit Mikros gespickt, und die Telefone werden abgehört. Gustavo López ist ein kleiner, hagerer Kolumbianer vom Land. Er hat kein einziges Haar mehr auf dem Schädel. Mit seinem überaus sanften Blick wirkt er beinahe unschuldig. Seit seiner Ankunft in Europa läßt ihm ein Wunsch keine Ruhe: Er hat noch nie in seinem Leben eine elektrische Lokomotive gesehen. Einer meiner Männer begleitet ihn also zum Bahnhof von Lugano, wo der Kolumbianer über eine Stunde lang staunend vor einem Triebwagen steht.

Am nächsten Tag lade ich Gustavo López und Mario Calderón zum Mittagessen in das feinere der beiden Restaurants vom Hotel Sogno ein. López' Einfalt ist entwaffnend. Mit den vielen verschiedenen Bestecken und Gläsern rund um seinen Teller kann er nicht viel anfangen, aber sein bauernschlauer Blick verfolgt alle unsere Bewegungen, die er perfekt nachahmt. Ein Gegenstand jedoch weckt seine Neugier über alle Maßen: die kleine Butterdose links neben dem Teller. Er kann sich einfach nicht vorstellen, was in dieser kleinen, hermetisch verschlossenen Silberdose verborgen sein könnte. Zu seinem größten Bedauern beschäftigt sich keiner der Gäste damit. Am Ende der Mahlzeit dann kann er sich nicht länger beherrschen, schnappt sich die Butterdose, hält sie ans Ohr und schüttelt sie heftig, um herauszufinden, was darin sein könnte. Ich tue so, als hätte ich nichts bemerkt.

Tags darauf – es ist Montag, der 11. September 1989 – treffe ich mich mit Mario Calderón und Gustavo López am späten Nachmittag in deren Luxuswohnung. Da ich den ganzen Tag über ihre Telefongespräche mit Deutschland und Kolumbien direkt mit angehört habe, weiß ich bereits, daß wir kurz vor dem Ziel stehen.

«Mein Onkel», sagt Mario Calderón zu mir, «wir haben die Bestätigung. Das Kokain ist im Freihafen von Hamburg eingetroffen. Zwischen 350 und 400 Kilo, im doppelten Boden von Fässern mit Stiergalle, die zur Herstellung von kosmetischen Produkten verwendet wird. Das ist eine vollkommen legale Fracht. Einer unserer Männer soll am Sonntag kommen und prüfen, ob alles in Ordnung ist.»

«Ausgezeichnet, Mario, am Sonntag erwarten wir deinen Freund am Flughafen Frankfurt.»

«Samstag abend ist noch ein anderer Freund von mir aus Bogotá in Frankfurt. Ich möchte, daß du ihn kennenlernst. Orlando ist ein sehr wichtiger Mann. Ich habe gestern mit ihm telefoniert.»

Das ist mir nicht neu. «Ach ja?»

«Er muß nach Amsterdam und Tokio. Ich habe ihm vorgeschlagen, bei der Gelegenheit einen Abstecher nach Frankfurt zu machen, damit er dich kennenlernt. Orlando hat ein großes Kokaindepot in Holland. Wir könnten also für die Zukunft sicherstellen, daß wir genausoviel Ware hätten, wie wir absetzen können.»

«Gut, Mario, du kannst morgen fahren. Ich sage meinem Geschäftspartner Fifi, daß er euch Zimmer im Hotel Penta in Wiesbaden reserviert, in dem ihr schon einmal wart. Ich komme dann nach. Es ist besser, wir reisen getrennt.»

«Die Sache hat nur einen Haken: Ich würde lieber erst übermorgen nach Frankfurt fahren, morgen treffe ich in Lugano einen Freund, den ich schon lange nicht mehr gesehen habe, einen Italiener, der lange in Kolumbien gelebt hat. Auch er kann uns noch nützlich sein.»

«Kein Problem, aber paß auf deine Freunde auf. Du hast ja gesehen, was in Lausanne passiert ist. Ich will hier keine Bullen sehen.»

«Keine Sorge, ich arbeite schon lange mit ihm.»

Mario Calderón war vor einiger Zeit mit einem Problem an mich herangetreten: er benötige einen neuen Ausweis. Ein kolumbianischer Paß mache die Zöllner stutzig. Er brauche europäische Papiere, um nicht systematisch kontrolliert zu werden. Ich habe einen meiner Kollegen gebeten, die Sache in die Hand zu nehmen. Er hat in der Geschäftsstelle des Gerichts einen belgischen Paß «ausgeliehen», der dort im Rahmen eines anderen Verfahrens als unerhebliches Beweisstück aufbewahrt wird. Den Paß hat er ganz bewußt ausgesucht, denn das darin vermerkte Geburtsdatum stimmt mit dem Alter des Kolumbianers überhaupt nicht überein. Wir können ihn also hinhalten, indem wir ihm den Ausweis mit dem – natürlich nie einzulösenden – Versprechen zeigen, er werde ihn bekommen, sobald das Geburtsdatum geändert sei.

«Mein Freund», erklärt Calderón, «lebt seit einiger Zeit in Paris. Auch er braucht einen Ausweis. Hier ist sein Foto. Kannst du dich darum kümmern?»

Mamma mia, sage ich mir, als ich die Wohnung verlasse. Wenn das so weitergeht, werden noch alle Drogenhändler der Welt hier in Lugano aufkreuzen.

Calderóns Freund ist ein Italiener, der unserer Dienststelle bereits bekannt ist. Philippe Strano ist schon einmal im Zusammenhang mit einem großen Kokainhandel auf ihn gestoßen. Er fungiert als Unterhändler zwischen den kolumbianischen Paten und den Drogenhändlern der berüchtigten kalabrischen Mafia, der N'drangheta.

Ein paar Stunden später bricht Mario Calderón nach Frankfurt auf, und ich fahre Richtung Lausanne, um die Operation *Parano* abzuschließen. Joselito hat gerade angerufen, um mir zu sagen, daß «die Erdnüsse bereitstehen». Wir verabreden uns für den 13. September um 9.30 Uhr vor dem Bahnhof von Yverdon zur Übergabe.

An besagtem Tag bin ich noch vor der vereinbarten Uhrzeit am Treffpunkt. Ich fühle mich ruhig und entspannt. Endlich werden wir unsere Netze einholen und die Bande verhaften. Einige Polizisten warten in unmittelbarer Nähe auf mein Signal, um einzuschreiten. Um 9.20 Uhr kommt Joselito mit einem neuen Kolumbianer, der Enrique heißt. Paco ist nicht da, er soll mit der Ware zu uns stoßen. Das Warten beginnt. An einem Tisch im Bahnhofslokal unterhalten wir uns über unsere Arbeit. Enrique erzählt mir, er sei Chemiker, wie sein Vater. Er arbeite für einen der gefährlichsten Drogenhändler der Welt, José Rodríguez Gacha, der Mexikaner genannt, ein tollwütiger Hund, der wenig später bei einer Schießerei in Kolumbien getötet werden sollte. Er berichtet, daß der Mexikaner zwei Tage zuvor 200 Kilo Kokain in Porto verloren habe. Ein Telefongespräch mit der portugiesischen Interpol-Außenstelle wird mir diese Beschlagnahmung bestätigen. Er ist in redseliger

Stimmung und erzählt mir, daß seine Organisation 300 Kilo Kokain an einen bekannten französischen Schauspieler verkauft habe, der mit der Bezahlung auf sich warten lasse. Die Information erscheint unglaubwürdig, überrascht mich aber nicht sehr. Zu dieser Zeit ist der Name dieses für seine Kontakte zur französischen Unterwelt bekannten Schauspielers bereits im Zusammenhang mit einer Affäre gefallen, die die Mafia von Palermo betrifft.

Nach einer halben Stunde offenherzigen Geplauders werden Enrique und Joselito dann doch unruhig. Pacos Verspätung ist nicht normal. Wir können nicht den ganzen Tag auf ihn warten und beschließen, das Feld zu räumen. Später sollte ich aus den Abhörprotokollen erfahren, daß Paco die vereinbarte Uhrzeit schlicht und einfach vergessen hatte. Ich beeile mich, nach Deutschland zu kommen, um Calderón dort wieder zu treffen.

Über all dem habe ich Dora Halmens Erdnüsse keineswegs vergessen. Von Philippe Strano, der die im Haus der Dänin in Yverdon geführten Telefongespräche mitverfolgt, erfahre ich, daß der Chemiker Enrique Fredy, den mysteriösen Kolumbianer, der schon länger dort ist, getroffen hat. Joselito scheint von der Bildfläche verschwunden zu sein. Kurz nach meiner Ankunft in Deutschland ruft mich Dora Halmen an:

«Herr Bertoni, Ihr Büro hat mir diese Nummer gegeben. Ich möchte mich noch einmal dafür entschuldigen, daß Sie umsonst gewartet haben. Nächste Woche werden wir Ihnen fünf Kilo Erdnüsse liefern können. Danach bekommen wir eine große Lieferung in Amsterdam, 200 Kilo.»

Ich schreibe mir das genau auf, bevor ich mich ins Restaurant vom Holiday Inn begebe, wo mich Mario Calderón und sein Freund Orlando Fonseca Rivera, der direkt aus Bogotá kommt, erwarten. Vom Aussehen her könnte man ihn für einen internationalen Geschäftsmann halten. Hinter seinen feinen Umgangsformen, seiner selbstbewußten

Haltung und seinem maßgeschneiderten Outfit verbirgt sich jedoch der Vertrauensmann von José Santacruz Londoño, dem Boß des Cali-Kartells, das diskreter, aber auch gefürchteter ist als das seines Rivalen in Medellín. Mario Calderón hat so gute Vorarbeit geleistet, daß der Geschäftsmann gleich ungezwungen plaudert:

«Man hört viel Gutes von dir in Kolumbien. Ich bin stolz, den Onkel meines Freundes Mario kennenzulernen. Es ist ein Privileg, mit dir Geschäfte zu machen. Wir haben in der Nähe von Amsterdam ein großes Depot. Das ist unser Hauptdepot für Europa. Du kannst soviel Ware haben, wie du möchtest. Du bist einer der unseren, wir werden dir gute Preise machen. Bis vor kurzem hatten wir zwei Tonnen, 100 Kilo sind noch übrig. Wenn du sie willst, schickst du einfach einen deiner Männer nach Amsterdam. Er mietet sich dort einen Wagen, nimmt sich ein Hotelzimmer und ruft unter einer Telefonnummer an, die du von mir bekommst. Einer meiner Männer holt dann den Wagen ab und bringt ihn mit den 100 Kilo zurück. Das kann theoretisch schon morgen sein. Die Bezahlung ist kein Problem, ich sage Mario, wie, wo und wann du zahlen kannst. Wenn du lieber bis Anfang nächsten Jahres warten möchtest, da bekommen wir wieder zwei Tonnen Kokain von bester Qualität. Es wird in Ladungen mit Fruchtsäften versteckt. Wir arbeiten mit einer Familie, die eines der größten Fruchtsaft-Unternehmen des Kontinents kontrolliert.»

Es handelt sich um die Familie Grajales, die Mitglied im Cali-Kartell ist, eine der Zielscheiben der DEA. Ich kenne diese Familie gut, seit ich 1988 an einer von der DEA in Italien und der Schweiz durchgeführten Undercoveroperation beteiligt war. Nachdem ich ihren Vertreter in Europa ein paarmal getroffen hatte, ließ ich in den Häfen von Genua und Livorno 150 Kilo Kokain beschlagnahmen.

Der Traum eines jeden Undercoveragenten ist jetzt für mich in Erfüllung gegangen. Ich bin bis zum Kern eines der größten Drogenkartelle der Welt vorgedrungen und werde von einem seiner Bosse als seinesgleichen oder zumindest als großer Kunde behandelt. Ich muß eine Entscheidung treffen. Ich wende mich an Calderón und frage ihn, was er dazu meint.

«Hör zu, mein Onkel», sagt er zu mir, «ich würde sagen, daß 100 Kilo nicht der Mühe wert sind. Wir wissen ja, daß es wieder neue Ware geben wird. In ein paar Monaten können wir dann ein großes Geschäft abwickeln. Laß uns lieber auf die große Lieferung warten, dann haben wir mehr Zeit, um alles vorzubereiten. Wir können jederzeit mit unserem Freund Fonseca in Kontakt treten, er ist ja damit einverstanden, uns soviel Ware zu geben, wie wir möchten. Außerdem haben wir schon ein anderes wichtiges Geschäft auf den Weg gebracht. Laß uns erst einmal das zu Ende führen, was wir begonnen haben, bevor wir uns auf etwas Neues einlassen.»

Besser hätte ich es nicht sagen können.

Am Morgen des 18. September verabschiedet sich Orlando Fonseca Rivera mit einer Umarmung von uns. Er hat einen Termin in Holland, bevor er weiter nach Tokio fliegt. Er gibt mir seine Visitenkarte mit zwei Adressen: eine in Bogotá und eine in Amsterdam.

Ein paar Stunden nachdem sich Orlando Fonseca Rivera verabschiedet hat, rufe ich meine holländischen Kollegen an und informiere sie in allen Einzelheiten über die laufende Ermittlung.

Die Tatsache, daß sich im Hafen von Amsterdam ein Depot mit zwei Tonnen Kokain befindet, das regelmäßig beliefert wird, dürfte eigentlich nicht ohne Wirkung bleiben. Ich hatte mir vorgestellt, daß wir durch vereinte Bemühungen mit dem BKA eine Sonderkommission bilden, bei den Amerikanern *task force* genannt, die sich aus verschiedenen europäischen Polizeieinheiten zusammensetzt. Mein Kollege Hasler vom BKA ist einer Meinung mit mir. Ich rechne mit einer prompten Reaktion seitens meiner holländischen Kollegen. Ihre Antwort steht jedoch in keinem Verhältnis zur Brisanz meiner Enthüllungen. Mir wird klar, daß der holländische Kollege am anderen Ende der Leitung kein Wort von dem glaubt, was ich ihm gesagt habe. Um der Sache einen offizielleren Charakter zu verleihen, schickt Hasler der holländischen Polizei ein Telex. Keine Antwort.

Unempfänglich für das schöne, milde Septemberwetter in Wiesbaden sitze ich im Garten des Holiday Inn vor einer Tasse Kaffee. Ich habe mir eine Zigarette angezündet und verliere mich in Gedanken. Fragen über Fragen schwirren mir durch den Kopf: Was wird nach der Ankunft der 400 Kilo Kokain in Hamburg geschehen? Wie könnte die Operation trotz der unvermeidlichen Verhaftung von Calderón weitergeführt werden? Wird es mir gelingen, den höchsten Boß der Organisation, Escobar junior, dessen baldige Ankunft in Europa mir Mario Calderón erst heute morgen angekündigt hat, rechtzeitig zu treffen?

«So nachdenklich, mein Onkel?»

Ich habe nicht bemerkt, daß Mario Calderón sich neben mich gesetzt hat.

«Nein, ich bin nur müde und vielleicht ein bißchen besorgt, wie das alles weitergehen wird.»

«Mach dir keine Sorgen, mein Onkel, du wirst sehen, alles wird reibungslos laufen.»

Er weiß gar nicht, wie recht er hat.

Wie vorgesehen treffen Mario Calderón, Gustavo López und ich ein paar Stunden später im Hotel Penta in Wiesbaden den Sonderberichterstatter der Organisation, der soeben erst mit einer Maschine aus Bogotá eingetroffen ist. Er heißt Henry Ortiz und ist ein eleganter Vierziger, ziemlich kräftig und hellhäutig. Er trägt den Einheitslook der Kartellmitglieder: italienische Luxuskleidung und am Handgelenk eine Rolex aus massivem Gold. Er erklärt uns die Situation:

«Die Ware, 390 Kilo, steht in 15 Fässern mit Stiergalle im Freihafen von Hamburg bereit, aber es gibt Probleme. Wir haben Jürgen Metz, einen Deutschen, der mit einer Kolumbianerin verheiratet ist, damit beauftragt, sich um die Zollabfertigung zu kümmern und er soll einen Ort zum Abladen der Ware finden. Ich habe ihm 50 000 Dollar dafür gegeben, und er hat keinen Finger gerührt.»

«Dann schalten wir ihn eben aus, ihn, seine Frau und ihr Kind», bemerkt Mario Calderón.

«Das können wir nicht, Metz hat die Papiere für die Zollabfertigung und weigert sich, sie zurückzugeben. Wir sehen ihn morgen in Hamburg im Hotel Ramada Inn.»

«Macht euch keine Sorgen», sage ich, «überlaßt die Sache nur mir.»

Ich habe keine Ahnung, wie ich das deichseln soll, aber einen Mord werde ich auf keinen Fall zulassen.

Nach einer 900 Kilometer langen Autofahrt treffen Calderón, Ortiz, López und ich Metz am nächsten Tag in der Bar des Ramada in Hamburg. Zwei meiner Männer, Schweizer Polizisten, die als Bodyguards-Fahrer-Mädchen-für-alles im Einsatz sind, sitzen am Nebentisch. Metz ist bereits ziemlich betrunken. Das nutze ich aus, um ihm mit Whisky vollends den Rest zu geben. Er hat tatsächlich nichts gemacht und auch nicht die leiseste Absicht, uns die für die Zollabfertigung notwendigen Papiere auszuhändigen.

«Morgen kümmere ich mich um alles», lallt er. «Wir holen die Fässer, halten irgendwo am Straßenrand, laden die Beutel ab und gehen dann getrennter Wege.»

Die drei Kolumbianer sagen kein Wort, sie wirken beunruhigt. Mario Calderóns Züge verhärten sich, die Bereitschaft, einen Mord in Kauf zu nehmen, steht ihm ins Gesicht geschrieben. Um die Stimmung zu lockern, lache ich laut und lege Metz die Hand auf die Schulter:

«Okay, wir tun, was du sagst, aber jetzt gehst du erst mal zurück in dein Hotel, duschst dich und gehst ins Bett.»

Ich gebe meinen beiden Schutzengeln ein unauffälliges Zeichen. Sie stehen auf und gehen auf Metz zu. Jeder Widerstand ist zwecklos, einer der beiden ist knapp zwei Meter groß, der andere ein ehemaliger Schweizer Leichtathletikmeister.

«Komm, wir begleiten dich.»

«Ich gehe nirgends mit hin», schreit Metz, «ich habe euch in der Hand und will jetzt den Rest von meinem Geld!»

Meine beiden Männer packen ihn unter den Armen, heben ihn hoch und schaffen ihn raus. Zwei Stunden später kommen sie mit den Papieren zurück. Sie mußten so tun, als ob sie Metz im Wagen erwürgen wollten, um seine Zimmernummer zu erfahren, und dort angekommen, mußten sie ihn erst noch über die Balkonbrüstung halten, bis er sich kooperativ zeigte. Die Laune der Kolumbianer ändert sich schlagartig.

«Mein Onkel, deine Männer hätten Metz gleich beseitigen müssen, sie hätten ihn einfach fallen lassen sollen. Dieser Typ ist ein Verräter, er wird uns die Polizei auf den Hals hetzen.»

«Nein, Mario, meine Männer haben das Richtige getan. Es wäre zu gefährlich gewesen, ihn vom Balkon zu stürzen. Zu viele Zeugen haben die beiden mit Metz hochgehen sehen. Wir dürfen die Bullen nicht auf uns aufmerksam machen.»

Am nächsten Tag steht alles bereit. Die Kollegen vom BKA haben zum Ausladen eine Garage in der Gegend von Stuttgart aufgetrieben. Gleichzeitig haben meine Schweizer

Kollegen mir eine Adresse gegeben, die ich auf den deutschen Zollpapieren angeben kann. Die Unterlagen sind endlich vollständig, und wir müssen nur noch die Fässer abholen. Die deutschen Zöllner sind mißtrauisch und kontrollieren sie, indem sie sie oben anbohren. Sie finden aber nichts und vermuten auch keinen doppelten Boden. Ich ziehe sie ins Vertrauen und erreiche, daß die Fässer problemlos abgefertigt werden. Wir könnten die Operation schon jetzt beenden: Wir haben genügend Beweismaterial, um die Bande zu verhaften. Ich greife aber immer so spät wie möglich ein, um die Drogenringe bis in die Spitze der Hierarchie zu entlarven.

Die fünfzehn Fässer werden in einem gemieteten Lieferwagen untergebracht, der Richtung Stuttgart fährt. Wir folgen in zwei großen Wagen. Nach knapp 900 Kilometern Fahrt kommen wir gegen 21.30 Uhr in Stuttgart an. Das BKA hat alles gut vorbereitet. Die Garage liegt außerhalb einer kleinen Ortschaft mitten auf dem Land, vor aufdringlichen Blicken und hellhörigen Ohren geschützt. Zumindest nach außen, denn das BKA hat den Ort mit Mikros und Videokameras übersät. Wir ziehen Handschuhe und blaue Arbeitsanzüge an. Zum Glück finden wir das Werkzeug vor, das wir für unsere mühsame Arbeit benötigen. Zuerst müssen die Fässer geöffnet werden, dann wird die übelriechende Flüssigkeit ausgeleert und schließlich der doppelte Boden geöffnet. Mario Calderón arbeitet besonders verbissen. Es ist erstaunlich, wieviel Kraft er hat. Ich entferne mich kurz, um meinen Anrufbeantworter unauffällig abzuhören. Dora Halmen bestätigt, sie werde in den nächsten Tagen ein paar Kilo Erdnüsse für mich haben. Wir werden ja sehen.

Nach einer kurzen Nacht bleiernen Schlafes in einem Landgasthaus der Gegend nehmen wir die Arbeit am nächsten Morgen wieder auf und atmen die von der Stiergalle verpestete Luft in der Garage. Die ersten doppelten Böden werden geöffnet. Mächtig stolz kommt Gustavo López mit einem der Päckchen zu mir. Wie ein Weinliebhaber, der die Vorzüge eines guten Tropfens preist, geht er auf die Besonderheiten der Ware ein. Mit Kennerblick nennt er mir die Region Kolumbiens, aus der sie stammt, die Art der Aufbereitung und die Zusammensetzung. Ich habe ihn noch nie so aufgeweckt gesehen wie in dem Moment, in dem er mir mit stolzgeschwellter Brust eröffnet:

«Es ist 95-prozentig rein.»

«Ich nehme den ganzen Posten», sage ich großspurig, «und zahle bar.»

«Du weißt doch, daß das nicht geht. Ich würde ja gern, aber ich habe schon 190 Kilo an Italiener verkauft, die aus Brüssel kommen und sie hier in Stuttgart abholen. Ich habe ihnen mein Wort gegeben. Ich kenne sie gut, es ist nicht das erste Mal, daß ich mit ihnen Geschäfte mache. Mit diesen Leuten ist nicht zu spaßen.»

«Okay, ich will mich nicht aufdrängen. Du kriegst also fünf Millionen Dollar für die 200 Kilo. Wo und wie möchtest du bezahlt werden? Willst du das Geld sofort?»

«Nein, du eröffnest ein Konto in der Schweiz. In zwei Tagen muß ich den Italienern die 190 Kilo gegen 4 750 000 Dollar übergeben. Ich möchte, daß du das Geld für mich in die Schweiz bringst. Du zahlst es dort auf das Konto ein und überweist dann alles auf ein Konto in Miami.»

«Geht in Ordnung. Ich kann das Geld auf das Konto einer meiner Gesellschaften in der Schweiz einzahlen und es auf eine Bank deiner Wahl in Miami überweisen lassen. Wenn du willst, können meine Leute das Geld in Brüssel abholen und es mit einem Wagen in die Schweiz bringen.»

Mit verklärtem Gesicht schaltet sich jetzt Mario Calderón ein:

«Da bist du in guten Händen. Ich kenne die Transportmittel meines Onkels. Ich habe versprochen, nicht darüber zu sprechen, aber so etwas habe ich noch nie gesehen, da finden sie dein Geld im Leben nicht.»

Das bedeutet für uns einen Bonus von 4 750 000 Dollar, die wir zusätzlich beschlagnahmen können. Mit ein wenig Glück können wir vielleicht auch die Italiener aus Brüssel verhaften.

Ein Problem ist jedoch immer noch ungelöst. Das wird mir klar, als ich meine drei Kolumbianer hinten in der Garage verhandeln sehe. Nach ein paar Minuten kommt Mario Calderón wieder zu mir:

«Mein Onkel, wir haben davon gesprochen, was mit Jürgen Metz geschehen soll. Er ist ein Verräter, und es ist zu riskant, ihn am Leben zu lassen. Er weiß alles und hat uns schon einmal verraten, er wird es wieder tun. Wenn wir Killer aus Kolumbien kommen lassen, dauert das zu lange. Ich werde ihn selbst aus dem Weg räumen. Wir rufen ihn an und bestellen ihn hierher in die Garage, um ihm das restliche Geld zu geben. Ich verpasse ihm eins mit einem Vorschlaghammer, zerstückele die Leiche, und wir stecken sie in eines der Fässer. Den Deckel schweiße ich mit dem Knallgasgebläse zu, und wir lassen das Faß irgendwo verschwinden. Dann machen wir seine Familie kalt, seine Frau und das Kind.»

Mir ist klar, daß er dazu imstande wäre. Er wurde schon einmal in Brüssel wegen schwerer vorsätzlicher Körperverletzung verhaftet. Was tun? Um alle auf der Stelle verhaften zu lassen, ist es noch zu früh. Calderón brauchen wir noch für die weitere Ermittlung. Ich denke an den weiteren Verlauf der Operation, an die Depots von Orlando Fonseca Rivera in Holland und Severo Escobar IV. Garzón in Spanien, die wir möglicherweise bald ausfindig machen können. Ich denke auch daran, daß in ein paar Tagen die Italiener aus Brüssel ankommen werden, um ihre 190 Kilo Kokain in Empfang zu nehmen. Ich möchte Metz auch nicht verhaften lassen, sonst könnte ich Orlando Fonseca

Rivera und Escobar junior in die Flucht treiben. Ich muß Zeit gewinnen.

«Mario, hör mir mal gut zu. Ich kann deine Wut und deine Rachegelüste verstehen, aber jetzt ist nicht der richtige Zeitpunkt dafür. Wir können es uns nicht leisten, bei dem, was wir gerade tun, mit einem Mord in Verbindung gebracht zu werden. Das ist zu riskant. Wir können Metz nicht sofort ausschalten. Wir müssen abwarten. Erst setzen wir die Ware ab, dann waschen wir das Geld, und danach machen wir ihn kalt.»

Er zieht sich zurück, um sich mit Ortiz und López zu besprechen, und kommt ein paar Minuten später zurück:

«Mein Onkel, du hast recht. Ich kann ihn nicht sofort beseitigen. Wir müssen eine andere Lösung finden.»

«Ich habe eine Idee. Ich kenne jemanden in Mailand, der das Problem aus der Welt schaffen kann, ein Profi.»

«Ja, aber wir werden ihm eine Anzahlung geben müssen, und wie du weißt, bin ich zur Zeit etwas knapp bei Kasse.»

«Kein Problem, Mario, ich kann dir das Geld vorschießen. Wir ziehen es von dem ab, was ich euch schulde.»

«Mein Onkel, ich weiß das zu schätzen. Aber ich will selbst mit dem Killer sprechen. Es ist besser, wenn ich mich persönlich darum kümmere, dann wirst du da nicht mit hineingezogen.»

Als Mario Calderón am nächsten Morgen aufwacht, hat er ein wenig die Orientierung verloren. In Begleitung meiner beiden Bodyguard-Polizisten sind wir die ganze Nacht bis Lugano durchgefahren. Als ich ihn um 10 Uhr in seiner Wohnung anrufe, weiß ich, daß ich ihn wecke:

«Mario, ich habe Kontakt mit meinen Freunden in Mailand aufgenommen. Der Mann kommt in zwei Stunden in Lugano an. Ich hole ihn vom Bahnhof ab. Du gibst ihm die Anzahlung und die Adresse von Metz in Deutschland, und in ein paar Tagen ist alles erledigt.»

«Mein Onkel, bist du sicher, daß dein Italiener in Deutschland zurechtkommen wird?»

«Ihn kenne ich nicht, aber ich kenne die Leute, die ihn mir empfohlen haben. Sie haben mir gesagt, daß er ein Profi ist, das reicht mir. Und außerdem, um auf Nummer Sicher zu gehen, wird einer meiner Männer, den du auch kennst, Renato, ihn begleiten, und zwar mit dem Wagen.»

«Ach ja, mit dem Audi, gute Idee, dann kann er seine Ausrüstung ja problemlos mitnehmen.»

So trifft Mario Calderón am nächsten Tag in einem Restaurant in Lugano einen meiner Kollegen, den er für den aus Mailand angereisten Killer hält. Der Polizist, den ich für diese Rolle ausgesucht habe, könnte direkt aus einem amerikanischen Krimi stammen. Calderón gibt ihm als Anzahlung 10 000 Schweizer Franken, die er sich kurz zuvor von mir ausgeliehen hat und die ich ihrem rechtmäßigen Besitzer – dem Staat – nach dem Treffen wieder zurückgeben werde. Das Gespräch mit dem «Killer» wird aufgezeichnet.

Alles scheint bestens zu laufen. Als er wieder in seiner Wohnung ist, ruft Calderón in Bogotá an. Der Boß soll bald in Europa eintreffen, es kann sich nur noch um Tage handeln. In meinem Büro erlebe ich direkt mit, wie Calderón versucht, Kontakt mit Ortiz und López aufzunehmen, seinen beiden Männern, die in Deutschland geblieben sind. Er versucht mehrmals, sie in ihrem Hotel zu erreichen. Sie melden sich weder auf ihren Zimmern noch in der Hotelbar oder im Foyer. Seltsam, denn sie müssen erst in ein paar Tagen nach Brüssel fahren, um die Italiener zu treffen. Ein paar Minuten später erfahre ich durch einen Anruf des BKA, warum die beiden verschwunden sind: Das BKA hat sie soeben verhaftet, ohne die Ankunft der Italiener in Brüssel abzuwarten. Schlimmer noch: Die deutsche Justiz hat einen internationalen Haftbefehl gegen Mario Calderón erlassen. Ich bin dazu gezwungen, ihn zu verhaften.

Außer mir vor Wut reiße ich die Telefonkabel heraus und schleudere den Apparat zum Fenster hinaus.

Es wäre besser gewesen, wenn die Ermittlungen in der Schweiz weiter durchgeführt worden wären, aber die Kontroversen um unsere vorhergehenden großen Operationen hatten mich entmutigt. Außerdem habe ich es mir seit der Magharian-Affäre zur Pflicht gemacht, aus Rücksichtnahme im Ausland tätig zu werden. Die Schweiz ist ein zu kleines Land, um wiederholt der psychischen Belastung standzuhalten, die die Berichterstattung bei dieser Art von Affären verursacht. Als ich mich beruhigt habe, rufe ich Ronald Hasler zurück.

«Ich verstehe nicht, warum ihr Ortiz und López verhaftet habt, ohne die Ankunft der Italiener abzuwarten. Wir hätten sie nicht nur verhaftet, sondern außerdem die 4 750 000 Dollar beschlagnahmt, die ich waschen sollte. Wir hatten womöglich die Gelegenheit, einen Teil der Finanzkanäle der Organisation von dem Bankkonto in Miami aus aufzudecken. Ortiz hat mir vertraut, wir haben ihn überwacht, wir hatten die Situation im Griff. Und ich, was soll ich machen, sobald ich Calderón verhaftet habe? Was soll ich Orlando Fonseca Rivera sagen, wenn er mir die zwei Tonnen Kokain anbietet, die in Amsterdam eintreffen sollen? Und Escobar junior, dem Boß der Organisation, der nach Europa kommt, um mich kennenzulernen? Mit eurem voreiligen Einschreiten bringt ihr mein Leben in Gefahr!»

«Beruhige dich, Tato. Du hast ja recht, ich habe versucht, meine Vorgesetzten zu überzeugen und auch den Richter, aber sie wollten nicht auf mich hören. Ich muß mich nach ihnen richten. Das gilt hier genauso wie in der Schweiz.»

Ich hätte Mario Calderón auf der Stelle verhaften können, aber dies hätte das Ende der ganzen Operation und den Verzicht auf eine mögliche Begegnung mit Junior bedeutet. Die Art und Weise der Verhaftung von Mario Calderón ist entscheidend für die weitere Operation. Ich beschließe, Zeit zu gewinnen und dem von den Deutschen erlassenen Haftbefehl nicht sofort Folge zu leisten.

Da er seine beiden Freunde in Deutschland immer noch nicht erreichen kann, ist Mario Calderón beunruhigt. Er befürchtet, daß Metz sie bei der Polizei verpfiffen hat. Ich versuche, ihn zu beruhigen, indem ich ihn daran erinnere, daß das Schicksal des «Verräters» schon sehr bald besiegelt sein wird. Ich brauche zwei Tage, um mein Ziel zu erreichen: Ich möchte, daß die Verhaftung von Mario Calderón so diskret wie möglich erfolgt, damit seine Organisation nicht sofort darüber informiert wird. Ich verzögere das Ganze also und gebe die falschen Informationen nur tröpfchenweise weiter. Zuerst teile ich Calderón mit, der Killer sei in Deutschland angekommen und Bruno, der V-Mann, der unseren Kontakt hergestellt hat, verhaftet. Ich behaupte, nichts von seinen beiden Freunden zu wissen. Am folgenden Tag lasse ich ihn mittags wissen, Metz, seine Frau und ihr dreijähriges Kind seien tot. Wir sitzen beim Mittagessen. Tief befriedigt hebt Calderón sein Glas und sagt: «Endlich eine gute Nachricht.» Ich kann mich immer noch nicht dazu durchringen, ihn zu verhaften.

Am Morgen des 24. September ruft mich Hasler an:

«Tato, der Richter will wissen, ob Calderón verhaftet wurde.»

«Sag ihm doch, daß er mich anrufen soll. Ich werde ihm schon sagen, was ich davon halte. Es ist einfach schwachsinnig, Mario Calderón nicht auszunutzen, ihn nicht wie eine Zitrone auszupressen. Dein Richter sollte lieber den Beruf wechseln.»

«Gib's auf, Tato, das Spiel ist aus, da ist nichts mehr zu machen.»

Am nächsten Tag gehe ich mittags zu Calderón in seine Wohnung in Lugano. Einer meiner beiden Bodyguard-Fahrer begleitet mich.

«Mario», sage ich zu dem Kolumbianer, «pack deine Sachen zusammen. Die Deutschen haben alle verhaftet, Henry, Gustavo, Fifi. Sie haben die 390 Kilo Kokain gefunden. Du mußt weg hier, ich bringe dich woandershin. Es kann sein, daß wir überwacht werden.»

Wir stürzen zum Wagen und fahren Richtung Locarno. Mario Calderón sitzt hinten und beobachtet die Autos um uns herum.

«Ich glaube, wir werden verfolgt. Mir ist ein Wagen aufgefallen.»

Fast muß ich grinsen. Die Polizei ist nicht hinter uns, sondern neben ihm. Um Staus zu vermeiden, biegt unser Fahrer links in eine kleine Gasse ab. Das ist eine Abkürzung, die alle einheimischen Autofahrer kennen. Der Wagen hinter uns folgt uns.

«Mein Onkel, das sind Bullen! Sie fahren uns hinterher. Wir müssen sie abhängen!»

Ein paar Gassen weiter ist der Wagen zur großen Erleichterung des Kolumbianers nicht mehr hinter uns.

Eine Viertelstunde später erreichen wir unser Ziel, ein kleines Hotel in Locarno. Auf die Verschwiegenheit des Inhabers kann ich mich verlassen. Dort möchte ich Calderón verhaften lassen. Die Gefahr, daß die Affäre sofort an die Öffentlichkeit dringt, ist hier geringer. Wir begleiten Mario in die Bar und überlassen ihn der Gesellschaft dreier bereits geleerter Weißweinflaschen, als er in ziemlich angesäuseltem Zustand soeben eine vierte Flasche bestellt. Die beiden Polizisten, die ihn zwei Stunden später verhaften, müssen ihn zu ihrem Wagen tragen. Trotz seines schweren Rausches versucht der Drogenhändler, der noch immer an mich glaubt, mir einen Zettel zukommen zu lassen, auf den er gekritzelt hat: «Ich bin im Gefängnis, aber mach dir keine Sorgen, mein Onkel, ich werde den Mund halten.»

Bevor ich versuchen kann, mich an Junior, den Boß der Organisation, heranzuarbeiten, bleibt mir noch eines zu tun. Ich muß Dora Halmen und ihre kolumbianischen Erdnußhändler-Freunde verhaften lassen, aber mich erwartet eine große Überraschung. Am 23. September 1989 erhält Fredy, der mysteriöse Kolumbianer, der sich in der Wohnung von Dora Halmen in Yverdon verkrochen hat, einen Anruf von einem alten Bekannten. Es ist Mario der Araber, der Informant, der Fabio, den Freund von Mario Calderón, in Deutschland zu Fall gebracht hat. Wenn Mario der Araber Fredy anruft, so kann er dies nur mit dem Einverständnis des BKA oder, genauer gesagt, der Abteilung der deutschen Kriminalpolizei getan haben, die für die Verhaftung von Fabio verantwortlich ist und mit der meines Freundes Ronald Hasler konkurriert. Kurz, die Operation *Parano* ist von nun an durch den internen Krieg innerhalb des BKA bedroht.

«Mario der Araber und Fredy scheinen sich sehr gut zu kennen», sagt Philippe Strano zu mir, nachdem er ihre Telefonate mitgehört hat. «Sie machen ständig nur Andeutungen und reden verschlüsselt, aber klar ist, daß Fredy Mario dem Araber eine große Menge Rauschgift liefern soll. Das Kokain ist in Amsterdam, aber Fredy möchte die Ware nicht nach Deutschland liefern. Er muß von der Verhaftung Fabios gehört haben. Ich habe den Eindruck, Fredy weiß, daß Mario der Araber mit Fabio in Verbindung stand, aber er vertraut ihm trotzdem.»

«Lassen wir uns nichts anmerken. Offiziell wissen wir von nichts. Dieses Gespräch wurde nie abgehört.»

«Du hast recht, Tato, aber das kann auch gefährlich sein, für mich wie für dich. Mario der Araber ist eine Zeitbombe, die uns jederzeit Kopf und Kragen kosten kann. Du weißt, wie diese Prämienjäger sind.»

In unserem Jargon bezeichnen wir damit V-Leute, die wir in Händlerorganisationen einschleusen. Es sind äußerst zwielichtige Gestalten, die nur am Geld interessiert sind, aber mit deren Hilfe wir uns Zugang zu den großen Drogenkartellen verschaffen können. Im Umgang mit ihnen ist äußerste Vorsicht geboten, man darf ihnen niemals den geringsten Handlungsspielraum lassen, auch auf die Gefahr hin, deswegen auf manche Operationen verzichten zu müssen. Niemand versteht es so gut wie sie, ohne Wissen der Polizeibeamten, die sie engagiert haben, eigene Drogengeschäfte abzuwickeln, wobei sie sich auch noch sicher sein dürfen, daß sie straffrei ausgehen. So habe ich Bruno während der Operation *Gulby* keinerlei Initiative überlassen. Er hat lediglich den Kontakt zwischen uns und Calderón hergestellt. Ab und zu war er bei den Treffen mit den Kolumbianern dabei, manchmal begleitete er sie nach Deutschland oder anderswohin, aber nie hatte er Zugang hinter die Kulissen unserer Ermittlungen. Wir haben ihm zum Beispiel nie Einblick in die Abhörprotokolle gewährt, er hätte sie gegen uns verwenden können. Als Gegenleistung für seine Dienste wurde unser Informant reichlich entlohnt: 530 000 DM vom BKA, 60 000 Schweizer Franken von meiner Abteilung und 90 000 Dollar von der DEA, die er schnell verjubelt hat, als ob ihm dieses Geld zu heiß gewesen wäre.

Da ich weiß, daß Bruno und Mario der Araber eng miteinander befreundet sind, nutze ich die Gelegenheit, um letzterem unauffällig eine Nachricht zukommen zu lassen. Während eines Gesprächs mit Bruno gebe ich zu verstehen, daß ich mich vor Mario dem Araber in acht nehme, weil er mir bei einer Ermittlung, die ich in Lausanne durchführe, dazwischenfunke. «Wenn ich jemals einen Beweis dafür habe», sage ich, «lasse ich ihn auf der Stelle verhaften.» Wie zufällig ruft mich am 26. September Mario der Araber im Büro an:

«Sehr verehrter Herr Kommissar», sagt er mit gewollt manierierter Stimme zu mir, «wir haben uns schon lange nicht mehr gesehen. Du bist der *Big Boss*, in der ganzen Welt bekannt, du bist wirklich der Beste.»

«Rufst du mich an, um mich zu beweihräuchern?»

«Nein, ich rufe dich an, weil ich Kontakt zu einem Kolumbianer aufgenommen habe, der mir 250 Kilo nach Lugano liefern will. Er hat einen Stützpunkt in Yverdon. Wenn dich das interessiert...»

«Natürlich interessiert mich das, aber wie bist du an ihn rangekommen?»

«Bei einer Aktion, die ich mit den Leuten des BKA in Angriff genommen habe. Dieser Kolumbianer interessiert auch das BKA, weil er Kontakte in Deutschland hat.»

«Du arbeitest in dieser Sache also mit dem BKA?»

«Ich arbeite nicht so gern mit den Deutschen, sie haben eine ganz andere Mentalität. Ich möchte das lieber mit dir machen.»

«Was weißt du über die Basis in Yverdon?»

«Nichts weiter.»

Mir ist klar, was Mario dem Araber vorschwebt. Unter dem Schutz des BKA möchte er eigenständig ein Drogengeschäft mit Fredy aufbauen, den er anschließend an die deutsche Polizei verkauft. Das hätte funktionieren können, weil Mario der Araber von den Polizisten des BKA so gut wie gar nicht überwacht wird. Später sollte ich erfahren, daß er in dieser Angelegenheit völlig freie Hand hatte. Aber Mario der Araber und das BKA haben keine Ahnung, daß wir die Telefongespräche in der Wohnung von Dora Halmen abhören. Nach den vergeblichen Ausflüchten von Mario dem Araber, der sich abzusichern versucht, indem er mir gegenüber immer nur Anspielungen macht, ist es an der Reihe des BKA, sich zu melden. Am 27. September erhalte ich über Bern einen Antrag auf internationale Hilfeleistung für deutsche Polizisten, die auf Schweizer Staatsgebiet eine Operation durchführen wollen. Ein Telefongespräch mit meinem Freund Jacques Kaeslin, der für internationale Beziehungen zuständig ist, bewirkt, daß der Antrag eine Woche später nach Ende einer Besprechung, bei der die Fetzen geflogen sind, ausgesetzt wird. Mario der Araber und seine Freunde vom BKA müssen den Rückzug antreten.

Anfang Oktober 1989 geht die Operation *Parano* ihrem Ende zu. Dora Halmen ruft mich an, um mir zu sagen, daß 300 Kilo Erdnüsse in Amsterdam eingetroffen wären. Wenn ich wolle, könne ich alles bekommen, ich müsse nur nach Holland fahren. Wenn das BKA mit offenen Karten gespielt und Mario den Araber unter Kontrolle gehabt hätte, wäre ich bestimmt darauf eingegangen. Unter den gegebenen Umständen aber lehne ich das Angebot ab und gebe mich damit zufrieden, die Gruppe mit fünf Kilo zu Fall zu bringen. Am 5. Oktober 1989 treffe ich Dora Halmen am Bahnhof von Yverdon. Sie wird von einem 35jährigen kolumbianischen Anwalt begleitet. Es ist Fredy, der Boß der Organisation. Wir steigen in meinen Wagen ein, und ich übergebe ihnen einen kleinen Koffer voller Geld, das Fredy nachzählt. Eine halbe Stunde später stößt einer seiner Kuriere mit fünf Kilo Kokain zu uns. In diesem Moment greifen Philippe Stranos Leute ein. Insgesamt werden fünf Mitglieder von Fredys Organisation verhaftet. Der Anwalt hat 65 000 Dollar bei sich, eine Anzahlung für eine Ladung von 250 Kilo Kokain, die er nach Marios Anweisungen einer Gruppe von Kalabriern in Lugano liefern sollte. Das Geld wurde ihm von Mario ausgehändigt, der also bereits ohne unser Wissen in die Schweiz gekommen war. Die Operation des BKA war demnach bereits weiter vorangeschritten, als uns die Deutschen gestehen wollten. Für mich hatte sich die Sache erledigt, nachdem allem Anschein nach nicht die deutsche Polizei Mario den Araber im Griff hatte, sondern umgekehrt.

5 Die Paranoia des Junior

Am 9. Oktober 1989 berichtet mir Philippe Strano nach seiner Rückkehr aus Amsterdam über den Stand der Dinge. Es sieht nicht gerade rosig aus. Nach der Verhaftung von Dora Halmen, Fredy und ihren Komplizen stand für uns fest, daß die Bande über 200 Kilo Kokain in der Schweiz abgesetzt hatte, bevor sie aufgedeckt wurde. Strano war in dem Glauben in die Niederlande gefahren, man werde ihn dort als Held empfangen. Dank der beschlagnahmten Dokumente hatten wir eindeutig Amsterdam als Depot lokalisieren können. Noch dazu erklärte der Schweizer Polizist Strano seinen niederländischen Kollegen, daß die Bande von Mario Calderón – ebenfalls in Amsterdam – eine Lieferung von drei Tonnen reinen Kokains erwarte. Zu seinem großen Erstaunen schien die niederländische Kriminalpolizei kein Interesse an diesen Informationen zu haben. Schlimmer noch, der holländische Staatsanwalt, der mit dem Fall betraut war, weigerte sich, einen Durchsuchungsbefehl für das Kokainlager auszustellen, unter dem Vorwand, daß ein solches Vorgehen nicht Bestandteil des internationalen Rechtshilfeersuchens wäre! Vergeblich setzte mein Kollege ihm auseinander, daß im Falle einer Straftat auf niederländischem Territorium allein er dazu berechtigt wäre, einen Durchsuchungsbefehl auszustellen, und es sicherlich nicht an den Schweizer Behörden wäre, ihm seine Vorgehensweise vorzuschreiben, auch nicht im Rahmen eines internationalen Rechtshilfeersuchens.

«In was für einer Welt leben wir eigentlich? Wir haben diebische Freude daran, die einfachsten Dinge zu verkomplizieren, statt zusammenzuarbeiten. Den Holländern sind die Kolumbianer und ihr Kokainlager egal, weil es die Schweizer sind, die ihnen den Fall auf den Tisch legen. Die Deutschen vom BKA zerfleischen sich in internen Auseinandersetzungen, lassen Prämienjägern aber freie Hand. Die anderen verhaften Ortiz und López in Stuttgart und warten nicht ab, bis die uns die versprochenen 4 750 000 Dollar aushändigen, und erst recht nicht, bis ihre mafiösen Kunden aus Brüssel in Stuttgart eintreffen. Und dieser deutsche Staatsanwalt zwingt mich dazu, Calderón festzunehmen. Soll ich dir was sagen, Philippe, ich habe die Schnauze gestrichen voll von all diesen Geschichten!»

Ich bin wütender auf mein eigenes Lager und meine Behörden als auf unsere Feinde, die Drogenhändler. Einige Zeit später versucht Philippe mich aufzumuntern, weil ich gerade besonders niedergeschlagen wirke. Wir sitzen im Foyer vom Hotel Sogno:

«Na, komm schon, mein Onkel, es ist noch nicht aller Tage Abend.»

Seit einiger Zeit nennt Philippe mich spaßeshalber so, wie Mario Calderón mich bis zu seiner Verhaftung genannt hat.

«Nein, mir geht's gar nicht gut. Ich denke ernsthaft daran, aufzuhören. Ich lasse mich ins Büro versetzen, da habe ich geregelte Dienstzeit, Schreibtischarbeit und so weiter, wie die meisten anderen Polizisten auch. Ein festes Gehalt am Monatsende. Und alles andere ist mir egal. Ich kann mich nicht einmal mehr aufregen.»

«Mein Onkel, ich habe eine Neuigkeit, die dich wieder beflügeln wird. Wir haben Besuch. Wenn du erfährst, von wem, wirst du eine Stinkwut kriegen und wieder der alte Tato sein, wie ich ihn kenne.»

«Philippe, mir ist nicht nach Spaßen zumute.»

«Mario der Araber ist hier. Er sitzt in Brunos Zimmer.»

Philippe hat mich richtig eingeschätzt. Ich springe auf und renne los. Als die beiden Prämienjäger mich sehen, ahnen sie bereits, daß Ärger auf sie zukommt. Ich reiße mich zusammen, spreche leise und sehe Mario dem Araber direkt in die Augen.

«Was hast du hier zu suchen?»

«Na ja, ich wollte ...»

«Was wolltest du? Wer hat dir gesagt, daß du herkommen sollst? Wer hat dir die Erlaubnis dazu erteilt? Du willst mit mir reden? Du hast neulich am Telefon schon mit mir geredet.»

«Nein, da habe ich mit Bruno gesprochen.»

Bruno versucht, seinen Kollegen in Schutz zu nehmen.

«Ich habe ihm gesagt, er soll kommen, er hat dir was zu sagen.»

«Halt die Klappe, Bruno. Ich will wissen, was Mario der Araber dazu zu sagen hat. Also, was hast du hier verloren?

«Also gut, ich komme wegen der Geschichte mit dem Kolumbianer aus Yverdon, der, von dem ich dir am Telefon erzählt habe.»

«Ich erinnere mich ganz genau an deinen Anruf. Du hast in der Tat von dem Kolumbianer aus Yverdon gesprochen [Fredy], du hast mir gesagt, daß er 200 Kilo in Lugano an den Mann bringen will, und mehr nicht. Hältst du mich für einen Volltrottel? Glaubst du, ich hätte dich nicht durchschaut? Du sagst mir nur die halbe Wahrheit, willst dafür verschont werden und bringst die Sache dann mit deinen Freunden vom BKA über die Bühne, die dich besser bezahlen als ich und bei denen du tun und lassen kannst, was du willst. Pech für dich, ich war auf dem laufenden, und den Kolumbianer aus Yverdon habe ich verhaftet.»

«Das stimmt nicht! Ich habe nie versucht, dich reinzulegen. Als ich mit dir telefoniert habe, wußte ich auch nicht mehr darüber. Seit heute weiß ich, daß die Kunden vom Kolumbianer eine Gruppe Kalabrier waren, die in Lugano stationiert sind. Ich habe es gerade erfahren.»

«Jetzt reicht's, Mario! Bei dieser Sache habt ihr nicht mit offenen Karten gespielt. Das BKA hat dir 65 000 Dollar gezahlt, die du dem Kolumbianer für eine Lieferung gegeben hast. Dann hast du erfahren, daß der Kolumbianer Kunden in Lugano hat, und hast versucht, etwas für dich herauszuschlagen. Du wolltest nach Lugano fahren, um für den Kolumbianer mit den Kalabriern zu verhandeln. Du hättest für die Übergabe gesorgt, die Kalabrier hätten bezahlt, und du hättest das Geld eingesackt. Den Segen vom BKA hattest du bereits, und meinen hast du noch gebraucht. Deshalb hast du mich angerufen. Du wolltest, daß ich anbeiße. Dummerweise sind wir nicht in Frankreich oder Deutschland. So, genug davon, ich kann dich nicht mehr sehen. Sag mir, warum du hier bist.»

«Das BKA hat mir diese 65 000 Dollar versprochen. Das ist eine Prämie. Sie gehört mir.»

«Tut mir leid, mein Freundchen, da kann ich nichts für dich tun. Dieses Geld ist Beweismaterial, das von einem Untersuchungsrichter in Lausanne zur Akte gegeben wurde. Hast du geglaubt, es würde in deiner Tasche landen? Ihr habt mittlerweile ziemlich schlechte Angewohnheiten. Du hast die Sache in Lugano verpatzt und willst jetzt das Versäumte nachholen. Nach meinen Berechnungen hättest du an den 200 Kilo vier Millionen Dollar verdienen können. Gar nicht übel. So, und jetzt tust du mir einen Gefallen und verschwindest von hier. Sonst lasse ich dich verhaften.»

Ich stehe auf und wende mich noch an Bruno, bevor ich wieder gehe.

«Wir haben auch noch ein Hühnchen miteinander zu rupfen.»

Eine Stunde später kommt Bruno zu mir an die Bar.

«Er ist stinksauer wieder abgezogen.»

«Das hoffe ich.»

«Weißt du, Tato, es stimmt, daß ich mit ihm telefoniert habe, aber ich habe ihm nicht gesagt, daß er kommen soll, er hat sich selbst eingeladen. Zuerst wollte er, daß ich wegen der 65 000 Dollar mit dir rede. Als ich ihm gesagt habe, daß ich nichts für ihn tun kann, ist er einfach hier aufgekreuzt.»

«Bruno, ich bin nicht sauer auf dich, sondern auf ihn. Ich habe es ernst gemeint, als ich ihm gesagt habe, ich würde ihn verhaften lassen. Bei mir wird mit offenen Karten gespielt.»

«Wir sind es eben gewöhnt, mit den Franzosen von der OCRTIS zusammenzuarbeiten...»

«Bruno, was ihr in Paris mit der OCRTIS macht oder gemacht habt, geht mich nichts an, und offengestanden interessiert es mich auch nicht. Aber sobald du mit uns hier in der Schweiz zusammenarbeitest, gelten unsere Spielregeln. Daran müssen sich alle halten, Polizisten, V-Männer und Mitarbeiter der Polizei. Wir sitzen alle im selben Boot, im Klartext: Es gilt Artikel 23 des Bundesbetäubungsmittelgesetzes. Wir müssen uns in dem Rahmen bewegen, den das Gesetz vorgibt. Wir können auf jedes Drogenangebot eingehen, über den Preis verhandeln und kaufen. Das alles läßt das Gesetz zu. Wir können unsere Informanten bezahlen, wenn die Operation beendet ist. Du weißt, wovon ich rede, du hast schließlich deine Prämie gerade bekommen. Aber die Behörden müssen nachvollziehen können, was wir tun, sonst wandern wir alle in den Knast. Wir können keinen Drogenhandel aufziehen. In Frankreich sieht die Sache anders aus. Da gibt es überhaupt keine gesetzlichen Grundlagen für verdeckte Ermittlungen.»

«Du hast recht, Tato. Ich weiß, daß es in Frankreich anders ist. Du weißt auch, daß ich immer ehrlich zu dir war. Aber selbst wenn ich Mario den Araber nicht mag, bin ich gezwungen, mit ihm zu arbeiten. Bei uns geht am Monatsende kein festes Gehalt ein. Ich weiß nicht, ob dir das klar ist. Die Franzosen und die Spanier geben uns nichts. Sie haben kein Budget für Informanten. Also müssen wir irgendwie über die Runden kommen, verstehst du das?»

Ich habe Bruno nichts vorzuwerfen, sonst hätte ich ihn bereits verhaften lassen, aber eine Klarstellung war dringend nötig. Am nächsten Tag ruft mich mein Informant um halb neun im Büro an.

«Tato, bist du noch sauer auf mich?»

«Ich hab' nichts gegen dich, aber eine Klarstellung war nun einmal ...»

«Deswegen rufe ich dich nicht an. Ich habe da eine andere Sache. Heute nacht habe ich mit meinen Freunden von der brasilianischen Bundespolizei gesprochen. Sie haben mir gesagt, daß sie gerade an einer Kokainsache in Zürich sind. Ein Informant hat ihnen verklickert, daß irgendein Italiener fünf Kilo Koks von Brasilien nach Zürich bringen soll. Der Italiener soll zusammen mit dem Informanten kommen. Er nennt sich Carlos das Halbblut, er ist ein Freund von mir, ich kenne ihn gut. Er soll 18 000 Dollar bekommen. Was hältst du davon, können wir da mitmachen?»

«Ich denke schon, die Bedingungen für eine ‹kontrollierte› Lieferung sind meines Erachtens erfüllt. Das Rauschgift wird vom Händler transportiert, und nach dem, was du gesagt hast, ist bekannt, wer die Käufer und wer die Verkäufer sind. Und, last but not least, werden die Drogen bei ihrer Ankunft beschlagnahmt und die Händler verhaftet.»

«Und der Informant?»

«Keine Sorge, wir sind schließlich Profis. Es wird alles zu seinem Schutz getan. Die Sache muß vor allem einen offiziellen Charakter bekommen. Die brasilianische Bundespolizei muß sich an Interpol in Brasilien wenden, um die Schweizer Interpol darüber zu informieren. Wenn wir den

Informanten schützen sollen, brauchen wir seinen Namen. Dann wird Bern die Sache an Zürich weiterleiten, und dort werden die entsprechenden Maßnahmen getroffen.»

Da ich mit der Aufarbeitung der Operation *Parano* beschäftigt bin, beauftrage ich einen meiner Mitarbeiter mit der Angelegenheit. Zwei Tage später ist der Fall abgeschlossen: Fünf Kilo Kokain und 40 000 Dollar werden beschlagnahmt, vier Personen festgenommen. Dem Anschein nach ist alles reibungslos gelaufen. Mein Kollege schildert mir jedoch den genauen Hergang, als er wieder in Zürich ist.

«Tato, die Sache stinkt. Am Anfang ging alles glatt. Nachdem wir das Kokain hatten, haben wir alle verhaftet. Wir haben so getan, als würden wir den Informanten auch festnehmen, wie immer, um ihn zu schützen. Und dann ist die Sache gekippt. Carlos, der Informant, hat das Geld verlangt, das man bei den Händlern sichergestellt hat. Ich habe ihm gesagt, daß das nicht geht, daß er eine Belohnung kriegen würde. Er hat laut geschrien und behauptet, daß er sonst immer in Frankreich arbeitet und man ihm dort immer das Geld überlassen würde, das bei den Händlern beschlagnahmt wird. Ich habe ihm gesagt, daß er es dann eben so hätte anstellen müssen, daß die Übergabe in Frankreich stattfindet und nicht in der Schweiz. Pech für ihn, die Händler wollten die Ware in der Schweiz abholen.»

«Hat er gesagt, woher das Kokain stammt?»

«Genau da liegt der Hund begraben. Als ich ihn das gefragt habe, hat er gestammelt, er wüßte nichts darüber.»

«Eigenartig. Normalerweise weiß ein Informant das. Meiner Meinung nach will er es dir bloß nicht verraten. Und weißt du auch, warum? Weil das Kokain aus Beständen der brasilianischen Polizei stammte. Das war eine vom Informanten selbst eingefädelte Operation. Die brasilianische Polizei liefert die Drogen, sie läßt einen italienischen

Drogenring hochgehen, und der Informant streicht das Geld ein. Nicht schlecht.»

«Auf der Fahrt hat Carlos von Bruno geredet. Er weiß, daß er in der Schweiz ist, in Locarno. Er kennt ihn gut.»

«Was habe ich gesagt? Erst Georges, dann Bruno und Mario der Araber und jetzt auch noch Carlos. Eine richtige Bande von Prämienjägern, die um die OCRTIS, die deutschen, spanischen, schweizerischen und wer weiß sonst noch welche Drogenbehörden herumscharwenzeln. Sie verdienen daran, daß sie die Händler hochgehen lassen und ihr Geld in die eigene Tasche stecken. Wer weiß, ob sie die Geschäfte nicht sogar selbst in die Wege leiten?»

Ich weiß mir keinen Rat mehr zwischen den skrupellosen Informanten auf der einen und den gedankenlosen, wenn nicht sogar unfähigen Kollegen auf der anderen Seite, mein Handlungsspielraum schrumpft zusehends. Denn zu sämtlichen bereits vorhandenen Hindernissen gesellt sich ein weiteres, wie ich nur wenige Stunden nach dem Ende der Operation in Zürich erfahre. Ein alter Bekannter meldet sich bei mir.

«Herr Bertoni, kennen Sie mich noch?»

Und ob ich ihn kenne.

«Natürlich, Joselito. Wo sind Sie?»

«In Spanien.»

Deshalb also ist uns der Kolumbianer entwischt, als wir unsere Netze nach Dora Halmen, Fredy, dem Chemiker Enrique und ihren Freunden in Yverdon ausgeworfen haben.

«Herr Bertoni, ich habe ein Problem. Ich kann Dora Halmen nicht erreichen. Ich versuche es schon seit Tagen bei ihr zu Hause, aber niemand geht ans Telefon. Mein Freund Enrique, der Chemiker, können Sie sich noch an ihn erinnern?»

«Natürlich, wir haben ihn am Bahnhof von Yverdon gesehen.»

«Er ist auch verschwunden. Er war zu Dora gefahren. Ich brauche ihn dringend. Wissen Sie zufällig, wo ich ihn finden könnte?»

«Nein, Joselito, das weiß ich nicht. Ich habe schon eine ganze Weile nichts mehr von Dora gehört. Auf die Geschichte mit den Erdnüssen habe ich verzichtet, weil sie sich zu sehr in die Länge gezogen hat. Tut mir leid.»

Als ich auflege, bin ich sehr erleichtert. Joselito weiß nicht, daß ich Dora Halmen fünf Kilo «abgekauft» habe, weswegen sie zehn Tage zuvor in flagranti erwischt wurde. Die Dänin hat ihm also nicht gesagt, daß das Geschäft mit mir klarginge – sie hat sich an ihre Schweigepflicht gehalten –, und hat ihn noch nicht warnen können, ein Beweis dafür, wie effizient unser Geheimhaltungssystem ist. Aber ich weiß, daß Pierfranco Bertoni dennoch früher oder später enttarnt wird, wenn nicht durch sie, dann durch Mario Calderón, der noch immer in einem Schweizer Gefängnis einsitzt. Ich habe nicht mehr viel Zeit, um zur Spitze von Calderóns Organisation vorzudringen, aber ich werde alles tun, um die Operation so lange wie möglich durchzuhalten. Der Wettlauf gegen die Zeit beginnt.

Die spanische Polizei arbeitet ebenfalls an dem Fall, was nicht weiter verwunderlich ist. Bei unserem ersten Treffen kam Mario Calderón gerade aus Madrid. Von dort kam auch sein Geschäftspartner Federico Quesada, der dominikanische Drogenbaron, der seine angolanischen Kwanzas und die 30 Kilo Kokain absetzen wollte, die er von Guillermo, dem Informanten der spanischen Polizei, hatte. Die beiden spanischen Kollegen, die ich Anfang Oktober in meinem Büro in Bellinzona empfange, waren bei dem Fiasko mit den 30 Kilo Kokain nicht dabei. Einer von ihnen, zu dem Bruno Kontakt aufgenommen hatte, hat uns jedoch bestätigt, daß Guillermo ein V-Mann sei. Sie wissen nicht, daß wir ihre Behörden mit ihrer Provokation haben auflaufen lassen, indem wir die Polizei in Lausanne auf Guillermo aufmerksam gemacht haben. Dank der Erläuterungen der beiden spanischen Polizisten vervollständigt sich das Puzzle. Seit Monaten schon verfolgen die spanischen Behörden die Spur eines der von Escobar junior geleiteten Kartelle. In Spanien ist Federico Quesada, der Mann mit den Kwanzas, der Repräsentant der Organisation. Beschattungen, Lauschangriffe, elektronische Überwachungsmethoden – mit nichts war der Bande beizukommen. Nach monatelanger Ermittlungsarbeit hat die Polizei nur eine Gewißheit: In Madrid besitzt die Organisation ein Depot, das regelmäßig mit mehreren hundert Kilo Kokain beliefert wird, doch der Standort ist beim besten Willen nicht auszumachen. Und nicht ohne Grund: Die Kolumbianer leisten sich unglaublich aufwendige Sicherheitsmaßnahmen, um diesen Ort abzuschirmen.

«Wenn ein Drogenhändler seine Ware abholt, geht er nie direkt zum Depot», erklärt mein spanischer Kollege. «Nach einer Reihe von Maßnahmen zur Gegenüberwachung begibt er sich in eine der Wohnungen der Organisation, wo ihn einer seiner Komplizen erwartet. Sie bleiben so lange, bis etwaige Verfolger mit Sicherheit abgeschüttelt sind, ein, zwei Tage lang. Dann geht der Komplize in eine zweite Wohnung, deren Adresse nur er kennt. Dort wartet ein dritter Mann und begibt sich in ein weiteres Versteck der Organisation, wo er vom nächsten Komparsen abgelöst wird. Das ganze Spiel wird vier-, fünfmal hintereinander wiederholt. Daß wir da nicht mehr mithalten, kannst du dir ja denken. Das ist die derzeitige Lage. Es geht nichts mehr weiter, wir stecken fest.»

«Ich glaube, wir werden gut miteinander klarkommen. Zufällig sind wir nämlich derselben Organisation auf der Spur.»

Ich berichte ihnen von meinen Treffen mit Mario Calderón, von der Beschlagnahmung der 390 Kilo Kokain, die in den Fässern mit der Stiergalle versteckt waren, und von der Verhaftung der ganzen Bande. Zum Schluß verkünde ich die gute Nachricht:

«Momentan wissen die Kolumbianer noch nichts davon, daß Mario Calderón und seine Leute in Deutschland und in der Schweiz verhaftet wurden. Sie wissen auch nicht, daß ich von der Polizei bin. Ich soll die beiden führenden Köpfe der Organisation treffen, Escobar junior und Federico Quesada. Um genau zu sein, Quesadas Abgesandter ist gerade in Lugano angekommen. Ich werde ihn morgen sehen.»

An einem milden Herbsttag begebe ich mich also in den Tropengarten vom Hotel Sogno, um mit dem Gesandten des Kartells zu Mittag zu essen. Sein Name ist Fernando Llanos. Ihm ist sein Metier nicht anzusehen. Er ist weder der Typus des arroganten Playboys mit pomadigem Haar noch ein zynischer Industrieller oder Bauer aus dem Andenhochland. Er ist ein junger Mann von Mitte Zwanzig, groß, athletisch und braun gebrannt, gut, aber unauffällig gekleidet. Er hat sehr gute Manieren und wirkt herzlich und sympathisch.

Die ihn umgebende Pracht und der liebenswürdige Empfang imponieren ihm so sehr, daß er darüber ganz vergißt, sich nach seinem Freund Calderón zu erkundigen. Während des Essens überkommt ihn die Rührung, und seine Hände zittern, als er ein kleines Päckchen aus der Tasche holt und es mir übergibt.

«Herr Bertoni, nehmen Sie bitte dieses Geschenk als Dank, aber auch als Zeichen der Anerkennung von uns entgegen. Sie sind einer der Unseren.»

Um seiner Geste Nachdruck zu verleihen, steht er auf und reicht mir die Hand. Er ist den Tränen nahe. Ich öffne das Päckchen und erblicke eine Schatulle, in der sich ein Ring mit einem Stein in 18karätiger Goldfassung befindet. Das Geschenk ist mehrere tausend Dollar wert.

«Stecken Sie ihn sich an, Don Pierfranco, und tragen Sie ihn immer, das ist ein Tigerauge. Es sieht alles und bringt Glück. So sagt man bei uns in Kolumbien.»

Stehend betrachte ich den Ring, der als Beweisstück in der Geschäftsstelle des Luganer Gerichts landen wird. Und schweren Herzens sehe ich den jungen Mann an, der mir immer sympathischer wird. Es fällt mir nicht leicht, ihn für einen Kriminellen zu halten. Er ist das genaue Gegenstück zu Mario Calderón. Ich bin mir sicher, daß er die Illegalität gewählt hat, um zu überleben, und nicht aus krimineller Veranlagung. Mir wird klar, daß dies einer der schwierigsten Momente meiner beruflichen Laufbahn ist, und ich bin hin- und hergerissen zwischen Gefühl und Verstand. Angesichts dieses sympathischen jungen Mannes, der mein Sohn sein könnte, frage ich mich sogar, ob es richtig ist, was ich tue. Sein Schicksal liegt in meinen Händen. Natürlich weiß er nicht, daß er einen Polizisten vor sich hat, er hält sein Gegenüber für einen Drogenboß. Aber mich hat ein schizophrener Schwindel ergriffen, und ich bin derjenige, der plötzlich nicht mehr weiß, wo er eigentlich steht. Bin ich Kommissar Cattaneo oder der Schurke Bertoni? Wie kann ich argumentieren wie ein Polizist und handeln wie ein Krimineller? Was ist noch legal, und was ist es schon nicht mehr? Und woher soll ich die Kraft nehmen, immer wieder Menschen festzunehmen, die ich erst dazu gebracht habe, eine enge Freundschaft mit mir einzugehen? Während Kommissar Cattaneo nicht mehr ein noch aus weiß, gewinnt Pierfranco Bertoni wieder die Oberhand.

«Ich sehe, daß er Ihnen gefällt, Don Pierfranco.»

«Ein herrlicher Ring, wirklich ein schönes Stück. Sage deinen Chefs vielen Dank, Fernando. Ich werde den Ring immer tragen.»

«Ich soll Ihnen Grüße von Junior übermitteln. Ich habe gestern abend mit ihm gesprochen. Er soll innerhalb der nächsten vierzehn Tage hier eintreffen. Vorher werden Sie noch Juan Carlos Betancur treffen. Ich kann Ihnen nur sagen, daß wir viel Ware in verschiedenen Depots in Spanien, Italien und Holland haben. Den Rest müssen Sie mit Junior und Juan Carlos besprechen.»

«Ich habe es nicht eilig, Fernando, wir haben Zeit.»

«Manchmal ist es besser, nichts zu überstürzen. Federico Quesada hat mir erzählt, was mit den 30 Kilo in Madrid passiert ist. Ohne Sie wäre das schlecht ausgegangen. Federico läßt Sie grüßen. Er weiß nicht, wie er Ihnen danken soll.»

«Entscheidend ist, daß es gut ausgeht. Dein Freund sollte lieber besser aufpassen, mit wem er Umgang hat. Dieser Guillermo hat mir nicht gefallen.»

«Ich habe ihm auch nicht getraut.»

Ich spüre, daß es brenzlig wird. Bald werden wir bei Mario Calderón angelangt sein. Die Stunde der Wahrheit naht. Ich weiß immer noch nicht, ob ich das Thema besser selbst zur Sprache bringen soll oder darauf warte, daß der junge Mann mir Fragen stellt:

«Und Philippe, wie geht es ihm? Ich bin ihm nie begegnet, aber nach allem, was Federico mir von ihm erzählt hat, kommt es mir vor, als würde ich ihn schon ewig kennen.»

«Tja, Fernando, Philippe ist in Lausanne. Er kümmert sich um unseren Freund Mario Calderón. Der hat ja schöne Geschichten verzapft. Das hatte uns gerade noch gefehlt. Du weißt ja, wie er ist. Sobald er trinkt, wird er jähzornig und teilt aus.»

«Das stimmt, er hat einen ... sehr eigenen Charakter.»

«Eines Abends, in einer Bar in Lausanne, hat er sich wegen einer Bagatelle mit einem anderen Kunden angelegt und ist handgreiflich geworden. Eine einfache Schlägerei unter Betrunkenen, nur daß unser Freund Mario den anderen krankenhausreif geschlagen hat. Er hat ihn fertiggemacht. Und so ist Mario im Gefängnis gelandet. Ich habe Philippe nach Lausanne geschickt, um zu erfahren, ob man ihn ohne Kaution freibekommen kann. Philippe muß ihm den besten Anwalt besorgen. Im Moment ist nichts zu machen. Schlimmstenfalls bleibt er zwei, drei Monate hinter Gittern ... «

«Das wundert mich nicht. In Belgien ist auch schon mal so etwas passiert. Da hat er jemanden fast umgebracht. In Bogotá hat er auf jemanden losgefeuert, nur weil er ihm gegenüber etwas unhöflich war.»

«Meinetwegen kann er schießen, auf wen er will, aber nicht in der Schweiz. Wir sind hier nicht in Kolumbien. Hier herrschen andere Spielregeln, und an die hat er sich zu halten.»

«Mario wird sich nie zusammenreißen können. Wann ist das passiert?»

«Vor sieben, acht Tagen.»

«Deshalb geht nie jemand ans Telefon.»

«Solange er im Gefängnis sitzt, habe ich keine Ruhe.»

«Keine Sorge, Don Pierfranco, dafür kenne ich ihn zu gut. Er wird Sie nie und nimmer verraten.»

«Ja natürlich, ich weiß. Sei so gut, Fernando, und nenn mich nicht länger Don Pierfranco. Ab sofort duzen wir uns, und du nennst mich Tato. Du könntest schließlich mein Sohn sein.»

Damals ist die Staatsanwaltschaft im Kanton Tessin noch zweigeteilt. So wie die Landschaft, die vom Monte Ceneri durchschnitten wird, sich in Norden und Süden gliedert, ist auch die Justiz in die oberhalb des Gebirges befindliche «Sopraceneri» in Bellinzona und die unterhalb desselben gelegene «Sottoceneri» in Lugano aufgeteilt. Zwischen den beiden Staatsanwaltschaften herrscht seit langem Rivalität. Gerade habe ich Hoffnung, das Ziel zu erreichen, weil der Fall endlich vor Gericht behandelt werden soll, da bittet mich mein Kommandant, die Akte zu delegieren, das heißt, sie nicht, wie sonst, der Staatsanwaltschaft von Bellinzona zu übergeben, sondern der Staatsanwaltschaft in Lugano.

Ich mache keinen Hehl aus meiner großen Skepsis: Es ist nicht übertrieben zu behaupten, daß man meinen Freund und Mentor Dick Marty, den ehemaligen Staatsanwalt von Bellinzona, und mich in Lugano zum Teufel wünscht. Dennoch erkläre ich mich bereit, die Akte der Staatsanwältin Carla Del Ponte zu übertragen.

Unsere Beziehung ist von Beginn an von tiefer, gegenseitiger Antipathie geprägt. Nachdem sie die Akte eingesehen hat, teilt uns Carla Del Ponte mit, sie sei ratlos. Sie könne nicht erkennen, welchen Sinn weitere Ermittlungen haben sollten.

«Warum verhaften wir nicht auf der Stelle diesen Fernando Llanos? Sie haben über Drogen geredet, das dürfte wohl genügen. Die Gesetzgebung sanktioniert vorbereitende Strafhandlungen in gleichem Maße wie den Drogenhandel selbst. Ich kann mich nicht dafür erwärmen, die Spur bis zu seinem Boß Escobar junior zu verfolgen. Solche Ermittlungen sind kompliziert und langwierig. Und es ist nicht gesagt, daß sie von Erfolg gekrönt sind. Die Sache ist mit viel Aufwand und hohen Kosten verbunden, ohne daß viel dabei herauskäme. Mir wäre es lieber, dieser Kandidat würde in einem anderen Gefängnis landen.»

Als ich das Büro von Carla Del Ponte verlasse, bin ich so deprimiert, daß ich nicht einmal mehr Wut empfinde. Ich denke an Dick Marty. Mit ihm war alles immer selbstverständlich. Trotz der Vorbehalte von Carla Del Ponte beschließe ich, die Operation fortzuführen.

Fernando Llanos ist in Lugano in der Wohnung untergebracht, die Mario Calderón vor seiner Verhaftung bewohnt hat. Dort treffe ich ihn wieder. Als der junge Mann mich sieht, strahlt er mich richtig an:

«Don Pierfranco ...»

«Tato, ich habe dir doch gesagt, du sollst mich Tato nennen.»

«Okay, Tato. Ich sehe, daß du unser Geschenk angenommen hast. Das freut mich. Unsere Freunde aus Kolumbien werden bald eintreffen. Juan Carlos Betancur fliegt heute in Bogotá ab. Er wird morgen in Zürich sein. Junior soll kommenden Donnerstag abreisen.»

«In Ordnung. Morgen fährst du mit einem meiner Männer nach Zürich, mit Philippe, Bruno oder irgendwem sonst, ganz gleich ...»

«Ich habe unseren Freunden erzählt, was Mario Calderón zugestoßen ist. Ich habe ihnen gesagt, daß du und ich ihn im Gefängnis in Lausanne besucht haben. Ich habe gelogen, weniger um Junior zu beruhigen als vielmehr Juan Carlos, der hinter allem die Polizei wittert.»

Als ich Philippe Strano kurze Zeit später von Fernandos Lüge berichte, sagt er:

«Da hast du einen zweiten Calderón gefunden, mein Onkel.»

«Das stimmt, aber sie sind wie Tag und Nacht. Der eine ist herrisch und reizbar, der andere sanft und gut erzogen. Fernando vertraut mir blind, dabei habe ich nichts getan, um sein Vertrauen zu gewinnen.»

«Da irrst du, mein Onkel. Es ist deine ganze Art, dein Geschäftsgebaren. Du hast den nötigen Abstand und bist doch bei der Sache. Wenn ich nicht wüßte, daß du Polizeiinspektor bist, würde ich dich auch für einen Drogenboß halten. Nimm nur Guillermo, der vertraut dir immer noch, trotz des Debakels im Château d'Ouchy.»

Philippe hat recht. Der Informant der spanischen Polizei weiß nicht, daß ich ihn bei den Kolumbianern angeschwärzt habe, und hat mich schon vier- oder fünfmal aus Venezuela angerufen, um mir einen Warenposten mit 40 «Unterhemden», also 40 Kilo Kokain, anzubieten.

«Weißt du, Philippe, Fernando tut mir leid. Er ist wirklich in Ordnung. Ich kann ihn beim besten Willen nicht für einen Kriminellen halten.»

«Unser Beruf ist eben manchmal grausam, mein Onkel.»

Der von Natur aus mißtrauische Juan Carlos Betancur muß sich durch den Empfang der Zöllner am Flughafen von Roissy, den er als Transitreisender passiert, bestätigt fühlen. Sein kolumbianischer Paß hat ihm eine so peinlich genaue Kontrolle beschert, daß er mit zehnstündiger Verspätung in Zürich eintrifft. Philippe und Bruno, die Fernando Llanos begleiten, ernten finstere Blicke.

«Don Juan, diese beiden Männer arbeiten für Don Pierfranco Bertoni, der dich grüßen läßt. Sie begleiten uns zu unserer Wohnung in Lugano.»

Fernandos spürbare Begeisterung und der Ruf, den ich mir dank Calderón in Kolumbien erworben habe, stimmen Juan Carlos Betancur etwas milder. Am darauffolgenden Tag klärt er Philippe und Bruno über die Gründe für sein vorsichtiges Verhalten auf: In den Häfen von Civitavecchia und Savona habe er soeben zwei große Kokainladungen verloren und 200 weitere Kilo seien, ebenfalls in Italien, an Bord einer zweitmotorigen Maschine beschlagnahmt worden.

«Bei uns sind Sie gut aufgehoben», läßt Philippe ihn beim Abschied wissen. «Ich hole Sie morgen ab und bringe Sie zu meinem Boß.»

Der Ablauf dieser Begegnung wurde genauestens geplant. Zuerst wird die Sache schmackhaft gemacht. In Begleitung meines Kollegen Max fahren Philippe und Bruno nach Lugano, um Fernando Llanos und Juan Carlos Betancur mit zwei Wagen abzuholen, einem großen Mercedes SEC 500 und dem Audi Quattro mit dem Geheimfach.

«Wir werden hier in Lugano noch einen kleinen Abstecher machen», erklärt Philippe den beiden Männern. «Mein Boß hat mich gebeten, etwas abzuholen.»

Betancur setzt sich in den Mercedes, in dem Philippe am Steuer sitzt, während sich der andere Kolumbianer zu Bruno und Max gesellt. Die beiden Wagen fahren Richtung Stadtzentrum und halten auf dem Parkplatz einer Bank.

«Komm mit und nimm das», sagt Max zu Fernando Llanos, dem er einen großen leeren Koffer und eine leere Tasche in die Hand drückt.

Die drei Männer betreten die Bank, während Betancur und Philippe im Mercedes warten. In der Bank verlangt Max nach dem Securitychef, einem ehemaligen Kollegen, den ich kurz zuvor unterrichtet habe.

«Herr Bertoni schickt mich», sagt Max und zieht eine Vollmacht mit meiner Unterschrift aus der Tasche. «Wir möchten zu seinem Safe.»

Max und Bruno stellen sich so vor das Schließfach, daß der Kolumbianer es gut einsehen kann: Zehn Millionen Schweizer Franken und eine Million Dollar liegen darin; die Bundesregierung hat sie uns für diese Operation zur Verfügung gestellt. Max zählt die Scheine nach. Er packt fünf Millionen Schweizer Franken und die Dollars in den Koffer und die Tasche, die Fernando Llanos ihm hinhält. Der arme Kolumbianer weiß nicht, wie ihm geschieht.

Sie verlassen die Bank, Llanos geht gebeugt unter der Last. Als er wieder im Audi sitzt, sieht er sprachlos mit an, wie sich das Geheimfach öffnet und das Geld darin verschwindet.

Wenig später sehe ich von der Veranda oberhalb des tropischen Gartens des Hotel Sogno aus, wie Fernando Llanos in Begleitung seiner Bodyguards Koffer und Tasche herbeischleppt. Sie gehen zur Rezeption und kommen dann ohne Gepäck zu mir her.

«Alles in Ordnung, Boß, wir haben es hier im Safe verstaut», sagt Max, der gleich wieder verschwindet.

Fernando umarmt mich herzlich. Er strahlt. Ich darf darauf vertrauen, daß er Juan Carlos Betancur den Abstecher bei der Bank in allen Einzelheiten schildern wird. Ein paar Minuten später nehme ich Betancur in der Eingangshalle in Empfang, um ihm die herrliche Hotelanlage zu zeigen.

Juan Carlos Betancur ist ein junger, blonder Mann, etwa Mitte Zwanzig, der aussieht wie ein typischer kleiner Ganove, der Archetyp eines kleinen Chefs der kolumbianischen Kriminalität neuer Prägung. Er ist leicht hinters Licht zu führen, und die von dem armen Fernando kolportierte Bankszene nimmt ihm seine letzten Vorbehalte.

«Mein älterer Bruder, Ivan Dario», vertraut er mir an, «wurde am 5. Juni in der Nähe von Brüssel verhaftet. Er ist der Polizei ins Netz gegangen. Sie haben ihn mit 30 Kilo Kokain erwischt. Er kriegt zehn Jahre Gefängnis. Bei der Geschichte haben sie zwölf Personen in Belgien und in Italien festgenommen und über 80 Kilo Kokain beschlagnahmt, das uns gehörte, mir gehörte. Mein Bruder hat mich nicht verpfiffen, aber die Polizei hat ein Foto von mir. Diese Schweine haben ein Foto beschlagnahmt, das ich meinem Bruder geschickt habe.»

«Nach dem, was du da erzählst, müssen wir auf der Hut sein. Ich möchte nicht, daß sich die Polizei für mich interessiert. Ich will das alles hier nicht verlieren», sage ich und zeige auf das Hotel und den Garten.

«Mein Name steht mit Sicherheit auf der schwarzen Liste, aber sie haben nichts gegen mich in der Hand, sonst hätten sie mich in Paris am Flughafen nicht wieder freigelassen. Ich mußte mich ausziehen vor diesen Hurensöhnen. Einer hat mich genau untersucht, die schwule Sau. Sie wollten wissen, woher ich komme und wohin ich will. Sie sind mir mit ihren bescheuerten Fragen tierisch auf den Sack gegangen. Ich habe ihnen gesagt, daß ich nach Lugano unterwegs bin, um meinen Freund Pierfranco Bertoni zu besuchen, einen mächtigen Industriellen, den man überall auf der Welt kennt. Da haben sie mich gehen lassen. Vielleicht wissen sie ja, wer du bist.»

«Schon möglich, Juan Carlos, in Europa bin ich ziemlich bekannt.»

Der Kolumbianer zieht seinen Terminkalender aus der Tasche und wirft einen Blick auf seine Notizen.

«Ich muß dich mehrere Sachen fragen. Es gibt da zum Beispiel einen Typen in Paris, der mir Geld schuldet, von einer Kokainlieferung. Der Bastard rührt sich einfach nicht. Er heißt Frédéric. Ich gebe dir seine Telefonnummer. Er schuldet mir noch 200 000 Dollar. Kannst du mir dabei helfen, das Geld einzutreiben? Wenn er nicht bezahlt, muß er dran glauben. Kannst du dich darum kümmern?»

«Mal sehen, immer mit der Ruhe. Wir sind hier in Europa und nicht in Kolumbien. Hier bringt man die Leute nicht so einfach um. Er wird seine Schulden schon begleichen.»

«Du hast recht. Etwas anderes: Ich will eine Firma mit dir gründen. Unsere Organisation hat jetzt eine neue Strategie. Wir verschicken keine kleinen Mengen mehr für jeden einzelnen Deal, sondern schaffen die Ware tonnenweise rüber, lagern sie in jedem Land in eigenen Depots und verkaufen nach Bedarf. In Spanien, Holland und Italien haben wir schon Depots. Die Firma wird ein großes Kokaindepot in der Schweiz aufbauen und verwalten und Geld aus Spanien waschen. 200- bis 250 000 Dollar pro Woche. Ich kann dir eine Provision von fünf Prozent garantieren. Was hältst du davon?»

«Wenn du nur eine Tarnfirma brauchst, kannst du das auch über eines meiner Unternehmen abwickeln. Aber wenn du eine neue Firma gründen willst, ist das auch kein Problem. Mit Geldwäsche haben wir viel Erfahrung. Der Transfer von Geldern aus Spanien schreckt uns gar nicht.»

«Ich möchte lieber eine neue Firma gründen. Tato – darf ich dich so nennen? –, weißt du, in Kolumbien arbeiten wir nur mit den ganz Großen zusammen: Pablo Escobar, Gacha der Mexikaner. Pablo hat Kokain in Italien, Gacha hat 300 Kilo in Spanien. Ich soll die Ware in Europa absetzen. Wenn dich das interessiert, ich komme da ohne weiteres ran. Oscar Sierra, Gachas rechte Hand, ist ein enger Freund von mir.»

Ich kenne den Namen. Der mysteriöse Şierra wacht von Kolumbien aus darüber, daß in der Organisation keine undichten Stellen auftauchen. Sämtliche Treffen und Lieferungen laufen über ihn. Zwei Jahre zuvor haben ihn die Carabinieri in Genua aufgespürt, im Rahmen einer Operation, die zur Beschlagnahmung von 250 Kilo Kokain aus dem Besitz von Juniors Organisation geführt hat. Der Geheimdienst der italienischen Guardia di Finanza, der ihm auf der Spur war, bestätigt, daß einer von Sierras Verbindungsleuten in der Gegend von Lugano gesichtet worden sei. Dabei handele es sich um einen Schweizer Bürger, der in Luganos exklusiven Vierteln tätig sei. Angeblich stelle er den Kontakt zwischen den Gruppierungen der kalabrischen Mafia, der N'drangheta, und den kolumbianischen Kartellen her. Auf Ersuchen meiner Behörden wird sein Telefon abgehört. Mehrere Kolumbianer, darunter Oscar Sierra, Junior und Betancur, rufen regelmäßig bei ihm an. Bei ihren Gesprächen geht es um Fruchtsaftlieferungen nach Holland. Eigenartigerweise wird die Abhöraktion schon nach vierzehn Tagen von denselben Staatsanwälten eingestellt, die sie zuvor angeordnet hatten. Später sollte ich entdecken, daß dieser Mann, für den sich unsere Staatsanwaltschaft so wenig interessiert hat, mit den Paten der sizilianischen Cosa Nostra in Verbindung stand und für den Mord an Richter Falcone, seiner Frau und seinen Leibwächtern verantwortlich war.

Juan Carlos Betancur nimmt wieder seine Notizen zu Hilfe.

«Bei mir geht es kreuz und quer ... Wir können auch mit Italien zusammenarbeiten. Ich habe gute Kontakte zu einem der Geschäftsführer einer kolumbianischen Kaffeefirma. Das ist sein Name», sagt er und hält mir sein Notizbuch hin. «Mein Kollege vermittelt mir auch Kunden in Italien.»

Ich nehme das zur Kenntnis. Mir ist schon mehrfach zu Ohren gekommen, daß Mitarbeiter dieser Firma in Kokaingeschäfte verwickelt seien. Unseren italienischen Kollegen zufolge haben sich die Händler in das Unternehmen eingeschleust und nutzen Materialtransporte für gesponserte Fahrradrennen dazu, die verschiedenen Kokaindepots in Europa zu beliefern.

«Ach, ich habe noch etwas vergessen. Mein Freund Alex wird nach Lugano kommen. Er weiß, wo die 300 Kilo in Madrid untergebracht sind.»

Adrian Antonio, genannt Alex, der über das Depot in Madrid wacht, ist ein kleiner, blonder Mann um die Dreißig. Er ist der einzige, der direkten Zugang zu den 300 Kilo Kokain hat, an die wir heranwollen. Wegen eines Treffens mit ihm hat sich Juan Carlos Betancur mit dem ominösen Oscar Sierra in Verbindung gesetzt, dem einzigen in der Organisation, der Kontakt mit Alex aufnehmen kann. «Er ist in Amsterdam, ich rufe ihn an, und morgen ist er in Lugano», hat Oscar Sierra versichert. Am Tag danach, am 22. Oktober, treffe ich Alex in der Wohnung in Lugano. Gleich zu Beginn bietet der junge Mann mir die 30 Kilo Kokain an, die in Amsterdam lagern.

«Ein gutes Geschäft, 30 000 Dollar pro Kilo. Die Ware ist ausgezeichnet, so was haben wir noch nie gehabt, 98 Prozent rein. Übergabe in Amsterdam.»

Ich hätte einwilligen können. Es wäre mir ein leichtes gewesen, einen meiner Männer mit Alex zurückzuschicken, um diesen mit seinen 30 Kilo auffliegen zu lassen. Man hätte es nur so einrichten müssen, daß Junior und Betancur von der Verhaftung keinen Wind bekommen hätten. Da meine holländischen Kollegen jedoch so wenig Eifer an den Tag gelegt haben, als es um eine Zusammenarbeit mit unseren Behörden ging, lehne ich das Angebot lieber ab und konzentriere mich auf mein Hauptanliegen: das Depot in Madrid. Im Wettlauf mit der Zeit stehen wir nämlich nicht gerade gut da. Seit einem Monat schon befindet sich Calderón in einem kleinen Schweizer Gefängnis in Isolationshaft. Möglicherweise hat er inzwischen mit einem Pflichtverteidiger sprechen können, so daß er weiß, in welche Falle er getappt ist, und seine Freunde so bald wie möglich verständigen wird. Noch haben wir die Situation unter Kontrolle, aber das wird nicht mehr der Fall sein, sobald er nach Deutschland ausgeliefert wird, womit in nächster Zukunft zu rechnen ist. Es steht also außer Frage, mit den Holländern Zeit zu verlieren.

«Natürlich bin ich an den 30 Kilo in Amsterdam interessiert», sage ich zu Alex. «Meine italienischen Partner wollen eigentlich in ein größeres Geschäft investieren, etwas Einträgliches, Minimum 200. Das sind große Kunden, seriöse Leute. Ich kenne sie seit Jahren, ich wickle ihre Vermögensverwaltung über meine Firmen ab. Ich weiß, daß sie für kleine Deals nicht gern viel aufs Spiel setzen, sie machen lieber alles auf einen Schlag. Wenn du willst, rede ich mit ihnen. Man könnte die 30 Kilo vielleicht zu den 300 Kilo in Madrid dazuschlagen. Ich weiß noch nicht. Das muß ich mir noch überlegen.»

«Tato hat recht, Alex», sagt Betancur, «sei nicht so egoistisch. Ich weiß, daß die 30 Kilo in Amsterdam dir gehören und du niemanden um Erlaubnis fragen mußt, um sie zu verkaufen. Ich verstehe sogar, daß du sie als erstes an den Mann bringen willst. Du bist dir selbst am nächsten. Aber ich mag es nicht, wenn du dich in unsere Geschäfte einmischst. Ich habe dich wegen der 300 Kilo in Madrid hergebeten. Ich habe das mit Oscar besprochen. Er hat mir gesagt, ich solle mich an dich wenden. Du bist hier wegen der 300 Kilo in Madrid und wegen nichts anderem, vergiß das nicht.»

«Du hast ja recht, reg dich nicht auf.»

«Damit hier kein Mißverständnis aufkommt», sage ich

jetzt mit gehobener Stimme, «ich habe nicht gesagt, daß ich kein Interesse hätte, sondern daß ich mit meinen Partnern reden muß, aber zunächst einmal machen wir das mit Madrid. Und damit ist das Thema erledigt.»

Betancur ist einer Meinung mit mir. Brüsk geht er zu etwas anderem über und fährt mich an, als wäre ich sein Adjutant.

«Tato, du besorgst mir eine Waffe mit Schalldämpfer. Ich habe in Spanien noch mit jemandem abzurechnen. Ein Verräter, der liquidiert wird. Und wenn dieser Frédéric in Paris nicht zahlt, wird er auch liquidiert. Beschaff mir Waffen, ich brauche auch zwei oder drei deiner Männer. Sie werden alle beide dran glauben. Jetzt zeige ich euch, mit wem ihr es zu tun habt.»

«Mach mal halblang, junger Mann. Was meinst du, wen du vor dir hast? Weißt du eigentlich, wer Pierfranco Bertoni ist? Wie kannst du es wagen, in so einem Ton mit mir zu sprechen? Ich habe dir erlaubt, mich zu duzen und mich Tato zu nennen, aber deshalb erteilst du mir noch lange keine Befehle. Wenn hier einer befiehlt, dann bin ich es. Du willst Geschäfte mit mir machen? Okay, dann wirst du tun, was ich dir sage. Irgendwelche Einwände? Die Tür steht offen, niemand hält dich auf. Habe ich mich klar genug ausgedrückt?»

Betancur sackt in seinem Sessel zusammen.

«Waffen mit Schalldämpfer? Glaubst du, ich hätte eine Killeragentur? Wir sind hier in der Schweiz, nicht in Kolumbien, wie oft muß ich dir das noch sagen? In Kolumbien bist du vielleicht wer, aber hier bist du gar nichts. Du willst, daß ich dir dabei helfe, zwei Männer aus dem Weg zu schaffen, um dann über 300 Kilo verhandeln. Nach dem ganzen Fiasko, das es in Deutschland und in Italien gegeben hat. Mario läßt sich als besoffener Schläger verhaften, dein Bruder mit deinem Foto in der Tasche. Ja, seid ihr lauter Schwachköpfe, oder was?»

Betancur sagt keinen Ton. Nach minutenlangem Schweigen bringt er wieder etwas hervor.

«Du hast recht, Tato, entschuldige, aber ich bin nervös.»

«Ist schon in Ordnung.»

Betancur meint es aufrichtig. Ich verspreche ihm, mehr über die Verhaftung seines Bruders in Belgien herauszubekommen. Als ich wieder in meinem Büro bin, rufe ich einen befreundeten Anwalt an und bitte ihn, sich mit dem Pflichtverteidiger in Verbindung zu setzen, der den Fall Ivan Dario Betancur übernommen hat. Vier Stunden später ruft mein Freund mich zurück.

«Tato, gerade habe ich mit meinem Kollegen in Brüssel gesprochen. Ivan Dario Betancur ist zu zehn Jahren Haft verurteilt. 30 Kilo wurden in Belgien beschlagnahmt, 80 in Italien. Und die Ermittlungen sind noch nicht abgeschlossen. Die belgische Polizei versucht, genügend Beweismaterial für einen internationalen Haftbefehl gegen deinen Freund Juan Carlos zu sammeln. Mein Kollege hat mir ein Fax geschickt, in dem du alles nachlesen kannst.»

«Behalt es und gib es mir morgen, wenn ich bei dir bin. Ich muß dich nämlich noch um einen anderen Gefallen bitten. Morgen komme ich mit besagtem Betancur zu dir. Er will eine Handelsfirma mit mir gründen. Zu der Gründung wird es sicher nicht mehr kommen, weil ich ihn wahrscheinlich schon sehr bald verhafte.»

«Kommt um 11 Uhr, ich bereite ein Dossier vor, das wir dann gegebenenfalls absegnen lassen können.»

«Ich sehe, daß du allmählich kapierst, wie Undercoveroperationen ablaufen. Sag deinen Angestellten Bescheid: Ich heiße ab sofort Pierfranco Bertoni. Ich will zur Begrüßung kein ‹Guten Tag, Herr Kommissar› hören. Ich kann einen meiner Männer im Wartezimmer postieren, wenn dich das beruhigt.»

«Keine Sorge, ich werde meine Sekretärinnen instruieren.»

«Und gib acht, mit diesen Leute ist nicht zu spaßen.»
«Weißt du, ich habe eine Frau und Kinder, ich will nicht, daß die sich irgendwann an mir rächen, wenn sie erst wissen, wer du wirklich bist.»
«Du kannst ganz beruhigt sein, für eure Sicherheit ist gesorgt.»

Auch mit einem Elefantengedächtnis hätte Juan Carlos Betancur die Anwaltskanzlei meines Freundes niemals wiederfinden können, bei den unzähligen Umwegen, die mein Fahrer Max sich hat einfallen lassen. Ich selbst weiß kaum mehr, wo ich bin, nachdem wir eine Viertelstunde durch Lugano gekurvt sind. Außerdem – auch das eine Vorsichtsmaßnahme – begibt sich Max, während ich mit dem Kolumbianer einen Kaffee trinken gehe, schon einmal zu meinem Freund, um sicherzugehen, daß das Schild vor dessen Büro auch wirklich entfernt worden ist. In dem Gebäude sind lauter Anwaltskanzleien untergebracht, der Kolumbianer wirft nicht einmal einen Blick auf die Namen, die am Hauseingang prangen. Im Aufzug stellt Max sich vor die Reihe von Messingschildern, die auf eine Tafel geschraubt sind. Im Wartezimmer hängen anstelle der Urkunden jetzt Bilder an den Wänden. Und auch die Kopie des Fax aus Brüssel enthält keinerlei Hinweise mehr auf Absender und Adressaten.

Juan Carlos Betancur ist ganz angetan von unserer neuen Firma, doch macht er sich Sorgen wegen der Sache in Belgien.

«Siehst du», bestärke ich ihn darin, «Belgien ist drauf und dran, einen internationalen Haftbefehl gegen dich auszustellen, und du willst Waffen und Männer, um in Frankreich und Spanien Leute zusammenzuschießen. Du kannst froh sein, daß du bei deinem Abstecher in Paris nicht verhaftet worden bist. Im Augenblick unternimmst du gar nichts. Solange du hier bist, geschieht dir auch nichts.»

«Sie haben mein Foto!»

«Na und? Dein Bruder hat ein Foto von dir ... schlimm genug. Aber wir werden im voraus wissen, wann ein internationaler Haftbefehl ausgestellt wird. Dann bleibt immer noch Zeit, um dir gefälschte spanische Papiere zu besorgen. Ich habe gerade keine zur Hand, aber ich brauche nicht lange, um welche aufzutreiben.»

Im Foyer des Hotel Sogno steht mir Severo Escobar Garzón gegenüber, der vierte dieses Namens und gemeinhin auch Junior genannt. Nichts an der äußeren Erscheinung dieses etwa dreißigjährigen Mannes deutet darauf hin, daß er eines der größten kolumbianischen Drogenkartelle leitet, in Abwesenheit seines Vaters, der in den Vereinigten Staaten im Gefängnis sitzt. Er nimmt in einem der Barsessel Platz, und die Selbstverständlichkeit, mit der sich der vornehme, gepflegte und tadellos gekleidete Mann bewegt, läßt erkennen, daß er schon seit langem Stammgast in den internationalen Nobelhotels ist. Seine Ausdrucksweise ist typisch für die Söhne der Drogenbarone, die die besten Schulen der Welt absolviert haben. Hinter Juniors Liebenswürdigkeit und Höflichkeit verbirgt sich allerdings ein eiserner Wille.

In Kolumbien leiten Junior und Betancur zwei verschiedene Organisationen, die mal miteinander, mal gegeneinander um die Gebietsherrschaft ringen und nach der gleichen Machtposition trachten. Im Ausland dagegen kämpfen die beiden mit vereinten Kräften. Sie sind auf Anregung von Mario Calderón zu mir gekommen, in der Hoffnung, ihren europäischen Markt zu erweitern. Die beiden Männer können sich nicht riechen. Kaum hat das Gespräch begonnen, fallen sie sich auch schon gegenseitig ins Wort.

«Ich bitte dich, Juan Carlos, laß mich ausreden. Ich habe es nicht gern, wenn man mich unterbricht», schleudert Junior Betancur entgegen, der fast explodiert.

Ich greife ein.

«Ruhig Blut. Streiten könnt ihr anderswo, wir sind hier schließlich nicht allein.»

«Entschuldige bitte», sagt Junior, «aber ich möchte die Dinge einmal klarstellen. Juan Carlos ist als erster bei dir gewesen, ich bin in Bogotá geblieben, um Dinge zu regeln, auf die wir noch zurückkommen werden. Wir waren uns einig, daß wir zusammenarbeiten würden. Ich komme an und muß feststellen, daß er bereits eine Firma mit dir gegründet hat. Also will ich auch eine Firma mit dir, aber ohne ihn.»

«Das ist überhaupt kein Problem, Junior. Wir können die Firmen sogar irgendwann zusammenlegen. Ihr müßt aber erst einmal sehen, daß ihr untereinander klarkommt. Es ist dumm, wegen solcher Kleinigkeiten aneinanderzugeraten.»

«Du hast recht, das werden wir noch sehen. Ich will dir ganz konkrete Vorschläge machen. Wir haben einen neuen Weg gefunden, um das Kokain aus Kolumbien herauszuschaffen. Wir haben eine Fabrik für Schleifsteine, von denen die metallverarbeitende Industrie und Baufirmen große Stückzahlen benötigen. Die Steine haben einen Durchmesser von dreißig Zentimetern, sie sind fünf Zentimeter dick und wiegen acht Kilo. In jedem Stein können wir ein Kilo gepreßtes Kokain verschwinden lassen und auf diese Weise 500 Kilo auf einmal verschicken. Die Ware ist praktisch unauffindbar.»

«Das ist genial. In Europa gibt es einen Riesenbedarf.»

«Wenn du mir eine Adresse nennst, lasse ich dir eine Lieferung von drei oder vier Steinen zukommen, damit du siehst, wie das Ganze funktioniert.»

«Du kannst sie an eine meiner Firmen in Bellinzona schicken, Lyons Electronic oder Intertec.»

«Wir wickeln zuerst einmal die Sache in Madrid ab, und dann fangen wir mit den Steinen an. Wir haben auch eine Kofferfabrik. Wir beschichten die Innenwände mit einem Film aus gepreßtem Kokain, der nur ein paar Millimeter dick ist, das macht sechs Kilo pro Koffer. Wir arbeiten auch im Blumenexport. Wir verstecken das Kokain in den Blumen. Unsere Firma arbeitet schon viel mit den Vereinigten Staaten. Ich würde das gern auch in Europa ausprobieren.»

«Das ist alles machbar, Junior.»

«Da wäre noch etwas. Mein Vater wurde verhaftet und an die Vereinigten Staaten ausgeliefert wegen einer Sache mit zwei Tonnen Kokain. Er hat alles auf seine Kappe genommen. Sie haben nie irgend etwas gegen mich in der Hand gehabt. Mein Vater hat keinen Ton gesagt. Was auch immer passiert, wir holen ihn da raus. In Bogotá habe ich Verbindung zu Terroristen von der IRA aufgenommen. Ich habe ihnen zehn Millionen Dollar angeboten, damit sie meinen Vater befreien. Sie haben Interesse gezeigt und überlegen, was sie für uns tun können. Ich habe sie vor ein paar Monaten getroffen und warte noch auf ihre Antwort, aber wenn du jemanden weißt, der das übernehmen könnte, würde ich unter Umständen auf die IRA verzichten.»

«Auf Anhieb kann ich dir niemanden nennen. Natürlich kenne ich Leute, die solche Aufträge übernehmen, mächtige Leute, die in den Vereinigten Staaten arbeiten, Italo-Amerikaner, Männer von der Cosa Nostra. Ich weiß nicht, ob du verstehst, was ich meine.»

«Doch, sicher. Du glaubst, daß sie uns helfen können?»

«Ich weiß nicht, ich muß mit jemandem in Mailand sprechen, einem Italo-Amerikaner, der Rechtsanwalt ist. Er hat Kanzleien in Mailand und in New York. Zehn Millionen Dollar, das werden sie sich nicht so einfach entgehen lassen, aber paß auf, daß du es dir mit den Leuten von der IRA nicht verdirbst. Die verstehen keinen Spaß. Du mußt sie vorher informieren. Die werden noch weniger auf zehn Millionen verzichten, zumal sie einen Haufen Waffen brauchen.»

«Das ist klar. Solange ich keine Zusage von der Cosa Nostra habe, unternehme ich nichts. Dann werde ich ihren Repräsentanten kontaktieren, er ist Anwalt ...»

«Junior, ich will über deine Privatangelegenheiten nichts wissen. Das geht mich nichts an. Wenn irgend etwas schiefgehen sollte, wirst du denken, ich hätte meinen Mund nicht gehalten. Je weniger ich weiß, desto wohler ist mir.»

«Ich vertraue dir. Es passiert immer wieder im Leben, daß man sich auf jemanden verlassen muß. Ich habe das Gefühl, daß ich dir gewisse Dinge anvertrauen kann. Mario hat dich in den höchsten Tönen gelobt. Du hast Quesadas Kopf gerettet, indem du ihn daran gehindert hast, mit dieser zwielichtigen Gestalt zusammenzuarbeiten. Wenn ich dich verdächtigen würde, könnte ich genausogut jemanden aus meiner Familie verdächtigen. Und warum sollte ich meinen Brüdern, meiner Mutter oder meinem Vater nicht trauen? Verstehst du, was ich meine? Ich rede mit dir über diese Sache, weil ich einen Rat brauche. Mein Kontakt zur IRA läuft über einen Anwalt, der sich Gerry nennt, ich weiß nicht, welche Stellung er in der Organisation hat. Wenn du mich fragst, ist er für die Materialbeschaffung zuständig. Die IRA kontrolliert mehrere Firmen in Kolumbien; sie finanzieren die IRA über das Kokaingeschäft. Gerry habe ich durch Freunde im Kartell kennengelernt. Über sie werde ich seine Antwort erfahren. Er würde sich sogar mit Kokain bezahlen lassen.»

Einige Stunden später fängt unser Abhördienst ein Gespräch ab, das Junior mit Kolumbien führt. Er gibt die Order, meiner Firma einen Koffer und drei Schleifsteine zu schicken.

Allmählich droht sich die Wohnung in Lugano in eine Kolonie kolumbianischer Drogenhändler zu verwandeln. Neben Junior, Betancur, Alex und Fernando bietet mir ein weiterer Neuankömmling, William Gonzales Pineda, ein

Rauschgiftgeschäft an. Dieser junge Mann von Mitte Zwanzig, wegen seines vollkommen glatten Schädels «Eierkopf» genannt, kommt aus Amsterdam. Er wacht über ein Depot mit 500 Kilo Kokain, das der gefürchtete Pablo Escobar irgendwo am Stadtrand von Mailand eingerichtet hat. Er bietet mir die noch verbliebenen 50 Kilo an. Wieder einmal bin ich in einer schwierigen Lage. Es wäre nicht weiter schwer, ihn mit 50 Kilo dingfest zu machen, denn in Mailand kann ich auf mehr Freunde zählen als in Holland. Aber wie es aussieht, will Junior Eierkopf nach Mailand begleiten und müßte ebenfalls festgenommen werden, wenn es soweit wäre. Lieber konzentriere ich mich also auf das Depot in Madrid. Junior und seine Männer sollen ihren Untergang ruhig mit der größtmöglichen Menge besiegeln. Ich serviere Junior also meine Standardausrede: «Meine Kunden von der Cosa Nostra wollen keine kleinen Mengen, das ist zu riskant. 30 Kilo in Amsterdam, 50 Kilo in Mailand, an so etwas sind sie nicht interessiert. Sie wollen mindestens 300 Kilo. Gestern abend habe ich mit einem meiner Partner gesprochen, ich habe mit ihm auch über die Situation deines Vaters geredet, und ich glaube, er kann etwas für dich tun.»

Etwa zehn Tage später kommt es zu einer Begegnung zwischen Junior und «meinem» Partner. Mein Freund Tom Pasquarello von der Mailänder Außenstelle der DEA übernimmt den Part. Der große, athletisch gebaute Mann ist Mitte Dreißig und trägt einen Schnurrbart; er ist stets elegant gekleidet und sieht aus wie ein Playboy. Die Rolle ist ihm auf den Leib geschrieben. Anlaß des Geschäftsessens: die von der Cosa Nostra gestellten Bedingungen für die Befreiung von Juniors Vater.

«Ich kann bis zu zehn Millionen Dollar gehen», wiederholt der Kolumbianer, «eventuell in Form von Kokain, das ich an jeden Ort Ihrer Wahl liefere.»

Tom streicht sich über den Schnurrbart.

«Das ist natürlich sehr interessant. Wir werden später noch sehen, ob wir lieber cash oder mit Drogen bezahlt werden möchten. Ich muß darüber mit meinen Partnern in New York reden. Zunächst einmal muß dein Vater befreit werden. Das ist eine heikle Sache. Er sitzt in einem Hochsicherheitstrakt. Ich würde nicht sagen, daß es unmöglich ist, aber leicht ist es auf keinen Fall. Wir benötigen soviel Informationen wie möglich. Wir müssen ein paar Leute abstellen, die die Gegend rund um den Bunker erkunden. Wir brauchen einen Plan vom Gefängnis und von der Zelle deines Vaters. Einer meiner Männer muß zu ihm, wir brauchen also einen Besuchsschein. Ich werde das mit einem von unseren Anwälten in New York besprechen. In ein paar Tagen gebe ich dir eine Antwort. Man muß alles einkalkulieren. Tato sagte mir, die IRA wäre auch an der Sache dran.»

«Gerry, den ich in Bogotá getroffen habe, kommt aus Belfast. Er ist mit dem Cali-Kartell in Kontakt.»

«Und er ist daran interessiert?»

«Ja, seine Freunde vom Kartell sollen meiner Mutter die Antwort der IRA bekanntgeben. Ich glaube, jemand von der IRA sitzt auch in dem Gefängnis, jemand, der ihnen helfen könnte.»

«Ich werde mir das durch den Kopf gehen lassen», sagt Tom Pasquarello abschließend. «Ich werde sehen, was ich tun kann. Du weißt, daß wir auch an dem Geschäft mit den 300 Kilo interessiert sind, über das du mit Tato verhandelst. Du wirst von mir hören, bevor es zustande kommt.»

Als Tom Pasquarello nach Mailand zurückfährt, weiß er schon ein wenig mehr über die Fluchtpläne für Severo Escobar Ortega, den größten aller kolumbianischen Drogenbarone, die damals in den Vereinigten Staaten einsitzen. Ihn zu verlegen, kommt nicht in Frage, auch die Sicherheitsmaßnahmen werden noch nicht verschärft, um Junior nicht zu alarmieren, der mehr denn je in dem Glauben ist, es mit der Cosa Nostra zu tun zu haben.

Jedes Jahr findet Ende Oktober, zum Saisonende und der damit verbundenen vorübergehenden Schließung der Nachtbar, ein großes Fest im Hotel Sogno statt. Wie immer bin ich eingeladen, aber dieses Jahr erscheine ich in Begleitung «meiner» Männer, mit den Kollegen Renato und Max, dem Informanten Bruno und vier Kolumbianern aus Lugano, darunter Junior und Betancur. Alex ist in der Wohnung geblieben. Wenn sich eine Sache konkretisiert, stellen die Kolumbianer für gewöhnlich einen ihrer Männer für das Telefon ab, um stets erreichbar zu sein.

Am Vorabend hat Junior uns mitgeteilt, er wolle nach Deutschland reisen, um einen alten Freund zu besuchen, Miguel Galindo, ein Kolumbianer, der 200 Kilo Kokain verkaufen soll. Ich habe Philippe damit beauftragt herauszubekommen, was es mit Galindos Münchner Telefonnummer auf sich hat. Das Fest ist auf dem Höhepunkt, als Philippe auftaucht. Grinsend nimmt er mich beiseite.

«Mein Onkel, Galindos Anschluß ist mehrfach von Fredy angerufen worden, von Dora Halmens Wohnung in Yverdon aus. Die beiden kennen sich gut. Und es kommt noch besser: Miguel Galindo sitzt in einer Wohnung, die vom Landeskriminalamt angemietet worden ist. Sie haben ihn auf ihre Seite gebracht. Die 200 Kilo in München sind eine Falle, aber sie haben schon Käufer. Unser Kollege Fifi hat mir alles erklärt.»

«Hast du ihm gesagt, daß Junior Miguel Galindo sehen will und wir ihn begleiten?»

«Es ist alles arrangiert. Fifi hat unsere Kollegen vom LKA informiert, die bereit sind, uns zu helfen. Fifi wird uns begleiten. Junior ahnt nicht, daß die 200 Kilo schon verkauft sind. Er wird es von Galindo erfahren.»

Ein weiteres Problem beschäftigt uns: Unser Abhördienst hat wenige Stunden zuvor ein Gespräch zwischen Junior und Galindo abgefangen. Dabei ging es um Fredy, über den wir bei der Gelegenheit erfahren, daß er einer von

Galindos Partnern ist. Das in der Stiergalle verschickte Kokain, das unsere deutschen Kollegen sichergestellt haben, war im Besitz eines Konsortiums, dem auch Galindo angehörte. Da die Beschlagnahmung und Fredys Verhaftung noch nicht offiziell bekannt sind, fragt sich Galindo, was mit seinem Partner geschehen ist, von dem er seit einem Monat nichts gehört hat. Er ist beunruhigt. Fredy schuldet ihm 80 000 Dollar. Junior kennt Fredy nicht, aber dessen ehemalige Frau Elisabeth arbeitet für ihn. Er hat versprochen, sich umzuhören.

Als Junior mir am Rand der Tanzfläche die Lage schildert, muß ich sehr an mich halten. Der Kolumbianer hat nicht die Spur einer Ahnung, daß vor ihm der Mann steht, der Fredys Schicksal besiegelt hat. Dabei hat unsere Begegnung am 5. Oktober in Yverdon in Begleitung von Dora Halmen kaum fünf Minuten gedauert, gerade so lange, daß ich ihm das Geld überreichen konnte, bevor er mit fünf Kilo Kokain festgenommen wurde. Wir haben kaum ein Wort miteinander gewechselt, und ich bin sicher, daß Dora Halmen ihm nie gesagt hat, wer ich bin. Junior hält mir einen Zettel mit einer Telefonnummer hin, die ich auswendig kenne: Es ist die von Dora Halmen.

«Das ist die Nummer, unter der man Fredy zuletzt erreichen konnte», erläutert mir der Kolumbianer. «Glaubst du, daß du rausbekommen kannst, was da passiert ist? Vielleicht ist Fredy mit dem Geld auf und davon. Miguel ist ein sehr guter Freund von mir, ich würde ungern hören, daß dieser Fredy ihn übers Ohr gehauen hat.»

«Ich werde die Nummer meinem Anwalt geben. Er wird das in Erfahrung bringen, wie bei Betancurs Bruder auch.»

«Ich kenne Fredys Exfrau gut, ich werde sie anrufen, um zu hören, ob sie etwas weiß.»

Als ich die Kolumbianer verlasse, ist es kurz vor Sonnenaufgang, und das Fest ist noch nicht zu Ende. Betancur, der zu viel getrunken hat, ist hinter einer Serviererin her. Das Mädchen läßt ihn abblitzen. Er holt einen Stapel 100-Dollar-Noten aus der Tasche und schleudert sie ihr mit Hinweis auf seine Zimmernummer ins Gesicht. Junior ist gezwungen, einzugreifen und den Kolumbianer in die Schranken zu weisen. Am Morgen werde ich über den Vorfall informiert und gehe zu Junior, nachdem ich Betancur zurechtgestutzt habe.

«Dieser Betancur ist ein Vollidiot», sage ich zu Junior. «Er macht nur Probleme. Zuerst will er mich dazu bringen, zwei Männer zu liquidieren, und dann behandelt er eine von meinen Angestellten wie eine Nutte. Ich weiß nicht, ob ich unter solchen Bedingungen weitermache. Wenn Betancur mit dabeibleibt, haben wir mit Sicherheit irgendwann die Polizei am Hals. Es ist besser, wir blasen alles ab.»

«Nein, Tato, das brauchen wir nicht. Wir schicken ihn nach Spanien. Wenn er nicht einverstanden ist, sagen wir ihm, daß wir aussteigen. Du wirst sehen, ihm bleibt gar keine Wahl.»

Tags darauf erhält Junior einen Anruf aus den Vereinigten Staaten. Am anderen Ende der Leitung ist niemand anderer als sein Vater Severo Escobar Ortega, der sich aus seinem Gefängnis im tiefsten Kansas meldet.

«Hola, mein Sohn, wie stehen die Dinge in der Schweiz?»

«Vater, woher hast du denn …?»

«Von deiner Mutter, mein Junge, sie hat mir deine Nummer gegeben. Ich bin verurteilt, ich habe jetzt also etwas mehr Bewegungsfreiheit.»

«Hier läuft alles gut, Vater. Ich verhandle gerade eine wichtige Sache. Ich werde jemanden zu dir schicken, der dir darüber berichten wird, verstehst du?»

«Ich verstehe. Paß gut auf dich auf, mein Sohn, du hast gesehen, wie es mir ergangen ist. Gib acht, mit wem du dich einläßt.»

«Keine Sorge, da besteht überhaupt keine Gefahr. Mein Partner ist vertrauenswürdig, er ist sehr bekannt und mächtig. Er wird sich auch um dich kümmern.»

«Ich weiß, daß du was kannst, mein Sohn, du bist nicht auf den Kopf gefallen, du weißt, wie man Geschäfte macht. Jetzt bist du das Familienoberhaupt. Ich kann dir nur einen Rat geben: Halt die Augen offen!»

Mit weit aufgesperrten Augen gerät Junior noch etwas tiefer in die Falle. Ein paar Stunden nach diesem Gespräch fahre ich mit ihm und Fernando zu dem befreundeten Rechtsanwalt, nach dem schon mit Betancur erprobten Ritual. Dort unterzeichnen wir drei die zur Firmengründung notwendigen Dokumente. Als wir die Kanzlei verlassen, bitte ich Max, der als mein Fahrer im Einsatz ist, uns zur Bank zu bringen. Auf dem Parkplatz erwarten uns zwei Kollegen im Audi Quattro. Sie steigen aus und überlassen uns ihre Plätze im Wagen. Ich nehme einen auf dem Rücksitz liegenden Koffer und betätige den Mechanismus, der das bis oben hin mit Banknoten gefüllte Geheimfach freilegt. Junior reagiert genauso wie Mario Calderón. In Kolumbien ist ein solches Auto ein Vermögen wert. Wortlos stapele ich das Geld in den Koffer. Da Fernando gesehen hat, wie ich im Safe vom Hotel Sogno fünf Millionen Schweizer Franken und eine Million Dollar deponiert habe, verstaue ich jetzt eine noch größere Summe in dem Audi. Ich will Junior glauben machen, daß ich richtig groß im Geschäft bin und er nicht mein einziger Kunde ist. In Begleitung der beiden Kolumbianer lagere ich das Geld in ein Bankschließfach um, das auf den Namen der Firma lautet, die wir soeben gegründet haben. Ich unterzeichne die Papiere, Fernando tut es mir gleich. Jedem von uns wird ein Schlüssel ausgehändigt, der bei der Bank hinterlegt wird.

Einige Tage später will ich Junior vollends den Rest geben und lade ihn ein, sich das Büro der Bertoni SA anzusehen, in dem auch meine Tarnfirmen untergebracht sind, darunter Lyons Electronic und Intertec, die Empfänger der mit Koks gefüllten Schleifsteine und des koksgepolsterten Koffers. Die gediegenen Räume liegen in einem unauffälligen, aber ansehnlichen Gebäude. Es gibt zwei große Büros für die Angestellten, einen Konferenzraum, ein Besucherzimmer, eine kleine Küche, die als Kaffee-Ecke dient, Bad und Toilette. In dem Büro war bis vor kurzem die Firma meines Freundes und zeitweiligen Helfers Adriano Corti untergebracht, der mir die Räumlichkeiten für diese Operation zur Verfügung gestellt hat. Es erübrigt sich zu sagen, daß ich mich als letzten Ausweg an ihn gewandt habe, da die Schweizer Behörden für die Anmietung eigener Büros keine Mittel zur Verfügung stellen wollten. Juniors Besuch ist genauestens vorbereitet. Ich habe Sekretärinnen kommen lassen sowie einige meiner Kollegen, die sich an Fernschreiber und Fax zu schaffen machen. Meine Unterhaltung mit Junior wird regelmäßig von fiktiven Telefonaten mit Devisenmaklern und Bankdirektoren unterbrochen, und meine geschäftigen Mitarbeiter geben sich die Klinke in die Hand, um mir Dokumente zur Unterschrift vorzulegen.

Alex ist nach Madrid abgereist, wo er seit seiner Ankunft von Kollegen der spanischen Polizei beschattet wird. Wir hoffen, auf diese Weise das System der russischen Puppen knacken zu können, mit dessen Hilfe das Depot abgeschirmt wird. Betancur hat von Junior den Befehl erhalten, in der Wohnung in Lugano etwaige Anrufe aus Bogotá entgegenzunehmen. Mit mulmigem Gefühl organisieren wir die Reise von Junior, Fernando und Eierkopf nach München. Sie werden von meinem Kollegen Philippe Strano und dem Informanten Bruno begleitet, der als Faktotum mit von der Partie ist. Bevor sie sich zu Miguel Galindo begeben, sollen sie meinen Kollegen Fifi treffen, der als einer meiner deutschen Partner auftritt. Ich dagegen verordne mir zwei Tage Ruhe in den Graubündner Bergen, wo ich herstamme, weit weg von jeder Zivilisation.

Als ich zurückkomme, steht mir einiges bevor. Die Konfrontation mit Carla Del Ponte ist unausweichlich. Sie will Escobar junior in keiner Schweizer Haftanstalt sehen. Ich weiß, daß ich nicht die geringste Chance habe, sie bei einem Gespräch unter vier Augen umzustimmen. Also bitte ich meine Freunde vom Schweizer Justizministerium, eine Sitzung mit allen Beteiligten einzuberufen. Am 6. November 1989 sitzen im Büro von Frau Del Ponte also dicht an dicht der Kommandant der Kantonalpolizei, eine Abordnung der Bundesstaatsanwaltschaft, zwei Vertreter der DEA aus Bern und Mailand sowie ein Verantwortlicher vom Geheimdienst der italienischen Guardia di Finanza. Am Ende der Sitzung, als Frau Del Ponte alle angehört hat, willigt sie widerstrebend ein: Endlich ist Junior auch offiziell Gegenstand unserer verdeckten Ermittlung.

Damit ist der behördliche Widerstand jedoch noch nicht gänzlich ausgeräumt. Am Tag seiner Rückkehr aus Deutschland, wo er unter Überwachung durch BKA und LKA Miguel Galindo sehen konnte, stellt Junior mir in Lugano einen Italiener vor, der auf der Durchreise ist. Er ist einer der ganz großen Fische. Ihm gehört eine Import-Export-Firma in Cartagena, die zum einen als Tarnung für Kokainlieferungen dient und zum anderen die zur Fabrikation von Kokain nötigen Chemikalien nach Kolumbien importiert. Die Firma wird für 200 000 Dollar zum Verkauf angeboten. Niemand in der Schweiz will die Freigabe einer solchen Summe verantworten. In meiner Not wende ich mich an meine Freunde von der DEA, die mir das Geld unter der Bedingung vorstrecken, daß die Schweizer Behörden ihr Plazet erteilen. So unglaublich es auch scheinen mag, niemand will einer Operation grünes Licht geben, die uns mitten in die Schaltstelle des von den Kartellen organisierten Drogenverkehrs geführt hätte. Das verstehe, wer will ...

Um den 10. November 1989, als bekannt wird, daß Juan Carlos Betancur nach Madrid aufbricht, überstürzen sich die Ereignisse. Meine spanischen Kollegen, die ihn in Madrid beschatten sollen, kommen in die Schweiz, um sich mit mir zu treffen. Um auf Nummer Sicher zu gehen, findet unsere Begegnung in einem kleinen Restaurant mitten in einem abgelegenen Graubündner Tal statt. Seit Alex am 1. November in Madrid eingetroffen ist, haben die Spanier ihn nicht aus den Augen gelassen. Der junge Kolumbianer ist mißtrauisch. Die Polizei hat das Depot noch immer nicht lokalisiert, aber sie weiß inzwischen etwas mehr über die Verästelungen der Organisation in Spanien. Am 14. November begleiten zwei meiner Männer Betancur zum Zürcher Flughafen und wünschen ihm eine gute Reise. Ich weiß, daß dies aller Voraussicht nach das letzten Mal sein wird, daß ich ihn sehe, zumindest vor seiner Inhaftierung. Spanische Polizeibeamte fliegen in derselben Maschine mit. Die Beschattung beginnt.

Eine weitere Kraftprobe erwartet mich. Ich habe nicht vergessen, daß Junior seinem Freund Galindo versprochen hat, er werde sich über Fredys Schicksal kundig machen. Eine kleine Unterhaltung mit Junior steht an.

«Junior, ich war gerade bei meinem Anwalt. Die Telefonnummer, die du mir gegeben hast, führt in das Haus einer gewissen Dora Halmen in Yverdon. Sie ist am 5. Oktober von der Polizei verhaftet worden, und Fredy auch, mit fünf Kilo Kokain.»

Junior erblaßt.

«Dann wissen sie also Bescheid über meinen Freund Miguel Galindo?»

«Das konnte mein Anwalt nicht in Erfahrung bringen. Aber es ist wahrscheinlich. Ein Wink aus Amsterdam hat zu der Verhaftung geführt.»

«Darauf hätte ich wetten können. Mit seinem ständigen Hin und Her zwischen Holland, Deutschland und der Schweiz ist dieser Fredy irgendwann aufgefallen.»

«Da hast du recht. Das ist auch der Grund, weswegen meine Partner sich weigern, über kleine Mengen zu verhandeln.»

Am darauffolgenden Tag ruft Junior mich in meinem Büro bei der Bertoni SA an. Nach ein paar Minuten Wartezeit lasse ich ihn mir durchstellen.

«Ich habe mit Elisabeth gesprochen.»

«Elisabeth?»

«Fredys Exfrau. Ich habe sie von der Verhaftung informiert. Sie wußte nichts davon. Sie wird mit Fredy reden.»

«So einfach geht das nicht. Da sind bestimmte Vorschriften einzuhalten. Man muß den zuständigen Staatsanwalt um Genehmigung bitten. Ich werde mich darum kümmern.»

Ich muß Zeit gewinnen. Auf gar keinen Fall darf Elisabeth Fredy treffen, denn dieser hat mit Sicherheit begriffen, wer ihm da eine Falle gestellt hat. Er würde sofort Alarm schlagen und der laufenden Operation ein vorzeitiges Ende bereiten. Ich muß seine Exfrau unter Kontrolle bringen und eine Begegnung verhindern. Ich dränge Junior also, sie in die Schweiz kommen zu lassen. Philippe und Bruno holen sie am 15. November vom Genfer Flughafen ab und bringen sie auf direktem Weg nach Lugano, wo ich sie erwarte.

«Wir werden tun, was in unserer Macht steht», sage ich zu ihr. «Mein Anwalt ist schon an den Untersuchungsrichter herangetreten und hat eine Besuchserlaubnis beantragt. Es ist nur noch eine Frage der Zeit.»

«Ich werde warten», sagt sie. «Wenn Sie wollen, ich habe ein paar Kilo Kokain in Madrid, die ich Ihnen verkaufen kann.»

Erleichtert atme ich auf. Elisabeth scheinen die eigenen Geschäfte mehr am Herzen zu liegen als das Schicksal ihres Exmannes.

Leicht beunruhigt stelle ich fest, daß ich noch immer keine Schleifsteine und keinen Koffer mit den versprochenen Proben erhalten habe, aber ich wage nicht, Junior darauf anzusprechen. Am Nachmittag des 16. November 1989 überreicht mir einer meiner Mitarbeiter die Mitschrift eines Telefonats zwischen Junior und Mario Luis Peña, einem seiner Männer. So erfahre ich, daß der Koffer in Bogotá vom Zoll sichergestellt wurde.

«Mario Luis, was ist passiert?»

«Miguel hat dem Zöllner wie vereinbart 2000 Dollar gegeben, aber der hat ihm gesagt, das wäre nur ein Teil von dem, was man ihm versprochen hätte, und deswegen würde er den Koffer behalten.»

«Diese Saukerle! Wenn sie glauben, sie können mich reinlegen, werden sich mich schon kennenlernen!»

«Ich bin sicher, daß uns der Typ vom Zoll reingelegt hat. Miguel hat ihm das Geld bestimmt gegeben.»

«Ich kümmere mich nach meiner Rückkehr darum. Woher willst du wissen, daß Miguel ihm das Geld gegeben hat?»

«Die Steine sind abgeschickt worden. Er hat sie an die Lyons Electronic und die Intertex geschickt, wie du es uns gesagt hast. Ich habe die Frachtbriefnummer. Sie sind mit der Spedition Schneider Transporter Air Cargo weggegangen.»

Bis ich diese Neuigkeiten aus dem Munde von Junior vernehme, schärfe ich mir noch einmal ein, ihn auf keinen Fall auf die Proben anzusprechen; bloß kein Fauxpas! Im übrigen habe ich auch ganz andere Sorgen. Meine Kollegen Philippe, Max und der Informant Bruno sind in Begleitung von Fernando Llanos nach Madrid geflogen. Dort haben sie Betancur, Belcamino und Alex getroffen. Unsere spanischen Kollegen, die darüber informiert sind, haben die Überwachung verschärft, um endlich bis zum Kokaindepot vorzudringen. Unser Handlungsspielraum ist begrenzt. Die schweizerischen und spanischen Behörden wollen nichts von einer Vorauszahlung wissen. Bei den Verhandlungen bitte ich mir aus, das Kokain zuvor sehen zu können und es analysieren zu lassen, in der heimlichen Hoffnung, auf diese Weise in das Depot zu gelangen. Ich weiß jedoch, daß die Wärter, die dort die Drogen abschirmen, nach einer Geisel verlangen werden, jemandem, den sie töten werden, sollte irgend etwas schiefgehen. Ich muß alles tun, damit ein Kolumbianer dorthin geschickt wird und nicht einer von meinen Leuten.

Unmittelbar nach seiner Ankunft in Madrid ruft Philippe mich an.

«Mein Onkel, bis jetzt läuft alles gut. Die Kolumbianer sind sehr vorsichtig, nicht nur mit uns, auch untereinander. Wenn die Beschattung funktioniert hat, glaube ich, daß unsere Kollegen eine weitere Abschottung enttarnt haben, aber es ist noch ein langer Weg bis zum Depot.»

«Sei vor allem vorsichtig, Philippe. Du darfst auf gar keinen Fall als Geisel ins Depot gehen, niemand von euch darf das. Wir können uns nicht darauf verlassen, daß unsere spanischen Kollegen eingreifen. Lieber blase ich die Operation ab, als daß ich ein unnötiges Risiko eingehe. Wenn du nicht weiter weißt, verweist du sie an deinen Boß, an mich. Du weißt, daß man sich bei einer Beschattung nie sicher sein kann, ob nicht etwas dazwischenkommt. Und je näher wir der Sache kommen, desto mißtrauischer werden sie sein. Sie werden weitere Maßnahmen zur Gegenabwehr parat haben.»

«Sei unbesorgt, mein Onkel, wir sind schließlich nicht lebensmüde. Ich habe einen der Verantwortlichen der Organisation in Spanien getroffen, einen Kolumbianer, der sich Chepe nennt, ich glaube, er ist einer der Wärter. Als er von Vorauszahlung geredet hat, habe ich laut gelacht. Da hat er mir gesagt, er würde lieber mit einer kleinen Menge anfangen, fünf oder sechs Kilo, die wir bar bezahlen, bevor er uns den Rest gibt.»

«Du weißt, wie die Dinge stehen. Eine Vorauszahlung steht nicht zur Debatte. Niemand, weder unsere Vorgesetzten noch die Del Ponte, noch die Politiker wollen etwas davon hören. Paß gut auf dich auf, du bist derjenige, der den Kopf hinhält, nicht die, die am Schreibtisch sitzen. Unsere Sicherheit geht über alles. Wir verlangen eine einmalige Übergabe, und wenn sie darauf bestehen, zuerst eine kleine Menge zu liefern, dann ist das auch recht: Dann willigen wir ein und verhaften sie und hoffen, daß es den Spaniern noch gelingt, bis zum Depot vorzustoßen.»

«Du hast recht, es ist ein Jammer, daß die da oben nicht begreifen, daß die Vorauszahlung überhaupt kein Risiko ist. Im Gegenteil, man kann sicher sein, daß man das Depot ausfindig macht, und sein Geld dann wieder einsammeln. Sie schicken uns mit Wasserpistolen auf Tigerjagd.»

«Auf Junior ist jedenfalls Verlaß. Er mag zwar wichtig sein, aber er muß sich trotzdem den Anweisungen aus Bogotá fügen.»

«Chepe hat gesagt, daß er sich bei Junior meldet. Es wird interessant sein, zu hören, was sie sich zu sagen haben.»

«Ich glaube, daß Junior mich darüber informiert. Wenn du mich fragst, werden sie nicht direkt miteinander reden, sondern über einen Mittelsmann in Bogotá. Sei vorsichtig.»

«Keine Sorge. Wir sind im Plaza. Ich rufe nur bei der Bertoni SA an.»

Ein Anruf von Philippe erreicht mich zu Hause.

«Für dieses Telefonat habe ich mindestens zwei Stunden in Taxis zugebracht, habe einen auf Touristen gemacht, der zu Fuß unterwegs ist, und jetzt bin ich in einer Kneipe.»

«Gut, denk daran, daß ich Kollegen runtergeschickt habe, die der spanischen Polizei unter die Arme greifen sollen.»

«Ich weiß, wie man sie im Notfall erreichen kann. Ich werde versuchen, ob man den Kolumbianern in Madrid nicht das Geld zeigen kann.»

«Machst du Witze? Ich habe die Del Ponte darum gebeten, Geld nach Spanien schicken zu dürfen. Sie hat abgelehnt.»

«Und wenn wir die DEA fragen? Sie haben eine Außenstelle in Madrid.»

«Daran habe ich auch gedacht. Ich habe sie schon gefragt, und sie haben gesagt, sie könnten uns innerhalb der nächsten zwei Tage fünf Millionen Dollar zur Verfügung stellen. Aber es gibt da ein Problem. Es ist nicht das Geld, das Junior in Lugano zu Gesicht bekommen hat. Normalerweise müßte ich mit Junior zur Bank gehen, das Geld abheben und es nach Madrid schicken, damit er es seinen Freunden zeigen kann. Was sollen wir ihnen erzählen, um die Dollars der DEA zu rechtfertigen?»

«Und wenn Junior will, daß wir das Geld von Lugano nach Madrid bringen?»

«Vergiß nicht, er glaubt, daß meine Kunden zur amerikanischen Cosa Nostra gehören. Wir müssen improvisieren. Wenn die Wärter vom Depot das Geld sehen wollen, müssen sie in die Schweiz kommen. Eine Vorauszahlung gibt es nicht. Und wenn sie wollen, daß wir jemanden zum Depot schicken, der sich von der Qualität der Ware überzeugen kann, dann schicken wir Fernando.»

Noch am selben Abend telefoniert Junior mit dem Koordinator Mario Luis Peña, der von Cali aus die Verbindung zu

Chepe herstellt. Die beiden Männer reden praktisch unverschlüsselt miteinander.

«Bruder, wie geht es dir?» beginnt Mario Luis Peña.

«Gut.»

«Wir sind bereit, aber du willst uns ja keine Telefonnummer nennen.»

«Nein, Bruder, sie müssen mir eine sichere Telefonnummer geben, unter der ich anrufen kann. Ich werde gern mit ihnen reden, aber ich muß sehr aufpassen.»

«Gut, Bruder, was ist mit dem Preis? Sie wollten mir keinen Rabatt geben.»

«Das macht nichts. Wir werden uns schon einigen. Wir haben 30 Prozent gesagt.»

Das entspricht 30 000 Dollar, dem Preis für ein Kilo. Der Anteil von Mario Luis Peña beläuft sich auf 1000 Dollar, die vom Preis abzuziehen sind. Er will in Bogotá bezahlt werden.

«Kein Problem», sagt Junior, «das hättest du mir gleich sagen können. Du kennst mich. Du weißt, wer mein Vater ist, oder hast du das vielleicht vergessen?»

«Nein, nein, entschuldige, ruf mich noch mal an, und ich gebe dir die Nummer.»

Eineinviertel Stunden später – es ist 23.37 Uhr – ruft Junior Mario Luis Peña erneut an.

«Junior?»

«Hallo, Bruder, schieß los.»

«Ich habe mit dem anderen Bruder gesprochen. Er sagt, wenn du auf Sicherheit machst, dann kann er das auch.»

«Wer redet hier von Sicherheit? Du hast überhaupt nichts kapiert. Ich habe ihm nur gesagt, daß er sich mit mir in Verbindung setzen soll. Daß er mir die Nummer einer Telefonzelle gibt oder was auch immer, damit ich ihn anrufen kann.»

«Die einzige Nummer, die er hat, ist die, wo alles ist. (Das heißt das Depot.) Deswegen will er keine Scherereien. Du gibst mir eine Telefonnummer, und er ruft dich an.»

«Verflucht noch mal, Luis, erzähl keinen Scheiß. Es wird doch wohl irgendeine Nummer geben, unter der man gefahrlos miteinander reden kann. Ich verstehe das alles nicht. Wem gehört überhaupt das Silber?»

Als dieser Begriff im Abhörprotokoll auftaucht, werde ich stutzig. Junior hat das spanische Wort *plata* benutzt; damit kann nur Kokain gemeint sein. Das Protokoll gibt auch näheren Aufschluß darüber, wie das Kartell strukturiert ist. Junior ist nicht der Besitzer der Tonne Rauschgift, die in dem Depot in Madrid lagert. In seiner Eigenschaft als Handelsreisender der Kartelle ist er derjenige, der die Ware an den Mann bringt. In den im folgenden in Auszügen wiedergegebenen Mitschriften der Gespräche – die mir im übrigen, so will es die Bürokratie, immer erst einen Tag später zugänglich sind – ist das Codewort durch «Kokain» ersetzt.

«Das Kokain ist von hier», sagt Peña, «von den Rosenbergs in Cali. Sie haben jemanden in Spanien, der sich um die Lieferung kümmert.»

«Ich kaufe alles, aber ich muß mit den Besitzern sprechen! Sag mir, wer es ist, und ich kaufe alles, hast du verstanden?»

«Die Rosenbergs, Bruder. Ich habe mit ihnen schon ein großes Ding in New York gemacht. Ich habe ihnen von dir erzählt. Sie wollen mit dir reden. Ich habe ihnen gesagt, daß du im Ausland bist.»

«Und du bist sicher, daß sie die Drogen haben?»

«Ganz sicher. Es gibt zwei verschiedene Geschäfte: 1000 Kilo in Madrid und noch mal 300 Kilo, ebenfalls in Madrid.»

«Also gut, du mußt mir nicht alles erklären, ich gebe dir eine Telefonnummer in Madrid. Wir machen zuerst die 300 Kilo und dann die 1000. Erinnerst du dich noch an Fernando?»

«Natürlich, das ist unser Freund, den wir dorthin geschickt haben.»

«Genau. Er ist gerade in Madrid.»

«Ich tue das alles für dich, Bruder. Ich werde dir sagen, wer anruft. Diese Leute haben mich für heute abend zu einem Fest eingeladen, ich wollte eigentlich nicht hingehen, aber für dich tue ich es.»

«Hör zu, Mario Luis, wenn sie seriös sind, nehmen wir alles.»

«Einverstanden.»

«Wenn es sonst noch Ware gibt, nehme ich sie auch, das ist gar keine Frage.»

«Ich weiß, daß sie was nach Italien verschicken, nach Genua, aber das dauert noch.»

Nicht ohne Genugtuung entnehme ich dem Protokoll auch Juniors Beschreibung seines Partners Bertoni: «Ein mächtiger Geschäftsmann, der alles kontrolliert, und um ihn herum ein Trupp unglaublicher Männer, Leute, die es ernst meinen, Italiener, die in den Vereinigten Staaten arbeiten.»

Um Zugang zum Depot in Madrid zu bekommen, muß Junior zunächst Peter kontaktieren, einen in Hamburg lebenden deutschen Geschäftsmann, der mehrere Jahre in Kolumbien gelebt hat. Junior ist mißtrauisch. Er will seine Luganer Telefonnummer nicht hinterlassen. Er befürchtet, Peter könne aus dem «gegnerischen Lager» sein und für die Polizei arbeiten. Im Kartell herrschen strenge Sicherheitsvorschriften: Peter soll mit Junior Verbindung aufnehmen. Nach einem heftigen Wutanfall und auch erst unter Hinweis auf die Stellung und den Einfluß seiner Familie erhält

Junior Peters Nummer. Der Deutsche schlägt vor, in die Schweiz zu kommen. Das Treffen wird für den darauffolgenden Tag im nobelsten Restaurant vor Ort, La Galleria, vereinbart. Junior lädt mich ein, daran teilzunehmen. Ich kündige ihm an, daß ich von Fifi begleitet werde, meinem Repräsentanten in Deutschland; das ist der Kollege vom BKA, der mir geholfen hat, die Organisation von Mario Calderón zu infiltrieren und auszuschalten.

Am Abend des 20. November schlummert Lugano im Nieselregen unter einer dichten Nebeldecke. Die Stadt ist menschenleer. Bevor ich zunächst Fifi im Hotel Sogno und dann Junior abhole, erteile ich den mit der Überwachung beauftragten Kollegen in Lugano die letzten Instruktionen. «Heute fahren wir die ‹sanfte› Tour, die Überwachung muß etwas großflächiger ausfallen. Draußen ist keine Menschenseele unterwegs. Die Gefahr aufzufallen ist also groß. Wenn es geht, notiert euch die Kennzeichen, aber macht euch vor allem nicht bemerkbar. Wenn ihr Gefahr lauft, entdeckt zu werden, dann brecht ihr die Beschattung ab. Wir dürfen kein unnötiges Risiko eingehen. Wir haben Peters Telefonnummer, wir können ihn also leicht identifizieren.» Dieses von der Zentrale in Bogotá gewünschte Treffen ist wichtig für den weiteren Verlauf der Ermittlungen. Es soll uns die Tür zu dem Depot in Madrid öffnen. Eine einmalige Gelegenheit, um mehr über die organisierte Kriminalität in Kolumbien in Erfahrung zu bringen.

Im Restaurant La Galleria sind wir praktisch die einzigen Gäste. Als wir ein paar Minuten dort sitzen, kommt ein großer, hagerer Mann auf uns zu. Er ist nicht älter als 45, seine schwarzen, leicht gekräuselten Haare umrahmen ein längliches Gesicht. Peter kommt in Begleitung eines dicken Mannes, den er uns als Arturo vorstellt. Peter hat kaum Platz genommen, als er erst mich, dann Fifi und schließlich wieder mich mißtrauisch beäugt. Wenn er glaubt, ich könne seinem Blick nicht standhalten, hat er sich getäuscht. Nach ein paar langen Sekunden bricht er den Blickkontakt ab.

«Ich war nicht darauf eingestellt, daß du in Begleitung erscheinst», sagt er zu Junior.

«Du weißt, wer ich bin, aber ich weiß nicht, wer du bist. Ich weiß auch nicht, wer dein Freund ist. Die beiden Herren hier sind meine Freunde und Partner. Sie sind gekommen, um Freunden in Bogotá einen Gefallen zu tun, die mir gesagt haben, du hättest mir wichtige Dinge mitzuteilen. Das kannst du jetzt tun, vor meinen Freunden. Du willst nicht? Hast du kein Vertrauen? Das macht nichts, ich brauche dich nicht. Ich werde meinen Freunden in Bogotá sagen, sie sollen mir jemand anderes schicken.»

Peter erblaßt. Nachdem er sieben Jahre in Kolumbien gelebt hat, weiß er, daß Junior es ernst meint. Er kann es sich nicht erlauben, den Sohn des größten kolumbianischen Drogenbosses, der in die Vereinigten Staaten ausgeliefert wurde, zu beleidigen. Auch kann er Junior, dem großen Aufsteiger in Kolumbiens organisiertem Verbrechen, keine Befehle erteilen. Als Junior ihn nach seiner Tirade schweigend ansieht, schlägt er widerspruchslos die Augen nieder. Mit spürbarem Unbehagen übermittelt er dann die Botschaft aus Bogotá: Außer dem Rauschgift in Madrid steht Junior eine weitere Lieferung zur Verfügung.

«1000 Kilo Ware sind in Vigo angekommen. Ein Emissär, der sich um den Verkauf kümmert, ist bereits in der Schweiz. Ich weiß nicht, wer er ist. Heute abend, wenn ich wieder im Hotel bin, soll ich Edwin anrufen und ihm meine Nummer geben. Sein Mann wird direkt Kontakt mit mir aufnehmen, und sofort danach rufe ich dich an, um ein Treffen mit ihm zu vereinbaren. Wegen der Ware mußt du mit ihm verhandeln. Mein Freund Arturo und ich kümmern uns darum, daß das Geld reinkommt.»

Fifi und ich hüten uns den ganzen Abend, den Mund aufzumachen, außer zum Essen. Als wir das Restaurant verlassen, sehe ich, daß Arturo sich an das Steuer eines Mitsubishi mit Graubündner Kennzeichen setzt, während Peter einen Mietwagen fährt. Junior ist sichtlich zufrieden. Als wir ihn nach Hause begleiten, hält es ihn nicht länger:

«Hast du gesehen, wie ich diesen Scheißkerl behandelt habe? Der wird von jetzt an vor mir am Boden kriechen wie ein kleiner Hund.»

Von seiner Wohnung aus ruft Junior Fernando in Madrid an, um ihm von dem Abend zu berichten. Es ist 23.59 Uhr.

«Und was hält Tato von der Sache?» fragt Fernando schließlich. «Es ist wichtig, was er darüber denkt.»

«Er hat mich nach dem Treffen zurückbegleitet und gesagt, das Geschäft wäre gut, aber wir müßten vorsichtig sein.»

«Ich will nicht, daß er einen schlechten Eindruck von uns bekommt. Er ist wer, und vor allem ist er ein wirklicher Gentleman.»

«Ich habe auch ein gutes Gefühl bei ihm. Er ist sehr intelligent, er hat Vertrauen zu uns, und er weiß, daß wir gute Verbindungen haben. Für ihn steht fest, daß es keine Probleme geben wird.»

«Grüße ihn von mir, wenn du ihn siehst. Sag ihm, daß es ein Schiff gibt, das regelmäßig verschiedene europäische Häfen ansteuert. Jedesmal, wenn es aus Südamerika kommt, lädt es ein paar Hemden ab, nicht viele, drei oder vier, höchstens fünf. Vielleicht kennt Tato jemanden, der das Schiff kaufen will. Die ‹Luz› geht voraussichtlich Anfang Februar in Dieppe in Frankreich vor Anker. Ich werde ihm das auch selbst noch sagen.»

Um 00.57 Uhr erhält Junior einen Anruf aus Cali in Kolumbien. Am anderen Ende der Leitung ist Edwin, einer der

Besitzer der 1000 Kilo in Madrid. Junior weiß, daß er von der Wohnung seiner ehemaligen Geschäftspartnerin Ruth aus anruft, die ihm Geld schuldet.

«Wie hat man dich aufgenommen?» fragt Edwin.

«Recht gut, für den Anfang gar nicht schlecht.»

«Erzähl.»

«Ich habe mit deinem Freund Peter gesprochen, er ist mißtrauisch. Er war wütend, weil ich mit zweien meiner Partner zu dem Treffen erschienen bin. Er wollte mir Befehle geben. Ich brauche weder ihn noch dich, noch die anderen. Mir hat niemand zu befehlen. Das habe ich Peter sehr deutlich gesagt. Er war mit einem seiner Freunde da, einem gewissen Arturo. Die Leute, die mich begleiten, sind meine Partner. Die Leute, die das Geld haben. Ist das klar?»

«Natürlich.»

«Dann sag deinem Freund Peter, daß er mir, dem Sohn von Severo Escobar Ortega, keine Befehle zu erteilen hat. Für wen hält er sich? Ich kenne ihn nicht. Er kommt mit Arturo an, den ich auch nicht kenne. Dich kenne ich auch nicht. Ich kenne deine Freundin Ruth, mit der habe ich in der Vergangenheit schlechte Erfahrungen gemacht. Hast du mich verstanden? Meine Partner kenne ich, und ich vertraue ihnen. Dieser Peter kann meinetwegen bei sich zu Hause kommandieren, wen er will. Hör mir gut zu, Edwin, vielleicht habe ich mich nicht klar genug ausgedrückt. Meine Partner und ich, wir brauchen niemanden. Wir haben die grünen Scheine [Dollar], und die Pesos [das Kokain] können wir auch woanders kaufen.»

«Ich habe dich verstanden, das war deutlich genug, aber ich kenne Peter, er ist von Natur aus mißtrauisch.»

«Dann werde ich doch auch mißtrauisch sein dürfen, oder nicht? Wenn ihr die Sache machen wollt, wir sind bereit. Wir können euch sämtliche Pesos abnehmen. Ihr wollt nicht? Ihr habt kein Vertrauen? Das ist eure Sache, dann sagen wir adieu, bleiben Freunde und wenden uns an jemand anderen.»

«Ruhig Blut, Junior, wir wollen das Geschäft ja machen, aber das war schließlich unser erstes Treffen. Ich werde mit Peter sprechen, du wirst sehen, das wird sich schon einspielen.»

«Das hoffe ich.»

«Morgen kommt jemand anderes bei dir vorbei. Er führt das Schreibwarengeschäft.»

In ihrem Jargon steht Schreibwarengeschäft für Kokaindepot. Edwin meint hier das Depot in Madrid.

«Ich werde mit meinen Partnern reden. Ich denke, wir werden mit 50 beginnen, dann 100 und dann den Rest.»

«Für mich geht das in Ordnung, du mußt dich nur mit der Person einigen, die sich mit dir in Verbindung setzen wird.»

Um 2.51 Uhr findet ein weiteres Gespräch statt. Mario Luis Peña ruft bei Junior an. Er ist völlig durcheinander. «Es gibt Probleme. Edwin hat mich gerade angerufen, um mir zu sagen, daß ... Peter hat ihm gesagt, daß ihm nach dem Treffen fast drei Stunden lang jemand gefolgt ist.»

Eine Viertelstunde später ruft Junior Edwin in Cali an.

«Was sind das für Geschichten, die Mario Luis mir da erzählt? Er hat mich angerufen und gesagt, Peter wäre beschattet worden.»

«So hat es mir Peter gesagt, und er hat auch gesagt, ihr hättet gefragt, wo sich das Schreibwarengeschäft befindet.»

«So ein Quatsch. Ich war schließlich bei dem Treffen dabei. Niemand hat danach gefragt. Peter hat mir gesagt, er würde sich um die finanzielle Seite kümmern, und ich habe ihn gefragt, ob er einverstanden wäre, wenn er in der Schweiz bezahlt werden würde. Es wäre doch absurd, nach dem Schreibwarenladen zu fragen. Das tut kein Mensch!»

«Nach dem Treffen ist ihm jemand fast drei Stunden lang gefolgt. Verstehst du, wenn das stimmt, solltest du auf der Hut sein. Peter ist sicher, daß die Polizei bei der Sache mitmischt.»

«Aber wer soll ihn denn verfolgt haben? Es war Viertel vor zwölf, als wir auseinandergegangen sind.»

«Ich wiederhole nur, was Peter mir gesagt hat. Wo hat das Treffen stattgefunden?»

«Hier in Lugano, in einem Restaurant nicht weit weg von hier. Peter hat den Ort ausgesucht, verstehst du?»

«Ja, ja, schon in Ordnung.»

«Er hat gesagt, wo. Er hat das Restaurant ausgesucht, nicht ich. Peter ist mit diesem Typen gekommen, Arturo. Jetzt frage ich dich: Kennst du den?»

«Nein, ich kenne ihn nicht. Peter hat mir von ihm erzählt. Sie arbeiten zusammen.»

«Arturo war da. Und niemand wollte was über den Schreibwarenladen wissen.»

Edwin ist mißtrauisch.

«Wie auch immer, schick mir morgen jemanden vorbei.»

«Wozu?»

«Als Garantie, wenn was schiefgeht.»

«Ach, Bruder, geh einfach nach Bogotá! Ich schicke dir, wen du willst, dort ist alles: mein Restaurant, mein Haus. Ich habe einen Namen. Mein Vater sitzt im Gefängnis. Er ist sehr bekannt in unseren Kreisen. Du hast doch sicher schon von Severo Escobar Ortega gehört?»

«Sicher ... Also, hast du jemanden in Bogotá?»

«Natürlich, meine Brüder, meine Mutter, all meine Leute.»

«Also kannst du mir jemanden von deiner Familie schicken?»

«Wen du willst. Ich gebe dir die Adresse und die Telefonnummern, damit du siehst, daß es keine Probleme gibt.»

«Gib mir die Telefonnummer. Du rufst denjenigen an, der zu uns kommen soll.»
«Die Nummer in Bogotá ist 2-100075.»
«Und wie heißt er?»
«Das ist das Restaurant, da ist mein Bruder.»
«Und deine Freunde?»
«Da ist auch noch Paulina, meine Schwester, und mein Bruder Carlos.»
«Paulina und wer noch?»
«Carlos, mein Bruder.»
«Dann sage ich ihm, er soll zu mir kommen.»
«Kein Problem, er wird nach Cali kommen.»
«Nein, nach Bogotá.»
«Mein Cousin Juan Miguel ist auch dort. Nimm, wen du willst. Schreib meine Privatnummer auf.»
«Die wäre?»
«9852, das ist die Vorwahl.»
«Und die Nummer?»
«2139.»
In seinem Hochmut ist Junior drauf und dran, jemanden aus seiner Familie zu opfern.

Wegen der Mühlen der Bürokratie kann ich die Telefongespräche leider nicht direkt mitverfolgen und erhalte die Transkriptionen erst mit einem Tag Verspätung. Also erfahre ich am nächsten Morgen durch Junior per Telefon, was sich in der Nacht zugetragen hat. Er will mich sehen. Ich nehme Fifi und Giorgio Soldini, einen meiner Bodyguard-Kollegen, mit; man kann nie wissen. Während der Fahrt reden wir über unsere Eindrücke.
«Giorgio, gestern habe ich den Kollegen in Lugano gesagt, sie sollten diskret überwachen und die ‹sanfte› Tour fahren. Ich habe mich unmißverständlich ausgedrückt. Ich habe ihnen gesagt, daß sie auf gar keinen Fall auffallen dürfen. Nach dem, was Junior mir gesagt hat, hat Peter sie

durch ganz Lugano geschleift. Sogar Anfänger machen keine solchen Fehler. Sie haben das absichtlich gemacht, um uns auszubremsen.»

«Ich fürchte, du hast recht, aber wir werden das nie beweisen können.»

«Wenn die Dinge sich so zugetragen haben, wie Junior berichtet hat, ist unsere Operation im Eimer. Wir hatten eine Tonne Koks vor der Nase und dazu ein ganzes Netz von Geldwäschern. Eine verpatzte Beschattung, und alles ist vorbei.»

Eine Stunde später kommen wir in Juniors Wohnung an. Er erwartet uns in Begleitung von zwei Besuchern, William Eierkopf und Elisabeth, Fredys Exfrau, die noch immer einem Besuch im Gefängnis von Lausanne entgegensieht. Wir gehen mit Junior in die Bar nebenan. Dort setzen wir uns an einen Tisch und lauschen seinem Bericht:

«Tato, jetzt haben sie mir gerade gesagt, daß Peter verfolgt worden ist. Aber von wem? Außerdem lügt Peter, wenn er sagt, wir hätten ihn gebeten, das 1000-Kilo-Depot sehen zu dürfen.»

«Die Sache stinkt. Wir müssen uns vorsehen. Auch wenn Peter lügt, ist da irgend etwas faul.»

«Wir werden ja sehen, wie es weitergeht. Normalerweise müßte der Leiter vom Depot hierherkommen. Wenn er tatsächlich kommt, sehe ich ihn besser allein. Wenn du nicht dabei bist, kannst du auch nicht mit reingezogen werden. Aber wenn etwas zu entscheiden sein wird, dann entscheiden wir gemeinsam.»

«Junior, ich habe Vertrauen zu dir. Du weißt, ob wir denen trauen können, die in Kolumbien sind. Ich kenne sie nicht. Kennst du diesen Edwin gut?»

«Ehrlich gesagt, ich kenne ihn gar nicht. Ich kenne Mario Luis Peña, der uns miteinander bekannt gemacht hat. Mario Luis vertraue ich blind. Bei Edwin bin ich skeptisch. Ich habe herausgefunden, daß er mit einer gewissen

Ruth zusammenwohnt, einer Frau, die in Cali lebt und mit der ich mal ein Riesenproblem hatte. Ich habe mit ihr ein Geschäft gemacht, sie hat mir zwei Tonnen Kokain abgenommen und versucht, mich über den Tisch zu ziehen. Sie wollte nicht bezahlen. Ich mußte jemanden zu ihr schicken, der ihr gedroht hat, sie umzubringen. Und sie hat bis heute nicht alles bezahlt.»

«Junior, ich frage mich, ob Peter und Arturo nicht für die Polizei arbeiten, um einen Konkurrenten auszuschalten. Vielleicht wollen sie dich zu deinem Vater ins Gefängnis bringen.»

«Das ist mir auch schon durch den Kopf gegangen. Ich habe überlegt, ob Edwin und Ruth uns vielleicht an die Polizei verkauft haben. Ich traue Edwin nicht über den Weg. Heute nacht hat er verlangt, ihm jemanden als Geisel zu schicken. Das ist bei uns so üblich. Das Leben von jemandem, an dem du hängst, als Garantie für den guten Ausgang der Sache. Ich habe ihm gesagt, er könnte nehmen, wen er will, aber eines Tages würde ich ihn mir vorknöpfen.»

«Junior, es steht mir nicht an, dir einen Rat zu geben, aber gib Edwin niemanden als Geisel. Die Sache ist zu vertrackt. Sollten Peter und Arturo tatsächlich für die Polizei arbeiten ... Sei nicht so stolz. Das hat schon so manchen zu Fall gebracht.»

«Du hast recht. Heute nacht habe ich mir das nicht klargemacht, ich war wütend. Ich verspreche dir, daß ich meine Mutter anrufe und ihr sage, sie soll niemanden zu Edwin schicken.»

Am 21. November um 18.10 Uhr ruft Junior Doña Evy, seine Mutter, an. Die Neuigkeiten haben sich schnell verbreitet, sie ist über den Vorfall in Lugano bereits unterrichtet.

«Sag mal, mein Sohn, gestern hast du einen gewissen Peter getroffen?»

«Ja.»

«Und, was ist passiert?»

«Nichts, warum fragst du?»

«Weil dort, wo du bist, auch Kunstwerke sind, 1000 Kunstwerke (Doña Evy spielt auf die 1000 Kilo Kokain in Madrid an).»

«Wer hat dir das gesagt? Ruth?»

«Ja.»

«Hat sie dich angerufen?»

«Nein, ich habe sie heute morgen angerufen. Ich wußte nichts von dieser Geschichte. Ich habe sie angerufen, damit sie uns das Geld bezahlt. Du erinnerst dich doch, daß sie noch nicht alle Schulden beglichen hat. Sie zahlt tröpfchenweise. Also muß ich sie von Zeit zu Zeit wachrütteln, damit sie etwas herausrückt. Ruth hat mir gesagt, sie hätte heute morgen mit ihrem Freund Peter gesprochen, ihr hättet euch gestern in einem Restaurant getroffen, und als er gegangen ist ...»

«Man ist ihm gefolgt.»

«Genau. Peter war sehr nervös. Er hat Edwin angerufen, um ihm zu sagen, daß er keine Geschäfte mehr mit dir macht, weil er Angst hat. Stimmt das?»

«Das sagt dieser Hurensohn, aber ich glaube ihm nicht. Wer soll ihn verfolgt haben?»

«Hier glauben die Leute, daß die Polizei dir auf den Fersen ist.»

Junior lacht laut auf.

«Ich war mit meinen Partnern bei dem Treffen, mit Tato. Du kennst Bertoni. Du weißt, wer er ist. In Kolumbien kennen ihn alle. Es war noch ein anderer Freund dabei, dem ich auch voll und ganz vertraue und der mit uns zusammenarbeitet. Dieser verdammte Peter hat mir gesagt, daß er sich ausschließlich um die Finanzen kümmert. Ich glaube, daß Ruth irgendwas mit der Sache zu tun hat.»

«Das stimmt. Den Eindruck habe ich auch. Als ich Edwin in Bogotá angerufen habe, ist mir eingefallen, daß die Nummer, die sie mir gegeben hatten, die von Ruth war. Als ich mit diesem Trottel von Edwin gesprochen habe, war er bei Ruth. Und von Ruth aus hat er mir Peters Telefonnummer in Hamburg gegeben. Verstehst du? Ruth hat mich gebeten, dich zu fragen, was du davon hältst.»

«Sag ihr nichts. Ich will erst einmal sehen, was dieser Schwachkopf von Edwin unternimmt. Danach rufe ich bei Ruth an. Nachdem Peter diesen Blödsinn erzählt hat, hat Edwin Garantien von mir verlangt. Er wollte, daß ich jemanden von der Familie als Geisel schicke. Bertoni hat mir geraten, das ja nicht zu tun, weil die Sache undurchsichtig ist und sie jederzeit uns den Fehler in die Schuhe schieben können. Mutter, du schickst niemanden zu ihm. Es stimmt, was Bertoni sagt. Wir dürfen kein Risiko eingehen.»

«Du hast recht, mein Sohn. Wir schicken niemanden zu solchen Leuten. Nicht auszudenken, wenn etwas passiert. Du weißt, was auf dem Spiel steht. Ich werde Ruth anrufen und ihr sagen, daß niemand von uns kommt.»

«Sag ihr auch, daß diese angebliche Beschattung anscheinend eine Psychose von diesem Peter ist. Wer sollte ihn verfolgt haben, und warum? Ich muß eher auf mich aufpassen, ich kenne diesen Bastard von Peter nicht, und seinen Freund Arturo auch nicht. Vielleicht arbeiten ja sie für gewisse Behörden.»

«Ganz genau.»

«Ich muß vor ihnen auf der Hut sein. Ab sofort gehe ich nur noch mit Bertoni und seinen Partnern aus dem Haus.»

«Du hast recht. Dann rufe ich also Ruth an?»

«Ja, ruf sie dann, aber sag ihr nicht allzu viel. Und dann rufe ich sie an. Ich habe mit Vater gesprochen, ich kümmere mich um ihn, wir werden sehen, was wir mit Bertoni und seinen Freunden ausrichten können. Vielleicht schaffen wir es ja.»

«Das wäre schön.»

«Bertoni hat mir gesagt, daß er sein möglichstes tut. Erinnerst du dich an meinen Freund aus Cali, der mir Gerry vorgestellt hat?»

«Ja.»

«Gib mir Bescheid, sobald er sich bei dir meldet. Einer von Bertonis Freunden, ein Italo-Amerikaner, kümmert sich vielleicht um die Sache. Wenn Gerry es machen will, lassen Bertoni und sein Freund die Finger davon.»

Drei Minuten nachdem er aufgelegt hat, ruft Junior bei Ruth an.

«Ciao, Ruth, ich bin Doña Evys Sohn. Vergessen wir, was war, und kommen wir zur Sache.»

«Was war das gestern mit Peter?»

«Das wüßte ich auch gern, deshalb rufe ich dich ja an.»

«Nachdem Peter sich von dir verabschiedet hat, ist er ein paar Stunden lang von der Polizei verfolgt worden.»

«Also bitte, Ruth, du kennst Lugano doch auch. Das Städtchen ist wirklich etwas zu klein für eine solche Aktion. Glaubst du wirklich, die Polizei hätte ihn so verfolgt, wie er erzählt? Vielleicht hat er das ja geträumt.»

«Vielleicht haben sie dich ja auch verfolgt?»

«Mich? Nein, nein, nach dem Treffen ist uns niemand gefolgt. Ich war bei mir, mit meinem Partner Bertoni und einem anderen Freund ...»

«Peter sagt, deine Freunde wären bei der Polizei.»

«Bertoni ist mein Geschäftspartner. Ich kann ihn mir beim besten Willen nicht bei der Polizei vorstellen. Ich kenne ihn, er ist mein Partner. Du kennst mich doch und weißt, wie ich arbeite.»

«Ich habe zu Peter gesagt: ‹Ich kenne Junior gut, ich weiß, daß er nicht mit dem Erstbesten Geschäfte macht, er weiß, was er tut. Wenn er also mit Bertoni arbeitet, dann heißt das, Bertoni ist in Ordnung. Außerdem kennt man Bertoni in bestimmten Kreisen.»

«Ruth, wer sollte Peter denn verfolgt haben? Er hat mir doch das Restaurant vorgeschlagen, in dem wir uns getroffen haben. Niemand kannte den Ort, außer ihm und seinem Freund Arturo.»

«Was für ein Arturo?»

«Peters Freund. Mit ihm ist Peter zu dem Treffen erschienen.»

«Das ist mir neu. Edwin hat mir nie etwas von einem Arturo erzählt. Glaubst du ...»

«Tja, meine Liebe, ich habe bereits daran gedacht.»

«Ich will jetzt wissen, was los ist.»

«Da ist einiges zu klären. Und was Peter sagt, ist absurd.»

«Es waren Polizisten. Ich sage es dir noch mal, die, die Peter hinterhergefahren sind, waren Polizisten.»

«Quatsch. Peter sieht zu viel Krimis. Warum haben sie mich dann nicht verfolgt?»

«Das weiß ich nicht. Dieser Arturo ist mir nicht geheuer. Und dein Partner Bertoni? Ich habe in Kolumbien von ihm gehört. Kennst du ihn gut? Bist du dir bei ihm wirklich sicher?»

«Ruth, das kann doch nicht dein Ernst sein! Bertoni ist mächtig, er ist ein Großindustrieller, einer der größten in Europa. Er stammt aus Italien. Ich habe hier eine Zeitschrift vor mir mit einem Artikel über ihn, in dem steht, daß er einer der mächtigsten Manager in Europa ist. Ich habe mich doch nicht mit lauter Schwachköpfen zusammengetan, sondern mit Leuten, die ungeheuer viel Macht haben.»

«Wenn es so ist, wie du sagst, machen wir das Geschäft, aber das Geld geht an Peter und an niemanden sonst.»

«Sag mal, organisierst du das Ganze, oder kümmert sich Edwin darum?»

«Ich mache das für unsere Freunde in Medellín.»

«Edwin hat mich gebeten, ich solle jemanden aus meiner Verwandtschaft vorbeischicken, als Garantie. Das wollte ich auch, aber als ich gesehen habe, daß da was nicht in Ordnung ist, habe ich das wieder rückgängig gemacht.»

«Edwin ist nur Mittelsmann. Ein Freund von Mario Luis Peña.»

«Dieser Bastard, dieser verdammte Bastard.»

Als Kronprinz eines seit seiner Verhaftung in Ungnade gefallenen Kokainkönigs muß Junior seine Position verteidigen. Der Name seiner Familie ist weit über die Grenzen Kolumbiens hinaus bekannt. Er darf sich keinen Fehltritt leisten, was auch seine Flucht nach vorn erklärt, als er seinen kolumbianischen Freunden erklärt, wer ich sei, und sogar einen Artikel erfindet, in dem Bertoni angeblich als einer der mächtigsten Geschäftsleute in Europa beschrieben wird. Keine Zeitschrift hat je über Bertoni berichtet. Nie habe ich ihm gegenüber Andeutungen über meine Finanzlage oder meine angebliche Machtposition gemacht. Wahrscheinlich hat er allein aus meinem Verhalten seine Schlüsse gezogen. Seine Reaktion ist identisch mit der eines Mario Calderón, der eine eher unwahrscheinliche verwandtschaftliche Beziehung aus dem Ärmel schüttelt und mich seinen Freunden und Kollegen vom Kartell als ein Onkel vorstellt. Kolumbianer schenken niemandem so leicht ihr Vertrauen, aber wenn, dann vertrauen sie blind.

Noch am selben Tag treffe ich abends um halb neun Philippe, Max und Bruno, die gerade aus Madrid zurückkommen. Die Neuigkeiten von der iberischen Front sind gar nicht so schlecht. Nachdem mehrere russische Puppen hintereinander geöffnet wurden und die Fährte immer weiter verfolgt werden konnte, steht die Polizei in Madrid unmittelbar davor, den Ort mit den 300 Kilo Kokain ausfindig zu machen, die Junior uns verkaufen will. Ich bringe die Lage noch einmal auf den Punkt.

«Wir haben es also mit einer Händlerbande zu tun, die uns zwei verschiedene Geschäfte angeboten hat. Zum einen die 300 Kilo Kokain, für die ihr nach Madrid gereist seid, und zum anderen die 1000 Kilo, durch die Junior und ich in Lugano mit Peter und Arturo Bekanntschaft gemacht haben. Die katastrophale Beschattung nach unserem Treffen im La Galleria hat die Sache mit den 1000 Kilo zunichte gemacht. Zum Glück hat Junior nach wie vor Vertrauen zu uns. Ich würde sogar so weit gehen zu sagen: mehr denn je, auch wenn die Kolumbianer ihn davor gewarnt haben, daß er es bei mir möglicherweise mit jemandem von der Polizei zu tun hat. Es gibt nur eine Möglichkeit, die Sache wiedergutzumachen und beide Operationen zu retten, und zwar, indem wir die 300 Kilo kaufen, ohne irgend jemanden zu verhaften. Nur so können wir das Vertrauen der Kolumbianer wiedergewinnen und die ganze Bande mit den 1000 Kilo zu Fall bringen.»

«Du hast recht», urteilt Max, «aber wir können in Spanien nicht einmal unser Geld vorzeigen. Jede Vorauszahlung ist ausgeschlossen.»

«Vielleicht gibt es da eine Lösung», bemerkt Philippe. «Die Leute, die wir in Madrid gesehen haben, haben uns zu verstehen gegeben, daß sie uns erst einmal zwei oder drei Kilo verkaufen wollen und dann den Rest. Wir könnten also auch nur diese zwei oder drei Kilo kaufen, ohne jemanden festzunehmen. So stellen wir ihr Vertrauen wieder her, haben die Sache wieder im Griff und könnten es uns sogar erlauben, die Übergabe des restlichen Kokains hinauszuzögern, um in der Zwischenzeit die alten Kontakte aufzufrischen und bis zum Depot mit den 1000 Kilo vorzudringen.»

«Wir sollten uns keine Illusionen machen. Ihr wißt genau, daß wir keine Drogen kaufen dürfen, ohne die Händler zu verhaften. Ich bin es leid, gegen Windmühlen anzukämpfen.»

Meine Freunde sind nicht allein aus Madrid zurückgekehrt. Sie sind gemeinsam mit Chepe gekommen, einem der Wärter des Depots mit Decknamen Augusto 27. Dessen Mission ist es, sich durch persönlichen Augenschein davon zu überzeugen, daß das Geld auch wirklich in einem Bankschließfach deponiert wurde – Vertrauen geht über alles. Chepe, der fünf Jahre in Italien gelebt hat, ist einer der Großlieferanten des organisierten Verbrechens in Italien. Gegen ihn läuft ein internationaler Haftbefehl, ausgestellt von der Staatsanwaltschaft in Neapel, wegen eines 100-Kilo-Handels mit Kokain.

In Mailand sind zwei seiner Mitarbeiter mit 50 Kilo erwischt worden. Wir haben ihn im Verdacht, auf verschiedene Weise beträchtliche Summen in den italienischen Handel reinvestiert zu haben. Er ist einer der mißtrauischsten Menschen, die mir je begegnet sind. Ich hole ihn in der Wohnung ab. Während wir zu meinem Wagen gehen, sehe ich, wie er diskret in einen Taschenspiegel blickt, um sicherzugehen, daß uns auch niemand folgt. Das wiederholt sich im Auto, bevor wir die Bank betreten und auf dem Weg zurück.

«Jetzt, wo ich das Geld gesehen habe», sagt Chepe zu mir, «werde ich Jimmy in Madrid anrufen, sobald ich wieder in der Wohnung bin. Er kümmert sich um die Finanzen. Ich denke, daß er morgen hierherkommen wird.»

«Geht in Ordnung.»

«So machen wir es. Wir geben euch erst einmal fünf oder sechs Kilo und, wenn alles gutgeht, den Rest auf einmal.»

«Fünf oder sechs Kilo interessieren mich zwar nicht, aber ich bin einverstanden, unter einer Bedingung: Ich muß sicher sein, daß ihr die restliche Ware habt.»

«300 Kilo 97 Prozent reine Ware. Mein Wort.»

«Du warst beim Geld mißtrauisch. Dabei haben Junior und Fernando dir gesagt, daß sie es in der Bank gesehen haben. Du hast es nicht geglaubt. Fernando mußte dir eine Vollmacht schreiben, und du bist extra von Madrid nach Lugano gekommen, nur um das Geld zu sehen. Und mit dem gleichen Recht will ich mich auch davon überzeugen, daß es die Ware wirklich gibt. Ich will von Fernando hören, daß alles in Ordnung ist.»

«Ich verstehe, aber wir haben ein Sicherheitssystem, das wir nicht einfach umgehen können.»

«Ich will nicht wissen, wie eure Sicherheitssysteme funktionieren, die sind mir egal. Ich habe meine Systeme. Ich will nur, daß Fernando mir versichert, daß er den Großteil der Ware gesehen hat, sonst läuft gar nichts. Ich vertraue Fernando.»

«Ich vertraue ihm auch. Ich rufe Jimmy an und frage ihn, was er davon hält.»

Mißtrauisch, wie er ist, telefoniert er von einer Telefonzelle aus, die am anderen Ende der Stadt liegen muß, denn er ist ziemlich lange unterwegs. Eine Stunde später ist alles klar. Fernando soll tags darauf in das Depot in Madrid kommen.

Leider bemerkt Fernando in dem Moment, da er das Depot betritt, daß ihm jemand folgt. Er alarmiert Junior. In der Wohnung in Lugano ist die Stimmung zum Zerreißen gespannt. Die Kolumbianer sind drauf und dran, alles hinzuwerfen. Ich versuche, Zeit zu gewinnen.

«Laßt mich versuchen herauszukriegen, was da los ist.»

Ein Anruf bei meinem Freund, Kommissar Marcelino Guttierez, der die Ermittlungen auf spanischer Seite koordiniert, bestätigt mir, daß Fernando sich nicht getäuscht hat: Jeder seiner Schritte wird von der Madrilener Polizei überwacht. Ich bitte Guttierez, doppelt vorsichtig zu sein und nicht sofort einzuschreiten, damit wir noch eine Chance haben, das zweite Depot zu lokalisieren, in dem sich die vom Medellín-Kartell importierte Tonne Kokain befindet. Nur am Rande erfahre ich von Kommissar Guttierez, daß in Madrid infolge einer Serie von Anschlägen, zu denen sich die baskische Separatistenorganisation ETA bekannt hat, überall Polizeikontrollen durchgeführt werden. Eine bessere Entschuldigung für die Polizisten, die Fernando ausgemacht hat, könnte es gar nicht geben. Ein paar Stunden später tauche ich also wieder bei Junior auf, um ihn zu beruhigen:

«Hör zu, in Madrid hat es eine ganze Serie von Attentaten gegeben. Die Zivilbeamten, die Fernando gefolgt sind, hatten es gar nicht auf ihn, sondern auf die Basken abgesehen.»

Damit ist der Vorfall, der ETA sei Dank, aus der Welt.

Am 24. November beschließen die Kolumbianer, die sich alle in der Wohnung in Lugano eingefunden haben, Eierkopf nach Madrid zu schicken, um ihn gegen Fernando auszutauschen – man kann nie wissen. Das Rauschgift soll in die Schweiz geliefert werden, und gleichzeitig soll sich ein Vertrauensmann der Kolumbianer zur Bank begeben, um das Geld aus dem Schließfach zu holen, wo es schon seit langem vor sich hin schlummert. Juniors Worten glaube ich zu entnehmen, daß der Emissär der Kolumbianer ein in die Schweiz entsandter Diplomat ist, der das Geld auf bewährtem Wege wäscht: Die Scheine gelangen mit dem diplomatischen Kurier nach Kolumbien und kehren als Smaragde, die an verschiedene Juweliere der Eidgenossenschaft verkauft werden, in die Schweiz zurück.

Ich verlasse die Wohnung mit einer Stinkwut auf meine Vorgesetzten, die mir die Weisung erteilt haben, alle beim ersten Ankauf zu verhaften, und uns auf diese Weise daran hindern, bis zu den wirklichen Drahtziehern des Drogenrings vorzudringen.

Am folgenden Tag begleitet einer meiner Männer Eierkopf nach Madrid. Wie geplant passiert dieser diverse Sicherheitsschleusen, die das Depot abschirmen, als mit einemmal auch er den Eindruck hat, jemand verfolge ihn. Er bricht alles ab und erstattet Bericht nach Lugano.

Ich weiß nicht, ob meine Kollegen in Madrid enttarnt sind oder ob Eierkopf die Fährte der ETA-Verfolger gekreuzt hat. Aus Erfahrung weiß ich, daß ein Chaos das nächste nach sich zieht, und wenn es sich in der Regel bei meinen Operationen als mein Verbündeter erwiesen hat, so richtet es sich dieses Mal gegen mich. Ich kann jetzt nur noch versuchen, die Kolumbianer zu beruhigen.

In der Wohnung finde ich einen traumatisierten Chepe vor. Junior hingegen ist ruhiger. Elisabeth, Fredys Exfrau, sitzt mit gleichgültiger Miene neben ihm. Ich setze zu einem Versuch an:

«Keine Panik. Bei dem Chaos, das die ETA gestiftet hat, ist es kein Wunder, daß die Polizei in höchster Anspannung ist. Das heißt aber noch lange nicht, daß sie hinter uns her sind. Sobald sie irgend etwas Verdächtiges bemerken, gehen sie dem nach. Vielleicht hat William auf sich aufmerksam gemacht. Holt ihn mit dem ersten Flieger nach Lugano zurück.»

«Genauso haben wir uns das auch gedacht», sagt Junior. «Damit legen wir wenigstens die Beschattung lahm, wenn es denn eine war.»

«Fernando kommt zurück», bekräftigt Chepe. «Er wird von einem unserer Freunde begleitet, den wir Fakir nennen. Er wird Ihnen die ersten drei Kilo Kokain bringen. Er braucht ein Ticket. Können Sie sich darum kümmern?»

Natürlich kümmere ich mich darum. Ein paar Stunden später wartet Fakir im Büro der Swissair im Zentrum von

Madrid auf sein Ticket. Eigentlich hätte Fakir es direkt am Flughafen abholen können, aber ich hüte mich davor, Junior das zu sagen. Es ist wichtig, ihn in dem Glauben zu lassen, das Ticket sei nur an einer Stelle erhältlich. Das erleichtert meinen spanischen Kollegen die Arbeit.

An jenem Abend gegen 22 Uhr wird das Depot endlich lokalisiert. Kommissar Guttierez teilt mir die Nachricht mitten in der Nacht mit.

«Es war eine gute Entscheidung, Fakir sein Ticket in einem Büro in der Stadt abholen zu lassen», sagt er. «Sofort nachdem du uns benachrichtigt hast, haben wir dort unsere Männer postiert. Kurz darauf kam Fakir. Fernando war bei ihm. Die beiden Kolumbianer sind in eine Bar in der Nähe gegangen. Sie haben eine Stunde gewartet, dann sind sie herausgekommen und in einem benachbarten Gebäude verschwunden. Reingegangen ist Fakir mit leeren Händen, und rausgekommen ist er mit einer Tasche. Wahrscheinlich sind darin die drei Kilo, die er dir morgen liefern soll.»

«Großartig!»

«Jetzt sind Fernando und Fakir wieder in ihrem Hotel. Ich habe die Leute vom Katasteramt aus dem Bett geholt. Wir haben alle Wohnungen ausgeschlossen, die nicht in Frage kommen, und wissen bereits, welche als Depot dient.»

Ein paar Stunden später ruft mein Kollege erneut an: Fakir sitzt im Flugzeug, er ist unterwegs zu mir und damit auf dem besten Weg ins Gefängnis. Ich schicke drei meiner Männer zum Flughafen von Lugano. Um 13 Uhr trifft Fakir Junior, Chepe und Elisabeth in der Wohnung, die drei Kilo hat er bei sich. Eine Stunde später wird das Quartett verhaftet. Zu diesem Zeitpunkt sitze ich an meinem Schreibtisch in Bellinzona. Zum Heulen ist mir nicht so sehr deshalb zumute, weil ich Leute habe festnehmen lassen, die mir blind vertrauten, sondern vielmehr wegen der Gewißheit, zu früh eingegriffen zu haben. All die Mühe für drei lächerliche Kilo und eine Handvoll Drogenhändler, und dabei hätten wir die Möglichkeit gehabt, die ganze Organisation hochgehen zu lassen.

Das Schlimmste aber kommt noch. Der Prozeß gegen Junior wird im Herbst 1991 in Lugano eröffnet und entwickelt sich in kürzester Zeit zu einer Farce. Nicht etwa den Angeklagten wird die Schuld gegeben, sondern den Ermittlern! Der vorsitzende Richter, die Verteidigung und die Anklage zeigen sich lautstark einig in ihrer Entrüstung über den Undercoveragenten. Trotz der damit verbundenen Risiken bin ich gezwungen, vor Gericht auszusagen. Als die Verhandlungen über den Champagner, den mein Freund, der Besitzer vom Hotel Sogno, Junior spendiert hat, ins Stocken geraten, muß ich mich irgendwann in den Arm kneifen, um sicher zu sein, daß dies kein schlechter Traum ist. Und ich bin kurz davor, meinem Zorn freien Lauf zu lassen, als die Verteidigung Junior und seine Freunde als arme kolumbianische Bauern präsentiert, die sich in der europäischen Fremde schwertäten. Als der Richter dem zustimmt, bin ich mit meinem Latein am Ende. Erst glaube ich noch, er würde Witze machen, als er sagte, Escobar sei «traumatisiert» gewesen, weil man ihn vor einem Bankschließfach dem Anblick mehrerer Millionen Schweizer Franken ausgesetzt habe. Aber der Richter meint es durchaus ernst.

Anfangs mache ich mir nicht allzu viel daraus. Unsere Ermittlungen sind mehr als fundiert. Unsere Behörden haben der Justiz einen internationalen Drogenring überstellt, der in Kolumbien, Spanien, Deutschland und Holland agiert hat. Wir haben Beweismittel. Zu den drei Kilo Kokain, die Fakir bei sich hatte, kommen weitere drei Kilo, die am 11. Dezember 1989 in den aus Kolumbien geschickten Schleifsteinen sichergestellt wurden. Schon bald aber sehe ich, welche Wendung der Prozeß nimmt, und mache mir allmählich Sorgen.

Zunächst weigert sich das Gericht, die spanischen Ermittlungen zu dem Fall in den Prozeß mit einzubeziehen. Dabei hat die Polizei in Madrid gute Arbeit geleistet. Am 8. Januar 1990 wurde die Bande nach mehrwöchiger Überwachung verhaftet, die im Depot befindlichen 278 Kilo Kokain und insgesamt 270000 Dollar wurden sichergestellt. Als das Gericht verkündet, es handele sich dabei um einen anderen Fall, ersticke ich fast vor Zorn. Denn zu den Angeklagten gehört schließlich auch Juan Carlos Betancur, Juniors Partner, mit dem ich in Lugano aneinandergeraten war, bevor ich ihn nach Madrid geschickt hatte.

Ich hoffe, daß wenigstens die holländischen Verästelungen des Falls vom Gericht mit berücksichtigt werden. Immerhin hatte die holländische Polizei auf meinen Hinweis hin Orlando Fonseca Rivera festnehmen können, den Freund von Mario Calderón, den dieser in Wiesbaden getroffen hatte, bevor Rivera tags darauf nach Japan abgeflogen war, um Kartellgelder zu waschen. Kurz nach der Verhaftung von Junior hatte ich erneut Verbindung zu Rivera aufgenommen, der von nichts wußte. Er wollte unmittelbar darauf nach Amsterdam reisen. Nachdem ich meine holländischen Kollegen verständigt hatte, konnten diese ihn mit fast drei Tonnen Kokain festnehmen. Auch davon will das Gericht in Lugano nichts wissen, genausowenig wie von der Spur, die nach Deutschland führte. Dabei hatten meine Kollegen vom BKA Peter und Arturo rasch identifiziert. Die unter dem Namen Operation *Octopus* laufenden Ermittlungen hatten zum ersten – und leider auch zum letzten – Mal die Polizeibehörden aus sechs verschiedenen Ländern vereint. In unserer Arbeitsgruppe funktionierte die Zusammenarbeit über ein Jahr lang ganz ausgezeichnet. Resultat: mehrere Dutzend Millionen Dollar wurden sichergestellt, mehrere Kilo Smaragde, darunter einige mit über 300 Karat, und nebenbei auch noch zwölf Kilo Kokain in Mailand sowie zehn Kilo in Genf.

Das Gericht interessiert sich für *Octopus* ebensowenig wie für Peter und Arturo.

Auch die Affäre Calderón stößt weitestgehend auf Desinteresse. Das Gericht weigert sich, den Zusammenhang zwischen den beiden Fällen herzustellen. Dennoch lädt es Mario Calderón als Zeugen vor. Er zieht ein altes Foto von mir hervor, das in einem Fachblatt der amerikanischen Polizei veröffentlicht worden war, nachdem ich eine Auszeichnung erhalten hatte. Nicht nur mich überläuft es eiskalt, als Calderón verlauten läßt: «Das habe ich immer bei mir, und ich bin nicht schwul.» Kurz zuvor haben meine Kollegen von der DEA in Erfahrung gebracht, daß 250 000 Dollar auf meinen Kopf ausgesetzt sind. Wie zur Bestätigung stellte die spanische Polizei im Anschluß an eine Schießerei ein kolumbianisches Killerkommando. Bei einem der Killer fand die Polizei eine Liste der Todeskandidaten. Mein Name stand an erster Stelle, noch vor Escobar junior. Das Kartell wirft ihm vor, mich ins Vertrauen gezogen und während des Ermittlungsverfahrens zuviel ausgeplaudert zu haben. Zunächst hatte Junior alles zugegeben, vor Gericht sein Geständnis jedoch wieder zurückgezogen.

Ich bin nicht allzu überrascht, daß kein Schweizer Staatsanwalt es für nötig befindet, Ermittlungen gegen die in Spanien gestellten Killer einzuleiten. Demnach wird auch kein Ermittler damit beauftragt, ein gegen einen Schweizer Kommissar gerichtetes Komplott aufzudecken. Zur Krönung des Ganzen fügt die Staatsanwaltschaft der Akte meine sämtlichen Berichte bei, darunter auch die streng vertraulichen, in denen es um die verschiedenen Ermittlungstechniken geht. So werden die angeklagten Drogenhändler in all unsere Geheimnisse eingeweiht und erfahren, welche unsere Strategien sind und wer als V-Mann für uns arbeitet. Da diese Berichte die Verhandlung in keiner Weise weitergebracht haben, ist mir noch immer nicht klar, was diese Initiative bezwecken sollte. Staatsanwältin Carla Del Ponte eröffnet ihre Anklagerede mit den Worten: «Ich bin keine Anhängerin der verdeckten Ermittlung.» Über die großen internationalen Ermittlungen läßt Carla Del Ponte vor den laufenden Kameras des schweizerischen Fernsehens folgendes Statement verlauten: «Jeder sollte vor der eigenen Tür kehren.» Ein paar Jahre später, als sie zur Bundesanwältin der Eidgenossenschaft ernannt wird, schwenkt sie um. Schließlich ändern nur Dummköpfe nie ihre Meinung.

Angesichts eines Gerichts und einer Anklage, die so lustlos agieren, ist der Ausgang des Prozesses vorhersehbar. Junior, Betancur und die anderen werden mit Freiheitsstrafen belegt, von denen die längste nicht über zwei Jahre hinausgeht. Infolgedessen werden sie nach Ende des Prozesses freigelassen. Zum Vergleich: In Deutschland wurde Mario Calderón für seine Vergehen zu fünfzehn Jahren Haft verurteilt.

6 Der kalabrischen Mafia
auf der Spur

«Mein Onkel, wie geht es dir?»

«Philippe? Verflucht, ... Und selber? Was kann ich für dich tun?»

«Bruno hat mich gerade angerufen. Er ist in Paris, er arbeitet immer noch für die OCRTIS. Er hat da jemanden für uns. Einen Kokainhändler, der früher Hauptmann der Drogenbekämpfungseinheit in Peru war und den Terroristen vom «Leuchtenden Pfad», einer der berüchtigtsten Terrororganisationen der Welt, nahesteht. Er möchte eine halbe Tonne Kokain absetzen.»

In diesen ersten Wochen des Jahres 1990 sind meine Beziehungen zur französischen Polizei nicht unbedingt die besten. Deswegen frage ich meinen Kollegen, wozu die OCRTIS uns braucht.

«Dieser peruanische Hauptmann, Carlos Morillas, hat ein Bankkonto in der Schweiz oder möchte eines eröffnen.»

«Ich verstehe, die OCRTIS hat dich kontaktiert.»

«Nein, Bruno hat mich angerufen.»

«Das ist mir schon klar, aber Bruno und die OCRTIS sind für mich ein und dasselbe. Ich frage mich sogar, ob nicht er dort das Sagen hat.»

«Da hast du vielleicht recht, aber das ist nicht unser Bier. Morillas möchte das Geld in der Schweiz haben und verlangt, mit Brunos Boß zu verhandeln. Was meinst du dazu?»

«Das hört sich interessant an. Ich habe sogar das Gefühl, daß du dir schon deine Gedanken darüber gemacht hast, wer als Boß auftreten könnte. Und was meinen die

Franzosen dazu? Hast du schon mit jemandem von der OCRTIS gesprochen, außer mit Bruno?»

«Ja natürlich, mit Inspektor Loti*...»

«Das ist doch die rechte Hand von Kommissar Lecerf, ich kenne ihn ...»

«Die Franzosen würden sich gern selbst um die Sache kümmern, aber sie haben immer wieder dasselbe Problem: Ihnen fehlen die gesetzlichen Grundlagen für solche Operationen. Außerdem haben sie weder die technischen noch die finanziellen Mittel dafür.»

«So langsam begreife ich, wie die Franzosen arbeiten. Ich habe mir meine Gedanken über ihre verdeckten Ermittlungen gemacht und über die Art und Weise, wie sie die Prämienjäger oder ihre ‹Informanten›, wie sie sagen, bezahlen. Ich habe meine Lehre aus den Operationen *Parano* und *Gulby* gezogen. Aber auch wenn gesetzliche Grundlagen und die nötigen Mittel fehlen, rechtfertigt das noch lange keine Wildwestmethoden.»

«Da hast du recht, mein Onkel.»

«Ich habe ein Faible für Frankreich, aber jedesmal, wenn die OCRTIS im Spiel ist, habe ich das Gefühl, daß es brenzlig wird. Natürlich ist das eigentlich ihr Problem, aber falls wir die Sache mit dem Peruaner übernehmen sollten, sind auch wir davon betroffen. Du kannst dir ja vorstellen, was bei uns los ist, wenn die Sache schiefgeht ... Du weißt ja, daß die Prämienjäger sehr viel Ellbogenfreiheit haben. Bruno, Georges, Mario der Araber und Carlos gehören bestimmt zu den besten Informanten, das meine ich ernst, sie sind wirklich sehr effizient, aber sie müßten kontrolliert und überwacht werden. Nun läßt man sie aber bei ihren Drogengeschäften tun und lassen, was ihnen gefällt. Nimm Georges zum Beispiel: Gegen ihn wurden zwei internationale Haftbefehle erlassen, in der Schweiz

---

* Die Namen der französischen Polizeibeamten und ihrer Informanten wurden geändert.

und in Italien. Aber in Paris genießt er regelrechte Immunität und erhält Rückendeckung. Er hat sogar erzählt, daß er einen offiziellen Tarnpaß hat.»

«Du hast recht, mein Onkel. Ich sehe das genauso wie du. Und was machen wir jetzt?»

«Tja, ... die Sache scheint mir trotzdem interessant zu sein. Es wäre schade, sich das entgehen zu lassen. Dieser Peruaner behauptet, daß er 500 Kilo Koks zu verkaufen hat, und möchte das Geld in der Schweiz haben; er muß es also dort einzahlen. Wir müssen ihn treffen, um zu sehen, ob die Sache sauber ist oder ob sie von Prämienjägern auf Kosten der OCRTIS eingefädelt wurde. Laß es uns versuchen, aber wir müssen die Augen offenhalten. Beim geringsten Anzeichen, daß etwas faul ist, blasen wir sofort alles ab. Was meinst du dazu?»

«Gut, aber was ist mit den Kosten? Die Franzosen haben kein Geld.»

«Wir lassen die Ermittlung hier in der Schweiz offiziell anlaufen. Du gehst zur Staatsanwaltschaft in Lausanne und ich zu der in Locarno. Wir informieren die Schweizerische Bundesanwaltschaft in Bern, die sich über Interpol um die Einzelheiten mit der OCRTIS kümmern kann. Damit kommen wir für die Kosten der Ermittlung auf. Nur die Bezahlung von Brunos Informanten ist damit noch nicht geklärt. Das hängt vom Ausgang der Operation ab, je nachdem, ob das Rauschgift in der Schweiz, in Frankreich oder anderswo beschlagnahmt wird. Wir dürfen nicht vergessen, daß auch die peruanischen Behörden mit ins Boot genommen werden müssen. Wenn die Beschlagnahmung in Frankreich stattfindet, muß sich die OCRTIS darum kümmern. Du kannst Bruno sagen, daß wir ihn nicht vergessen werden, wenn wir das Rauschgift in der Schweiz beschlagnahmen, und auch wenn wir an große Geldsummen herankommen, wird er nicht leer ausgehen. Aber jetzt ist es noch zu früh, um Versprechungen zu machen.»

«In Ordnung. Ich lasse die Operation offiziell genehmigen und nehme dann Kontakt mit der OCRTIS und mit Bruno auf.»

Am folgenden Tag fährt Philippe mit dem Mercedes SEC 500, den wir für unsere verdeckten Ermittlungen benutzen, nach Paris. Dort soll er den Peruaner treffen, der seit mehreren Tagen darauf wartet, von Bruno zu hören. Auf unser Ersuchen hin wird Philippe von einem Inspektor der OCRTIS begleitet. So sichern wir uns nach allen Seiten ab. Am Telefon beschreibt mir Philippe nach dem Treffen Carlos Morillas als einen Lebemann in den Vierzigern, eine Art Mario Calderón im kleinen – in jeder Hinsicht. Er sei genauso leichtgläubig wie der Kolumbianer und habe Philippe mit weit aufgesperrtem Mund zugehört, als dieser ihm eröffnet habe, sein Boß habe ihn mit dem Mercedes nach Paris geschickt, um ihm alle Aufmerksamkeiten zuteil werden zu lassen und ihn dann nach Locarno zu bringen, wo er mit ihm über Geschäfte reden wolle.

Auf dem Weg nach Locarno macht Philippe einen Zwischenstop in Lausanne, um Morillas zehn Millionen Schweizer Franken zu zeigen, die sorgfältig aufgestapelt im Schließfach einer Bank liegen.

Am 27. Januar 1990 parkt Philippe den Mercedes um 18 Uhr gegenüber vom Bahnhof in Locarno. Ich bin bereits vor Ort und sitze in einem brandneuen Porsche Turbo, den mir ein Freund, Inhaber einer Kfz-Werkstatt, geliehen hat. Carlos Morillas ist beeindruckt.

«Ich habe Ihnen eine schöne Wohnung reserviert», sage ich zu ihm, «aber vorher gehen wir bei Freunden auf einen Aperitif vorbei.»

An diesem Abend bin ich tatsächlich zu einem Empfang eingeladen, der vom Kommandanten des Drogendezernats der Tessiner Polizei organisiert wird. Ich habe beschlossen, Morillas dorthin mitzunehmen. Die anderen eingeladenen

Polizeibeamten sind natürlich darüber aufgeklärt worden, wer mein Gast ist und was wir vorhaben. Sie spielen meine Handlanger, und der Chef des Sonderkommandos, ein Zwei-Meter-Koloß, spielt den Bodyguard.

Als wir in der für uns reservierten Bar eintreffen, herrscht bereits Hochstimmung. Morillas ist ein ebenso passionierter Trinker wie Mario Calderón. Der ehemalige peruanische Polizist verträgt Alkohol jedoch sehr viel besser als mein früherer kolumbianischer Geschäftspartner. Er ist trotzdem ziemlich betrunken, als wir ihn zum Ausgang schieben und in meinem Wagen verstauen. Seine Begeisterung für mein Gefährt kann er gerade noch zum Ausdruck bringen. Im Restaurant, wo wir mit ihm zu Abend essen, ist Morillas dann schon wieder ganz klar im Kopf, als wir zur Sache kommen.

Die Operation *Parano* wurde erst vor kurzem abgeschlossen. Ich habe mich dafür entschieden, meinen Decknamen Pierfranco Bertoni beizubehalten. Ich werde nicht einmal Gebrauch davon machen, denn Morillas hat mich nie gefragt, wie ich heiße. Auch Philippe oder Bruno fragt er nie nach meinem Namen. Es genügt ihm zu wissen, daß ich ein mächtiger Mann und auf der Suche nach einer großen Menge Kokain bin. Philippe und Bruno haben die Sache gut vorbereitet. Der Anblick des aufgeschichteten Geldes in dem Bankschließfach in Lausanne hat ihn vollends überzeugt.

Ich frage ihn, ob Philippe ihn zuvorkommend behandelt habe.

«Wie einen König.»

«Gut, was kann ich für Sie tun?»

Morillas erklärt mir, daß er nach seinem Ausscheiden aus dem Rauschgiftdezernat begonnen habe, Geschäfte mit dem Leuchtenden Pfad zu machen. Daß diese maoistische Gruppierung an Drogengeschäften beteiligt ist, erstaunt mich wenig. Ihr ist jedes Mittel recht, um den Kampf gegen den peruanischen Staat und den «US-Imperialismus» zu finanzieren.

«Der Leuchtende Pfad steht den Drogenproduzenten nahe», fährt Morillas fort, «und ich habe eine Vereinbarung mit ihnen getroffen. Ich besitze in Lima ein sehr schönes Hotel, das ich den Produzenten bei jeder Transaktion als Sicherheit überlasse. Sie liefern mir das Rauschgift, ich verkaufe es, dann bezahle ich sie, und sie geben mir mein Hotel wieder zurück. Wenn es Sie interessiert, kann ich Ihnen 400 Kilo verkaufen, sofort. Reine Ware.»

«Natürlich bin ich interessiert. Deswegen bin ich schließlich hier. Es kommt auf den Preis und die Lieferbedingungen an.»

«Da gibt es ein kleines Problem. Ich kann die Ware nicht nach Europa liefern. Mit der Maschine, die ich benutze, kann man den Ozean nicht überqueren. Aber ich könnte die Ware nach Französisch-Guyana liefern, nach Cayenne.»

«Das muß ich mir noch überlegen. Ich brauche die Ware in Europa, nicht in Cayenne. Ich muß Mittel und Wege finden, um sie nach Europa zu transportieren. Sie wissen, daß diese Art von Transport sehr teuer ist. Sie werden Ihre Preise entsprechend senken müssen.»

«Diese Ware können Sie in Europa für 25 000 Dollar pro Kilo verkaufen. In Cayenne ist der Preis natürlich günstiger. Sagen wir 15 000 Dollar ... da lasse ich noch mit mir verhandeln.»

«Ich muß das durchrechnen, aber über den Daumen gepeilt müßten Sie mit Ihren Preisen runtergehen. Geben Sie mir ein bißchen Zeit. Was haben Sie die nächsten Tage vor?»

«Montag habe ich einen Termin in Paris.»

«Ich weiß, Sie treffen sich mit Bruno. Er ist in Ordnung, er arbeitet seit Jahren mit mir.»

«Das hat er mir gesagt. Wenn wir nicht miteinander ins Geschäft kommen, muß ich jemand anderes finden.»

«Ich würde Sie nur bitten zu warten, bis ich Ihnen meine Entscheidung mitgeteilt habe, bevor Sie sich anderweitig festlegen. Sagen wir in zirka zwei bis drei Tagen. Ich könnte nächsten Dienstag nach Paris kommen.»

Nach dem Abendessen begleite ich Morillas und Philippe zu ihrer Bleibe, einer am Hang von Locarno gelegenen Luxuswohnung mit Blick auf den See. Bruno hatte sie nach der Operation *Parano-Gulby* angemietet, da er vorhatte, sich in Locarno niederzulassen. Als er die Möbel gekauft hatte, war er der Sache aber schon wieder überdrüssig geworden und nach Paris zurückgekehrt. Er hatte mir die Schlüssel überlassen und mich beauftragt, sie nach Ablaufen des Mietvertrags zurückzugeben. Nachdem ich mich von Morillas verabschiedet habe, bitte ich Philippe, tags darauf um neun Uhr zu mir zu kommen, um zu versuchen, jemanden für den Transport der Ware zu finden.

Philippe strahlt, als wir am nächsten Tag, einem Sonntag, eine Tasse Kaffee bei mir trinken.

«Der Peruaner ist völlig aufgekratzt. Gestern abend, bevor er schlafen ging, hat er zigmal gesagt, er hoffte, mein Boß würde das Geschäft akzeptieren.»

«Sehr gut. Wir lassen ihn noch ein wenig schmoren, und dann drücken wir den Preis. Das gehört dazu. Denkst du, daß du Bruno nach Cayenne begleiten kannst? Ich könnte auch mitkommen, aber normalerweise ist der Boß bei der Übergabe nicht dabei.»

«Ich glaube ja, aber ich muß meine Vorgesetzten um Genehmigung bitten.»

«Wann fahrt ihr nach Paris?»

«Heute abend, aber ich muß morgen abend in Lausanne sein.»

«Ich komme am Dienstag nach Paris, um ihm meine Antwort mitzuteilen. Ich nutze die Gelegenheit, um einen anderen Informanten zu treffen, Georges. Er hat mich angerufen, um mir ein Angebot zu machen. Er ist in Kontakt mit einer arabischen Gruppe, die für 900 000 Dollar 50 Kilo Kokain und 25 Kilo Heroin kaufen möchte. Das Geschäft soll in Genf abgewickelt werden. Die Sache ist interessant für mich: Die Araber haben mit zwei Genfer Finanzgesellschaften zu tun, die bereits 1982 in einen Drogenhandel verwickelt waren.»

«Und Georges möchte dich seinen arabischen Freunden vorstellen?»

«Ja, aber die Sache hat einen Haken.»

«Georges muß dazu in die Schweiz kommen...»

«Genau, und wir haben immer noch dieses Problem mit dem internationalen Haftbefehl, den Carla Del Ponte erlassen hat. Wenn ich von ihr eine Einreiseerlaubnis für Georges erbitte, wird sie ihn mir nur unter der Bedingung geben, daß ich ihn verhafte, sobald die Operation abgeschlossen ist.»

«Keine schlechte Idee», sagt Philippe ironisch.

«Ich könnte auch beide Augen zudrücken, nichts sagen und Georges mit falschen Papieren nach Genf kommen lassen, wie er es schon getan hat und bestimmt auch weiter tun wird, aber das ist zu riskant.»

«In Anbetracht deiner Beziehungen zu Carla Del Ponte solltest du besser darauf verzichten. Beim geringsten Fehler wird sie dich verhaften lassen. Also, was willst du tun?»

«Nichts, ich leite die Sache nach Deutschland um. Unser Freund Fifi vom BKA wird sich darum kümmern. Ich muß nach Paris, um Georges das alles klarzumachen.»

«Laß dir deswegen keine grauen Haare wachsen.»

«Du hast recht, das Leben geht weiter. Konzentrieren wir uns lieber auf den Peruaner. Hat er angerufen?»

«Ja, er hat nach Peru telefoniert. Mach dir nicht die Mühe, das Protokoll durchzulesen, ich habe alles mitgehört. Er hat nur gesagt, daß er einen wichtigen Boß getroffen hat, daß das Geschäft seiner Meinung nach laufen wird und er in zwei Tagen eine Antwort hat.»

«Sehr gut, ich werde bei ihm vorbeischauen, bevor ihr fahrt. Ich will ihm nur sagen, daß wir uns in Paris wiedersehen werden, um ihn an der kurzen Leine zu halten.»

Ein paar Tage später erwartet mich Bruno bei meiner Ankunft am Flughafen Roissy-Charles-de-Gaulle. Er sieht verdrossen aus:

«Tato, ich habe da ein Problem», sagt er zu mir, als wir zum Wagen gehen, «ich kriege am Monatsende kein Gehalt wie du. Bei jeder Operation muß ich darum kämpfen, daß ich meine Prämie bekomme. Bei der Geschichte mit dem Peruaner lief am Anfang alles gut. Man hatte mir versprochen, ich würde meinen Anteil bekommen. Sie haben mir gesagt, daß ich das Flugzeug von Morillas bekommen könnte. Sobald der Peruaner verhaftet ist, gehört es mir; ich verkaufe es und behalte das Geld.»

«Und wo ist das Problem?»

«Das Problem ist, daß die Zollbehörden mit dabei sind.»

«Mein lieber Bruno, da kann ich nichts für dich tun. Wir werden dich jedenfalls nicht vergessen, du bekommst 15 000 oder 20 000 Dollar von der Schweizer Polizei, wenn wir Morillas fassen. Ansonsten ist es mir vollkommen egal, ob die OCRTIS oder der Zoll die Ermittlung durchführt.»

Als wir im Hotel Concorde-Lafayette ankommen, erwartet uns eine Überraschung. Im Foyer sehe ich Morillas in Begleitung eines anderen Prämienjägers – Carlos das Halbblut.

«Was hat der hier zu suchen?» frage ich Bruno.

«Tja, Tato, wir arbeiten zusammen.»

Ich gehe auf Morillas zu:

«Lieber Freund, ich sehe, daß Sie Carlos kennengelernt haben.»

«Da sieht man wieder, wie klein die Welt ist. Ich habe Carlos in Lateinamerika kennengelernt und ihn in Paris wiedergesehen, als ich einen Kunden suchte. Er hat mir Bruno vorgestellt.»

«Ich verstehe.»

Dann nehme ich ihn beiseite:

«Was unser Geschäft betrifft, wir sind weiter daran interessiert. Ich habe Profis für den Transport gefunden, aber ich muß sie teuer bezahlen. Ich kann Ihnen 12 000 Dollar pro Kilo in Cayenne bieten.»

«Einverstanden», sagt Morillas.

«Gut. Sobald Sie fertig sind, geben Sie Bruno Bescheid. Er ist sozusagen meine rechte Hand. Er wird nach Cayenne kommen, Philippe wird vielleicht auch dort sein. Dann kommen Sie in die Schweiz, wegen der Bezahlung.»

«Okay, die 400 Kilo bringe ich mit meiner zweimotorigen Maschine selbst nach Cayenne.»

«Wohin nach Cayenne?»

«Zum internationalen Flughafen. Offiziell werde ich etwas anderes transportieren. Alle Papiere sind in Ordnung, in Cayenne wird es keine Probleme geben. Das ist nicht das erste Mal, daß ich dorthin liefere, die Zöllner kontrollieren nie. Sie überprüfen nur die Papiere.»

«Einverstanden. Wenn das alles war, gehe ich jetzt. Ich habe für heute abend eine Einladung zum Essen.»

Georges, den ich darum gebeten hatte, mich abzuholen, hat soeben das Hotel betreten. Er kommt auf mich zu, wie immer sehr elegant gekleidet, und nachdem er sich für die Störung entschuldigt hat, grüßt er mich respektvoll. Er reicht mir eine Kiste kubanische Zigarren.

«Ein kleines Geschenk für Sie. Ich erwarte Sie dort», sagt er und begibt sich in den hinteren Teil des Foyers.

Morillas ist beeindruckt.

«Ich muß jetzt los», sage ich, «aber Sie sind in guten Händen.»

Der Polizeibeamte, den die OCRTIS uns für die Ermittlung zur Seite gestellt hat, hat sich zu Carlos gesetzt. Vor Morillas ziehe ich ein Bündel Geldscheine aus der Tasche und gebe ihnen 1500 Schweizer Franken.
«Geht in ein gutes Restaurant.»
Und an Morillas gewandt:
«Wir sehen uns also morgen zum Mittagessen?»

Georges hat einen Tisch in einem der besten italienischen Restaurants der Stadt reserviert. Unterwegs sprechen wir über das aktuelle Problem. Ohne auf Einzelheiten einzugehen, erkläre ich ihm, daß Carla Del Ponte uns keine Einreiseerlaubnis für ihn geben will. Er ist damit einverstanden, daß der Fall vom BKA übernommen wird, er kennt Fifi.

Das Restaurant könnte man fast für eine Filiale der OCRTIS halten. Wir setzen uns an einen Tisch, an dem uns Bruno, Kommissar Lecerf, dessen engster Mitarbeiter Loti, ein brasilianischer Polizeibeamter, der eine leitende Position im Rauschgiftdezernat bekleidet, und zwei hinreißende junge Frauen erwarten. Ein köstliches Diner mit Fischspezialitäten und ein seltsamer Abend stehen uns bevor. Ich frage mich ununterbrochen, in welchen Sumpf ich da geraten bin. Es wird über alles und nichts geredet, und ich nutze die Gelegenheit, um die Gäste diskret zu beobachten. Der brasilianische Polizeibeamte wird von den beiden Prämienjägern förmlich umworben; darüber vergessen diese schier, auch die Verantwortlichen der OCRTIS mit am Gespräch zu beteiligen, die ihr Essen wortlos hinunterschlingen. Das Benehmen der beiden Männer hat mich stutzig gemacht, und mir wird jetzt klar, daß der Brasilianer nicht nur eine einfache Führungskraft des Rauschgiftdezernats ist. Er ist der oberste Chef desselben.

Besagter Chef interessiert sich vor allem für die beiden Mädchen, die mit uns essen, insbesondere für die Dunkelhaarige, eine junge Brasilianerin von atemberaubender

Schönheit. Sie lebt in Paris, wo sie angeblich studiert. Ihre guten Manieren, ihre selbstbewußte Haltung – nichts weist auf ihren wirklichen Beruf hin.

«Sie ist hübsch, nicht wahr?» sagt Georges zu dem Leiter der brasilianischen Drogenpolizei.

«Das kann man wohl sagen!»

«Sie wird Ihnen heute nacht Gesellschaft leisten.»

Es fragt sich nun noch, wem die andere reizende junge Frau, eine rund zwanzigjährige, weizenblonde Pariserin, zugedacht ist. Ich bin in Begleitung eines Tessiner Kollegen. Da ich Georges' Absichten errate, gebe ich ihm einen heftigen Fußtritt. Just in dem Moment wendet sich der distinguierte Prämienjäger meinem Kollegen zu:

«Und hätten Sie vielleicht gern ein wenig Gesellschaft heute nacht?»

«Nein danke», antwortet dieser widerwillig, «die beiden Mädchen sind sehr schön, aber ich bin müde. Vielleicht ein andermal.»

Als wir wieder im Hotel sind, sage ich zu meinem Kollegen:

«Hast du gesehen, wie die Prämienjäger das machen? Sobald auch nur das geringste Problem auftaucht, kannst du sichergehen, daß Georges herausposaunt, daß er dir Nutten bezahlt hat.»

«Ja, aber trotzdem, die Blondine war schon aufregend. Letztendlich kann es einem doch egal sein, wer zahlt.»

Mein Kollege wird schon am nächsten Abend Gelegenheit haben, das Versäumte nachzuholen, als Georges ihm nach dem Essen in einem Restaurant eine andere, wesentlich weniger ansprechende Prostituierte aufdrängt. Diesmal schafft mein Kollege es nicht, nein zu sagen. Ich sehe sie am nächsten Morgen im Foyer des Hotels wieder. Die junge Frau war vom Bett meines Kollegen in das von Carlos gewandert, der nichts Besseres zu tun fand, als sie mit einem Polizisten zu teilen. Als es um die Bezahlung geht, zeigt ihr der Polizist seinen Ausweis und sagt ihr, sie solle verduften. Wütend ruft die junge Frau die Polizei an, die nicht lange auf sich warten läßt. Die Geschichte wird schließlich mehr schlecht als recht geregelt.

Am Tag vor meiner Abreise esse ich wie vereinbart mit Morillas zu Mittag. Er macht eine finstere, sorgenvolle Miene und fühlt sich offenbar gar nicht wohl. Er wisse nicht, ob er die Verhandlungen über die Lieferung der 400 Kilo Kokain – die inzwischen Fortschritte gemacht haben – noch weiterführen oder lieber abbrechen solle.

«Ich bin es nicht gewöhnt, mich so behandeln zu lassen», sagt er mit kaum unterdrückter Wut, «noch nie in meinem ganzen Leben bin ich so gedemütigt worden.»

«Wovon sprechen Sie, Don Morillas?»

«Wovon ich spreche? Von Ihrer Gastfreundschaft. Gestern abend war ich, wenn ich mich nicht irre, Ihr Gast. Oder besser gesagt, der Ihrer Männer, da Sie ja Wichtigeres zu tun hatten. Wissen Sie, wo die mich hingeschleppt haben?»

«Nein.»

«In ein Fastfood. Ich habe da Sachen gegessen, die man in Peru nicht einmal einem Hund vorsetzen würde.»

«Was? Das ist nicht möglich. Ich habe ihnen doch vor Ihren Augen 1500 Schweizer Franken fürs Restaurant gegeben.»

«Ich weiß, aber ich habe die ganze Nacht kein Auge zugetan. So bin ich noch nie behandelt worden. Ich frage mich, ob wir mit Ihrer Gruppe wirklich Geschäfte machen sollen.»

Ich mache keinen Hehl aus meiner Wut. Statt ihn nach meiner Anweisung in ein ordentliches Restaurant einzuladen, haben der französische Polizist und sein V-Mann es vorgezogen, sich das Geld zu teilen.

«Einen Augenblick bitte, Don Morillas, ich werde die Sache regeln.»

Ich stehe auf und lasse mir von einem Kellner das Telefon bringen. Zwanzig Minuten später sitzen die beiden Urheber des Affronts an unserem Tisch. Kleinlaut stecken sie im Beisein Morillas' meine Beschimpfungen ein. Um sie vollends bloßzustellen, lasse ich mir das restliche Geld von ihnen zurückgeben. Am selben Abend gehe ich mit Morillas in ein gutes Restaurant. Das Geschäft läuft wieder an.

Am 4. Februar 1990 kehre ich in die Schweiz zurück, während Morillas nach Lima fliegt. Am 20. März fliegt Bruno nach Cayenne, allein. Philippe hat von seinen Vorgesetzten keine Genehmigung erhalten, um ihn nach Französisch-Guyana zu begleiten. Morillas wird elf Tage später verhaftet, als er mit 400 Kilo Kokain an Bord seiner zweimotorigen Maschine auf dem internationalen Flughafen landet. Diesen Fang kann der französische Zoll als einen weiteren Erfolg verbuchen. Bruno wird das Flugzeug des Peruaners nie bekommen. Er muß sich mit einer Prämie von 30 000 Schweizer Franken zufriedengeben, die ihm die Schweizer Regierung für seine Mitarbeit an einer Undercoveroperation zahlt, die die Schweiz eigentlich gar nicht betrifft.

Mit der OCRTIS bin jedoch noch nicht fertig. Am 11. April 1990 treffe ich mich in einem Restaurant in der Nähe von Ventimiglia mit einem korpulenten, rund fünfzigjährigen Sizilianer, der eine erstaunliche Ähnlichkeit mit Jean Gabin hat. Wie alle Informanten blickt Alessandro Troja auf eine satte kriminelle Vergangenheit. Seit einigen Jahren arbeitet er für verschiedene Polizeibehörden, unter anderen für die italienischen Carabinieri, denen er dabei geholfen hat, in ihrem Wert kaum bezifferbare gestohlene Kunstwerke wiederzufinden. Dieser unübertroffene Bridge-Spieler ist einer der wenigen V-Männer der Welt, die sowohl bei den kolumbianischen Kokain-Kartellen als auch bei ihren größten italienischen Kunden, den Familien der kalabrischen N'drangheta, der sizilianischen Cosa Nostra und der neapolitanischen Camorra gern gesehen sind. Troja arbeitet mit den Carabinieri im Rahmen einer Operation zusammen, die Bosco getauft wurde. Meine italienischen Kollegen haben unser Treffen organisiert, denn wie bei den meisten Drogengeschäften führen alle Wege zu den Schweizer, um nicht zu sagen Tessiner Geldwaschanlagen. Troja hat außerdem einige interessante Neuigkeiten zur Magharian-Affäre für mich. Was aber noch niemand weiß: Er steckt mitten in einer verdeckten Ermittlung, von der auch einige der bei den Operationen *Gulby* und *Parano* entkommenen Verdächtigen betroffen sind.

«Ich bin oft in Kolumbien», erklärt Troja, «ich habe dort eine alte Bekannte wiedergetroffen. Sie hat mich einem Kolumbianer vorgestellt, der zum Cali-Kartell gehört. Sie haben in Barcelona ein Depot mit mehr als einer Tonne Kokain. Die vor kurzem in Holland beschlagnahmten drei Tonnen Kokain gehörten ihnen.»

«Du sprichst vom Cali-Kartell. Hast du Namen?»

«José Santacruz Londoño und die Familie Grajales.»

Ich spitze die Ohren. Das sind die Auftraggeber von Escobar junior; sie haben tonnenweise Kokain in Spanien, das uns entgangen ist. Während seines Aufenthaltes in Kolumbien, gegen Ende des Sommers 1989, hat Troja von einer Lieferung von 1000 Kilo Kokain nach Vigo gehört, die anschließend in Madrid gelagert wurden. Alles paßt zusammen: die Menge (eine Tonne), der Bestimmungshafen (Vigo) und die Stadt, in der sich das Depot befindet (Madrid), der Zeitpunkt (zweite Jahreshälfte 1989) und die Besitzer (José Santacruz Londoño und die Familie Grajales). Es handelt sich tatsächlich um das Kokain, das bei dem Treffen in Lugano im Gespräch war und uns wegen der Ungeschicklichkeit der mit der Überwachung beauftragten Polizeibeamten entgangen war.

Die OCRTIS und die DEA in Paris setzen Troja für eine Lieferung von 400 Kilo Kokain an italienische Kunden ein, die im französischen Teil der Insel Saint-Martin stattfinden soll. Das Geschäft ist schon ausgehandelt, aber die Ware ist noch auf hoher See. Es wäre logisch gewesen, unsere Leute zuerst auf die 1000 Kilo in Madrid und dann auf die 400 Kilo in Saint-Martin anzusetzen: Aus dem einfachen Grund, weil die Tonne «Schnee» bereits vor drei Monaten in Vigo eingetroffen ist, während die Lieferung nach Saint-Martin noch dorthin unterwegs ist. Sie wird per Flugzeug eintreffen, sobald Troja sie in Empfang nehmen kann. Anders gesagt: Troja muß nach Saint-Martin, um das Signal zu geben, und erst dann wird die Ladung direkt aus Kolumbien losgeschickt. Wir haben also genügend Spielraum, um beide Fälle zu übernehmen. Dazu muß nur so verhandelt werden, daß sich das Depot mit den 1000 Kilo ausfindig machen läßt. Sobald dieses Ziel erreicht ist, kann die Ladung nach Saint-Martin losgeschickt werden, und in einer gemeinsamen Aktion können gleichzeitig die beiden Ladungen beschlagnahmt und die Beteiligten verhaftet werden.

Ich bin sehr daran interessiert, das Depot in Madrid aufzudecken, weil es mir erst vor kurzem durch die Lappen gegangen ist. Meines Erachtens ist die Gelegenheit einzigartig, nicht nur, um die erlittene Niederlage wieder wettzumachen, sondern auch, um die Operationen *Parano* und *Gulby* abzuschließen. Das ist jedoch nur möglich, wenn meine französischen und amerikanischen Kollegen den Kreis um Saint-Martin nicht sofort schließen. Ich muß die Franzosen davon überzeugen. Sie stehen seit der Morillas-Affäre in meiner Schuld. Noch am selben Tag rufe ich nach meiner Rückkehr die Kollegen von der OCRTIS an, um ihnen meinen Plan zu erläutern. An ihrer halbherzigen Reaktion merke ich, daß ich mich umsonst bemühe. Für sie kommt es nicht in Frage, ihre Operation aufzuschieben, auch wenn dies einer anderen, größeren Ermittlung zugute käme.

Am 15. April 1990 kündigen mir die Mailänder Carabinieri Trojas Abreise nach Cali an. Nach seiner Rückkehr am 23. April teilt mir Troja mit, daß die Familien Grajales und Santacruz Londoño die Lieferung sehr großer Mengen Kokain von Brasilien nach Europa und in die Vereinigten Staaten vorbereiten. Als ich mir diese Information notiere, ahne ich noch nicht, daß meine nächste verdeckte Ermittlung in Brasilien stattfinden wird. Troja hat noch eine weitere äußerst ungute Nachricht:

«Ich mußte unter meinem richtigen Namen nach Kolumbien reisen. Die Franzosen haben mir so stümperhaft gefälschte Papiere gegeben, daß ich sie nicht benutzen konnte. Ich hatte sie darum gebeten, mir einen offiziellen Tarnpaß mit falschem Namen zu geben. Sie haben sich geweigert. Die Kolumbianer kennen also meinen richtigen Namen. Sie haben auch meine Adresse in Nizza. Das ist verdammt gefährlich für mich. Sie können mich jederzeit wiederfinden. Sobald die Geschichte in Saint-Martin gelaufen ist, muß ich verschwinden. Ich kann nicht in Nizza bleiben, aber ich weiß nicht, wohin.»

«Ich verstehe, was das für dich heißt. Das haben sie wirklich in den Sand gesetzt; an deiner Stelle hätte ich die Franzosen und die Amerikaner zum Teufel gejagt.»

«Das hätte ich auch gerne getan, aber die Franzosen haben mich in der Hand. Sie können mich jederzeit ins Gefängnis bringen.»

Troja droht eine Klage wegen eines Geschäfts mit 42 Kilo Kokain in Nizza, von dem später noch die Rede sein wird.

«Manchmal ist es besser, im Gefängnis zu landen als unter der Erde.»

«Das stimmt schon, aber ich habe meine Wahl getroffen und kann sie nicht mehr rückgängig machen. Ich bin von nun an in ihrer Hand. Ich habe keine Lust, wieder ins Gefängnis zu gehen.»

«Hör mal, Sandro. Ich werde noch einmal mit den Leuten von der OCRTIS reden und versuchen, sie davon zu überzeugen, die beiden Operationen miteinander zu verbinden, so könnten wir dich schützen. Wenn das nicht klappt, machst du die Aktion in Saint-Martin, und danach kommst du zu uns. Wir können dann weiter zusammen arbeiten.»

Troja hat die Kalabrier wiedergesehen. Sie sind mehr denn je bereit, die Tonne Kokain aus Madrid zu kaufen, aber die OCRTIS und die DEA fordern, vorrangig behandelt zu werden: erst die 400 Kilo auf den Antillen und dann die Tonne in Spanien. Ich versuche noch einmal, meinen Plan zu verteidigen, vergeblich. Wir müssen das Ende der Operation auf den Antillen abwarten, bevor wir in Madrid anfangen können, ungeachtet aller Risiken, die dadurch entstehen. Am 27. April 1990 fliegt Troja tief bekümmert auf die Antillen. Mich macht die Sache rasend.

Selbst wenn er von der Richtigkeit unseres Standpunkts überzeugt ist, kann Troja die Zusammenarbeit mit der OCRTIS nicht verweigern. Die französische Polizei hat ihn in der Hand. Er ist nur eine Marionette: Entweder macht er, was von ihm verlangt wird, oder er geht wegen der Sache mit den 42 Kilo Kokain in Nizza wieder hinter Gitter. Die Operation auf Saint-Martin wird zu Ende geführt, 380 Kilo Kokain werden beschlagnahmt und acht Kolumbianer verhaftet.

Da er gezwungen war, unter seinem eigenen Namen und ohne die geringste Rückendeckung zu arbeiten, ist

Troja jetzt geliefert und traut sich nicht mehr nach Nizza zurück. Am 10. Mai ruft er mich aus einem Hotel an, um mir seine Lage zu schildern. Ich alarmiere den Staatsanwalt von Bellinzona, Jacques Ducry, der nach Absprache mit dem zuständigen Richter in Nizza grünes Licht gibt, damit der Sizilianer in die Schweiz kommen kann. Am darauffolgenden Tag treffen Alessandro Troja und seine Lebensgefährtin Carmelina, eine hübsche Frau um die Dreißig, in Locarno ein. Ich bringe sie im Hotel Sogno unter. Die erneute Wahl meines ehemaligen Hauptquartiers für die Operation *Gulby-Parano* birgt gewisse Risiken, die jedoch praktisch zu vernachlässigen sind. Wenn ich schon Drogenhändler unterbringen muß, dann wenigstens in vertrauter Umgebung und an einem Ort mit einem gewissen Komfort.

Nach der Beschlagnahmung in Saint-Martin kommt es nicht mehr in Frage, die Spuren der 1000 Kilo Kokain in Madrid zurückzuverfolgen. Troja ist jedoch ein findiger Kopf und hat noch weitere Drogenhändler auf Lager. Er steht weiterhin in Kontakt mit den kolumbianischen Kartellen und bietet mir unter anderem an, uns einen Türken zuzuspielen, dem ich schon seit zwei Jahren auf den Fersen bin. Seine Informationen hat er von Adem Akgüller, einem alten Bekannten, der in Mailand mit 15 Kilo Heroin verhaftet und aufgrund eines Verfahrensmangels wieder freigelassen worden war. Die Polizisten hatten jedoch genug Zeit, um bei ihm Angaben zu einem Schweizer Bankkonto zu finden, für das ich mich sehr interessiere. Es handelt sich um das ROY-Konto bei der Finanzierungsgesellschaft Mirelis in Genf. Es wird von den Magharian-Brüdern verwaltet, die 200 Millionen Dollar über dieses Konto laufen ließen. Dieses Geld wiederum stammte von diversen Türken, teils aus dem Umfeld von Haci Mirza. Die kolumbianischen Geschäftspartner von Troja suchen neue Kunden in Europa, und der Türke möchte Kokain kaufen. Wir könnten zwei Fliegen mit einer Klappe schlagen, einen kolumbianischen Händlerring sprengen und italienische Wiederverkäufer aus dem Verkehr ziehen.

Die Auswertung der Operationen *Parano* und *Gulby* nimmt fast meine gesamte Zeit in Anspruch. Die beschlagnahmten Dokumente müssen analysiert, einige noch nicht verhaftete Drogenhändler weiter überwacht werden. Ich kann Troja bei seiner Ankunft in Locarno nur kurz begrüßen. Am selben Tag empfange ich in meinem Büro Polizeibeamte aus Holland, Italien, den Vereinigten Staaten, Spanien und Deutschland, um die gemeinsame Arbeit zu koordinieren. Da ich nur wenig Zeit für meinen neuen Informanten habe, unterstelle ich ihn der Aufsicht meines Kollegen Max, mit dem ich bei der Operation *Parano-Gulby* zusammengearbeitet habe. Ich behalte mir die Rolle des Drogenbosses vor und werde mich erst später einschalten. Um Troja im Auge zu behalten, beschließe ich jedoch, im Hotel Sogno zu übernachten.

Troja hat keinen direkten Kontakt mit dem Türken; ein kleiner italienischer Gauner, Angelo Quirici, fungiert als Mittelsmann.

«Ich habe mit Angelo telefoniert», sagt Troja bei unserem ersten Arbeitstreffen im Hotel Sogno, «er erwartet mich in Mailand. Der Türke ist bei ihm. Sie möchten mir Kokain abkaufen. Ich kann sie über einen meiner Kontakte in Kolumbien beliefern, der jeden Monat große Mengen in verschiedene europäische Häfen schickt. Angelo hat mir auch gesagt, daß der Türke mir einen gefälschten Ausweis beschaffen könnte.»

Am 14. Mai 1990 fahren Max und Troja nach Mailand, um Angelo Quirici und Adem Akgüller zu treffen. Die Begegnung findet unter der diskreten Überwachung der Carabinieri statt. Troja gibt dem Türken zwei Paßfotos, um sich einen gefälschten Ausweis machen zu lassen. Wir sind sicher, daß auch Akgüller Vorkehrungen getroffen hat und seinerseits Max und Troja überwachen und fotografieren läßt. Ich möchte allerdings wissen, wie gut die Leute des Türken Ausweise fälschen. Noch dazu wird uns das nicht einmal etwas kosten. Normalerweise nimmt der Türke 5000 Schweizer Franken für einen gefälschten Ausweis, aber diesen macht er umsonst. Nicht von ungefähr, denn Troja bietet ihm ein Geschäft an, bei dem er 300 000 Dollar investieren und Millionen von Dollar verdienen kann. Das Geld kann er noch dazu in der Schweiz arbeiten lassen, bis er das Kokain damit bezahlt.

Am Abend desselben Tages treffe ich Troja ein paar Stunden nach seiner Rückkehr aus Mailand im Hotel Sogno. Die Geschäfte laufen gut.

«Ich habe gerade noch einmal mit dem Türken telefoniert, er hat richtig angebissen. Er hat mir gesagt, daß seine Familie 300 Kilo Kokain kaufen möchte. Ich habe gleich darauf meinen Kontakt, den griechischen Drogenhändler Kostantinos Valianos, angerufen. Er hat Verbindungen mit den Kartellen in Cali und Medellín und hat immer gesagt, daß er mir jederzeit Kokain besorgen könnte. Zur Zeit ist er in Athen, aber er lebt seit rund zehn Jahren in Kolumbien. Er macht große Kokaingeschäfte und arbeitet mit Pablo Ramírez, einem der Bosse des Medellín-Kartells.»

«Ich würde Kostantinos Valianos gern kennenlernen; laß ihn doch hierher ins Hotel kommen. Und dann fähst du mit ihm nach Kolumbien, um direkt mit Pablo Ramírez zu verhandeln. Leider können weder Max noch ich dich begleiten, das wäre zu riskant. Wir können uns dort unten nicht mehr blicken lassen.»

«Fausto, ich muß dir noch etwas anderes sagen. Du weißt ja, daß mich die OCRTIS in der Hand hat. Sie können mich jederzeit verhaften. Ich habe eine Bescheinigung, in der die französische Polizei bestätigt, daß ich als Übersetzer für sie arbeite.»

«Das ist ja unglaublich! Kannst du mir eine Kopie davon geben?»

«Natürlich.»

Das Dokument sieht echt aus, es trägt die Unterschrift eines Polizeibeamten, den ich kenne.

Am 27. Mai treffen sich Max und Troja noch einmal mit Akgüller in Mailand. Troja bekommt einen erstklassig gefälschten italienischen Paß. Der Türke vertraut ihnen an, seine Familie liefere jede Woche 30 Kilo Heroin nach Bergamo in ein Depot. Es sei für den norditalienischen Markt bestimmt. Der Türke bietet Troja an, ihm diese Menge zu reservieren.

«Warum nicht?» antwortet Troja vorsichtig, «Aber wir sollten nichts überstürzen. Ein Geschäft nach dem anderen, erst die 300 Kilo Kokain, dann sehen wir weiter mit dem Heroin.»

Der Türke wird von zwei italienischen Bodyguards begleitet, die von den Carabinieri als gedungene Killer Santo Pasquale Morabitos identifiziert werden, der einer der mächtigsten Paten Italiens und der unangefochtene Boß der kalabrischen N'drangheta ist. Die Kalabrier haben die Sizilianer und die neapolitanische Camorra abgelöst und kümmern sich seit Anfang der neunziger Jahre zusammen mit den Türken um die Belieferung der Industriemetropolen Mailand und Turin mit Heroin. Das entspricht mindestens einer Tonne pro Jahr, mehreren hundert Millionen Schweizer Franken, die rückgeschleust werden müssen. Den Kokain-Boom können sie sich nicht entgehen lassen.

Ich hole persönlich Erkundigungen über den griechischen Drogenhändler Valianos, Trojas Kontaktmann, ein. Er wurde im September 1987 im Zusammenhang mit der Sicherstellung von 20 Kilo Kokain zu sieben Monaten Gefängnis verurteilt. Sein Name tauchte erneut am 3. Februar 1989 auf, nach der Beschlagnahmung einer halben Tonne Kokain in Frankreich. Er ist zuverlässig, aber zu unserem Leidwesen ein Raufbold. Am 5. Juni 1990 wird er verhaftet, nachdem er – glücklicherweise ohne schwere Folgen – einen Mann bei einer Schlägerei in einer Bar durch Messerstiche verletzt hat. Valianos kann gegen Zahlung einer Kaution, für die er selbst allerdings keine müde Drachme aufbringt, auf freien Fuß gesetzt werden. Nachdem ich mich mit den Carabinieri und der DEA abgesprochen habe, beschließe ich, Troja mit dem für die Freilassung des griechischen Drogenhändlers notwendigen Geld nach Athen zu schicken.

Zehn Tage später setzt sich Valianos neben mich an die Bar des Hotel Sogno in Lugano. Er ist schwarz gelockt und sehr hellhäutig, klein, aber kräftig.

«Das tut gut, frei zu sein, nicht wahr, Kostantinos?»

«Es ist nicht das erste Mal, daß ich im Knast lande, aber Sie haben recht, es tut verdammt gut, wieder draußen zu sein. Nochmals vielen Dank, ohne Sie wäre ich da immer noch drin.»

«Vergessen wir das, das ist jetzt vorbei. Sprechen wir lieber von dem, was jetzt ansteht.»

«Deswegen bin ich hier. Sandro hat mir gesagt, daß Sie eine größere Menge Kokain suchen. Er hat von 300 Kilo gesprochen. Ich wohne seit rund zehn Jahren in Kolumbien, ich habe gute Beziehungen in Cali und auch in Medellín. In Medellín kenne ich Pablo Ramírez schon lange, er steht Pablo Escobar nahe. Sandro kennt ihn auch. Mit Pablo habe ich schon mehrere Geschäfte gemacht, es hat nie Probleme gegeben, mein Wort genügt ihm. Sandro und ich fliegen nach Kolumbien, um die letzten Details zu regeln. Sie zahlen erst nach Erhalt der Ware. Pablo wird mir sagen, wie die Bezahlung zu erfolgen hat.»

Am 26. Juli 1990 fliegen Troja und Valianos nach Kolumbien. Troja kommt vier Tage später zurück, nachdem er lange mit Pablo Ramírez diskutiert hat.

«Die Kolumbianer wollen, daß wir das Geld in einer Schweizer Bank deponieren», erklärt Troja, «dann müssen wir es an eine amerikanische Bank schicken.»

«Das ist riskant. Sie müssen doch wissen, daß die Amerikaner mittlerweile eine ganze Reihe von Maßnahmen entwickelt haben, mit denen sie Transfers zur Geldwäsche aufdecken.»

«Eben, deswegen sollen wir das Geld auch in kleinen Beträgen überweisen, nicht mehr als 10 000 Dollar auf einmal. Die Banken müssen nur Beträge angeben, die darüber liegen.»

Troja gibt mir die Kontonummer des amerikanischen Geschäftspartners der Familie. Ich habe sie immer noch.

«Eine letzte Sache», sagt Troja, «bevor Pablo Ramírez sich von mir verabschiedet hat, hat er mir gesagt, daß er bald nach Mailand und Lugano muß, um verschiedene Sachen zu erledigen. Er hat mich nach meiner Telefonnummer gefragt. Ich habe ihm die vom Hotel Sogno gegeben.»

«Das war richtig so.»

Am 8. August treffe ich Kostantinos Valianos an der Bar des Hotel Sogno wieder. Der Grieche kommt mit guten Nachrichten aus Kolumbien zurück.

«Du wirst die Ware sehr bald bekommen. Pablo Ramírez hat gesagt, daß er schon eine Ladung fertig hat.»

«Tatsächlich?»

«Macht es dir etwas aus, sie in Belgien, im Hafen von Seebrügge, abzuholen?»

«Nein, ich habe dir ja schon gesagt, daß meine Organisation die Ware abholen kann, wo ihr wollt. In Belgien, Deutschland, Holland, überall.»

«Dann werden wir gute Geschäfte miteinander machen können. Du weißt ja, daß unsere Organisationen ein Problem mit der Lagerung haben. Früher hatten wir feste Depots in verschiedenen europäischen Städten. Wir haben auch immer noch ein paar, aber das ist sehr riskant. Deswegen haben wir eine neue Lösung gefunden: schwimmende Depots. Bis wir einen Abnehmer finden, lagern wir das Kokain an Bord von Schiffen, die nach Europa oder in die Vereinigten Staaten fahren.»

«Und was für Mengen sind das?»

«50, 100 Kilo. Sobald wir Kunden finden, holen wir die Ware am Schiff ab und bezahlen den Transport. 4500 Dollar pro Kilo. Das ist der Preis. Andernfalls bleibt das Kokain an Bord und geht nach Kolumbien zurück.»

«Raffiniertes System.»

«Wir wissen, wann die Ware eintrifft. Ich habe von Seebrügge gesprochen, weil eines unserer Schiffe dort alle vierzehn Tage vor Anker geht. Ich weiß nicht, wie es heißt. In Hamburg und Bremen sind die schwimmenden Depots zwei Frachter, die ich gut kenne, die ‹Boo Johnson› und die ‹Islas Palmas›.»

Ich merke mir diese Namen.

«Ich möchte dich um einen Gefallen bitten», fährt Valianos fort, «zur Zeit bin ich etwas knapp bei Kasse.»

«Wieviel brauchst du?»

«Ich weiß, daß ich dir schon viel schulde, aber diesmal bin ich an einer großen Sache dran. Pablo hat mir ein Kilo 100prozentig reines Kokain gegeben. Ich habe einen Kunden in Griechenland, aber ich habe nicht genug Geld, um mein Flugticket zu bezahlen.»

«Kein Problem.»

Valianos kann sich von nun an zum Teufel scheren. Wenn Troja sich erst in die kolumbianischen Drogenringe eingeschleust hat, ist der griechische Drogenhändler mir nicht mehr von Nutzen. Am 13. August befördere ich ihn in ein Flugzeug nach Athen und informiere meine griechischen Kollegen. Seitdem habe ich nie wieder etwas von ihm gehört. Ich weiß nicht, was aus ihm geworden ist, genauso wenig wie ich weiß, ob die Informationen über die Depot-Schiffe, die ich an meine belgischen und deutschen Kollegen weitergegeben habe, weitere Ermittlungen nach sich gezogen haben.

Pablo Ramírez ruft Troja im Hotel Sogno an. Er habe nicht die Absicht, die 300 Kilo Kokain auf einmal zu liefern. Er schlägt vor, mit 40 Kilo anzufangen. Er werde die Lieferbedingungen per Fax übermitteln. Offensichtlich kommt das Rauschgift nicht aus einem der schwimmenden Depots. Der von Troja kontaktierte Türke ist persönlich an den 40 Kilo interessiert. Außerdem möchten seine kalabrischen Geschäftspartner die 300 Kilo nicht auf einmal kaufen, sondern lieber erst mit kleineren Mengen anfangen, um die Absatzmöglichkeiten zu testen. Sie schlagen 15 Kilo vor und wollen den Boß von Trojas Organisation treffen – der bin ich.

Am 15. August erhält Troja im Hotel Sogno ein Fax von Pablo Ramírez aus Kolumbien:

«Unter Bezugnahme auf unser Telefongespräch und Ihren Besuch in Kolumbien bestätigen wir Ihnen unser Angebot zum Verkauf von Pulverschutzmasken. Wir stellen sie direkt in unseren Fabriken in Venezuela her und können sie Ihnen von Caracas aus nach Mailand, Rom oder Zürich liefern.

Caracas-Mailand: Direktflug Viasa 722, Abflug ab Caracas montags, mittwochs und freitags um 16.15 Uhr, Ankunft im Flughafen Mailand-Malpensa dienstags, donnerstags und samstags um 08.30 Uhr.

Caracas-Rom: Direktflug Alitalia 577, Abflug ab Caracas dienstags und samstags um 17.55 Uhr, Ankunft im Flughafen Rom-Fiumicino mittwochs und sonntags um 08.30 Uhr.

Caracas-Zürich: Direktflug Swissair 153, Abflug ab Caracas samstags um 18.40 Uhr, Ankunft im Flughafen Zürich-Kloten sonntags um 10.10 Uhr.

Wir kümmern uns um sämtliche Zollformalitäten in Caracas. Dagegen müssen Sie das Personal stellen, um die Ware in Mailand, Rom oder Zürich abzuholen. Teilen Sie uns bitte den Namen Ihrer Import-Export-Firma mit. Wir könnten die Masken auch im Container von Venezuela nach Genua verschiffen. Nächste Woche verschicken wir eine Ladung nach Savona. Wir können Ihnen pro Woche 20 000–30 000 Masken liefern, wobei die Produktion auf 50 000 oder 100 000 gesteigert werden könnte. Das hängt davon ab, wieviel Zeit die Banküberweisungen in Anspruch nehmen. Alles wird zu Ihrer Zufriedenheit verlaufen, sobald wir die erste Lieferung abgewickelt haben, die erfahrungsgemäß die schwierigste ist.»

Deutlicher könnte man es nicht formulieren. Ramírez legt seine Karten offen und bietet uns bis zu vier Tonnen Kokain pro Monat an. Ich habe wieder einmal mit den ewigen Widersprüchen unseres Systems zu kämpfen: Niemand wird das Risiko auf sich nehmen wollen, vorübergehend einen Kokainhandel zu dulden, auch wenn dadurch eine ganze Organisation zerschlagen werden kann. Ich weiß, daß ich schon nach der ersten Lieferung alle Beteiligten verhaften lassen muß. Ich muß unbedingt Zeit gewinnen. Zuerst übermittle ich Ramírez die Anschrift einer Import-Export-Gesellschaft in der Schweiz, die unter der Kontrolle unserer Dienststellen steht.

Tags darauf ruft der Kolumbianer Troja an. Wir könnten eine erste Lieferung von 20 bis 30 Kilo Kokain in drei Wochen erhalten. Der Preis ist korrekt: 18 000 Dollar pro Kilo. Er werde uns zu gegebener Zeit den Flughafen und die Flugnummer für die Lieferung übermitteln. Außerdem könnten wir in einem Monat weitere 15 Kilo Kokain von einem Schiff bekommen, das in Belgien eintreffen werde.

Es sei etwas teurer: 15 000 Dollar pro Kilo plus 4500 Dollar für die Schiffsbesatzung.

Am 7. September 1990 treffen im Hotel Sogno zwei Abgesandte des Türken ein. Pino Amabile und Gianni Sorrentino kommen aus Kalabrien. Nach Auskunft der Carabinieri gehören sie zum Clan der Morabiti, einer der wichtigsten Familien der N'drangheta. Sie sind gekommen, um die Modalitäten der Kokainlieferung festzulegen (15 Kilo gegen Bezahlung von 225 000 Dollar und 70 000 Dollar für den Transport), und schlagen mir umgehend ein weiteres Geschäft vor: Sie wollen sowjetische Rubel in Dollar umtauschen. Das sowjetische Imperium steht kurz vor dem Zusammenbruch, und der Ausverkauf hat bereits begonnen. Sie bieten etwas mehr als den offiziellen Umtauschkurs, einen Rubel gegen einen Dollar, aber mir ist klar, daß sie noch mit sich handeln lassen. Sie behaupten, daß «irgendwo in Italien» Milliarden von Rubeln lagern würden. Wie zur Bekräftigung lassen sie mir schon einmal 100 000 Rubel da.

Danach erhalte ich noch viele weitere Beweise dafür, daß die kriminellen Organisationen in Italien einen Handel mit Rubeln im großen Maßstab betreiben. Das Prinzip ist einfach: Die russischen Mafiosi kaufen skrupellosen Bankiers Milliarden von Rubeln unter Wert ab und verkaufen sie wieder auf dem Schwarzmarkt, unter Abzug ihrer Provision. Da viel zuviel sowjetisches Geld auf dem Devisenmarkt kursiert, bieten die Schweizer Banken höchstens 40 Cent pro Rubel. Meine kalabrischen Gesprächspartner sind jedoch nicht bereit, unter 50 Cent pro Rubel zu gehen. Um die Fährte der Rubel bis zu ihrem Depot zurückzuverfolgen, hätten wir mehrere hunderttausend Dollar investieren müssen. Die Schweizer Regierung ist ebensowenig wie andere bereit, sich darauf einzulassen. Von nun an geht es in unseren Verhandlungen mit den Kalabriern nur noch um Rauschgift; sie werden mit Sicherheit andere Mittel und Wege gefunden haben, um ihre Rubel loszuwerden.

Noch bin ich jedoch mit den Rubeln in Italien nicht am Ende. Ein paar Monate später, genauer gesagt am 23. Januar 1991, schickt mir ein holländischer Kollege einen seiner deutschen Informanten, dessen Namen ich hier auf seine Initialen O.P. verkürzen werde. Er hat Informationen über Drogenhändlerringe in der Schweiz für mich. O.P. steht in Kontakt mit einer sowohl auf radioaktive Substanzen als auch auf Drogen spezialisierten Bande, die Milliarden von Rubeln aus einem Depot in Italien abzusetzen versucht. Und er hat eine weitere unglaubliche Information für mich: Die Kalabrier, die sich um dieses Geschäft kümmern, sollen das Geld angeblich in einem Hangar der NATO in Süditalien lagern. Da die anderen von O.P. gelieferten Informationen korrekt sind, bin ich der Ansicht, daß dieser Tip eine genauere Überprüfung wert ist. Ich informiere meine Vorgesetzten darüber, die jedoch kein Interesse zeigen, und setze die DEA in Mailand und Frankfurt ins Bild. Kurze Zeit später informiert mich ein amerikanischer Kollege, daß O.P. vom CIA rekrutiert worden sei. Ich kümmere mich ab sofort nicht mehr um den Fall. Ich habe nie versucht, den wahren Sachverhalt kennenzulernen.

Pablo Ramírez ruft Troja am 11. September wieder an. In einer Woche werde die «Capitán Valiente», ein Depot-Schiff, in einem belgischen Hafen vor Anker gehen; 15 Kilo der Kokainladung seien für uns reserviert. Kurze Zeit später kündigt er in einem Fax an, daß er, sobald das Geschäft abgewickelt sei, ein Schiff mit 200 Kilo Kokain an Bord nach Belgien schicken werde. Jetzt muß nur noch der Türke benachrichtigt werden.

Eine Woche später treffen sich drei von dem Türken gesandte Kalabrier mit Max und Troja in Lugano. Die

Kalabrier übergeben ihnen die 70 000 Dollar für die Mannschaft der «Capitán Valiente». Dann fahren die drei Kalabrier mit einem Range Rover nach Belgien. Max, Troja und ein weiterer meiner Männer begeben sich ebenfalls nach Belgien, während ich mit den verschiedenen betroffenen Polizeidezernaten Kontakt aufnehme, um unsere Operationen aufeinander abzustimmen. Das nach Belgien gelieferte Rauschgift muß durch Frankreich transportiert werden, um über die Schweiz nach Italien gebracht zu werden.

Von nun an bleibe ich wie vereinbart in Locarno, wo mich der «oberste Schatzmeister» der Bande treffen soll, der auch bis zum Eintreffen der Ware bei mir bleibt. Diese letzte Phase ist die wichtigste. Besondere Überwachungsmaßnahmen kommen zum Zuge, um die Herkunft des Geldes zu ermitteln.

Da ich den Modus operandi der Kolumbianer gut kenne, bin ich mir sicher, daß sich in dem Schiff mehr als nur die 15 angekündigten Kilo befinden. Um das Kokain verschiffen zu können, müssen die Kolumbianer einige Personen bestechen; deswegen legen sie die Ladungen mehrerer Besitzer, die für verschiedene Kunden bestimmt sind, zusammen. Die Ladung wird anschließend wie vereinbart am Bestimmungsort aufgeteilt. Durch diese als «Komplementärsystem» bezeichnete Methode werden Verluste und Gewinne aufgeteilt. Bei den lateinamerikanischen Kartellen ist dieses System sehr verbreitet.

In einer ganzen Reihe von Besprechungen mit der belgischen Polizei wird alles sorgfältig geplant. Als die «Capitán Valiente» am 20. September in den Hafen einläuft, befinden sich Dutzende von belgischen und Schweizer Polizisten in den Hafenbüros, als Docker oder Taxifahrer getarnt. In nächster Nähe halten sich Froschmänner der Polizei zum Einsatz bereit. Die Kolumbianer verstecken das Rauschgift gewöhnlich in Behältern, die unten an den Schiffsrumpf geschweißt werden. Trotz aller Vorbereitungen aber geht die Sache schief.

Der Kapitän des Frachters ist nervös. Der Lotse, der das Schiff zum Kai begleitet, hat ihn davon verständigt, daß während der letzten Wochen Dutzende Kilo Kokain im Hafen beschlagnahmt wurden. Die mit der Operation beauftragten belgischen Polizisten machen den Fehler, Troja an Bord des Frachters zu schicken, ohne wie üblich die Abfertigung durch die Hafenpolizei abzuwarten. An Deck fragt Troja nach dem Matrosen, dessen Namen er von Ramírez hat. Dieser Mann soll ihm das Rauschgift aushändigen. Der Matrose gerät jedoch in Panik und tut so, als ob er nichts verstehen würde. Troja geht wieder an Land und ruft in Kolumbien an.

«Das ist der Mann, der dir die Ware aushändigen soll», bestätigt ihm Ramírez.

«Er traut mir nicht.»

«Sag ihm, daß du mich angerufen hast.»

«Ich fürchte, er wird mir nicht glauben.»

«Dann gebe ich dir den Namen seiner Freundin. Hast du was zum Schreiben?»

Als Troja wieder an Bord geht, sind die Zollformalitäten erledigt. Der Matrose ist verschwunden.

Gegen 22 Uhr springen die Froschmänner der belgischen Polizei ins Hafenwasser, um den Schiffsrumpf der «Capitán Valiente» zu untersuchen. Sie stoßen auf zwei andere Froschmänner, die damit beschäftigt sind, einen Behälter vom Kiel des Schiffes abzunehmen. Die belgischen Polizisten greifen ein und halten die Kolumbianer zurück, ein großer Irrtum: Sie hätten die Drogenhändler weitermachen lassen und sie überwachen sollen.

Gleichzeitig beginnt oben auf dem Schiff die Razzia. An Bord des Schiffes werden der Kapitän und die Mannschaft verhaftet. In dem Behälter werden 100 Kilo Kokain gefunden.

Die Lage ist ernst, aber noch nicht hoffnungslos. Ursprünglich hatten uns die belgischen Behörden dazu ermächtigt, eine kontrollierte Lieferung in ihrem Staatsgebiet durchzuführen. Als das Kokain jedoch beschlagnahmt ist, machen sie eine Kehrtwendung und weigern sich, uns die dafür erforderlichen 15 Kilo auszuhändigen. Die Belgier berufen sich auf einen Formfehler: Das Gesuch des Staatsanwaltes Ducry aus Locarno habe nur 15 Kilo zum Gegenstand, während an Bord der «Capitán Valiente» 100 Kilo gefunden wurden. Das ist eine Katastrophe für uns, die Operation wird zu einem Fiasko.

Verzweifelt versuche ich, die Sache wieder ins Lot zu bringen. Ich schlage Ducry vor, 15 Kilo Kokain aus Beständen zu entnehmen, die in der Schweiz sichergestellt wurden. Das könnte die Operation retten, denn die Kalabrier sind noch in einem Hotel in Seebrügge und waren während der Beschlagnahmung nicht im Hafen. Sie wissen möglicherweise noch nichts davon. Zuerst reagiert Ducry ausweichend. Ich wende mich an die Schweizerische Bundesanwaltschaft, die mich an Ducry zurückverweist, obwohl sie einer solchen Aktion gewogen ist. Der Staatsanwalt hat Angst, eine Entscheidung zu treffen.

Um zu retten, was noch zu retten ist, beschließe ich, den Kalabriern die für den Transport vorgestreckten 70 000 Dollar zurückzugeben. Troja soll ihnen sagen, daß er verdächtiges Treiben um das Schiff bemerkt und es vorgezogen habe, die Sache abzubrechen. Das ist die einzige Möglichkeit, um die Verbindung zu dem Türken und seiner Bande nicht abreißen zu lassen. Troja hat das Geld, und ich befehle ihm, es zurückzugeben.

Am nächsten Tag aber ruft mich um 21 Uhr einer der Schweizer Polizisten an, der mit Troja in Belgien ist; er tobt:

«Tato, wir haben ein großes Problem mit Troja. Er will den Kalabriern das Geld nicht zurückgeben. Er möchte es für sich behalten. Ich schaffe es nicht, diesen Idioten davon zu überzeugen, daß er eine Straftat begeht. Am liebsten würde ich ihn verprügeln und dann verhaften.»

«Immer mit der Ruhe, du bist schließlich in Belgien. Ist er verrückt geworden oder was?»

«Er ist neben mir, er hört, was du sagst.»

«Gib ihn mir. Sandro,» sage ich, nachdem ich tief Luft geholt habe, «kannst du mir sagen, was das soll? Bei der Sache ist schon genug schiefgelaufen. Wenn du jetzt auch noch das Geld nicht zurückgibst, müssen wir jeden Kontakt mit dem Türken und den Kalabriern abbrechen. Außerdem begehst du damit eine Straftat, und das werde ich dir nicht durchgehen lassen.»

«Das ist das Geld der Drogenhändler, es ist schmutziges Geld, das ist meine Provision. Normalerweise machen wir das immer so mit den Franzosen.»

«Verdammte Scheiße, Sandro! Hör mir jetzt mal gut zu. Ich scher mich einen Dreck um meine französischen Kollegen. Ich habe mich nicht nach ihnen zu richten. Wenn du die 70 000 Dollar nicht zurückgibst, lasse ich die Italiener verhaften und das Geld als Beweismaterial beschlagnahmen. Und wenn du nicht einverstanden bist, lasse ich dich auch verhaften. Du gibst jetzt sofort das Geld zurück, und ich werde persönlich darüber wachen, daß du legal bezahlt wirst.»

«Okay, Fausto, ich gebe es zurück.»

Zwei Stunden später händigt Troja, der von meinen zwei Männern begleitet wird, das Geld aus. Die drei Italiener hören sich seine Geschichte an, ohne den geringsten Verdacht zu schöpfen. Warum sollten sie auch mißtrauisch werden? Die belgische Polizei hat die Beschlagnahmung des Rauschgifts noch nicht bekanntgegeben und wird dies auch in den nächsten Wochen nicht tun. Noch ist nicht alles verloren. Bevor sie nach Italien abreisen, sagen die Kalabrier zu Troja, daß sie binnen kurzem wieder Kontakt mit ihm aufnehmen würden. Jetzt können wir nur noch abwarten.

Akgüller meldet sich kaum zwei Wochen später. Er möchte mich sehen. Am 12. Oktober 1990 suche ich ihn in Begleitung von Max und Troja in seinem Büro in Mailand auf. Der kleine dunkelhaarige Mann mit dem buschigen Schnurrbart ist wortkarg. Während unseres Zusammenseins heftet er seine Augen auf mich, ohne ein Wort zu sagen. Er überläßt es Gianni Sorrentino, einem seiner kalabrischen Freunde, die Kampfhandlungen zu eröffnen.

«Irgendwas geht hier ab in Mailand», beginnt der Kalabrier, «vor ein paar Tagen hat die Polizei die Büros einer unserer Firmen durchsucht, eine Autowerkstatt.»

Das hat gerade noch gefehlt. Die Carabinieri haben mich nicht von ihrer Aktion verständigt. Einer der Kalabrier hatte uns die Telefonnummer dieser Werkstatt gegeben, die ihnen als Briefkastenfirma diente. Ich verstehe, worauf der Kalabrier hinauswill, und komme ihm zuvor:

«Ja und? Was willst du damit andeuten? Daß euch einer von uns verpfiffen hat?»

«Genau. Und das sind keine Andeutungen, sondern Fakten. Einer unserer Freunde, den ihr kennt, hat über seinen Anwalt erfahren, daß einer von euch für die Polizei arbeitet.»

Schweigen.

«Sandro arbeitet für die Polizei. Wir haben Beweise dafür.»

Jetzt geht's hart auf hart. Ich deute ein ironisches Lächeln an. Ein kurzer Blick auf Max und Troja. Alles in Ordnung, sie haben nicht mit der Wimper gezuckt.

«Aha, und daraus schließt du, daß ich Polizist bin, stimmt's? Dann erkläre mir doch bitte, wie es kommt, daß ihr noch nicht verhaftet wurdet. Wie erklärst du dir, daß wir euch die 70 000 Dollar zurückgegeben haben? Hast du schon einmal Bullen Geld zurückgeben sehen? Nicht einmal im Kino tun sie das.»

Ich komme immer mehr in Fahrt:

«Ich will diesen Anwalt auf der Stelle sehen. Ich habe die Schnauze voll von dieser Geschichte. Wie heißt er?»

«Bonazza. Wir können gleich zu ihm gehen, ich kenne ihn gut. Wir brauchen keinen Termin.»

Ein paar Minuten später kreuzen wir im Büro eines kleinen, feisten Mannes auf, dem Archetypus eines Winkeladvokaten.

«Meine lieben Freunde», sagt er, nachdem er sich unsere Geschichte angehört hat, «das alles ist ein fürchterliches Mißverständnis. Es stimmt, daß ich von Troja gesprochen habe, aber ich habe nie behauptet, daß er für die Polizei arbeitet.»

Dann wendet er sich an Troja:

«Ich kenne diesen Herrn nicht, ich sehe ihn zum ersten Mal. Aber ich besitze Dokumente, die beweisen, daß er in Frankreich in eine Drogengeschichte mit einem gewissen Claudio Locatelli verwickelt war.»

Troja lacht auf:

«Alle Welt weiß, daß ich letztes Jahr in Frankreich, und zwar in Nizza, zusammen mit meinem Freund Claudio Locatelli verhaftet worden bin. Dazu sind keine Recherchen nötig, Sie hätten nur die Zeitungen von damals lesen müssen. Darin stand übrigens auch, daß Locatelli und ich gegen Kaution wieder freigelassen wurden.»

Als ich Mailand verlasse, bin ich mir sicher, daß der Anwalt mehr weiß, als er zugibt. Sobald ich in Locarno ankomme, informiere ich mich über die Durchsuchung der Autowerkstatt. Sie wurde nicht von den Carabinieri durchgeführt, die mit uns zusammenarbeiten, sondern im Rahmen einer anderen Polizeiaktion. Sie kommt uns trotzdem äußerst ungelegen. Noch ist die Lage jedoch nicht aussichtslos. Ein paar Tage später ruft mich einer der Kalabrier wieder an:

«Wir haben uns wegen Troja vielleicht getäuscht», sagt er.

«Bevor ihr jemanden verurteilt, solltet ihr euch kundig machen. Troja hatte recht, alles zu stoppen. Die belgische Polizei hat die Ware an Bord des Schiffes beschlagnahmt. Wenn eure Leute im Hafen gewesen wären, wären sie verhaftet worden. Das ist der beste Beweis dafür, daß Troja nicht für die Polizei arbeitet.»

«Sind Sie sich da sicher? Hat die Polizei die Ware beschlagnahmt?»

Ich gehe kein Risiko ein, wenn ich ihm eine Information gebe, die er sowieso bekommen hätte. Ein paar Tage zuvor haben meine belgischen Kollegen sie veröffentlicht. Ich biete ihm an, ihm eine Kopie des Zeitungsartikels zuzuschicken.

Am 16. Oktober, einem verregneten Herbsttag, treffe ich mich mit Troja in einem der Salons des Hotel Sogno. Er ist allein, seine Lebensgefährtin ist seit ein paar Tagen wieder in Frankreich. Ich weiß seit Beginn unserer Zusammenarbeit, daß Troja in Frankreich Ärger gehabt hat, aber mit dieser Frage habe ich mich bis jetzt noch nicht ernsthaft beschäftigt. Eine kleine Aussprache mit ihm duldet jetzt keinen längeren Aufschub.

Alles begann Anfang 1989 durch einen Tip, den die OCRTIS bekam: Ein bekannter Straftäter, Claudio Locatelli, sollte in Nizza eine Lieferung von 42 Kilo Kokain erhalten. Locatelli war einer der «Oberleutnants» des berühmten kalabrischen Bosses Alessandro Barberi, der ehemals Chemiker bei einem Konzern gewesen und «Oberst» bei der Familie Madonia, einem der wichtigsten Clans der N'drangheta, geworden war. Barberi leitete einen multinationalen Drogenkonzern, der in Europa gut Fuß gefaßt hatte. Er wurde unter verschiedenen Namen von fast allen europäischen Polizeieinheiten gesucht und war nach der

Beschlagnahmung von 500 Kilo Rauschgift verschwunden. Die Telefongespräche von Locatelli und seinen Freunden wurden abgehört, ohne daß dadurch entscheidende Ergebnisse erzielt worden wären. Anstatt zu warten, wie sie es logischerweise hätte tun müssen, führte die Polizei eine Reihe von Verhaftungen und Durchsuchungen durch. Vergeblich. Die 42 Kilo Kokain wurden nicht gefunden, und Locatelli entkam der Razzia.

Unter den verhafteten Personen befand sich ein enger Freund Locatellis: Alessandro Troja. Er hatte gefälschte Papiere, und die französische Polizei setzte ihn so lange unter Druck, bis er nachgab. Ergebnis: Die 42 Kilo wurden gefunden und beschlagnahmt, Locatelli wurde verhaftet. Kurze Zeit später konnte er unter Bedingungen fliehen, die mir schon immer suspekt erschienen waren. Troja bekam seine gefälschten Papiere wieder, die ihm mit Zustimmung des Richters in Nizza von einem Verantwortlichen der OCRTIS unter der Bedingung ausgehändigt wurden, «Spitzel» im Dienste der OCRTIS und der DEA in Paris zu werden.

«Sandro, ich möchte noch einmal auf deinen Freund Locatelli zurückkommen.»

Troja, der in einer Ecke des Sofas sitzt, zündet sich eine Zigarette an, räuspert sich und nippt an seinem Wasserglas:

«Das trifft sich gut, er hat mich erst vor zwei Stunden angerufen.»

«Wie hat er herausgefunden, wo du gerade steckst?»

«Ich habe seiner Frau eine Nachricht hinterlassen. Er will sich mit mir treffen, er hat mir ein Geschäft angeboten. Das ist bestimmt keine Falle, Fausto, da bin ich mir sicher, ich kenne ihn in- und auswendig.»

«Da wäre ich mir nicht so sicher, Sandro. Du mußt in ein anderes Hotel. Ich weiß, wo du hingehen kannst. Einer meiner Kollegen hat ein Landhaus in der Nähe von Locarno.»

«Einverstanden, aber von Locatelli habe ich wirklich nichts zu befürchten.»

«Das läßt mir trotzdem keine Ruhe. Womöglich bist nicht nur du gefährdet. Locatelli ist wegen dir in den Knast gekommen. Du hast den Franzosen gesagt, wo die 42 Kilo Koks waren. Meines Wissens ist er nicht mehr im Gefängnis.»

«Ich werde dir was sagen, Fausto. Locatellis Ausbruch war inszeniert. Die Franzosen wollten ein Druckmittel gegen ihn haben und ihn als Informant benutzen. Vergiß nicht, daß bei der Geschichte mit den 42 Kilo Kokain in Nizza auch die Freundin von Locatelli verhaftet wurde. Wenn er sie nicht in die Sache mit hineingezogen hätte, hätte er nie geredet. Er hat es unter Druck getan, weil sie als Gegenleistung seine Frau freigelassen haben. Die Franzosen hätten Mühe gehabt, ihn mit dem Kokain in Verbindung zu bringen, das sie durch mich gefunden haben. Sie haben es nicht bei ihm zu Hause gefunden, und er hatte es auch nicht bei sich. Er hat ein Geständnis abgelegt, um zu vermeiden, daß seine Frau im Gefängnis landet. Mich haben sie freigelassen, obwohl ich genauso schuldig war wie Locatelli; ich sollte auch als Informant arbeiten. Ich habe eingewilligt, ich hatte keine andere Wahl. Es war immer noch besser, eine Marionette in ihren Händen zu werden, als im Gefängnis zu bleiben. Immer wenn jemand festgenagelt werden sollte, bekam ich die ‹Ware›, die ich den betreffenden Käufern übergab; die bezahlten mich dafür. Das Geld behielt ich für mich und verschwand. Ein paar Minuten später traf dann immer die Polizei ein und nahm die Leute fest. Ein gutes Geschäft: Die Polizei machte einen guten Fang, und ich verdiente mir so meinen Lebensunterhalt. Einmal gaben mir die Polizisten vier Kilo Kokain, die ich einer Frau bringen sollte, die im Concorde-Lafayette wohnte. Ich klopfte an ihre Tür und gab ihr das Rauschgift. Sie bezahlte mich, und ich ging wieder.

Unten in der Eingangshalle standen schon mehrere Polizisten einsatzbereit. Locatelli macht es genauso wie ich. Er hat es angedeutet, er hat mir gesagt: ‹Ich bin auch auf freiem Fuß, genauso wie du.› Ich habe sofort verstanden, worauf er anspielte. Sein Ausbruch war also inszeniert, eine offizielle Rechtfertigung. Denn natürlich wird niemand zugeben, sie hätten ihn ausbrechen lassen, damit er Informant wird.»

Später beim Abendessen spricht Alessandro Troja von seiner großen Passion. Er ist ein ausgezeichneter Bridge-Spieler und Mitglied im Bridge-Club von Locarno.

«Komm doch mit, du setzt dich neben mich und lernst, wie gespielt wird. Bridge ist ein sehr interessantes Spiel.»

Ich lehne ab, weil ich müde bin, und ahne nicht, was das für Folgen haben sollte. Als Troja gegangen ist, nehme ich im Nachtlokal des Hotels noch gemütlich zwei Whiskey zu mir. Um Mitternacht bin ich im Bett. Am nächsten Morgen um halb sieben kommt der Hotelbesitzer in mein Zimmer gestürzt:

«Tato, dein Freund hat sich in seinem Wagen umgebracht, komm schnell!»

Obwohl ich nicht bei der Kripo bin, wird mir beim Anblick der Leiche sofort klar, daß es sich keineswegs um Selbstmord handelt. Der Tod ist vor einigen Stunden eingetreten. Troja hat gerade noch Zeit gehabt, den Wagen zu parken und den Motor abzustellen. Sein Mörder, der ihn wahrscheinlich in Begleitung eines Komplizen erwartete, muß die Wagentür plötzlich aufgerissen haben, um ihm aus allernächster Nähe zweimal in den Kopf zu schießen, mit einer schallgedämpften Waffe. Mein Blick bleibt auf dem Beifahrersitz hängen. Mitten auf dem Sitz wurde eine 7,65-mm-Patrone sorgfältig aufrecht hingestellt. Als ob der Mörder etwas damit zu verstehen geben wollte. Ich muß daran denken, daß es mir zweifellos wie Troja ergangen wäre, wenn ich mich ein bißchen mehr für Bridge interessiert hätte.

Trojas Tod berührt mich mehr, als ich mir anmerken lasse. Dieser Mann war ein Verbrecher, aber ich hatte eine gewisse Zuneigung zu ihm gefaßt. Außerdem fühle ich mich verantwortlich für das, was geschehen ist. Mit geht alles mögliche durch den Kopf, und ich stelle mir quälende Fragen, als ich ein paar Tage später den sizilianischen Richter Giovanni Falcone sehe, der zu einem geheimen Anti-Mafiatreffen ins Tessin gekommen ist. Ich nehme eher gleichgültig an dem Mittagessen teil. Mir fällt nur auf, daß Carla Del Ponte ausnahmsweise einmal sehr freundlich zu mir ist und sich sogar in Lobreden über mich ergeht. Giovanni Falcone fragt mich, was mit mir los sei. Nachdem ich ihm den Mord an Troja und die Geschichte mit der Patrone erzählt habe, wird der sizilianische Richter nachdenklich.

«Kommissar, paß auf dich auf. Das ist eine Botschaft der Mafia. Diese Kugel ist für dich bestimmt. Früher oder später wird sie dich treffen.»

Der Mord an Troja ist in der Schweizer Geschichte die erste Hinrichtung nach Art der Mafia. Hat Troja die Dienste, die er der französischen Polizei erwiesen hat, oder die Operation Seebrügge mit seinem Leben bezahlt? Wer hat ihn getötet? Und warum? Wer hatte ein Interesse daran? Und wer wollte gleichzeitig meinen Tod?

Die wahrscheinlichste Antwort, die auch durch ernstzunehmende Indizien gestützt wird, leitet sich aus mehreren eigenartigen Tatsachen ab, die ebenso furchtbar wie beunruhigend sind und sowohl die Zeit vor als auch die nach dem Mord betreffen. Im November begibt sich der mit der Ermittlung zum Mord an Troja betraute Kommissar Lidio Albertoni mit einem internationalen Rechtshilfeersuchen nach Paris. Er wird von einem Kriminalinspektor und zwei Ermittlungsbeamten begleitet. Er hat den Auftrag, sämtliche Informationen über Troja zu sammeln und dessen Lebensgefährtin Carmelina zu befragen. Die Schweizer Polizeibeamten erwartet eine große Überraschung. Am Sitz der OCRTIS gibt es niemanden, der Troja kennt. Seine Akte existiert nicht oder ist verschwunden.

«Vergessen Sie Troja. Er wurde aufgrund eines Formfehlers auf freien Fuß gesetzt», erklärt nach langem Hin und Her in überheblichem Tonfall ein Kommissar.

Die Schweizer Polizeibeamten präsentieren die auf Briefkopfpapier getippte Erklärung, in der einer der Vorgesetzten des Kommissars bestätigt, daß Troja von der Polizei als Dolmetscher beschäftigt wurde.

«Das ist eine Fälschung», sagt der Polizist wutentbrannt, «Ihr Kollege Cattaneo ist schuld an allem, was passiert ist. Die kontrollierte Lieferung in Belgien wurde gesetzeswidrig durchgeführt. Sie hätten durch Frankreich kommen müssen, niemand hatte uns davon unterrichtet.»

Da platzt einem der Schweizer Polizisten der Kragen:

«Lüge! Ich selbst habe das Telex losgeschickt, um Sie über die kontrollierte Lieferung zu informieren. Und wir haben über Interpol von allen beteiligten Ländern, einschließlich Frankreich, die Zustimmung dazu erhalten.»

Während er spricht, holt er die offiziellen Dokumente aus der Tasche und hält sie dem Kommissar wütend unter die Nase. Dieser gibt schließlich klein bei. Dann verlangt mein Kollege, Carmelina, die ehemalige Lebensgefährtin von Troja, offiziell zu vernehmen.

«Wir wissen nichts über sie», antwortet der Polizeibeamte der OCRTIS, «es tut mir leid, wir wissen nicht, wo sie ist. Wir können Ihnen da nicht helfen. Sie ist wahrscheinlich nicht einmal in Frankreich.»

Mein Kollege und Freund Giuliano Colombo, Kommissar in Locarno, unterhält ausgezeichnete Beziehungen zu einem Kollegen von der Kriminalpolizei in Nizza. Da

Carmelina lange Zeit in dieser Region gelebt hat, bittet Colombo seinen französischen Kollegen um Hilfe. Glücklicherweise befindet sich auch er in offenem Konflikt mit der OCRTIS. Unter strengster Geheimhaltung gelingt es ihm, Carmelinas Aufenthaltsort herauszufinden.

Am 25. Februar 1991 fahren Colombo und Albertoni nach Nizza. Carmelina ist vollkommen verängstigt, als sie ihnen die Tür öffnet. Sie würde gern reden und alles sagen, was sie weiß. Als Gegenleistung verlangt sie Zeugenschutz, den es in der Schweiz jedoch leider nicht gibt. Die Schweizer Polizeibeamten können sich also nur höflich verabschieden, und für meine weiteren Ermittlungen entfällt Carmelina als Zeugin.

Später stoße ich erneut auf Locatellis Spuren. Diesmal ist es in Deutschland, wo ich unter der Leitung des BKA an einer anderen verdeckten Ermittlung teilnehme, die zur Beschlagnahmung von zwei Drogenlieferungen von jeweils 950 Kilo führt. Diese waren für Locatelli bestimmt, und er wird in Spanien verhaftet. Er sitzt immer noch in einem Gefängnis in Madrid. Meines Wissens hat bis heute noch keine Schweizer Behörde etwas unternommen, um ihn zu verhören.

Trojas sterbliche Überreste wurden in Bellinzona eingeäschert. Ich hätte dieser schlichten Zeremonie gern beigewohnt, aber aus Sicherheitsgründen erhielt ich nicht die Genehmigung dazu. Manchmal träume ich noch von ihm. Selbst wenn ich mir nichts vorzuwerfen habe, habe ich mich immer an seinem Mord mitschuldig gefühlt. Diese Wunde wird sich nie schließen, ich kann ihn nicht vergessen. Damals wollten mich meine Vorgesetzten dazu zwingen, mit einem bewaffneten Begleitschutz zu leben. Das war geradezu lächerlich. Ich weigerte mich, weil das meine engsten Freunde und Angehörigen nur noch mehr verängstigt hätte. Abgesehen von den unnötigen Personalausgaben und dem Aufwand wäre ein solcher Schutz auch nicht wirksam gewesen. Bis heute hat niemand verstanden, daß nur Anonymität Sicherheit gewährt.

7 Die *Samba*-Connection

Die heikelste Operation meiner Laufbahn als Undercoveragent wird über mein Schicksal entscheiden. Sie beginnt im Sommer 1988 mit einem frühmorgendlichen Telefongespräch in einem Hotelzimmer in Los Angeles. Dort arbeite ich die Magharian-Ermittlung auf und verbringe meine Tage am Sitz der DEA, um die von den Amerikanern beschlagnahmten Unterlagen zu durchforsten. Der morgendliche Anrufer ist ein Kollege aus Lugano. Er führt Ermittlungen über den Tod eines Kokainkonsumenten durch, der an einer Überdosis gestorben ist. Mehrere Personen, darunter ein Südamerikaner, wurden verhaftet. Mein Kollege bittet mich darum, bei der DEA Informationen über den aus Peru stammenden Amerikaner William Toledo einzuholen, der polizeilich gesucht wird.

Als ich diesen Namen ausspreche, verziehen meine amerikanischen Kollegen das Gesicht und machen eine so betretene Miene, daß mir klar wird, daß wir ihnen damit ins Gehege kommen. William Toledo ist ihnen als Kokainhändler bekannt und wurde aufgrund seiner engen Beziehungen mit dem panamaischen General Noriega in ihre elektronische Kartei «Naddis» aufgenommen. Die US-Drogenbekämpfungsbehörde hat eine komplizierte Infiltrierungsaktion zur Manipulation von William Toledo gestartet, um den General unschädlich zu machen.

Die Mitarbeiter der DEA erklären mir, daß Noriega eine ihrer vorrangigen Zielscheiben ist. Sie befürchten, daß eine eventuelle Inhaftierung von Toledo die Operationen zum Scheitern bringen könnte, die im Hinblick auf die Verhaftung des panamaischen Generals eingefädelt wurden, umso mehr, als er unter dem Schutz des mit der DEA verfeindeten amerikanischen Geheimdienstes CIA steht.

Ich teile ihren Standpunkt: Der von Staatsanwältin Carla Del Ponte ausgestellte internationale Haftbefehl muß «auf Eis gelegt» werden. Ich verteidige gegenüber den Schweizer Behörden vergeblich diesen Standpunkt. Gegen William Toldeo ergeht Haftbefehl, er wird in einem lateinamerikanischen Land verhaftet. Kurz bevor unsere Mitarbeiter in das Flugzeug steigen, um ihn abzuholen, ist er bereits wieder auf freiem Fuß. Ich erfahre, daß Toledo aufgrund einer diskreten Intervention der DEA freigelassen wurde, die so ihre Operation gegen Noriega wieder aufnehmen konnte. Später wird der Drogenhändler-General tatsächlich verhaftet und um den Preis der Invasion Panamas durch die Armee der Vereinigten Staaten in ein US-amerikanisches Gefängnis geworfen.

Die Geschichte mit der Überdosis in Lugano läßt mir jedoch immer noch keine Ruhe. Am Abend des 3. Januar 1989 erhalte ich einen Anruf vom Büro der DEA in Rom, die mich darum bittet, Kontakt mit einem ehemaligen dänischen Polizisten namens Frank Karlen* aufzunehmen. Ich hatte ihn Jahre zuvor bei einer Zusammenkunft im Interpol-Generalsekretariat in Paris flüchtig kennengelernt. Am nächsten Tag treffe ich Karlen, der mit seinen zwei Metern und 120 Kilo nicht gerade schmächtig wirkt, im Hotel Splendid Royal in Lugano. Im Zusammenhang mit der Überdosis in Lugano hat er Informationen über einen zweiten Italiener, nach dem Carla Del Ponte ebenfalls fahndet; wir nennen ihn Rudy Steiner oder schlicht Rudy. Frank Karlen hatte ihn zu Beginn der achtziger Jahre bei einer konzertierten Aktion mit der DEA in Kopenhagen mit acht Kilo Kokain verhaftet. Seitdem arbeitet Rudy als V-Mann. Er gehört zu den Prämienjägern, die sehr viel über die großen internationalen Drogenhändler wissen, die man jedoch nur

---

* Es handelt sich um einen Decknamen.

unter Vorbehalt oder zumindest unter Wahrung zahlreicher Vorsichtsmaßnahmen einsetzen sollte. Karlen hat den Kontakt zu Rudy, der in São Paulo lebt, nicht abgebrochen. Es kommt oft vor, daß Polizisten den Kontakt zu Drogenhändlern halten, die sie verhaftet haben, das gehört zum Katz-und-Maus-Spiel des Metiers. Die Drogenhändler hoffen darauf, bevorzugt behandelt zu werden, wenn sie Informationen, im allgemeinen über ihre Konkurrenten und Feinde, liefern.

Rudy ist einer der Geschäftspartner von William Toledo, und Carla Del Ponte hat gegen ihn einen internationalen Haftbefehl wegen Kokainhandels erlassen und eines seiner Bankkonten in Genf beschlagnahmen lassen.

Rudy hat sich bei Karlen darüber beschwert. Wenn man seinen Behauptungen Glauben schenken darf, ist er nicht als Drogenhändler in die Schweiz gekommen, sondern als Informant im Auftrag der brasilianischen Außenstelle der DEA. Er stehe natürlich in Kontakt mit William Toledo und seinen Freunden, aber nur, um sie besser verpfeifen zu können. Karlen möchte, daß ich mich einschalte. Er ist jedoch nicht mehr Polizist, sondern arbeitet in der Sicherheitsabteilung eines multinationalen Pharmakonzerns, der mit der CIA in Verbindung stehen soll. Ich weiß nicht, ob Karlen oder sein Schützling für den amerikanischen Geheimdienst arbeiten. Ebensowenig kann ich mir erklären, welcher Art die Kontakte zwischen den beiden eigentlich sind. Vielleicht sind sie Teil einer von der amerikanischen Behörde durchgeführten Operation? Es kommt mir aber nicht in den Sinn nachzufragen. Es gibt Fragen, die man besser nicht stellt. Ich sage Karlen deswegen, daß es besser sei, wenn Rudy mich direkt anriefe, um die Sache zu vereinfachen.

Ein paar Stunden später ruft mich der Drogenhändler aus Brasilien an:

«Kommissar Cattaneo, ich heiße Rudy. Ich habe gerade mit Karlen telefoniert. Die Sache ist folgende: Ich bin im Auftrag der Außenstelle der DEA in Brasilia tätig. Die Amerikaner haben mich nach Lugano geschickt, um eine Bande von Kokainhändlern zu kontaktieren. Das ist eine wichtige Operation, die zu General Noriega führen soll. In Lugano habe ich einen engen Bekannten des Generals getroffen, William Toledo. Der Mitarbeiter der DEA in Brasilia hat mir gesagt, daß ich ruhig in der Schweiz arbeiten könne, daß es keine Probleme gäbe und ich akkreditiert sei. Ich habe entdeckt, daß dem überhaupt nicht so ist, als Frau Del Ponte einen internationalen Haftbefehl gegen mich erlassen und knapp 30 000 Dollar auf meinem Bankkonto in Genf beschlagnahmt hat.»

«Ich kümmere mich nicht um diese Sache, das ist nicht meine Ermittlung. Ich weiß nur, daß sie mit einer Überdosis in Lugano anfing und mehrere Personen verhaftet wurden.»

«Ich weiß, sie haben sogar den Honorarkonsul von Peru verhaftet, aber das sind nur kleine Fische. Der einzig wirklich wichtige ist William Toledo. Er arbeitet für Noriega. Ich habe deine Kollegen in Lugano angerufen und an Frau Del Ponte geschrieben.»

«Ich weiß, die Kopie deines Briefes liegt vor mir auf dem Schreibtisch, die Kollegen aus Lugano haben sie mir gerade geschickt.»

«Die Schweizer Behörden müssen den Haftbefehl aufheben und mein Konto freigeben. Ich kann unter diesen Bedingungen nicht mehr arbeiten. Auch der Haftbefehl gegen William Toledo müßte aufgehoben werden.»

«Ich verstehe, aber ich kann da nichts machen. Alles, was ich tun kann, ist, daß ich mit Carla Del Ponte spreche. Die DEA müßte sich bei den Schweizer Behörden melden. Es wäre gut, wenn sie dich akkreditieren lassen könnte. Ich schaue bei meinen Freunden von der DEA in Bern vorbei, damit sie Druck auf die Amerikaner in Brasilia machen.»

«William Toledo ist zur Zeit in Peru, er hat die amerikanische und die peruanische Staatsangehörigkeit. Ich kann ihn euch in die Schweiz holen, seine Bande hat ein Depot mit 28 Kilo Kokain in Genf. Er kann sie euch verkaufen, aber er darf nicht verhaftet werden, sonst macht ihr die Anti-Noriega-Operation zunichte.»

«Kümmere dich um deine Freunde von der DEA in Brasilia, ich werde bei Del Ponte und der DEA in Bern offiziell vorstellig.»

Nachdem ich den Hörer aufgelegt habe, frage ich mich, welche Rolle Frank Karlen eigentlich spielt. Warum macht er sich die Mühe, sich darüber zu erkundigen, was aus seinem ehemaligen Informanten geworden ist? Das muß einen ganz bestimmten Grund haben. Ich sehe darin den Beweis für die Verbindungen zwischen ihm und den Amerikanern. Nach jahrelanger Straffreiheit wird Noriega von seinen ehemaligen Beschützern des CIA fallengelassen.

Am nächsten Tag kommt erneut ein Anruf aus Brasilien.

«Kommissar, ich bin's, Rudy.»

«Wie geht's? Was für ein Wetter habt ihr in Brasilien?»

«Eine Affenhitze, hier ist jetzt Sommer. Hör zu, ich habe mit meinen Freunden von der DEA in Brasilia gesprochen. Sie haben mir gesagt, daß sie die Sache auf diplomatischem Weg regeln werden. Sobald das geschehen ist, komme ich mit William Toledo und seinem Sohn in die Schweiz. Sie möchten ihre 28 Kilo Kokain verkaufen. Wir müssen das Rauschgift beschlagnahmen, ohne sie zu verhaften.»

«Rudy, so wie die Sache heute steht, kann ich dir nichts versprechen. Gegen Toledo und dich laufen internationale Haftbefehle. Solange die nicht aufgehoben werden, kann ich nichts machen. Alles hängt jetzt von Carla Del Ponte ab. Sie allein kann den Haftbefehl aufheben. Ich kann nicht einfach beide Augen zudrücken und dich heimlich in die

Schweiz kommen lassen, dadurch würde ich mich strafbar machen. Carla Del Ponte würde mich sofort verhaften lassen. Wir müssen die Sache ganz offen abwickeln.»

«Das hat mir die DEA auch gesagt.»

«Also warten wir ab, bis sich die DEA rührt.»

«Wenn ich in die Schweiz komme, möchte ich mit dir über eine Gruppe von sizilianischen Mafiosi sprechen, die in Lugano, Zürich und Genf arbeiten. Sie haben illegale Spielkasinos, Bordelle und einen Import- und Verkaufsring für Kokain. Sie organisieren auch Raubüberfälle.»

Drei Tage später ruft mich Rudy wieder an:

«Die Leute von der DEA haben mir bestätigt, daß sie Carla Del Ponte offiziell darum bitten werden, die Haftbefehle aufzuheben.»

«Das heißt noch lange nicht, daß sie das auch tut. Ich rühre keinen Finger, bis die Situation nicht geklärt ist.»

«Ich habe mit William Toledo gesprochen, er wird mit mir in die Schweiz kommen. Er hat ungefähr die gleiche Statur wie Karlen: groß, kräftig und blond. Ein Undercoveragent der DEA wird uns begleiten. Was die Sizilianer angeht, habe ich erfahren, daß sie einen bewaffneten Raubüberfall auf eine Bank in Zürich planen. Ich weiß noch nicht, welche. Sobald ich die Information habe, lasse ich sie dir zukommen. Du wirst sehen, Kommissar, du wirst ein Held werden. Du wirst dir einen Namen machen.»

«Da kennst du mich schlecht. Ich arbeite weder für Ruhm noch für Medaillen, sondern weil ich an das glaube, was ich mache.»

Diese Telefongespräche mit einem von der Schweizer Justiz wegen Kokainhandels gesuchten Mannes gefallen mir gar nicht. Um Rückendeckung zu haben, übergebe ich am 13. Januar 1989 meinem Vorgesetzten, dem Kommandanten Dell'Ambrogio, einen Bericht, in dem ich meine Begegnung mit Karlen und meine telefonischen Kontakte mit Rudy beschreibe. Vorsichtshalber schicke ich eine Kopie an die mit dem Fall betraute Staatsanwältin Del Ponte. Gleichzeitig informiere ich meine Kollegen in Lugano, die mit dem Fall Toledo beauftragt sind. Man kann nie vorsichtig genug sein.

Ich bitte auch meine Kollegen von der DEA in Bern, sich zu erkundigen. Die Außenstelle in Brasilia antwortet ihnen, daß Rudy Steiner nicht für sie arbeite und als notorischer Kokainhändler erfaßt sei. Später werde ich erfahren, daß Rudy bei der DEA «registriert» ist. Das bedeutet, daß man ihm einen Code zugeteilt hat, um seine Identität zu schützen, so in den Berichten der DEA und selbst in den Top-Secret-Unterlagen. Diese Vorzugsbehandlung behält die DEA ihren engsten Informanten vor. Meine amerikanischen Freunde sagen also weder mir noch sich untereinander alles.

Am 1. Februar ruft Rudy mich ein weiteres Mal an, um sich nach dem neuesten Stand zu erkundigen.

«Alles ist in Ordnung, Rudy, aber ich habe noch nichts Neues von deinem Haftbefehl und dem von Toledo gehört. Ich habe einen langen Bericht verfaßt, um die Situation zu erklären, aber niemand hat von sich hören lassen. Wir haben immer noch nicht den Antrag der DEA aus Brasilia bekommen.»

«Sie haben mir gesagt, daß sie ihn mit dem diplomatischen Kurier geschickt haben. Gestern habe ich Toledo gesehen. Er ist sich noch nicht sicher, ob er in die Schweiz kommt. Die 28 Kilo Kokain hat ein Beamter der peruanischen Botschaft. Vielleicht kommt er nicht selbst, sondern schickt seinen Sohn Richard.»

«Das ändert nichts an den Tatsachen. Carla Del Ponte muß eine Entscheidung treffen, sonst kann ich nichts tun.»

«Ich verstehe. Übrigens, da ist noch etwas anderes. Ich kenne einen aus Tunesien stammenden Kanadier, er heißt

Edy. Er hat die kanadische und die tunesische Staatsangehörigkeit. Dieser Edy steht in Kontakt mit einem General der Thai-Armee und möchte zehn Kilo reines Heroin verkaufen, *white horse*. Edy hat mich darum gebeten, Kunden in Europa dafür zu finden. Interessiert dich das?»

«Natürlich interessiert mich das.»

«Edy ist in Frankreich. Er hat das Heroin griffbereit. Was soll ich ihm sagen?»

«Sag ihm, daß du einen Kontakt in der Schweiz hast, einen gewissen Pierre, der Interesse daran haben könnte. Für ihn bin ich Pierre Consoli, aber nenne ihm nur meinen Vornamen. Ich gebe dir eine Telefonnummer in Locarno, unter der er mich erreichen kann. Sage ihm, daß ich 46 bin, einen Meter achtzig groß, muskulös, mit lockigen braunen Haaren.»

«Edy kennt mich unter dem Namen Rudy Steiner; ich bin 60 Jahre alt, sehr dick und einen Meter siebzig groß. Meine Haare sind weiß.»

Meine private Telefonnummer ist nicht einmal eine Geheimnummer. Trotzdem ist es unmöglich, meine Adresse damit herauszufinden. Deswegen gebe ich sie auch Drogenhändlern. Als Vorsichtsmaßnahme lasse ich mir regelmäßig eine andere Nummer zuteilen. Meine Frau und meine Tochter kennen meine Decknamen und geben acht, wenn sie Anrufe entgegennehmen.

Es vergeht kaum ein Monat zwischen Edys erstem Anruf bei mir und der Verhaftung zweier seiner Männer mit acht Kilo über 90 Prozent reinem Heroin in Lausanne. «Die reinste Bombe», wie Edy bei einem unserer Treffen am Bahnhof von Lugano gesagt hat, wo wir die Lieferbedingungen festgeklopft haben. Edy wird anschließend in Tunesien verhaftet und an die Schweiz ausgeliefert, wo er wegen Drogenhandels verurteilt wird. Während dieser Operation ruft mich Rudy Steiner regelmäßig an und dient sogar als Verbindungsmann zu Edy, wenn dieser unterwegs ist. Bei jedem unserer Gespräche erkundigt er sich nach dem Akkreditierungsantrag der DEA von Brasilia. Ich habe immer noch nichts gehört. Irgendwann wird Rudy der Sache müde, und auch ich denke nicht mehr weiter an diese Geschichte.

Ein paar Monate später, genauer gesagt am 28. September, schickt Inspektor Azzoni von der Luganer Polizei, der mit dem Fall des an der Überdosis gestorbenen Mannes betraut wurde, dem Kommandanten Dell'Ambrogio einen Bericht, von dem ich eine Kopie erhalte. Als ich sie lese, bin ich vollkommen perplex. Ich begreife nicht, worauf mein Kollege hinauswill. Auch wenn ich vielleicht nicht alles verstehe, weil ich die verschiedenen Phasen der Ermittlung nicht kenne, höre ich doch die ungerechtfertigte Kritik an meiner Abteilung heraus, die die Ermittlung «verdorben» haben soll. Offensichtlich braut sich da etwas zusammen.

Vier Tage später rufen mich meine Kollegen aus Lugano an, um mir mitzuteilen, daß sie offiziell einen Haftbefehl gegen Karlen beantragen würden. Der ehemalige Polizeibeamte sei durch die Ermittlung schwer kompromittiert.

«Was meinst du, wie wir am besten vorgehen sollen?» fragt mich hinterlistig einer meiner Kollegen.

«Ihr könnt so vorgehen, wie es euch am besten erscheint, ich bin schließlich weder mit Karlen verheiratet noch mit ihm verwandt.»

«Ja, aber wie steht ihr zueinander? Ihr kennt euch doch gut, oder?»

Ich wittere eine Falle und breche das Gespräch ab, indem ich sage, daß ich alles bereits in meinem Bericht vom 13. Januar 1989 erklärt und dem nichts hinzuzufügen hätte.

Am 6. Oktober 1989 beantragen meine Kollegen offiziell einen Haftbefehl gegen Karlen, der sich ihrer Ansicht nach einer schweren Verletzung des Betäubungsmittelgesetzes schuldig gemacht hat. Ich kann das einfach nicht glauben. Es kommt mir seltsam vor, daß mein ehemaliger Kollege in einen Rauschgifthandel verwickelt sein soll.

Karlen wird am 1. November 1989 verhaftet und in der Dienststelle der Luganer Polizei vorgeführt. Meine Kollegen verlangen von mir erneut Aufschluß über die Natur unserer Beziehungen. Die Sache droht eine unangenehme Wendung zu nehmen.

Am Freitag, dem 6. April 1990, kommt Inspektor Azzoni, der sich von Lugano aus um die Sache kümmert, unerwartet in mein Büro in Bellinzona geplatzt. Er übergibt mir drei Dokumente, die er mich zu lesen bittet. Ich kann meine Wut kaum beherrschen. Die Ermittlung wurde zusammengepfuscht. Aus den mir vorgelegten Unterlagen geht hervor, daß die Polizei in Lugano Karlen nur eines vorzuwerfen hat: seine telefonischen Kontakte zu Rudy Steiner, der einer seiner ehemaligen Informanten ist, wie wir wissen. In dem Haftbefehl wird Karlen beschuldigt, «im Juni/Juli 1988 zusammen mit seinem Komplizen William Toledo, mit Rudy Steiner, Paolo Petrucci und weiteren Personen 32 Kilo Kokain nach Lima in Peru, Genf und Lugano eingeführt zu haben. Nach dem Import in die Schweiz wurde das Rauschgift bis zum Verkauf und zum Transfer nach Italien in Lugano deponiert. Von diesen 32 Kilo wurden 22 in Lugano beschlagnahmt, wo sie im Safe einer Bank versteckt waren.»

Das zweite Dokument, das mir Azzoni aushändigt, ist ein Brief vom 18. Oktober 1989, den Carla Del Ponte an meinen Kommandanten adressiert hat. Die Staatsanwältin fordert die Einleitung eines Ermittlungsverfahrens gegen meine Dienststelle und schließt die Eröffnung eines Strafverfahrens wegen Mitwirkung an einer Straftat nicht aus.

Als ich die Protokolle der Vernehmungen von Frank Karlen vom 1. November 1989 lese, wird mir klar, daß ich aus mir unbekannten Gründen zum Gegenstand der Ermittlung geworden bin. Mein Name taucht schon in der ersten Vernehmung auf. In der zweiten, in der es um meine Kontakte mit Karlen geht, kommt es noch schlimmer. Am Ende sagt er über mich: «Französische Polizeibeamte von der OCRTIS haben sich nicht gerade vorteilhaft über ihn geäußert.»

Außer mir vor Wut frage ich Inspektor Azzoni, was Karlen wirklich gesagt habe und was diese «nicht gerade vorteilhaften Äußerungen» seien, die meine Kollegen vor ihm zwar erwähnt, doch die sie nicht in das Protokoll aufgenommen haben. «Er hat», rückt Azzoni mit der Sprache heraus, indem er mir fest in die Augen sieht, «etwas sehr Schlimmes gesagt. Er hat gesagt: ‹Cattaneo ist korrupt.›»

Ich explodiere. Als meine Kollegen erfahren, warum ich so wütend bin, bilden sie eine geschlossene Front und gehen beinahe auf den Inspektor los. Der Staatsanwalt Ducry, der auch vor Ort ist, äußert seine Empörung angesichts derartiger Anschuldigungen. Aus Furcht davor, daß ihm hart zugesetzt werden könnte, entschuldigt sich Azzoni und beteuert, seine Vorgesetzten hätten ihn dazu gedrängt, die Ermittlungen auf mich zu konzentrieren.

Carla Del Ponte hat meine direkten Vorgesetzten nicht darüber informiert, daß ein Ermittlungsverfahren eingeleitet wurde, um festzustellen, ob die Anschuldigungen begründet waren. Meine «lieben Kollegen» in Lugano haben ihrerseits einen Haftbefehl gegen Karlen gefordert. Sie führen einen sehr schwerwiegenden Anklagepunkt an – Teilnahme an einem Drogengeschäft –, für den der ehemalige Polizist mindestens zehn Jahre Freiheitsstrafe riskiert. Während der Vernehmung werden oberflächliche Fragen zu dem Drogenhandel gestellt, die Polizeibeamten wollen nur im Hinblick auf unsere Beziehungen Einzelheiten wissen.

Das Verhör wird sogar mehrere Stunden unterbrochen, als hätten die Ermittler das Bedürfnis gehabt, sich auf eine Strategie zu einigen, mit der sie mich hätten festnageln können. Ich folgere dies aus der Art und Weise, wie der zweite Teil der Vernehmung durchgeführt wird, in dem es nur um mich geht. Die Beschuldigungen gegen Karlen sind haltlos und hätten vor einem Ermittlungsrichter nicht aufrechterhalten werden können. Weswegen hat Inspektor Azzoni mir dann die Protokolle gezeigt? Zweifellos, um meine Reaktion zu testen. Das ist ein alter Polizeitrick: Wenn man nicht mehr weiter weiß, tritt man einmal kräftig in den Ameisenhaufen und wartet ab, was passiert. Mit mir hat er da kein Glück, ich habe mir nichts vorzuwerfen.

Die Sache verläuft schnell im Sande. Karlen wird noch am Tag seiner Verhaftung wieder auf freien Fuß gesetzt, wie ich dem Protokoll entnehme, und das Verfahren gegen ihn bald eingestellt. Der Fall wird zu den Akten gelegt, was bedeutet, daß alle meine Kollegen Zugriff darauf haben. Die auf den Prozeß von Escobar junior zurückgehenden Streitigkeiten mit Carla Del Ponte haben sich in eine unangenehme Richtung entwickelt.

Ich arbeite an einer neuen Ermittlung, von der ich noch nicht ahne, daß sie mein Schwanengesang sein wird. Sie ist die wichtigste Operation, die ich je geleitet habe, aber auch diejenige, die meine Karriere zunichte machen und mich an den Rand des Wahnsinns treiben wird. Sie betrifft die Organisation, für die William Toledo tätig ist, und läßt mich endlich – zu meinem Unglück – Bekanntschaft mit Rudy Steiner machen.

Gegen Ende der achtziger Jahre gerieten die kolumbianischen Kartelle von Medellín und Cali, die sich das Monopol für den Kokainhandel streitig machten, in eine schwere Krise, nachdem der kolumbianische Staat ihnen mit Unterstützung der amerikanischen Armee den totalen Krieg erklärt hatte. Nach einer Reihe repressiver Maßnahmen gingen sie geschwächt aus dem Konflikt hervor. Einige ihrer Bosse, wie Pablo Escobar Gaviria und Gacha alias «der Mexikaner», wurden getötet, andere, wie der Vater von Severo Escobar Garzón alias Junior, an die Vereinigten Staaten ausgeliefert.

Mehrere große internationale Operationen der Polizei ermöglichten es, den Mechanismen dieser Organisationen auf den Grund zu gehen. Das Cali-Kartell erlitt zum Beispiel aufgrund der Beschlagnahmung zahlreicher finanzieller Unterlagen der Organisation einen schweren Schlag. Ich konnte an der internationalen Arbeitsgruppe, die unter der Leitung der DEA gebildet und mit der Untersuchung der beschlagnahmten Dokumente beauftragt wurde, teilnehmen. Wir erstellten eine ziemlich wirklichkeitsgetreue geopolitische Karte der lateinamerikanischen Kartelle sowie Organigramme und Adressenlisten, große Lieferungen und Geldwaschkanäle wurden rekonstruiert. Diese Unterlagen waren schon bald wieder überholt.

In den Vereinigten Staaten wie in Europa haben die Kontrollen in Häfen und Flughäfen, die für Passagiere und Waren aus Kolumbien besonders streng sind, die Kokain-Handelswege tiefgreifend verändert. Der Transit des «Schnees» nach Europa erfolgt nun über Brasilien, wo Organisationen tätig sind, die tonnenweise Drogen liefern können. Zuvor hat die italienische Mafia durch wichtige Männer der «ehrenwerten Gesellschaft» vom Kaliber eines Gaetano Badalamenti, ehemaliger Boß der «Kuppel», des obersten Entscheidungsorgans der sizilianischen Cosa Nostra, oder eines Tommaso Buscetta, berühmter Boß der palermischen Familie von Porta Nuova, solide Stützpunkte in Brasilien aufbauen lassen. In Brasilien arbeiten die palermischen Familien mit bestimmten Gruppen der neapolitanischen Camorra und der kalabrischen N'drangheta zusammen. Das Kartell steht in enger Beziehung mit den «Verwandten» jenseits des Atlantischen Ozeans. Seine Geschäftspartner sind im allgemeinen in Norditalien zu finden, vor allem in Mailand und Turin. Es handelt sich um gefährliche Kriminelle, die aus dem Süden der Halbinsel stammen und manchmal von einer gedankenlosen Justiz, die nicht begriffen hat, wie riskant es ist, die sizilianischen, kalabrischen und neapolitanischen Bosse fern von ihrer Heimat unter Polizeiaufsicht zu stellen, in den Norden umgesiedelt wurden. Norditalien ist seitdem zu einem neuen Schauplatz ihrer Verbrechen geworden, Mailand und Turin haben sich zu den wichtigsten Umschlagplätzen der Balkanroute entwickelt.

Im Herbst 1990 nimmt der Kommandant Dell'Ambrogio an einer wichtigen Arbeitssitzung im Generalsekretariat von Interpol teil, deren Sitz nach Lyon verlegt wurde. Die anwesenden europäischen Polizeibeamten sind beunruhigt über die steigende Zahl von Beschlagnahmungen von Kokain, das aus Brasilien kommt. Dell'Ambrogio weist darauf hin, daß sich jetzt auch Kokainhändler mit kleineren Mengen von einigen Kilo in die Schweiz wagen. Eine Untersuchung soll zutage fördern, ob sich eine Verbindung zwischen den einzelnen Straftaten herstellen läßt und die Beschlagnahmungen mit den Verhaftungen der Drogenüberbringer in Zusammenhang stehen. Die Drogenringe sollen Schritt für Schritt zurückverfolgt und die Verbindungen zwischen den verschiedenen Kokaindepots aufgedeckt werden.

Darüber hinaus sind bereits verschiedene Ermittlungen bezüglich der Geldwäsche von mehreren Millionen Dollar durch brasilianische Staatsbürger in Schweizer Banken eingeleitet worden. Jetzt gilt es noch, Licht in die finanziellen Mechanismen zu bringen.

Die brasilianische Polizei vermutet, daß es ein neues Kartell gibt, aber sie ist noch weit davon entfernt, dessen Protagonisten im einzelnen benennen zu können. Verschiedene Ermittlungen, die in Zusammenarbeit mit dem BKA, New Scotland Yard, der DEA, der OCRTIS und dem Schweizer Rauschgiftdezernat durchgeführt wurden, haben zu Mutmaßungen über die Identität einiger der Bosse geführt, doch nur durch eine großangelegte Operation kann die Samba Connection überhaupt zerschlagen werden. Sie wird *Mato Grosso* getauft.

Ein Team muß gebildet werden. Bei einer Sonderbesprechung fordern die höchsten Instanzen der brasilianischen Bundespolizei meine Teilnahme an mehreren Ermittlungen, die nach ihren Worten die Schweiz direkt betreffen. Mein Name wird auch von den Amerikanern und den Deutschen genannt. Es wird also beschlossen, mich nach Brasilien zu schicken. Ich werde mich aber nicht auf bürokratische Aufgaben beschränken, sondern habe die feste Absicht, an Ort und Stelle tätig zu werden und selbst die Drogenhändlerringe zu infiltrieren.

Auch wenn ich vor Ort Informanten brauche, verzichte ich auf eine erneute Kontaktaufnahme mit Rudy Steiner. Er selbst meldet sich nach sechs Monaten Funkstille. Ich frage nach:

«Läuft der Haftbefehl immer noch, den Del Ponte gegen dich ausgestellt hat?»

«Um ehrlich zu sein, ich habe keine Ahnung. Ich glaube, daß sich da nichts geändert hat.»

«Meine Kollegen in Lugano haben mir mit dieser Sache den letzten Nerv geraubt. Vor einiger Zeit hat mich Azzoni angerufen und mir gesagt, daß Del Ponte bereit wäre, den Haftbefehl aufzuheben, wenn die DEA bestätigen würde, daß du für sie arbeitest. Ich habe geantwortet, daß mich das nichts angeht.»

«Ich habe den Eindruck, daß du wütend bist.»

«Das bin ich auch. Sag mal, hast du in letzter Zeit mit Azzoni gesprochen?»

Meine Frage kommt nicht von ungefähr. Ich habe nämlich erfahren, daß Inspektor Azzoni bei einer Besprechung mit Carla Del Ponte kurzerhand erklärt hat, es sei Rudy Steiner zu verdanken, daß bei der Operation *Parano-Gulby* Mario Calderón und Escobar junior verhaftet werden konnten. Warum erwähnt Azzoni die Rolle, die Steiner dabei gespielt haben soll, wo ich ihn doch erst nach Juniors Verhaftung kennengelernt habe? Zweifellos stützt er sich dabei auf Behauptungen Steiners. Kennt Steiner womöglich den Informanten Bruno, der mir Calderón vorgestellt hat? Wenn ja, ist Calderón Bruno durch Steiner in die Fänge geraten? Das ist durchaus möglich. Alle Prämienjäger, mit denen ich je gearbeitet habe, von Mario dem Araber über Alessandro Troja bis hin zu Georges, arbeiten eng zusammen. Ich frage mich allmählich, ob sie nicht zu einer kriminellen Bande gehören, die auf Straffreiheit spekulieren kann, weil sie für offizielle Dienststellen arbeitet. Aber das ist nicht das Schlimmste: Azzoni behauptet, daß ich Steiner getroffen hätte, ohne Carla Del Ponte darüber zu informieren, was einer Straftat gleichkäme. Es ist an der Zeit, die Sache klarzustellen.

«Sag mal, Rudy, Azzoni behauptet, daß ich dich getroffen und es dir zu verdanken hätte, daß ich meine Ermittlung gegen einen Kolumbianer namens Escobar junior durchführen konnte.»

«Das habe ich nie so gesagt.»

«Wenn du die Wahrheit sagst, lügt Azzoni. Kennst du Bruno? Er ist Informant wie du.»

«Nein.»

«Und Mario Calderón?»

«Kenn ich nicht. Kommissar, ich weiß nicht, worauf du hinauswillst, aber ich hab' was für dich. Ich kenne einen

Kokaingroßhändler in Brasilien, Ernesto Zogby. Er hat 50 Kilo an Arman und Thierry Atlan, Vater und Sohn, geliefert, die die Ware über Zürich nach London bringen wollen. Ich habe schon den Vertreter von Scotland Yard in Brasilien benachrichtigt. Er hat mir eine große Belohnung versprochen.»

Ich alarmiere einen Kollegen in Zürich. Atlan senior und junior sind nicht unbekannt. Sie werden kurze Zeit später mit 50 Kilo Kokain in London verhaftet. Beim Zurückverfolgen der Fährte stößt Scotland Yard auf einen schwerreichen Anwalt in São Paulo, auf dessen Spur ich im Frühjahr 1987 gestoßen war; damals hatte ich in Basel einen ehemaligen italienischen Zollbeamten verhaften lassen, der wegen zwei Kilo Kokain auf die schiefe Bahn geraten war. Ich verdächtige den Anwalt, einer der größten brasilianischen Drahtzieher beim Handel mit Kokain für Europa zu sein. Er wird mir noch des öfteren über den Weg laufen.

Rudy Steiner legt eine fast rührende Bereitschaft zur Mitarbeit an den Tag. Anfang Dezember ruft er mich wieder an, um mir eine andere Sache anzubieten: ein in Wien stationierter levantinischer Drogenhändler mit 200 Kilo Heroin. Er hat einen Zürcher Anwalt zum Komplizen, der sich um die Geldwäsche kümmert. Ich wimmele ab, indem ich den Informanten an meine Zürcher Kollegen und die DEA in Wien verweise.

Am 22. Januar 1991 ruft mich der Prämienjäger Bruno, der mir Mario Calderón vorgestellt hat, aus Rio de Janeiro an. Rudy Steiner hat ihm wahrscheinlich erzählt, daß ich mich ganz besonders für Brasilien interessiere.

«Hallo Chef, ich bin im Hotel Royalti an der Copacabana. Das solltest du sehen, ein richtiges Luxushotel! Ich habe zwei Neapolitaner von der Camorra getroffen, sie schicken große Mengen Kokain nach Europa. Das Geld wird in der Schweiz, im Tessin, gewaschen. Interessiert dich das?»

«Natürlich. Ich habe die Absicht, nach Brasilien zu fliegen.»

«Sie suchen Kontakte in der Schweiz. Ich werde ihnen von dir erzählen. Wie ist dein Deckname für diese Operation?»

«Franco Ferri. Ich bin ein Geschäftsanwalt und leite die Firma Interfinanziaria SA, in Chiasso.»

«Kann ich ihnen sagen, daß ich für dich arbeite?»

«Das kannst du tun, aber du darfst dich auf nichts festnageln lassen. Mach keine Versprechen. Sag einfach nur, daß der Anwalt Franco Ferri Interesse gezeigt hat. Ich muß die Sache erst auf Kantonals- und Bundesebene regeln. Wir müssen auch mit der brasilianischen Polizei und den italienischen Behörden in Kontakt treten, da es sich um Neapolitaner handelt. Sobald das alles unter Dach und Fach ist, können wir mit der Operation starten.»

Knapp einen Monat später beginnt die Operation *Mato Grosso*. Ziel: Die Zerschlagung der Drogenkartelle, die Europa von Brasilien aus mit Kokain überschwemmen. Bruno ist mein Trojanisches Pferd, die beiden Camorra-Mitglieder sind der erste Anhaltspunkt auf unserer Fährte. Vor meiner Abreise nehme ich mir alle vorhandenen Informationen noch einmal genau vor, um die wichtigsten Fakten zu sammeln. Am 20. Februar 1991 schicke ich meinem Kommandanten einen ersten Bericht mit Kopie an die Staatsanwältin Carla Del Ponte. Als letztere von meiner unmittelbar bevorstehenden Abreise nach Brasilien erfährt, fordert sie offiziell von mir, Rudy Steiner im Rahmen der in Lugano laufenden Ermittlung zu vernehmen. Es gehe darum herauszufinden, wie stichhaltig der vom Luganer Staatsanwalt gegen ihn erlassene Haftbefehl sei. Ich weigere mich hartnäckig. Diese Ermittlung soll auch mich destabilisieren. Ich kann darin nur die Aufforderung zu einem komplizierten Spiel mit zu vielen Unwägbarkeiten sehen, dem ich mich nicht gewachsen fühle und von dem ich lieber die Finger lasse. Ich fürchte, in eine Falle zu tappen, wenn ich eine Begegnung mit Steiner akzeptiere.

Bei der neuen Ermittlung in Brasilien soll mich ein Schweizer Kollege unterstützen, der mir Rückendeckung verschafft und gleichzeitig als Verbindungsstelle zu unseren brasilianischen Kollegen fungiert. Die Wahl meines Begleiters ist demnach sehr wichtig. Kommissar Soldini wird für die Aufgabe in Betracht gezogen. Das freut mich sehr, denn er ist ein alter Bekannter, der weiß, wie ich arbeite. Er hat mich bereits bei anderen verdeckten Ermittlungen begleitet. Im letzten Augenblick gibt es eine große Überraschung: Meine Vorgesetzten ersetzen Soldini durch ... Inspektor Azzoni. Das stört oder beunruhigt mich jedoch nicht weiter. Ich weiß, daß ich ihn kaltstellen und seinen Aufgabenbereich auf die verdeckte Ermittlung beschränken kann.

Wir fliegen am 25. Februar 1991. Rudy Steiner erwartet uns am Flughafen von São Paulo. Tags darauf vernimmt Azzoni Rudy in einem Konferenzraum des Hilton, in dem wir abgestiegen sind, während ich mich am Swimmingpool ausruhe. Ein paar Stunden später gesellt sich Rudy zu mir. In unserem Gespräch geht es wieder um den internationalen Haftbefehl. Er fragt mich, ob die OCRTIS ihm nicht helfen könne.

«Zuerst müssen wir abwarten, wie Carla Del Ponte reagiert, wenn sie dein Vernehmungsprotokoll gelesen hat. Aber sag mal, wenn du schon für die OCRTIS gearbeitet hast, müßtest du eigentlich Bruno kennen?»

«Hm, ich erinnere mich, daß du schon mal von Bruno gesprochen hast. Ist er nicht auch Informant?»

«Ja, genau, so ein Italo-Argentinier, ziemlich klein.»

«Natürlich erinnere ich mich an ihn! Ich habe tatsächlich schon mit ihm für die OCRTIS gearbeitet. Entschuldige, aber ich habe erst nicht verstanden, wen du meinst. Warum fragst du?»

«Nur so, ich habe auch schon mit ihm gearbeitet. Er ist in Brasilien, ich treffe mich mit ihm hier in Rio. Er soll mir Informationen geben. Ich würde gern wissen, was er für ein Typ ist.»

«Sei auf der Hut, er ist merkwürdig, undurchsichtig. Er arbeitet auch mit der brasilianischen Bundespolizei, mit den Führungskräften in Brasilia. Mit denen muß man sehr vorsichtig sein.»

«Sag mal, ihr arbeitet nicht zufällig zusammen?»

«Wir? Nein ...»

Meine ersten Treffen mit den höchsten Führungskräften der brasilianischen Bundespolizei hinterlassen einen katastrophalen Eindruck bei mir, der sich leider bestätigen sollte. Einen der Männer erkenne ich sofort wieder: Es ist der hohe brasilianische Beamte, dem Georges im Februar 1990 eine Prostituierte offeriert hatte. Später werde ich erfahren, daß viele dieser Polizeibeamten in Diensten der Drogenhändler stehen.

Nach diesen Vorstellungsgesprächen auf «politischer» Ebene sehen wir auf der nächstunteren Rangstufe die «Einsatzkräfte», die vor Ort und im Ausland die Ermittlungen begleiten. Ich weiß, daß ich ihnen vertrauen kann. In den Büros der Bundespolizei in São Paulo treffe ich mich mit Doktor Roberto Precioso, dem Leiter des Antidrogendezernats, in der deutschen Botschaft mit Kommissar Oliver Heidtmann, meinem Kollegen vom BKA, und in der englischen Botschaft mit Martin Crago, dem Kollegen von Scotland Yard. Ich brauche ein Hauptquartier, in dem ich die Drogenhändler, die ich in die Falle locken möchte, empfangen kann. Einer meiner Freunde ist im Vorstand der Tochtergesellschaft eines großen Schweizer Unternehmens. Er stellt mir Büros mitten im Geschäftsviertel von São Paulo zur Verfügung.

Am 2. März 1991 starte ich die Operation in Rio de Janeiro und treffe endlich weitere Kollegen, mit denen ich bis jetzt nur telefonisch Kontakt hatte. Azzoni wird als Verbindungsmann in Rio bleiben.

Bevor ich nach São Paulo zurückkehre, um mich dort noch einmal mit Precioso zu treffen, mache ich einen Abstecher nach Brasilia, um dort seine Vorgesetzten zu sehen. Man kann sich kaum vorstellen, wie viele bürokratische Besprechungen für die kleinste Infiltration notwendig sind.

Während meiner Abwesenheit teilt Azzoni von Rio aus meiner Dienststelle in Lugano mit, ich sei, ohne etwas zu sagen, einfach verschwunden, er habe seit Tagen nichts von mir gehört und wisse nicht, was ich mache. Ich muß zu seiner Entlastung gestehen, daß ich ihm aus naheliegenden Gründen nie im einzelnen dargelegt habe, was ich gerade tat. Wenn ich ihn über gewisse heikle Fakten informiert hätte, hätte ich die Kontrolle über die Situation verloren. Verfahrenstechnisch gesehen hätte das meinen beruflichen Selbstmord bedeutet.

In Rio sind Azzoni und Bruno im Rio Palace, einem der besten Hotels der Stadt, abgestiegen. Es liegt in nächster Nähe der schönsten Strände der Stadt: Copacabana, Ipanema und Leblon. Der ideale Ort, um Drogenhändler zu treffen. Ich mache ihn zu meinem Hauptquartier in Rio; die Tarnung ist perfekt. An der Hotelbar macht mir Bruno ein Angebot:

«Ich habe einen aus Israel stammenden Brasilianer kennengelernt. Er sucht 20 Kilo Kokain, die nach London geliefert werden müßten. Wir könnten sie ihm anbieten, was meinst du dazu?»

«Ja, unter der Bedingung, daß die Regeln für eine ‹kontrollierte Lieferung› eingehalten werden: Das Rauschgift muß von Händlern kommen, und wir kümmern uns nicht um den Transport. Außerdem muß die Aktion von den brasilianischen und britischen Behörden genehmigt werden.»

«Ich kann mit meinen Freunden bei der brasilianischen Polizei darüber reden. Was die Lieferanten angeht, da haben wir eher die Qual der Wahl.»

«Wir könnten zum Beispiel das Geschäft des Israeli mit unseren beiden Neapolitanern verbinden.»

«Das ist eine gute Idee. Gigi und Enzo möchten auch, daß du ihnen bei der Abwicklung eines Immobiliengeschäfts hilfst, ich glaube in der Schweiz.»

«Ich kenne einen Notar, der uns behilflich sein könnte.»

«Die Schwester des Israelis ist Anwältin und Notarin, sie arbeitet in Rio. Sie sind in die Pan Am-Affäre verwickelt, die vor ein paar Jahren Schlagzeilen gemacht hat. Du weißt schon, die brasilianischen Geschäftsführer der Fluggesellschaft wurden wegen Kokainhandels angeklagt. Wir könnten sie bitten, das Immobiliengeschäft zu überprüfen.»

«Gute Idee, aber der Vorschlag muß von dem Israeli kommen.»

Ich wechsle das Thema und frage unvermittelt:

«Kennst du einen Informanten namens Rudy, er lebt in São Paulo?»

«Diesen Hühnerdieb? Natürlich kenne ich den. Wir haben zusammen für die OCRTIS gearbeitet. Nimm dich vor ihm in acht.»

Bruno sieht auf die Uhr und sagt:

«Heute ist Freitag, es ist erst sechs, wir haben nichts Besonderes vor, laß uns einen Abstecher in den Juwelierladen im Geschäftszentrum vom Hotel machen! Du könntest dir dort einen schönen, protzigen Ring kaufen, der schon von weitem auffällt, so einen wie ihn Drogenhändler gerne tragen.»

«Bist du verrückt geworden oder ist dir die Hitze zu Kopf gestiegen?»

«Du wirst schon sehen, es gibt schöne Sachen in dem Laden. Azzoni hat sich Schmuckstücke zurücklegen lassen, die er kaufen will. Und außerdem ist da auch eine Verkäuferin, Christine, sie ist Araberin und sie gefällt mir gut.»

Eine halbe Stunde später stehe ich der Besitzerin der Boutique Acqua Marina gegenüber, und möchte einen Ring mit einem kleinen Smaragd kaufen. Er ist zu klein und muß vergrößert werden.

Am folgenden Tag habe ich ein Treffen mit den beiden Neapolitanern, von denen mir Bruno vor meiner Abreise aus der Schweiz erzählt hat. Die beiden Männer sind mir nicht mehr ganz fremd. Ich habe ihre Akten, die mir meine italienischen Kollegen übermittelt haben, studiert und sogar am Vorabend meiner Abreise nach Brasilien mit ihnen telefoniert. Sie erwarten meinen Besuch.

Am 10. März 1991 stellt Bruno mich ihnen vor.

Die beiden Männer, Luigi Solimena alias Gigi und Vincenzo Buondonno alias Enzo, besitzen eines der nobelsten Restaurants von Ipanema, das Baroni e Fasoli. Bruno hatte seine halbseidenen Bekanntschaften genutzt, um sich Anfang 1990 bei einem seiner Aufenthalte in Brasilien bei ihnen einführen zu lassen. Gigi und Enzo sind zwei ausgesprochen elegante, «ehrenwerte» Herren. Gigi ist groß, schlank, athletisch gebaut. Er behauptet, Trapezkünstler in einem Zirkus gewesen zu sein, bevor er in erster Ehe Alcione, eine in Brasilien bekannte Sängerin, heiratete. Ein wenig kleiner als sein Kollege, aber nicht weniger elegant ist Enzo, der die rechte Hand von Tommaso Buscetta gewesen ist, einem der bekanntesten sizilianischen «Ehrenmännern». Dieser war zu Beginn der siebziger Jahre nach São Paulo geflohen und hatte dort ein neapolitanisches Spezialitätenrestaurant eröffnet, das er nicht ohne Hintergedanken «La Camorra» getauft hatte. Zuerst war Enzo sein Geschäftspartner, dann überließ ihm Buscetta nach seiner Verhaftung 1983 das Geschäft. Wie es weiterging, ist bekannt: Nach seiner Auslieferung an Italien kurze Zeit später wird Buscetta einer der bekanntesten *pentiti* (Kronzeugen) gegen die Mafia. Enzo leitet das Restaurant von da an allein. Das La Camorra wird zweimal in Brand gesetzt.

Die beiden Neapolitaner gehören zur Hierarchie des Camorra-Clans der Familie Rinaldi und Mazzarella, mit denen der argentinische Fußballspieler Maradona während seines Aufenthaltes in Neapel verkehrte. Dieser Clan herrscht über den allmächtigen Fußballclub in Neapel.

Ich treffe die beiden Männer in ihrem eleganten Restaurant und lasse mich in ihrer Gesellschaft und der angenehmen Atmosphäre einer von den Lichtern Ipanemas angestrahlten Terrasse mit italienischen Fischgerichten und einer guten Flasche Verdicchio verköstigen. Später werde ich sie zum Mittagessen in mein Hotel einladen. Ich achte auf mein Äußeres, erscheine immer elegant und gepflegt und gebe mich bewußt etwas lässig. Ich stelle alle äußeren Zeichen eines mächtigen Mannes zur Schau, der an Geld und Luxus gewöhnt ist, ohne damit zu prahlen. Das kaufen mir meine neuen neapolitanischen «Freunde» auch ab.

Gleich bei unserer ersten Begegnung geht es um Drogengeschäfte:

«Ich kenne jemanden, der 20 Kilo nach London schikken möchte. Könnten Sie ihm die vielleicht liefern?»

«Die Sache interessiert uns, aber zur Zeit müssen wir aufpassen. Zu viele unserer Männer wurden in letzter Zeit verhaftet. Das muß sich erst wieder legen, dann nehmen wir die Geschäfte wieder auf.»

Am Montag, den 11. März 1991, gehe ich wieder in den Juwelierladen, um den bestellten Ring abzuholen. Ich werde von Isabel Maria, einer hübschen Brasilianerin um die

Dreißig, empfangen. Zur Bezahlung gebe ich ihr einen Reisescheck. Sie stutzt einen Moment.
«Keine Angst, der ist nicht gefälscht.»
«Das ist nicht das Problem. Ich sehe nur, daß er auf den Namen Fausto Cattaneo ausgestellt ist.»
«Das bin ich.»
«Bruno hat zu meiner Freundin Christine gesagt, daß du sein Boß wärst und Franco Ferri heißen würdest. Er hat uns erzählt, daß er für Interpol arbeitet und uns einen Ausweis der brasilianischen Bundespolizei gezeigt. Vorhin hat dich Bruno mal Franco Ferri, mal Fausto oder auch Tato genannt. Jetzt verstehe ich gar nichts mehr.»
Ich versuche mich herauszureden, indem ich Bruno für verrückt erkläre. Als ich diesen persönlichen Kauf mit einem auf meinen Namen lautenden Scheck bezahlen wollte, wußte ich nicht, daß Bruno so ins Blaue hinein geredet hatte. Ich könnte mich verfluchen, daß ich nicht mit meiner Kreditkarte bezahlt habe, die auf Franco Ferri ausgestellt ist. Zu diesem Zeitpunkt weiß ich noch nicht, daß Gigi und Enzo, meine beiden Neapolitaner, in dem Juwelierladen ein und aus gehen. Die bezaubernde Isabel Maria, die nicht auf meine Erklärung hereinfällt, läßt es jedoch dabei bewenden. Die junge Frau, die nicht auf den Kopf gefallen ist, schließt mit folgenden Worten:
«Ich weiß nicht, wie du heißt, aber eines ist sicher: Du bist ein Geheimagent.» Als Antwort kann ich nur lachen. Aber ich bin sehr angetan von ihr. Kurz darauf eröffnet mir Isabel Maria bei einem Glas Wein, daß sie Gigi und Enzo gut kenne: «Die kommen schon seit Jahren und sind ständig da. Ab und zu arbeiten sie für unseren Schmuckladen. Sie schaffen uns Kunden herbei. Aber das alles ist nur Fassade, um dunkle Geschäfte zu tarnen. Einer unserer Angestellten, André, kennt sie gut, ich werde was aus ihm herauskitzeln. Wenn du in den Laden kommst, dann tu so, als ob du Schmuck kaufen möchtest.»

Warum will mir Isabel Maria helfen? Sie sagt, sie sei gegen Drogenhandel, aber in meinem tiefsten Inneren wage ich zu hoffen, daß sie es auch tut, weil sie sich von mir ebenso angezogen fühlt wie ich mich von ihr. Ihre Hilfe ist mir willkommen. Wie viele andere Kokainhändler tarnen sich Gigi und Enzo durch diverse Handelsaktivitäten. Mit Hilfe verschiedener Schmuckläden in Rio de Janeiro wird das Drogengeld durch den unerlaubten Handel mit Edelsteinen gewaschen. Die kriminellen Organisationen tarnen ihre Verbrechen gern durch Vergehen, und ich weiß, wie gut vorgeschobene Edelsteingeschäfte für die Geldwäsche funktionieren. Dieses System läßt sich nur schwer aufdecken, und ich werde mich für meine Ermittlung gut in das Milieu der brasilianischen Juwelenhändler einführen lassen müssen.

Nach und nach findet Isabel Maria Gefallen an der Sache. Sie rät mir, sehr vorsichtig zu sein und immer daran zu denken, daß es in den verschiedensten Institutionen ihrer Heimat, insbesondere bei der Polizei, vor Drogenhändlern nur so wimmelt. Sie weist mich auch auf Umtriebe in meiner Umgebung hin, die mir nicht entgangen sind – ich werde beschattet. Die Neapolitaner sind beunruhigt, weil ich ständig in dem Juweliergeschäft bin, das ihnen zur Tarnung dient.

Isabel Maria legt mir nahe, einen guten Vorwand für meine häufigen Besuche bei ihr zu finden, und hat auch schon eine Idee: Ich könnte eine große Schmuckbestellung aufgeben, für über 100 000 Dollar. Sie bittet sogar einen ihrer Designer, einen Ring und eine Halskette zu entwerfen.

Die junge Frau weiß viel und ist schon bald eine treue Verbündete. Isabel Maria fängt an für mich zu arbeiten, indem sie zuerst bei ihren Mitarbeiterinnen und Kollegen Informationen über die beiden Camorra-Männer sammelt und dann ihre Nachforschungen diskret ausweitet. Das ist weder sehr schwierig noch sehr riskant. Ihre Kunden plaudern gern, und sie muß nur ein wenig nachfragen, um wertvolle Informationen zu bekommen. Das Netz um meine neapolitanischen Fische zieht sich zu.

Isabel Marias Idee einer Schmuckbestellung funktioniert ganz ausgezeichnet. Da sie durch meine Beschattung von meinen hohen Ausgaben erfahren, schließen die beiden Neapolitaner daraus, daß ich im Geld schwimme. Sie sind davon überzeugt, es mit einem nicht ganz sauberen Rechtsanwalt zu tun zu haben, der nicht lange nachfragt, woher das in der Schweiz zu waschende Geld kommt, und schlagen mir ein erstes Geschäft vor. Ihnen gehört unter anderem die Piano Bar in Ipanema, die sie für 700 000 Dollar verkaufen möchten. Die Eigentumsurkunde lautet allerdings auf den Namen eines alten Brasilianers. Außerdem soll die Transaktion in der Schweiz stattfinden, da sie das Geld in einer Bank in Zürich deponieren möchten. Ich verspreche ihnen, mich um die Sache zu kümmern. Ich kontaktiere einen meiner Freunde, einen brasilianischen Notar, und bitte ihn, die Sache ein wenig in die Länge zu ziehen. Um Zeit zu gewinnen, erfinde ich Hindernisse. Mir dient dieses eher zweitrangige Geschäft als Vorwand, um die Neapolitaner oft zu sehen.

Die beiden Männer sind auf der Hut. Zu viele ihrer Kuriere sind in Europa mit Kokain festgenommen worden, ein paar davon sogar in der Schweiz. Sie sind davon überzeugt, daß jemand, der ihnen sehr nahe steht, sie verrät und bei jeder Drogensendung nach Italien die Information weitergibt. Ich beschließe, Erkundigungen darüber einzuziehen.

Ich muß zuerst einen sicheren Telefonanschluß finden, meiner wird möglicherweise abgehört. Ich kann auch nicht von einem Büro der Polizei aus telefonieren, wo noch mehr neugierige Ohren lauschen als woanders. Eine Telefonzelle ist auch zu riskant. Ich werde vielleicht noch beschattet, und die von mir angewählte Nummer könnte ausfindig gemacht werden. Isabel Maria stellt mich ihren Eltern vor, bei denen ich Zugang zu einem sicheren Telefon habe. Nach ein paar Telefonaten erfahre ich, daß der Verräter für die Carabinieri in Neapel arbeitet. Mehr will ich nicht wissen. Je weniger ich weiß, desto besser für mich. Kurz darauf erfahre ich, daß die beiden Camorra-Männer den Spion entlarvt haben. Sie sagen zu mir: «Man wird ihn am Fuß des Corcovado, dem Berg des Erlösers, mit den Hoden im Mund finden ...»

Ich versuche, die Haut dieses armen Teufels zu retten, dessen Tage von nun an gezählt sind. Isabel Maria, der ich meine Befürchtungen mitgeteilt habe, hat eine Idee, wer es sein könnte. Sie glaubt, daß es sich um einen Italiener handelt, der im Edelsteingeschäft tätig ist. Er sei oft im Restaurant der Neapolitaner, vielleicht ein wenig zu oft. Ich rufe in meinem Büro in der Schweiz an und bitte meine Kollegen, umgehend die Carabinieri in Neapel zu alarmieren, was sie auch tun. Um kein unnötiges Risiko einzugehen, gebe ich ihnen natürlich weder Isabel Marias Namen noch den des mutmaßlichen Informanten. Er kommt jedoch weiterhin häufig in das Restaurant der Neapolitaner. Zu meiner größten Beunruhigung sehe ich ihn mit den beiden Camorra-Männern verhandeln, als stünde alles zum Besten. Ich kann weder an ihn herantreten noch mit ihm reden. Einige Zeit später wird er in seiner Wohnung durch mehrere Schüsse getötet.

Ich habe Gigi und Enzo klar zu verstehen gegeben, daß ich regelmäßig mit Drogenhändlern arbeite, für die ich Millionen von Dollar wasche. So bitten sie mich, ihnen in der Schweiz bei der Investition des Verkaufserlöses von 200 Kilo Kokain in Immobilien behilflich zu sein. Das Geschäft werde nicht sofort abgewickelt, das Geld werde erst in ein paar Monaten in der Schweiz sein. Es heißt also abwarten. Die Katastrophe, die über mich hereinbrechen sollte, wird die beiden Mafiosi retten, denn auf diese Weise kommt das Geschäft nicht zustande.

Enzo wird 1996 in Neapel verhaftet und beschuldigt, einer mafiösen Vereinigung anzugehören. Das Restaurant Baroni e Fasoli wird geschlossen, als die Polizei bei einer Durchsuchung zehn Kilo Kokain findet.

Meine Kollegen von der brasilianischen Polizei und ich haben entdeckt, daß Enzo und Gigi einen Teil ihres Geldes über ein Reisebüro in Rio de Janeiro waschen. Sein Besitzer arbeitet eng mit verschiedenen Juwelierläden zusammen, so auch mit dem von Isabel Maria. Ich bin also gut plaziert.

Ich brauche einen Dolmetscher, um mich besser mit der brasilianischen Bundespolizei verständigen und das bei der Ermittlung gesammelte Material einwandfrei auswerten zu können. Wer könnte für diese Aufgabe besser geeignet sein als Isabel Maria? Sie leistet einwandfreie Arbeit, sowohl bei der Generaldirektion der Polizei in Brasilia als auch in Belo Horizonte, wo sie zahlreiche Telefongespräche abhört und praktisch simultan übersetzt. Am Hauptsitz der Bundespolizei in Rio hört sie zehn Nächte lang die überwachten Telefonleitungen direkt ab.

Ich habe die Fährte der beiden Mafiosi und des Reisebüros zurückverfolgt und untersuche nun einen umfangreichen Kokainhandel in Richtung Europa sowie illegale Geldgeschäfte, insbesondere in der Schweiz. Trotz aller Schwierigkeiten kann ich nach und nach die verschiedenen Teile des Puzzles zusammensetzen. Isabel Maria ist mehr als eine Übersetzerin, sie wird meine zuverlässigste Mitarbeiterin. Ich gebe ihr meinen richtigen Personalausweis, meine Akkreditierung und die Polizeiberichte über die laufende Operation, damit sie an einem sicheren Ort aufbewahrt werden. Ich vertraue ihr auch das Tagebuch an, in dem ich genauere Informationen über meine Kontakte festhalte. Sie legt die Dokumente in den Safe des Juweliergeschäfts. Niemand wird auf die Idee kommen, daß mein geheimes Tagebuch in einem Laden aufbewahrt wird, der regelmäßig von den Drogenhändlern benutzt wird. Bei unseren immer häufigeren Treffen bringe ich es immer auf den neuesten Stand. Eine Vorsichtsmaßnahme, zu der ich mir gratulieren kann, als die brasilianische Polizei mein Hotelzimmer und das von mir gemietete Schließfach unter dem Vorwand durchsucht, meine Akkreditierung sei nicht mehr gültig. Isabel Maria hilft mir auch dabei, einen Aktionsplan für den Notfall vorzubereiten, indem sie verschiedene Wohnungen unter ihrem Namen mietet und mir ihren Wagen zur Verfügung stellt, so daß ich mich das ein oder andere Mal unbemerkt bewegen kann. Sie übernimmt mit der Zeit immer mehr Aufgaben, bis sie schließlich die aus São Paulo, Belo Horizonte, Rio de Janeiro und der Schweiz eintreffenden Informationen zentral sammelt und weiterleitet.

Das brasilianische Kartell exportiert jeden Monat mehrere hundert Kilo nach Europa. An seiner Spitze stehen verschiedene Drogenhändler, darunter auch eine der mächtigsten Persönlichkeiten von São Paulo, eine Art grauer Eminenz, unter deren Einfluß zahlreiche brasilianische Politiker stehen. Den «höchst ehrenwerten» brasilianischen Geschäftsmännern des Kartells wird aus Genf tatkräftige Unterstützung zuteil, wo sie durch tüchtige Anwälte vertreten werden, die es ihnen ermöglichen, ihr Geld bei Edelsteinhändlern zu waschen. Ihre Namen sind in meinen Berichten genannt, und ich bin bereit, sie jedem Ermittler auf Wunsch mitzuteilen. Das brasilianische Kartell arbeitet nicht nur mit den kolumbianischen Kartellen, sondern auch mit den verschiedenen kriminellen Organisationen Italiens zusammen. Vor meiner Abreise nach Brasilien war ich bei Nachforschungen über einen großen Drogenring, der England über Zürich und Dänemark belieferte, auf seine Spuren gestoßen. Ich war damals auf der Suche nach einem Drogenhändler, der in Florenz, wo er eine elfjährige Freiheitsstrafe absaß, aus dem Gefängnis ausgebrochen war, sowie einem Schweizer, der in den Mord an einem Pariser Polizisten verwickelt war.

Schon 1989 sind wir bei der Überprüfung der Kontakte eines in der Schweiz verhafteten kolumbianischen Drogenbarons auf einen spanischen Geschäftsmann gestoßen, dem wir vorläufig den Decknamen Juan Castaneda geben. Denn bis heute ist er nicht behelligt worden, obwohl er von verschiedenen Ermittlungen zur Geldwäsche kolumbianischer Drogenkartelle über Schweizer Banken betroffen war. Seine Büros in Lugano beherbergen vier in Panama ansässige Gesellschaften. Juan Castaneda wird von der brasilianischen Polizei streng überwacht. Bruno, der ihn über einen seiner Drogenhändlerfreunde kennengelernt hat, stellt ihn mir am 19. März 1991 in der Bar des Hotel Royalti an der Copacabana vor, das einem mit Castaneda befreundeten Spanier gehört.

Unser Gespräch ist noch nicht beendet, da betritt ein brasilianisches Paar mit einem großen Koffer das Hotel. Die beiden stellen den Koffer an der Theke ab und grüßen Castaneda, der aufsteht und zu ihnen geht. Kurz danach kommen zwei junge Brasilianerinnen dazu. Sie unterhalten sich lebhaft.

«Sie sprechen von einem Kurier, der gerade in der Schweiz verhaftet wurde», flüstert mir Bruno zu, «die beiden jungen Frauen sind auch Kuriere, aber sie haben Angst. Sie wollen gefälschte Papiere.»

Eine Viertelstunde später verschwinden die beiden Kuriere, die sich inzwischen beruhigt haben, mit ihrem Koffer, und Juan Castaneda setzt sich wieder zu uns. Er ist um die

Fünfzig, sieht insgesamt eher unscheinbar aus, hat kurze Beine, einen dicken Bauch und ein eckiges Gesicht. Sein lebhafter Blick aber, der durch die Brille blitzt, läßt ihn gewitzt und fast sympathisch wirken. Er spricht Spanisch, Portugiesisch und Italienisch. Wir plaudern über Belangloses. Er erzählt mir, daß er Marmor und Granit nach Europa exportiere und ein großes Reisebüro in São Paulo besitze. Er kennt die Schweiz und insbesondere Lugano sehr gut.

Am nächsten Tag holt mich Castaneda in einem luxuriösen Mercedes mit Chauffeur zum Mittagessen ab. Er geht wie gewöhnlich in das berühmteste Restaurant von Ipanema, das Méditerranée, in dem spanische und italienische Spezialitäten angeboten werden. Die Kellner benehmen sich Castaneda gegenüber sehr respektvoll, und der Besitzer läßt es sich nicht nehmen, uns selbst eine Platte mit frischem Fisch zu präsentieren. Ich habe plötzlich den Eindruck, dies alles schon einmal erlebt zu haben. Ich muß unweigerlich an meine erste Begegnung mit dem türkischen Drogenbaron Haci Mirza vor fünf Jahren in einem Restaurant am Bosporus denken.

Der Spanier hat eine besondere Vorliebe für Fischköpfe, die er wie eine Katze verschlingt. Gräten spuckend, mit vollem Mund, feuchtem Kinn und fettigen Händen spricht er von seiner neuesten Kaprice.

«Ich nenne sie Neu-Atlantis. Das ist eine neue Stadt, die ich im Norden Brasiliens errichten lasse, im Amazonas-Urwald. Ich stecke da viel Geld rein, sehr viel Geld ...»

Mit leuchtenden Augen holt er feierlich Atem, legt den Doradenkopf hin, an dem er gerade gelutscht hat, und dann entfährt es ihm:

«20 Milliarden Dollar.»

Ich ersticke fast an einem Bissen.

«Das ist alles sehr seriös, verschiedene Architekturbüros arbeiten daran. Sie sind schon dabei, die Pläne zu zeichnen und Modelle zu bauen.»

Castaneda verfügt über die für ein derartiges Abenteuer notwendige politische Unterstützung. Collor ist damals noch Staatspräsident in Brasilien. Später wird er aufgrund seiner Verwicklung in einen Skandal um einen großen Ring von Kokainhändlern, von denen einige von der Operation *Mato Grosso* betroffen waren, abgesetzt. Seine Freundschaft mit dem Gouverneur des Bundesstaates Rio de Janeiro, Leonel Brizola, ist ein offenes Geheimnis.

Bei unserer dritten Begegnung im Büro Castanedas, in einer dreistöckigen Luxusvilla mitten im schicken Stadtviertel Lagoa, wird mir klar, wie ernst der Spanier es mit dem Projekt Neu-Atlantis meint. Er gibt mir Broschüren, zeigt mir die Pläne seiner Stadt und die Baupläne der ersten Häuser; dann geleitet er mich in einen Empfangsraum, wo ich mit einem 90minütigen Film über Neu-Atlantis beglückt werde.
    Der Spanier hat Vertrauen zu mir gefaßt. Bei unserem vierten Treffen am Dienstag, den 26. März 1991, zeigt er mir nach einer erneuten überzeugenden Darbietung des mundgerechten Zerlegens von Doradenköpfen im Méditerranée seine riesige Villa am Fuße des Corcovado: fünfzehn Zimmer mit Hallenbad, Sauna, Garten mit Swimmingpool, Empfangsräume, Veranden und Terrassen.
    «Ihnen ist jetzt wohl klar, daß ich große Geschäfte mache», sagt er, «ich exportiere alles mögliche. Ich mache verschiedene Geschäfte, Sie verstehen schon, ich arbeite auch mit – wie soll ich sagen – kolumbianischen Einrichtungen. Sie können mir folgen?»
    «Ja, natürlich.»
    «Und ich habe große Geldbeträge in die Schweiz zu transferieren, ganz besonderes Geld, Sie verstehen?»
    «Ich verstehe vollkommen.»
    «Zur Zeit habe ich ein Problem: 300 Millionen Dollar, die in Italien blockiert sind. Ich schaffe es nicht, sie in die Schweiz zu bringen, das ist zu riskant.»

«Warum?»

«Dieses Geld ist in einer Firma angelegt, die einer italienischen Unternehmensgruppe nahesteht, um die gerade Ermittler, Untersuchungsrichter und Polizisten herumschnüffeln. Da ist nichts zu machen. Es ist die Unternehmensgruppe von Silvio Berlusconi. Sie kennen sie?»

Wer in Italien kennt nicht Fininvest? Eine der größten italienischen Unternehmensgruppen, zu der sowohl Bauunternehmen wie auch Finanzgruppen, Supermarktketten, Zeitungen, Verlage sowie drei Fernsehsender und ein riesiger Anteil an der damit verbundenen Werbung gehören. Es ist nicht das erste Mal, daß mir Gerüchte von Verbindungen zwischen der Mafia und Berlusconi zu Ohren kommen.

Juan Castaneda erwähnt auch seine Beziehungen zu brasilianischen Politikern, vor allem zum Gouverneur des Bundesstaates Rio de Janeiro. Einige seiner Bekannten hätten ihn darum gebeten, 600 Millionen Dollar von Brasilien nach Zürich zu bringen. Ob ich mich darum kümmern könnte?

«Natürlich!»

«Das Geld muß auf die Konten einer Scheinfirma in Montreal transferiert werden, die noch zu gründen sein wird, bevor es in Form von Krediten wieder nach Brasilien zurückfließt, um durch den Bau von Neu-Atlantis gewaschen zu werden. Und dann sind da auch noch 100 Millionen Dollar, die von der baskischen ETA stammen ...»

Am 26. Mai 1991 fliege ich nach Brüssel, um die Schweiz bei einer Tagung der «International Undercover Working Group» zu vertreten, in der die wichtigsten Polizeibehörden der westlichen Welt zur Bekämpfung des Drogenhandels vereint sind. Im Hotel melde ich mich unter dem Namen Franco Ferri an, um den Kontakt mit Juan Castaneda halten zu können. Ich habe den richtigen Riecher gehabt, denn der Spanier ruft mich prompt an, um mir seine Ankunft am 1. Juni in Lugano anzukündigen. Er hat bereits eine Suite im Hotel Admiral reserviert.

Das kommt mir gar nicht gelegen. Ich kann mich in Lugano nicht in Castanedas Gesellschaft sehen lassen. Der Spanier verkehrt in der dortigen High-Society, in der ich kein Fremder bin. Das Risiko, dort erkannt zu werden, ist zu groß.

Ich treffe mich am Abend seiner Ankunft kurz mit ihm und sehe ihn tags darauf im Büro meiner «Tarngesellschaft», der Interfinanziaria SA mit Sitz in Chiasso nahe der italienischen Grenze. Ich habe ein Dutzend Kollegen mobilisiert, die meine Angestellten und reiche Kunden spielen. Der Spanier ist von der in meinem Büro herrschenden Geschäftigkeit so beeindruckt, daß er meine Zeit nicht allzu lange beanspruchen möchte. Wir würden bei meiner Rückkehr nach Brasilien über unsere Geschäfte sprechen. Ich nehme mir jedoch die Zeit, ihn in das beste Restaurant der Stadt zu führen, wo er sich in Ermangelung von Fischköpfen mit einem Trüffelrisotto und einem Marsala-Schnitzel begnügen muß. Er spricht erneut von seinen Beziehungen zu dem Gouverneur des Bundesstaates Rio de Janeiro und behauptet, dieser sei mit Stimmen gewählt worden, die ihm die organisierte Kriminalität verschafft habe.

Seit Dezember 1990 sind wir einem Geldwäschering auf der Spur, der seine Geschäfte über den Luganer Sitz der Migros-Bank abwickelt, wo wir einen V-Mann haben. Wir wissen, daß einer der Kassierer, den wir bereits identifiziert haben, mit den Geldschiebern unter einer Decke steckt, und kennen auch die Namen ihrer Komplizen in der Schweiz und in Italien. Wir haben seinen Kontakt, einen Brasilianer namens Edu de Toledo, demaskiert und erfahren, daß dieser regelmäßig Millionen von Dollar bar auf sein Konto einzahlt, um sie dann auf das Konto A/C 1994 der Audi Bank in New York zu transferieren. Das Geld kommt aus Italien und wird in Lugano in Dollar umgewechselt.

Aus den in Brasilien zusammengetragenen Informationen können wir schließen, daß die Gruppe Vorkehrungen trifft, um eine Million Dollar zu waschen, die mit dem Verkauf von 70 Kilo Kokain in Rotterdam erzielt wurden. Das Rauschgift kommt aus Brasilien und wurde von italienischen Mafiosi befördert. Edu de Toledo soll am 13. Juni 1992 bezahlen. Am Vortag haben der Staatsanwalt Jacques Ducry und ich an einer Arbeitssitzung mit italienischen Kollegen in Monza teilgenommen. Wir beenden sie erst am frühen Morgen, und am nächsten Tag muß ich nach Brasilien fliegen, um die Operation *Mato Grosso* weiterzuführen. Wir halten uns für unseren ersten Fang bereit. Staatsanwalt Ducry soll die Aktivitäten der verschiedenen Polizeieinheiten koordinieren.

Zuerst müssen wir jedoch noch eine andere Angelegenheit regeln. Ich brauche Angaben zu den Transfers großer Summen in Schweizer Banken, die nur Ducry mir beschaffen kann. Ich muß denen, die mich jenseits des Atlantiks erwarten, einen Plan, irgend etwas Konkretes vorlegen können. Ich habe Ducry einen Termin mit einem seiner Freunde, einem Bankdirektor in Lugano, abgerungen. Ich soll Ducry an diesem Tag morgens gegen neun Uhr treffen, aber zur vereinbarten Zeit ist er nicht da. Ich kann ihn nicht erreichen und muß allein zurechtkommen.

In seiner Abwesenheit regle ich die Modalitäten der Verhaftung von Edu de Toledo und seiner Komplizen, die durchgeführt wird, während ich nach Brasilien starte.

Carla Del Ponte macht sich den geringen Widerstand Ducrys zunutze und reißt den Fall an sich, indem sie sich auf das Territorialitätsprinzip beruft. Das bedeutet, daß diese Straftat unter ihre Zuständigkeit fällt, weil sie in ihrem Amtsbezirk stattgefunden hat. Ich hatte während der verdeckten Ermittlung zur *Libanon Connection* bereits eine ähnliche Erfahrung gemacht, als Del Ponte für einen Teil der Ermittlung die Zuständigkeit beanspruchen wollte. Damals hatte Dick Marty sie daran gehindert.

In Brasilien treffe ich mich weiterhin mit Juan Castaneda. Das Netz um ihn zieht sich zusammen; mehrere zwielichtige Politiker, mit denen er Geschäfte gemacht hat, werden verhaftet. Die Nachricht macht Schlagzeilen. Die Ermittlung konzentriert sich bald auf Paulo Cesar Farias, den geheimen Berater von Präsident Collor, dessen Ende naht. Castaneda scheint nicht besonders beunruhigt zu sein.

«Ich habe keinen direkten Kontakt mit ihnen. Gouverneur Brizola dient uns als Mittelsmann, er kennt sie.»

Wir vereinbaren die letzten Details für die Geldtransfers in die Schweiz. Wir müssen nur noch meine nächste, für Ende 1991 vorgesehene Rückreise abwarten, um eine der größten Operationen für die Geldwäsche in der Schweiz zu starten.

«Ich habe einen deiner Freunde gesehen», sagt Castaneda, «Alfonso.»

Ich verstehe nicht sofort, daß er von Rudy Steiner spricht, den ihm Bruno während meiner Abwesenheit vorgestellt hat.

«Er kümmert sich um Kokaingeschäfte, das hat er mir ganz offen gesagt. Er wäre bereit, viel Geld in meine Geschäfte zu investieren, und wird mich mit Leuten in Kontakt bringen, die solche Gelder waschen müssen. Franco, halte dich bereit: In ein paar Monaten geht das Geschäft los!»

Die Zusammenarbeit mit der brasilianischen Polizei zeigt erste Erfolge.

Isabel Maria arbeitet von nun an praktisch ganztägig für mich. Sie hört die Gespräche der Drogenhändler direkt mit. Dadurch können am 30. Juni 1991 ein Beamter der brasilianischen Bundespolizei und vier weitere Drogenhändler mit fünf Kilo Kokain verhaftet werden. Ein paar Stunden später werden drei Kilo, die nach Zürich gebracht werden sollten, am internationalen Flughafen in Rio beschlagnahmt. Wir sind einer Gruppe von Drogenhändlern auf der Spur, die zu der Organisation gehören, die für die Einschleusung von 100 Kilo Kokain in die Schweiz verantwortlich ist; sie wird von dem Anwalt Ricardo Bolos geleitet.

Nach der Verhaftung von Edu de Toledo in der Schweiz können wir richtig loslegen. Zusammen mit dem Brasilianer fangen meine Kollegen in Lugano zwei weitere Lateinamerikaner ab, als sie einem Angestellten der Migros-Bank, der auch verhaftet wird, 1 200 000 Dollar in kleinen Scheinen übergeben. Dieses Geld stellt die Hälfte der Bezahlung für die 70 Kilo Kokain in Rotterdam dar. Durch die Auswertung der durch diesen Fang erhaltenen Informationen können wir den Drogenring bis zu einem reichen Geschäftsmann in Belo Horizonte zurückverfolgen: José Francisco Do Nascimento alias Chico, auf den wir von nun an die Ermittlung konzentrieren. Seine Telefone werden bereits abgehört. Für uns ist es daher sehr wichtig, Zugang zu den Abhörprotokollen und den Mitschnitten zu haben.

Isabel Maria und ich fahren nach Belo Horizonte, um Getulio Bezerra, den Leiter der Bundespolizei zu treffen. Dieser warnt uns:

«Wir müssen zuerst vorsichtig sein. Mary Angela, die Ehefrau von José Francisco Do Nascimento, ist Staatsanwältin. Der Mann ist mit dem Justizminister von Präsident Collor verwandt.»

Bezerra händigt uns anschließend die Aufstellung der bei José Francisco Do Nascimento abgehörten Telefonate aus. Am Tag nach der Verhaftung von Edu de Toledo in Lugano hört die brasilianische Polizei ein Telefongespräch ab. Die beiden Gesprächspartner unterhalten sich auf lombardisch, eine Mundart, mit der der Dolmetscher nichts anfangen kann, die ich aber ausgezeichnet verstehe. Einer der Teilnehmer, Rinaldo Bisco, ist in Italien, der andere, Aldo Brivio, in Brasilien, in Porto Seguro. Er ruft von einem Landhaus der Familie Do Nascimento aus an. Rinaldo Bisco und Aldo Brivio dienen als Verbindungsleute zwischen den italienischen Mafiagruppen und den in Brasilien stationierten Kokainhändlern.

Brivio: «Den Rest behältst du, du darfst ihn nicht in die Schweiz bringen, das ist zu gefährlich nach allem, was passiert ist.»

Er spielt auf die Verhaftung von Edu de Toledo und seinen Komplizen am 13. Juni 1991 in Lugano an.

Bisco: «Ich verstehe nicht.»

«Den restlichen Verkaufserlös von den 70 Kilo, die 1 200 000 Dollar sollst du nicht in die Schweiz bringen. Die Sache wurde abgeblasen. Es ist zu gefährlich, verstanden?»

«Ja, ich verstehe. Entschuldige, die Verbindung ist schlecht. Was soll ich tun?»

«Du brichst alles ab. Unser Freund (José Francisco Do Nascimento) wird nach Europa kommen, um alles zu regeln. Er fliegt am 13. oder 14. dieses Monats. Wenn er nicht kommen kann, schickt er jemanden.»

«Okay, ich erwarte ihn.»

«Hör gut zu: 120 Kilo sind schon nach Italien losgeschickt worden, 70 gehen bald nach Europa.»

«In Ordnung, wir können die Bezahlung über denselben Luganer Devisenhändler abwickeln wie beim letzten Mal.»

«Das wäre eine Lösung. Noch was: Wir bereiten eine Lieferung von 5000 Kilo vor.»

«Sag das bitte noch mal, ich habe nicht richtig verstanden, die Verbindung ist sehr schlecht.»

«Ich sagte: Wir bereiten eine Lieferung von fünf Tonnen vor. Fünf null null null. Vielleicht sogar mehr.»

Gemeinsam mit meinen brasilianischen Kollegen arbeiten wir einen Angriffsplan aus. Ich rufe Carla Del Ponte an, um sie auf dem laufenden zu halten. Sie genehmigt die Aktion unter der Bedingung, daß ich den Industriellen nicht dazu anstifte, eine Straftat zu begehen. Sie kennt mich jetzt schon eine Zeitlang und hätte eigentlich wissen müssen, daß Provokation nicht gerade mein Fall ist.

Erster Schritt: Wir müssen an José Francisco Do Nascimento herankommen. Ich weiß, daß er sich über mich erkundigen wird, sobald ich Kontakt mit ihm aufnehme. Ich muß also zunächst einmal meine Tarnung gut vorbereiten.

Ich miete einen Wagen und fahre mit Isabel Maria nach Ouro Preto, einer kleinen Stadt 100 km nordöstlich von Belo Horizonte.

Ouro Preto, mit seinen 150 000 Einwohnern, ist für die Schönheit seiner Landschaft und vor allem für den Handel mit Edelsteinen bekannt. Die Minen der Umgebung sind voll von Diamanten, Amethysten, Aquamarinen, Topasen und Smaragden. Ich beginne, Geschäfte unter meinem Decknamen abzuwickeln.

Am 7. Juli 1991 wird die Kontaktaufnahme durch einen Anruf bei José Francisco Do Nascimento in Belo Horizonte eingeleitet. Er selbst nimmt das Gespräch entgegen.

Ich höre seine Stimme, die ich von den Mitschnitten her kenne.

«Guten Tag, mein Name ist Franco Ferri, ich bin ein Schweizer Anwalt. Ich bin in Ouro Preto ... Sprechen Sie Italienisch? Entschuldigen Sie bitte, aber ich spreche nicht Portugiesisch ... Ich spreche Italienisch, Deutsch, Englisch ... Ich möchte mit José Francisco Do Nascimento sprechen.»

«Das bin ich, ich verstehe Italienisch.»

Ich weiß natürlich, daß er perfekt Italienisch spricht. Mein Plan ist simpel: Wenn er auch über die Verhaftung von Edu de Toledo Bescheid weiß, kennt er doch keine Einzelheiten. Toledo ist immer noch in Isolierhaft. José Francisco Do Nascimento hat einen Genfer Staranwalt engagiert, um Erkundigungen darüber einzuziehen, jedoch ohne Erfolg. Ich biete ihm also an, ihm einige der gewünschten Informationen zu geben.

«Also, Herr Do Nascimento, einer meiner Freunde hat mich aus der Schweiz angerufen und gebeten, Sie davon zu verständigen, daß Ihr Freund Edu de Toledo einen Autounfall hatte. Er ist ... schwer verletzt. Er ist im Krankenhaus, und nach dem, was man mir gesagt hat, wird es nicht mehr sehr lange dauern.»

«Herr Ferri, wann könnte ich Sie sehen? Ich muß mit Ihnen sprechen. Ich komme mit dem Wagen nach Ouro Preto.»

«Wann Sie wollen. Ich bin bis morgen hier, danach fahre ich nach Belo Horizonte in das Oton Palace zurück.»

«Dann rufen Sie mich an, sobald Sie dort angekommen sind.»

So treffe ich am Abend des folgenden Tages José Francisco Do Nascimento im 25. Stock des Oton Palace im Panorama-Restaurant, von dem aus man Belo Horizonte überblickt. Der Industrielle wird von einem Bodyguard begleitet, einem gutaussehenden, schlanken, muskulösen Mann um die Dreißig, der einen italienischen Anzug trägt. Bevor er sich hinsetzt, knöpft er die Jacke auf und läßt dabei den Kolben einer in seinen Gürtel gesteckten Pistole sehen. Wie ich später erfahren werde, heißt er Delmario Ferreira Nogueira. Er ist einer der Bosse der organisierten Kriminalität in Rio de Janeiro.

Ich erzähle meine Geschichte bei einer Flasche Whiskey.

«Francisco, ich denke wir können uns duzen, das ist einfacher. Ich bin Geschäftsanwalt und in Brasilien an verschiedenen Dingen beteiligt, du kannst dich über mich erkundigen. In der Schweiz habe ich in Chiasso eine Finanzierungsgesellschaft, die sich um den Transfer von Geldern von Italien in die Schweiz kümmert. Vor ein paar Wochen wurde eines unserer Fahrzeuge bei einem Geldtransport von den Schweizer Zöllnern gestoppt. Mein Angestellter hat fünf Milliarden Lire transportiert, sauberes Geld von einem italienischen Kunden. Er wurde ein paar Tage festgehalten, bevor man ihn wieder freigelassen hat. Im Gefängnis hat er deinen Freund Edu de Toledo kennengelernt. Bevor er entlassen wurde, hat dein Freund ihm einen Zettel mit deiner Telefonnummer zugesteckt. Er hat ihn darum gebeten, dir zu sagen, daß er zusammen mit den anderen verhaftet worden ist, daß die Polizei alles entdeckt hat und das Geld beschlagnahmt worden ist. Kurz, er will dich warnen. Ich will von deinen Geschäften nichts wissen. Ich bin in dieser Sache nur der Bote.»

José Francisco Do Nascimento kann nicht ahnen, daß ich Polizist bin. Ein Polizist würde einem Drogenhändler nie eine solche Geschichte auftischen. Er versucht mir zu erklären, was für Geschäfte er macht. Ich tue so, als ob ich davon nichts wissen wolle.

«Das geht mich nichts an. Je weniger ich weiß, desto besser. Übermorgen bin ich in Rio. Wenn de Toledo einen Anwalt braucht, kann ich einen für ihn finden. Das ist alles, was ich tun kann. Ich selbst bin nämlich auf Finanz- und Immobiliengeschäfte spezialisiert, ich habe eine große Kanzlei. Aber laß uns heute abend lieber an etwas anderes denken und in Ruhe essen und trinken.»

Ich weiß, daß José Francisco Do Nascimento nicht lockerlassen wird. Er glaubt, daß meine Kanzlei Mittel und Wege hat, um das Geld seiner Organisation zu waschen. Er würde gern meine Dienste in Anspruch nehmen. Ich gebe ihm die Adresse der Interfinanziaria SA in Chiasso. Da es sich um eine heikle und wichtige Operation handelt, habe ich meine Kollegen in Bellinzona darum gebeten, ständig jemanden in meinem Büro zum Bereitschaftsdienst abzustellen. Das geschieht aber nicht, statt dessen beschränkt man sich darauf, die Telefongespräche auf die Büros umzulegen. Ruft jemand bei der Firma an, wird ihm zwar geantwortet, geht er aber zum Büro in Chiasso, findet er dort ständig verschlossene Türen vor. Diese Oberflächlichkeit, Nachlässigkeit und Stümperei machen mich sprachlos.

Am nächsten Morgen weckt mich das Telefon um acht Uhr. Es ist José Francisco Do Nascimento, er will mich sehen. Zwei Stunden später frühstücken wir zusammen. Diesmal ist er allein gekommen. Er hat ein Problem: Wie soll er die 1 200 000 seit der Verhaftung von Edu de Toledo in Italien blockierten Dollar waschen? Seine Leute trauen sich nicht, sie in die Schweiz zu bringen.

«Franco», sagt er zu mir, «womöglich muß ich deine Dienste in Anspruch nehmen. Ich habe verschiedene Geschäfte in Europa laufen. Ich brauche deinen Rat, um eine große Summe zurückzuführen.»

«Sag mir Bescheid, sobald du bereit bist. Solche Transfers sind unsere Spezialität; ich habe dir gestern meine Adresse gegeben.»

«Ich kenne Lugano gut. Ich komme höchstwahrscheinlich selbst zu dir, wenn es soweit ist. Jetzt möchte ich erst einmal wissen, ob du mir dabei helfen kannst, mein Geld in die Schweiz zu bringen?»

«Natürlich, das ist mein Job. Meine Partner und ich machen das ständig für Dritte. Wir haben Kunden, die uns seit Jahren treu sind. Unsere Organisation ist sehr effizient. Wir werden jeder Anfrage unserer Kunden gerecht.»

«Genau das suche ich. Ich komme bald bei euch vorbei. Ich muß am 14. Juli nach Europa. Ich habe geschäftlich in Paris, London, Kopenhagen, Frankfurt und Mailand zu tun.»

«Paß auf», sage ich zu ihm, «du wirst vielleicht von der Polizei gesucht. Möglicherweise läuft schon ein internationaler Haftbefehl gegen dich. An deiner Stelle würde ich lieber hier bleiben.»

Ich weiß, daß Carla Del Ponte zu diesem Zeitpunkt noch keinen Haftbefehl gegen ihn ausgestellt hat. Ich möchte ihn nur noch ein wenig mehr Vertrauen fassen lassen, indem ich ihn warne.

«Mach dir keine Sorgen, mein Freund, ich werde protegiert. Freunde wachen über mich, und ich habe meine Vorkehrungen getroffen.»

Vorkehrungen? Er hat seinen Paß leicht verändert, indem er einen Bindestrich, ein «i» und einen weiteren Familiennamen zu seinem Namen hinzugefügt hat, so daß er sicher sein kann, durch keine Computerkontrollen behelligt zu werden.

Bevor er geht, gibt er mir eine Visitenkarte:

«Wenn dir deine Geschäfte ein bißchen Zeit lassen, dann fahr doch ein paar Tage nach Porto Seguro. Meinem Bruder Omar gehört das Mar Aberto. Du bist unser Gast. Nimm eine Freundin mit, wenn du willst. Ich habe meinem Bruder von dir erzählt, er erwartet dich. Er ist dort mit Freunden; einer von ihnen ist Italiener.»

«Ich kann nichts versprechen. Aber die Ecke dort soll wunderschön sein.»

«Die Strände sind fabelhaft, es ist nicht viel los. Du könntest uns vielleicht helfen. Wir brauchen neue Kontakte.»

Ich sehe ihm nach, er wird unauffällig von brasilianischen Bundespolizisten überwacht. Die Telefonnummer des Mar Aberto ist mir nicht unbekannt: Es ist eine der Nummern, bei denen einige der im Flughafen Zürich abgefangenen Drogenhändler regelmäßig angerufen haben. Von dieser Nummer aus telefonierte auch Aldo Brivio, einer der beiden Italiener, den wir bei einem Gespräch über die Lieferung von fünf Tonnen Kokain nach Europa abgehört hatten. Ich hatte sie Carla Del Ponte übermittelt, die es nicht für nötig hielt, das von mir vorgeschlagene Rechtshilfeersuchen einzuleiten. Zu diesem Zeitpunkt war ich bei ihr schon nicht mehr gut angeschrieben.

Bei meiner Rückkehr nach Rio gehe ich in eine der von Isabel Maria gemieteten Wohnungen, die mir seit kurzem als Hauptquartier dient. Ich rufe in der Schweiz an. Ich bin sehr aufgeregt und habe nur eines im Sinn: Ich möchte nach Porto Seguro fahren, um Kontakt mit Omar Do Nascimento und seinem Freund Brivio – das ist der Italiener, von dem José Francisco sprach – aufzunehmen. Ich sehe mich schon bis ins Herz der Organisation vordringen und habe das Gefühl, daß der Weg dorthin offen vor mir liegt. Über einen Kollegen erbitte ich von Ducry und Del Ponte die Einwilligung, um nach Porto Seguro zu fahren. Das komme überhaupt nicht in Frage, lautet die Antwort. Zur Begründung wird meine Sicherheit angeführt.

Dabei besteht keinerlei erkennbare Gefahr, ich habe die Organisation infiltriert, ohne einen Verdacht zu wecken. Die Entscheidung von Del Ponte und Ducry ist um so unverständlicher, als sie mich einem Risiko erst aussetzt: Wenn ich nicht auf den Vorschlag von Do Nascimento eingehe, ziehe ich unnötigerweise die Aufmerksamkeit der Drogenhändler auf mich, weil sie sich fragen werden, warum ich nichts von mir hören lasse.

Außerdem wäre Omar Do Nascimento einen Besuch wirklich wert. Sein Name wird später in einer umfangreichen Ermittlung auftauchen, die von der Schweizerischen Bundesanwaltschaft in Zusammenarbeit mit den Kantonen Waadt und Genf durchgeführt wird. Er ist aufgrund seiner Beziehungen zu einer kolumbianischen Familie, die in Genf und Lausanne mehrere Tarnfirmen zur Geldwäsche betreibt, in ein großes Geschäft in Genf verwickelt. Omar steht in Verbindung mit einer dieser Firmen, die Kundin eines der größten Finanzunternehmens der Schweiz ist, der Fimo SA in Chiasso.

Anhand der abgehörten Telefongespräche verfolgen wir die verschiedenen Etappen der Reise von José Francisco Do Nascimento: Rio, Rom und Paris. Die französische Polizei verliert seine Spur in Paris, wo er einen Monat bleibt. Das ist nicht weiter schlimm, denn wir sind sicher, ihn in Rom wiederzufinden, von wo er am 14. August nach Brasilien zurückfliegt. Am 20. Juli erfahre ich bei meiner Rückkehr in die Schweiz, daß Carla Del Ponte die Sache zu einem Abschluß bringen möchte. Sie hat die Absicht, zum Ende des Monats einen internationalen Haftbefehl gegen Do Nascimento auszustellen. Ich versuche sie umzustimmen:

«Für die Ermittlung ist er auf freiem Fuß nützlicher als im Gefängnis. Ich habe die Mittel, seine Organisation zu infiltrieren. Wir haben es nicht eilig. Wir wissen, wo er ist, er hat Vertrauen zu mir, warum sollte ich mich nicht in seine Organisation einschleusen? Auf diese Weise können wir viel mehr Personen ergreifen.»

«Ich möchte die Sache lieber abschließen. Wir haben alles in der Hand: die 70 Kilo in Rotterdam, den Bankier und nun auch den Boß der Bande. Ich habe damit alles, was ich für meinen Prozeß brauche.»

«Aber 70 Kilo sind doch nichts. Am Telefon haben sie von einer Lieferung mit fünf Tonnen Kokain gesprochen.»

José Francisco Do Nascimento wird am Flughafen Rom verhaftet, als er seinen Rückflug nach Brasilien antreten möchte. Er wird an die Schweiz ausgeliefert und dort zu elf Jahren Freiheitsstrafe verurteilt.

Ich führe meine Ermittlung über den Do Nascimento-Clan weiter und sammle genügend Informationen über ihre Aktivitäten in Europa, um die Nachforschungen auszuweiten. In Genf stoße ich dabei unter anderem auf große

Schmuck- und Edelsteinhändler, die bereits in verschiedene Affären verwickelt sind. Von einer dieser Affären ist auch ein hoher Polizeibeamter betroffen. Niemand macht sich die Mühe, die von mir zusammengetragenen Informationen nach Genf zu übermitteln.

Der ehemalige Anwalt Ricardo Bolos, ein «Unberührbarer», steht im Mittelpunkt fast aller Ermittlungen, die im Rahmen der Operation *Mato Grosso* durchgeführt wurden. Ich war 1987 auf ihn gestoßen, als ein ehemaliger Beamter der italienischen Zollbehörde namens Angelo Di Mauro, der mir drei Kilo Kokain verkauft hatte, in Basel verhaftet wurde. Die Baseler Justizbehörden erließen damals einen internationalen Haftbefehl.

Als mein Kollege Roberto Precioso, Leiter der Antidrogeneinheit von São Paulo, mich informiert, daß er über Bolos ermittelt, rufe ich in meinem Büro in Bellinzona an, um mir die nach der Verhaftung von Di Mauro gesammelten Informationen zufaxen zu lassen: Namen, Adressen, Telefonnummern, insbesondere Informationen über Ricardo Bolos. Ich erinnere mich daran, daß damals die Ermittlung wegen eines mysteriösen dritten Mannes, von dem man nur den Decknamen «Rosenthal» kannte, ins Stocken geraten war. Da ich dieses Informationsmaterial benötige, um mit Precioso sprechen zu können, gehe ich nicht davon aus, irgendwelche Schwierigkeiten zu bekommen. Ich verlange nichts Außergewöhnliches, mir sollen nur Teile einer von mir geleiteten Ermittlung ins Ausland übermittelt werden. Wenn ich in der Schweiz gewesen wäre, hätte ich in den Akten nachgesehen, ohne irgend jemanden darüber zu informieren. Ich erkläre einem meiner Vorgesetzten die Situation:

«Ich brauche bestimmte Informationen. Kannst du mir die Akte Di Mauro schicken?»

«Tato, neben mir sitzt Staatsanwalt Ducry. Ich lasse ihn mithören. Er schüttelt den Kopf. Das bedeutet nein.»

«Einfach nur nein? Warum?»
«Er gibt mir keine Genehmigung, dir diese Informationen zu schicken.»
«Gib ihn mir ans Telefon.»
«Er möchte nicht mit dir sprechen, aber er hört dich.»
«Dann sage ihm, er kann sich zum Teufel scheren!»

Warum will der Staatsanwalt nicht, daß meine Kollegen mir dieses Fax schicken, das ohne jede juristische Relevanz ist und eine bereits abgeurteilte Sache betrifft? Ich habe keine Erklärung. Ricardo Bolos wird im Rahmen einer anderen Operation in São Paulo mit acht Kilo Kokain verhaftet.

Für Bolos interessieren sich meine brasilianischen und italienischen Kollegen, seit im November 1990 in São Paulo 500 Kilo Kokain beschlagnahmt und ihre Inhaber, drei in Rom wohnhafte italienische Staatsbürger und ein Kolumbianer aus Cali, verhaftet wurden. Im Gefängnis erhalten sie Besuch von einem Vertreter des Vatikans in Brasilien und von einem brasilianischen Abgeordneten. Ein paar Monate später werden sie freigelassen. Das Rauschgift ist bereit zur Verschiffung nach Genua, es ist in einer Möbelladung versteckt, die nach Vatikanstadt geht. Der ehemalige Anwalt Ricardo Bolos hat sich mit Unterstützung eines Italieners um die Formalitäten gekümmert. Letzterer ist das Faktotum zweier neapolitanischer Bankiers, der Brüder Guido und Mariano Fabbrocini. In dem Bericht, den ich am 12. April 1991 für den Staatsanwalt Ducry verfasse, weise ich darauf hin, daß die beiden Bankiers die Käufer des Rauschgifts und die Organisatoren des Drogengeschäfts sind.

Die Brüder Fabbrocini besaßen in Neapel eine Bank, die Banco Fabbrocini in Marano. Den Richtern von Palermo zufolge waren sie zu Beginn der achtziger Jahre die Bankiers der von Michele Greco, dem höchsten Oberhaupt der Cosa Nostra, geleiteten Mafia-Familie. In Neapel stehen die Fabbrocini dem von Lorenzo Nuvoletta, dem

Brückenkopf der sizilianischen Mafia in Kampanien, angeführten Clan der Camorra nahe. Nach dem Konkurs ihrer Bank flüchten die Fabbrocinis nach Brasilien, wo sie sich mit den Männern des mächtigen Schmugglers Michele Zaza zusammentun. Zu dieser Zeit werden die Brüder Fabbrocini noch gut unterstützt, unter anderem durch Antonio Gava, den ehemaligen Innenminister und Chef der Christdemokraten, der Aufsichtsratsvorsitzender der Bank war. Ein paar Jahre später wird der frühere Minister wegen Korruption und Zugehörigkeit zur Camorra angeklagt.

Unter den im Zusammenhang mit dieser Affäre festgenommenen Personen zieht ein Name meine Aufmerksamkeit auf sich: Giancarlo Porcacchia. Er war bereits in der gigantischen Pisces-Ermittlung in den Vereinigten Staaten aufgetaucht. Porcacchia gehört zur Bande der Magliana, einer Geheimorganisation mit Sitz in Rom, die sowohl in blutige Putschversuche der Rechtsextremisten in Italien als auch in bewaffnete Raubüberfälle und Waffenschmuggel verwickelt war. Ihre Mitglieder arbeiten sowohl mit der Cosa Nostra als auch mit dem italienischen Geheimdienst zusammen; ihre Kontakte reichen von den Christdemokraten über die italienische sozialistische Partei bis hin zum Vatikan.

Die Brüder Fabbrocini haben durch die Beschlagnahmung der 500 Kilo Kokain über vier Millionen Dollar verloren. Um sich davon zu erholen, organisieren sie die Lieferung kleinerer Mengen, für die sie Dutzende von Kurieren anheuern. Einige von ihnen werden in der Schweiz in Lugano abgefangen. Die südamerikanischen Kuriere haben die Telefonnummer eines Hotels in São Paulo (das Hotel Studius) bei sich, dessen Portier, ein gewisser Carlos, die Kurierfahrten organisiert. Carlos erhält die Anweisungen von Alberto Adecelli, dem Mitarbeiter der Brüder Guido und Mariano Fabbrocini. Aus Brasilien übermittle ich diese

Informationen per Telefon an meine Kollegen in Bellinzona, wobei ich unterstreiche, daß ich die Gruppe stark im Verdacht habe, Bankkonten in der Schweiz zu unterhalten. Ich fordere meine Kollegen daher auf, diese Informationen dringend an die Staatsanwaltschaft in Lugano weiterzuleiten, damit diese gegebenenfalls ein Strafverfahren einleiten könne, insbesondere gegen die Brüder Fabbrocini. Aber Carla Del Ponte gibt dem Antrag nicht statt, da sie meine Informationen für unwahrscheinlich hält, und sagt zu meinen Kollegen, sie habe «diese Hirngespinste von Cattaneo satt».

Die Bankiers und Drogenhändler beschäftigen uns jedoch auch weiterhin. Am 4. Juni 1991 verhaftet die Kantonspolizei von Zürich am Flughafen Kloten drei Italiener mit gut einem Kilo Kokain. Es kommt aus Rio de Janeiro. Die Flugtickets (Rio-Zürich und Neapel-Zürich) wurden von Mariano Fabbrocini bezahlt. Die Überprüfungen ergeben, daß das Rauschgift über das Konto 5665-52-1 der Schweizer Kreditanstalt in Chiasso bezahlt wurde, das auf den Namen des Reisebüros «Fiesta Tur, rua de la Quitanda, Rio de Janeiro» läuft.

Ich bin überzeugt, daß es außer dem ehemaligen Anwalt Bolos noch weitere Verbindungen zwischen der von den Bankiers Fabbrocini geleiteten Organisation und der von José Francisco Do Nascimento gibt. Als ich die in der Schweiz und in Brasilien bei den verschiedenen Kurieren beschlagnahmten Telefonnummern unter die Lupe nehme, stoße ich auf die Nummer des Hotels Veranda do Sol in Porto Seguro, des Stammsitzes der Familie Do Nascimento. Ich wähle die Nummer und verlange Omar zu sprechen. Warum ihn? Eine Vorahnung, die darauf beruht, daß Omar Do Nascimento im Hotelgewerbe tätig ist. «Omar ist nicht da», antwortet mir am anderen Ende der Leitung eine Frauenstimme, «er ist im Mar Aberto.»

Es sei daran erinnert, daß José Francisco Do Nascimento mich nach Porto Seguro in das Mar Aberto eingeladen hatte, um mir dort weitere Mitglieder seiner Bande vorzustellen und unsere Verhandlungen fortzuführen, und daß Carla Del Ponte mir untersagt hatte, dort hinzufahren. Ich stecke wieder einmal in der gleichen Sackgasse. Ich gebe mich jedoch nicht geschlagen und besuche Rudy Steiner in seiner Wohnung. Der Prämienjäger sagt:

«Fausto, du bist der erste Polizist, den ich in meine Wohnung lasse. Ich habe Vertrauen in dich.»

«Danke Rudy, aber weißt du, wir hätten genausogut in der Hotelbar oder in meinem Zimmer reden können. Es sei denn, du hast mich zu dir gebeten, um unser Gespräch aufnehmen zu können.»

Rudy lacht auf:

«Du kannst ruhig nachsehen, hier sind keine Mikros.»

«Das ist mir egal, mein lieber Rudy. Du kannst aufnehmen, was du willst. Vielleicht schneidest nicht du die Gespräche mit, sondern jemand anderes. Die Amerikaner zum Beispiel.»

«Das ist nicht unmöglich. Eines Tages werde ich dir alles sagen, aber nicht jetzt. Ich werde dir erklären, wie die Dinge laufen.»

«Darüber habe ich mir schon meine Gedanken gemacht.»

Dann zeige ich ihm das Foto von José Francisco Do Nascimento:

«Weißt du, wer das ist?»

«Natürlich, das ist Ernesto Zogby. Er hat den beiden Atlans das Rauschgift geliefert. Und ob ich den kenne!»

Vater und Sohn Atlan waren von Rudy Steiner denunziert und in London mit 50 Kilo Kokain verhaftet worden.

«Wann hast du ihn zum letzten Mal gesehen?»

«Vor ein paar Monaten, als ich erfahren habe, daß er die Atlans mit Kokain beliefern sollte. Da habe ich dich angerufen.»

«Rudy, sagt dir der Name José Francisco Do Nascimento etwas?»

«Nie gehört.»

«Der, den du unter dem Namen Ernesto Zogby kennst, den habe ich vor zehn Tagen getroffen, aber unter seinem wirklichen Namen: José Francisco Do Nascimento. Er war in Begleitung eines Paten aus Rio, Delmario Nogueria Ferreira.»

«Ach der, der Geschäftspartner von Georges Brunmayer.»

«Brunmayer, ist das nicht dieser Drogenhändler, der kürzlich bei einem Flugzeugabsturz umgekommen ist?»

«Das glauben alle. Jemand anderer ist an seiner Stelle gestorben. Er hat sich in einer Klinik in São Paulo von einem japanischen Arzt ein neues Gesicht machen lassen. Willst du seinen Namen? Brunmayer hat sich einen falschen Ausweis machen lassen; ich kenne auch seinen falschen Namen. Interessiert dich das?»

«Und wie! Brunmayer ist einer der Komplizen von Edu de Toledo. Noch was. Ernesto Zogby, der Kokainlieferant der beiden Atlans, wie hast du den kennengelernt? Ich habe da so eine Idee, ist es Aercio Nunes, der euch miteinander bekannt gemacht hat?»

Die seit Beginn der *Mato Grosso*-Ermittlung gesammelten Informationen haben ergeben, daß Do Nascimento, Bolos und ihre Getreuen dem Befehl eines ominösen Brasilianers unterstehen, von dessen zahlreichen Identitäten mir eine bekannt ist: Aercio Nunes. Als er diesen Namen hört, erblaßt Rudy.

«Ich weiß nicht viel von Aercio Nunes, aber verschiedene Informanten behaupten, daß er für mindestens eine amerikanische Behörde tätig ist, ich weiß nur nicht, für welche. Bestimmt für den CIA, aber vielleicht auch für die DEA. Wenn er nicht für beide gleichzeitig arbeitet, alles ist möglich.»

«Wer ist dieser Aercio Nunes? Ist er Drogenhändler oder Agent des CIA?»

«Da verlangst du zuviel von mir», antwortet der Prämienjäger, «du bist ein Profi, du weißt, daß es Sachen gibt, von denen man besser die Finger läßt. Du gehst in die Schweiz zurück, aber ich lebe in Brasilien.»

«Kennst du ihn denn?»

«Ich kann dir nur sagen, daß er der brasilianische Kontakt der kolumbianischen Kartelle ist. Er kann jede beliebige Menge Kokain liefern. Er wird protegiert. Ich spreche nicht von der brasilianischen Polizei, sie zählt nicht. Die Polizisten hier sind alle korrupt. Ich kann dir nicht mehr dazu sagen, aber ich glaube, daß du weißt, von wem ich spreche. Nach deiner Frage zu schließen habe ich den Eindruck, daß du es weißt ...»

«Sag mir, wie er wirklich heißt. Man hat mir gesagt, daß er auch Großvater oder Professor genannt wird.»

«Ich kenne ihn unter diesem Namen. Eines Tages werde ich ihn dir vorstellen, aber du weißt ja, daß ich von diesem Job lebe. Für meine Informationen lasse ich mich bezahlen. Inzwischen bin ich da mißtrauisch geworden. Die Engländer haben mir zum Beispiel immer noch nicht das gegeben, was sie mir für die Operation mit den beiden Atlans versprochen hatten.»

«Du weißt genau, daß sie dich bezahlen werden. Wenn du willst, kann ich mit meinem Kollegen von New Scotland Yard darüber reden, der mit der Operation beauftragt war. Du weißt auch, daß die Schweiz dir deine Belohnung geben wird.»

«Weißt du, daß auch in Frankreich ein Haftbefehl gegen mich erlassen wurde?»

«Nein, das wußte ich nicht. Weswegen?»

«Ein Kokaingeschäft in Paris.»

«Rudy, Carla Del Ponte hat immer noch nicht den Haftbefehl aufheben lassen, den sie ausgestellt hat, obwohl sie das Protokoll deiner Vernehmung hat. Aber die DEA muß ihr bescheinigen, daß du für sie arbeitest.»

«Diese Idioten wollen wegen mir kein Risiko eingehen.»

«Es gibt eine andere Möglichkeit, um zu beweisen, daß du für sie arbeitest: Du müßtest doch wie alle ihre Informanten eine Kennummer haben.»

«Daran habe ich nicht gedacht! Ich habe sogar zwei. Natürlich kenne ich sie. Warte, ich sehe in meinem Terminkalender nach. Da hab' ich sie: In den Berichten der DEA bin ich SZJ-010/74 und vorher war ich SZJ-91001.»

«Gut, ich gebe sie an Carla Del Ponte weiter.»

Das tue ich auch, nachdem ich durch einen Freund bei der DEA überprüft habe, daß die Kennummern auch wirklich zu Rudy gehören.

Seit Beginn der achtziger Jahre habe ich zahlreiche Undercover-Ermittlungen durchgeführt, ohne an die damit verbundenen Risiken zu denken, aber seit einiger Zeit wird meine Arbeit immer gefährlicher: Erst der Mord an meinem Informanten Troja, dann die Drohungen von Mario Calderón mitten in der Gerichtsverhandlung und die in Madrid verhafteten Killer. Die Bedrohung wird greifbarer. Ende 1991, als ich mitten in der Operation *Mato Grosso* stecke, wird der Prozeß gegen vier Türken, die ich mit 14 Kilo Heroin habe verhaften lassen, in Lugano eröffnet. Während der Gerichtsverhandlung stößt der Hauptangeklagte Morddrohungen gegen mich aus, während ein anderer Beschuldigter versucht, mir eine Falle zu stellen. Er bietet einem meiner Informanten eine große Drogenlieferung nach Lugano an. Die Geschichte ist zu kompliziert, um nicht nach einem Hinterhalt zu riechen. Gleichzeitig weisen die mit der Überwachung der Beschuldigten beauftragten Polizisten in einem Bericht an den Kommandanten darauf hin, daß ich und außer mir weitere Kollegen sowie der Informant in Lebensgefahr seien. Zwei Tage später entdeckt die Mailänder Polizei im Kofferraum eines Peugeot 405 die Leiche meines Informanten und eines seiner Freunde. Die beiden Männer waren zusammengeschlagen und dann so fest an Hals, Handgelenken und Knöcheln zusammengeschnürt worden, daß sie sich selbst erwürgt haben.

In Brasilien kann ich mich nicht mehr sehen lassen, da meine Tarnung im Begriff ist, sich aufzulösen. Von nun an riskiere ich in dieser Ermittlung mein Leben – mehr als je zuvor. Die abgehörten Telefongespräche gewisser Drogenhändler, der Hauptpersonen der Operation *Mato Grosso*, haben klar ergeben, daß die kriminelle Organisation weiß, daß ein europäischer Polizist ihr auf der Spur ist, und sie versucht, meine Identität herauszufinden.

Am 24. Oktober 1991 ruft die Frau von José Francisco Do Nascimento, die in Rom ist, um ihrem inhaftierten Ehemann zu helfen, ihre Schwägerin in Brasilien an:

«Jacqueline, du mußt Omar darum bitten, uns das genaue Datum der ersten Begegnung zwischen José Francisco und dem betreffenden Mann [das bin ich] zu geben. Du weißt schon, ihr erstes Treffen in Belo Horizonte im Oton Palace.»

«Ich habe verstanden.»

«Ich muß dem Anwalt alle diese Informationen geben.»

Eine Woche später ruft Jacqueline ihre Schwägerin zurück, die immer noch in Rom ist.

«Schreib auf: Vom 8. bis 10. Juli. Franco Ferri, Anwalt in Locarno in der Schweiz. Telefonnummer 3...» (Der Rest des Gesprächs ist unverständlich).

Ich hatte José Francisco Do Nascimento eine Visitenkarte mit dem Namen Franco Ferri und der Adresse meiner Tarnfirma in Chiasso gegeben. Diese Adresse steht auch auf meinem falschen Ausweis. Wie hat die Bande in Erfahrung bringen können, daß ich in Locarno lebe? Außerdem beginnt meine Telefonnummer tatsächlich mit einer 3. Wie haben sie die herausgefunden? Die Drogenhändler haben mich vielleicht noch nicht identifiziert, aber das ist nur noch eine Frage der Zeit. Ich muß unbedingt weg von hier.

8 Der Verrat

Längst gibt es Vorzeichen für meinen Untergang, aber ich sehe sie nicht.

Als Kommandant Dell'Ambrogio mich bittet, noch vor dem 7. Dezember 1991 nach Washington zu reisen, um dem Schweizer Fernsehsender in italienischer Sprache ein Interview zu geben, läßt mich das nicht aufhorchen. Ich vereinbare mit dem dortigen Korrespondenten des TSI einen Termin und fliege los.

Undercoveragenten, die sich in Drogenhändlerringe einschleusen, zeigen sich normalerweise nicht im Fernsehen, aber erst heute frage ich mich, was mit diesem Interview eigentlich bezweckt werden sollte. Wollte man mir damit zu verstehen geben, daß es Zeit für mich sei, meinen Abschied zu nehmen?

Ich hätte mich natürlich weigern können, aber weder meine körperliche noch meine geistige Verfassung ließen dies zu. Die immer häufigeren Geplänkel mit meinen Vorgesetzten, meinen Kollegen und den Staatsanwälten hatten mich vollkommen ausgepumpt.

«Haben Sie nicht Angst, sich in den Drogenhändlerkreisen einmal die Finger zu verbrennen?» fragt mich der Journalist.

Spontan antworte ich:

«Ich habe mir schon mehr als nur die Finger verbrannt.»

Offiziell bin ich in Washington, um den Morddrohungen zu entkommen. Das ist eine Idee von Staatsanwalt Ducry, der mich durch eine sechsmonatige Versetzung zur DEA schützen will. Ich bin damit einverstanden. Dabei geht es mir weniger darum, den Killern, die hinter mir her sind, zu entkommen; vielmehr will ich endlich einmal eine gründliche Auswertung der Informationen vornehmen, die mittlerweile über die lateinamerikanischen Kartelle vorliegen. Ich träume immer noch von einer internationalen Einsatztruppe, die sich aus verschiedenen Antidrogeneinheiten zusammensetzt, und bin mir darüber im klaren, daß nur die DEA die technischen und finanziellen Mittel für eine solche Operation hat.

Vor meiner Abreise aus Brasilien hatte ich den Rahmen meiner Zusammenarbeit mit der DEA genau abgesteckt: Ich würde mich um die banktechnischen Ermittlungen zur Operation *Mato Grosso* kümmern. Nach der Verhaftung des Kassierers der Migros-Bank, der mit Edu de Toledo unter einer Decke steckte, konnten wir mehrere Konten in den Vereinigten Staaten ausfindig machen, in Filialen der Audi Bank und der Republic National Bank zwischen New York und Miami. Mehrere hundert Millionen Dollar sind über diese Konten gegangen.

Die von meinen amerikanischen Kollegen der Anti-Geldwäsche-Einheit der DEA gesammelten Informationen beweisen, daß das Geld über Japan und England transferiert wird, bevor es in der Schweiz und in Brasilien landet. Die von der DEA und in der Schweiz geleistete Arbeit muß daher unbedingt koordiniert werden. Die Ermittlungen bei den Banken müssen vertieft und weitere Beweise aufgetrieben werden. Das ist der Auftrag, den ich unter der Leitung von Greg Passic, dem Leiter der Anti-Geldwäsche-Abteilung der DEA, ausführen soll. Mit Greg bin ich befreundet; ich hatte ihn kennengelernt, als er in Bern arbeitete.

Die DEA hat in ihre Computer Informationen über Drogenkartelle eingegeben, die sie in einer Masse von Unterlagen aufgespürt hatte. Die kolumbianische Regierung hatte sie ihr nach vielem Hin und Her ausgehändigt. Wir können mit der Überprüfung beginnen.

Nach Eingabe der Nummer eines bei der Operation *Mato Grosso* entdeckten Bankkontos, dessen Inhaber wir nie ermitteln konnten, zeigt der Computer nach wenigen Sekunden einen Namen an: Miguel Angel Rodríguez Orjuela, einer der Bosse des Cali-Kartells.

Während dieser Zeit kommen die Ermittlungen in Brasilien wieder in Gang. Die Polizei von Belo Horizonte taucht unangemeldet in den Büros eines Devisenmaklers auf, der ohne Zulassung arbeitet, und beschlagnahmt die Buchhaltungsunterlagen des Drogenkartells, an das wir uns seit Monaten herangearbeitet haben. Diese Dokumente sind eine wahre Fundgrube, Dutzende der von den Drogenhändlern benutzten Girokonten sind darin aufgeführt. Die DEA in Brasilia, die in die Ermittlungen eingeschaltet wird, merkt schon bald, daß sie mich vor Ort braucht, um damit klarzukommen. Ich kenne die meisten Kunden des Devisenmaklers, so zum Beispiel José Francisco Do Nascimento, der unter anderem Inhaber des Kontos Diamant 5975 bei der Internationalen Amerikanischen Bank in Luxemburg ist.

Auf Anfrage der DEA in Brasilia und mit Zustimmung der DEA in Washington fliege ich nach Belo Horizonte. Ein paar Tage später wird das gesamte Material per Fax an unser Büro in Bellinzona übermittelt: Über 70 Bankkonten sind darin aufgelistet. Nach der Kennzeichnung und Einordnung der Akten in ein Register werden sie aus dem Portugiesischen ins Italienische und Englische übersetzt. In den Unterlagen sind die vollständigen Namen der Geldwäscher des Kartells und ihrer Kunden wie auch ihre Kontonummern enthalten. Dieses Beweismaterial ist mit größter Vorsicht zu behandeln und stellt den reinsten Sprengstoff dar.

Gleichzeitig vertiefe ich mich in die Protokolle der von der brasilianischen Polizei durchgeführten Abhöraktionen. Ich stoße auf ein Gespräch zwischen Mary Angela, der Ehefrau von José Francisco Do Nascimento, und ihrer Schwägerin; ich hatte davon bislang nur einen von der italienischen Polizei protokollierten Teil gelesen, jetzt liegt mir das Gespräch in voller Länge vor. Ich habe keinen Zweifel mehr: Die Drogenhändler haben meine private Telefonnummer herausgefunden. Sie wissen, wer ich bin. Wie konnte ich enttarnt werden? War es die Unentschlossenheit der Staatsanwaltschaft? Das Zögern meiner Vorgesetzten? Der Dilettantismus mancher Kollegen? Oder waren es bestochene brasilianische Polizisten? Hat mich ein Prämienjäger verkauft? Ich weiß es nicht. Ich fühle mich immer mehr mir selbst überlassen.

Obwohl mir das Gegenteil versichert wurde, haben die Schweizer Behörden sich nicht einmal die Mühe gemacht, meinen Akkreditierungsantrag für die DEA abzuschicken. Eine unbegreifliche Schlamperei für eine Behörde, der bekannt sein dürfte, wie sehr die Amerikaner auf solche Formalitäten Wert legen. Erst am 20. Dezember, das heißt mit fast drei Wochen Verspätung, faßt ein Kollege aus Bellinzona eilig einen Antrag ab, um meine Situation zu regeln. Noch dazu ist der Antrag vollkommen unzutreffend: Der Kollege vergißt darin anzugeben, daß ich in Washington dienstlich zum Einsatz komme, so daß bei der DEA angenommen wird, ich nähme an einem Fortbildungskurs teil.

Die Dienststelle der DEA in Bern, die meine direkten Kontakte zu meinen Freunden von der DEA in Washington und Italien gar nicht gerne sieht, nutzt die Gelegenheit. Am 23. Dezember 1991 schickt ihr Leiter einen Brief an die Schweizerische Bundesanwaltschaft, in dem er die Frage aufwirft, was ich eigentlich in Washington zu tun hätte, und sich über meine Vorgehensweise beschwert. Er betont, ich hätte während der Operation *Mato Grosso* hauptsächlich mit der Mailänder Außenstelle der DEA zusammengearbeitet, was mir persönlich angesichts der zahlreichen in

Mailand lebenden Mafiosi nicht unlogisch erscheint. Dem Protokoll nach hätte ich mich jedoch an die Berner Außenstelle wenden müssen.

Ronald Patzold von der Schweizerischen Bundesanwaltschaft schickt daraufhin meinem Kommandanten einen Brief, dessen aggressiver Tonfall mich auch im nachhinein noch verblüfft. Warum hat dieser Mann, mit dem ich immer einen höflichen Umgang gepflegt hatte und der mir eher bedächtig zu sein schien, so reagiert? Warum hat er sich zu Drohungen hinreißen lassen? Ich weiß keine Antwort darauf und werde nie eine bekommen, denn einige Zeit später nimmt sich dieser allem Anschein nach unbescholtene Beamte das Leben. Ich würde mir nicht erlauben, Mutmaßungen über die Gründe für diese Tat anzustellen, aber ich kann bezeugen, daß seine Kollegen, die sich mit der Sache beschäftigt haben, glauben, er sei in eine äußerst heikle Angelegenheit verstrickt gewesen. Da die Operation *Mato Grosso* der heikelste, wenn nicht gar der einzige Fall war, mit dem er je betraut war, glauben die Richter, die Ronald Patzold kannten, daß der Grund für seinen Selbstmord in den geheimen Winkeln dieser unseligen Ermittlung zu suchen ist.

Nach dem Protestschreiben der DEA aus Bern und dem Brief von Ronald Patzold ruft mich Kommandant Dell'Ambrogio in Brasilien an. Als ich ihm erkläre, ich hätte ein sehr gutes Verhältnis zu den Verantwortlichen der DEA in Washington und sei mit ihrer Billigung in Brasilien, beruhigt sich mein Vorgesetzter. Er regt sich jedoch gleich wieder auf, als es um die Erstattung meiner Spesen geht. Das ist mir bis heute unbegreiflich. Natürlich sind solche Undercoveroperationen im Ausland teuer, aber die Aufwendungen sind verschwindend gering im Vergleich zu den Summen, die sichergestellt werden. Außerdem dürfte sich mein Vorgesetzter schon allein deshalb nicht darüber aufregen, weil die DEA der Tessiner Polizei zugesagt hat, meine Spesen zu erstatten. Allein die Vorstellung aber, Geld vorschießen zu müssen, treibt dem Kommandanten Dell'Ambrogio den Angstschweiß auf die Stirn.

Es kommt nicht mehr in Frage, daß ich für sechs Monate in Washington bleibe. Tiefbetrübt kehre ich in die Schweiz zurück. Mit Undercoveroperationen geht es einem wie mit Bergwanderungen: Manchmal ist der Abstieg schwieriger als der Aufstieg. Eine kriminelle Organisation zu verlassen ist schwieriger, als ihr beizutreten.

Meine Scherereien mit der DEA sind jedoch unbedeutend im Vergleich zu dem Ärger, den ich mir mit den Prämienjägern der französischen OCRTIS eingehandelt habe. Unsere Beziehungen sind nie besonders harmonisch gewesen, ich habe ihnen nie Rückendeckung für ihre Straftaten gegeben. Sie haben mir Informationen übermittelt und mich diversen Personen vorgestellt, die mich interessierten, aber ich habe immer darauf geachtet, daß sie von unseren Behörden oder der DEA bezahlt wurden, und habe nie akzeptiert, sie durch Duldung ihrer Drogengeschäfte zu belohnen.

Besonders Bruno mißtraue ich sehr. Ich bin ihm dankbar, daß er mir Mario Calderón vorgestellt und einen glücklichen Ausgang der Operationen *Parano* und *Gulby* ermöglicht hat, aber ich weiß, daß er Rudy Steiner nahesteht, dem mit dem ehemaligen Polizisten Frank Karlen befreundeten Drogenhändler, der mir so viel Ärger mit Carla Del Ponte beschert hatte. Ich habe sie nie zusammenarbeiten lassen, solange der von Carla Del Ponte erlassene internationale Haftbefehl gegen Rudy Steiner lief.

Rudy Steiner und Bruno machen jedoch ohne mein Wissen weiter ihre Deals mit einem dritten Gauner, Carlos dem Halbblut, der auch als Informant für die OCTRIS arbeitet. Zusammen organisieren sie alle möglichen illegalen Geschäfte und Betrügereien.

Zur ersten ernsthaften Auseinandersetzung mit den Prämienjägern kommt es ein paar Monate vor meiner Abreise nach Brasilien, im April 1991. Bruno und seine Freunde nutzen das Vertrauen der Besitzer des Juweliergeschäfts aus, in dem Isabel Maria arbeitet, und lassen sich Schmuck im Wert von 8500 Dollar auf Kredit geben. Um den Skandal zu vertuschen, muß ich ihre Schuld begleichen. Nachdem er die Schmuckstücke entwendet hat, flüchtet Bruno nach Frankreich. Rudy Steiner ist in São Paulo geblieben, und ich zwinge ihn dazu, mir mein Geld zurückzuerstatten. Für mich ist der Fall damit erledigt, doch ich habe nicht die leiseste Ahnung, daß ich unaufhaltsam in eine Falle getrieben werde. Hinterrücks bereiten die Prämienjäger ihren Gegenschlag vor. Der Angriff wird genau in dem Moment gestartet, als ich am schwächsten bin.

Am 14. Januar 1992 adressiert die OCRTIS ein offizielles Schreiben an die Schweizerische Bundesanwaltschaft, in dem sie behauptet, ich schuldete Rudy Steiner 8500 Dollar. Der Verantwortliche der OCRTIS schreibt weiter, die drei Informanten wollten nicht weiter mit mir arbeiten, weil ich ihrer Ansicht nach mit einer «Prostituierten» verkehre. Ich brauche eine ganze Weile, um zu verstehen, daß die besagte Prostituierte niemand anderes als Isabel Maria sein soll. Der Kommissar verlangt deswegen, mich aus der «International Undercover Working Group», in der ich die Schweiz vertrete, auszuschließen.

Normalerweise hätten meine Vorgesetzten diese Mitteilung mit der ihr angemessenen Geringschätzung aufnehmen müssen. Die Auseinandersetzungen mit Carla Del Ponte und Jacques Ducry, wie auch die Mißgunst mancher Kollegen der Schweizer Polizei, haben meine Position jedoch unterminiert. Ein paar Tage nach der Beschwerde der Franzosen beschließt mein Kommandant tatsächlich, mich aus der Internationalen Arbeitsgruppe auszuschließen. Wie in einem Alptraum erlebe ich den Zusammenbruch meiner Karriere. Kommandant Dell'Ambrogio entzieht mir die Leitung der Operation *Mato Grosso* und stellt mich aufs Abstellgleis. Ich gehe nach Lausanne, um dort Kriminologie-Vorlesungen zu belegen.

Seit Monaten habe ich zwei italienische Kokainhändler, Stefano Fasanotti und Vittorio Ceretta, aufs Korn genommen. Sie haben sich nach Nizza zurückgezogen, wo sie eine Lieferung von 70 Kilo Kokain vom Boß des brasilianischen Kartells, Aercio Nunes, erwarten. Die OCRTIS hört drei Telefonzellen ab, die sie regelmäßig aufsuchen. Ich habe die beiden Drogenhändler in Begleitung von Bruno getroffen, seit meiner Abreise jedoch nichts mehr von der Sache gehört. Am 24. Februar 1992 werden die beiden Italiener von der OCRTIS mit 65 Kilo Kokain in Cagnes-sur-Mer verhaftet. Allem Anschein nach ist das eine ausgezeichnete Operation, aber ich kenne die Prämienjäger nur zu gut und befürchte, die Sache könnte außer Kontrolle geraten. Eines macht mich stutzig: Nur die Italiener und ihre Komplizen wurden verhaftet, es ist nicht die Rede von den Prämienjägern und noch weniger von Aercio Nunes, der bekanntermaßen als Drogenlieferant fungierte, als ich die Ermittlung noch leitete. Auf ihn zielte die ganze Operation ab und nicht auf die beiden kleinen italienischen Ganoven.

In der offiziellen Version der französischen Polizei heißt es: «Als Käufer und Lieferanten verhaftet werden, sind letztere bereits seit mehreren Minuten verschwunden ...» Polizisten meiner Einheit waren an der Verhaftung der beiden Italiener beteiligt. Bald kursieren beunruhigende Gerüchte innerhalb der Schweizer Polizei. Ein Kollege kommt zu mir, um mir zu sagen, daß die ganze Sache von vorne bis hinten faul sei und die Schweizer Polizisten von den Prämienjägern manipuliert würden.

Den wahren Sachverhalt erfahre ich jedoch erst Anfang März 1992, als mein Kollege Philippe Strano aus Lausanne mir einen Freund der Prämienjäger vorstellt, der in die Sache verwickelt war. Was dieser zu sagen hat, ist so schwerwiegend, daß Jacques Kaeslin von der Berner Bundesanwaltschaft sich zu uns gesellt. Wir setzen uns im Nebenraum eines Restaurants in Yverdon zusammen und gehen erst nach knapp acht Stunden wieder auseinander.

Dario, wie wir ihn der Einfachheit halber nennen werden, hat allen Grund zu reden. Er wurde von den Prämienjägern hereingelegt. Bevor er uns erzählt, wie die Operation abgelaufen ist, stellt er eine Bedingung: Seine Aussage muß anonym bleiben.

«Ich kenne Bruno seit Jahren», erklärt uns Dario, «ich weiß, daß er mit der OCRTIS arbeitet.»

«Und Sie?»

«Im Gegensatz zu Bruno bin ich kein Profi-Informant.»

«Das stimmt», sagt Philippe, «Dario hat mir ab und zu Tips gegeben, aber er hat sich nie dafür bezahlen lassen. Du kennst Bruno gut, du hast ihm, glaube ich, sogar geholfen, als er in Lausanne verhaftet wurde?»

«Richtig. Vielleicht hat Bruno mich deswegen am 20. Februar angerufen, um mir einen Job anzubieten, bei dem ich viel Geld verdienen könnte, ohne mir ein Bein auszureißen.»

«Das heißt also, daß Bruno dadurch mit dir wieder quitt werden wollte.»

«Ja, ich habe wirklich nicht viel getan dafür, ich habe einen Wagen gefahren, war bei ein paar Treffen dabei, und das war's auch schon.»

«Du bist also nach Nizza gefahren?»

«Ja, dort hab ich im Hotel Méridien Bruno und zwei seiner Freunde getroffen: Rudy und Carlos.»

«Rudy Steiner und Carlos das Halbblut? Das sind alte Bekannte! Damit ist die Bande der Prämienjäger wieder vollständig. Das hätte mich auch gewundert, wenn sie diesen Coup nicht gemeinsam geplant hätten.»

«Sie haben mir erklärt, was wir zu tun hätten. Es war einfach: Wir sollten zwei italienischen Drogenhändlern 65 Kilo Kokain übergeben, 800 000 Dollar einkassieren und dann verschwinden.»

«Haben sie von der OCRTIS gesprochen?»

«Natürlich, sie haben mir gesagt, daß die französische Polizei die Übergabe zwar überwachen, aber nur die Drogenhändler verhaften würde. Wir könnten uns unbehelligt aus dem Staub machen. Das hat mich nicht weiter gewundert. Bruno macht dauernd bei diesen getürkten Operationen mit, das ist sein Job. Also haben wir das Zeug geliefert.»

«Halt, nicht so schnell. Woher kam das Rauschgift?» Normalerweise hätte es von einem brasilianischen Kartell geliefert werden sollen. In den Zeitungen stand nichts über die Lieferanten, auch die Polizei hat nichts darüber verlauten lassen.

«Das Rauschgift? Von der Polizei natürlich!»

«Wie bitte?»

«Ja klar, seid doch nicht so naiv, ihr seht ja richtig geschockt aus. Das Rauschgift wurde Carlos von einem Leiter der brasilianischen Bundespolizei ausgehändigt. Carlos hat es an Bord einer Air-France-Maschine hergebracht, französische Beamte kriegen bei Air France verbilligte Flüge.»

Mir wird allmählich klar, was sich abgespielt hat. Nach meiner Abreise haben die Prämienjäger und die französischen Polizisten beschlossen, nicht erst zu warten, bis Aercio Nunes den Italienern das Kokain liefern würde. Nachdem seine Organisation mehrere Hiebe von uns eingesteckt hatte, hat sie ihre Aktivitäten etwas gebremst.

«Die brasilianische Polizei hat euch also die 65 Kilo gegeben.»

«Nein, nicht 65 Kilo. Von Brasilien haben sie nur 50 Kilo losgeschickt. Das war ein Problem für uns, weil wir 65 Kilo versprochen hatten, also haben wir das Kokain mit Gips und Kalk gestreckt ...»*

«Und dann?»

«Dann haben wir es den beiden Italienern gegeben.»

«Warst du dabei?»

«Bruno und Carlos waren für die Übergabe zuständig. Rudy und ich, wir waren nur da, um alles zu überwachen. Wir haben das Geld bekommen und sind dann abgehauen.»

«Wieviel?»

«800 000 Dollar.»

«Rund 12 000 Dollar pro Kilo. Das ist äußerst günstig.»

«Und was habt ihr mit dem Geld gemacht? Das habt ihr doch hoffentlich der OCRTIS gegeben, oder?»

«Soll das ein Witz sein? Man hatte uns gesagt, daß die französischen Polizisten sich mit der Verhaftung und dem beschlagnahmten Rauschgift zufriedengeben würden, das sei gut für ihre Statistiken. Das Geld war für uns. So sind alle auf ihre Kosten gekommen.»

«200 000 Dollar für jeden, das ist nicht schlecht.»

«Ja, aber dann ist alles schiefgelaufen. Bruno, Carlos und Rudy haben angefangen, sich zu streiten. Rudy und Carlos waren nicht einverstanden, daß ich genausoviel kassiere wie sie. Sie haben gesagt, daß das nicht gerecht wäre und ich nicht von Anfang an dabeigewesen wäre. Letztendlich haben sie mir nur ein paar tausend Dollar gegeben, gerade genug, um meine Unkosten zu decken.»

«Und den Rest haben sie selber einkassiert?»

«Nicht ganz. Während des Streits haben sie gesagt, daß sie auch an ein paar Freunde von der Polizei denken müß-

---

* Meinen Informationen nach sind rund 150 Kilo aus den Beständen der brasilianischen Polizei verschwunden. Was aus dem Rest geworden ist, ist mir nicht bekannt.

ten, die sie nicht vergessen dürften und die auch ihren Anteil bekommen müßten.»

«Von welcher Polizei? Franzosen, Schweizer, Brasilianer? Hast du Namen gehört?»

«Nein, nein, wissen Sie, das ist ihnen nur so im Eifer des Gefechts rausgerutscht. Ich bin gar nicht zu Wort gekommen.»

«Aber du hast keine Beweise.»

In seinem Bericht vom 27. April 1992 stellt Jacques Kaeslin von der Schweizerischen Bundesanwaltschaft klar, daß «[das] Rauschgift [den Informanten] von Marco Cavaliero, dem stellvertretenden Leiter der brasilianischen Antidrogen-Polizei, zur Verfügung gestellt wurde und er es den Polizeibeständen entnommen hatte». Die Schweizerische Bundesanwaltschaft betont, daß die französischen und die brasilianischen Behörden, die Informanten und meine Tessiner Kollegen über die Operation voll im Bilde gewesen seien. Sie warnt die Schweizer Polizei davor, weiterhin an solchen Operationen teilzunehmen. «Wir haben die Vorgehensweise bestimmter ausländischer Polizeibehörden, mit denen wir im Rahmen anderer Ermittlungen weiter zusammenarbeiten werden müssen, nicht zu beurteilen», schließt der Bericht. «Wir erachten es jedoch für ausgesprochen wichtig, daß den Dienststellen und Behörden, die an der zur Zeit durchgeführten Operation *Mato Grosso* beteiligt sind, derartige Informationen zur Kenntnis gegeben werden, damit daraus für die Zukunft und für den Einsatz solcher Operationen die entsprechende Lehre gezogen wird.»

Meine Lage wird immer heikler. Mir kommen Gerüchte zu Ohren: Einige Polizisten behaupten, Isabel Maria sei von den Drogenkartellen geschickt worden und habe mich angelockt, um die von Mario Calderón auf mein Leben ausgesetzte Prämie von 250 000 Dollar einzukassieren. Mir wird klar, daß auch sie zur Zielscheibe meiner Feinde geworden ist.

Etwa Ende März 1992 nutzt Inspektor Azzoni, der in Brasilien auf Dienstreise ist, die Gelegenheit, um unangemeldet im Juweliergeschäft Acqua Marina aufzutauchen. Er wird von einem der widerwärtigsten Individuen begleitet, mit denen ich je in Kontakt gekommen bin, einem fetten Schweizer Mädchenhändler, der sich darauf spezialisiert hat, Animierdamen an Nachtlokale und Prostituierte an diverse Massagesalons in der Schweiz zu vermitteln. Er lebt sechs Monate im Jahr in Brasilien und hat gute Freunde bei der dortigen Polizei, die ihn sogar zum «Ehreninspektor» ernannt hat, was ihn zum Tragen einer Dienstmarke und einer Waffe berechtigt. Während Azzoni also Isabel Maria die schlimmsten Sachen über mich erzählt, stolziert der andere im Juwelierladen umher und hält seine Jacke auf, damit Polizeimarke und Waffe auch für jedermann sichtbar sind.

Vor diesem Zwischenfall hatte ich beschlossen, mich ruhig zu verhalten, um nicht gleich wieder aufzufallen und zu einem um so wirksameren Gegenschlag ausholen zu können, aber als ich Azzoni in der Kantine des Kommissariats in Bellinzona über den Weg laufe, platzt mir einfach der Kragen. Der Inspektor unterhält sich gerade mit zwei Staatsanwälten, die gleich verschwinden, als sie mich kommen sehen. Unsere Diskussion wird schnell heftig. Azzoni versucht sich zu rechtfertigen, indem er von einem Mißverständnis spricht. Er sagt, er sei nur in das Juweliergeschäft gegangen, um Isabel Maria zu begrüßen; dann ist er auf und davon. Ein paar Minuten später droht mir ein Kollege, zu dem er sich geflüchtet hat, mit dem Tod. Wir wären handgreiflich geworden, wenn nicht andere Polizisten eingegriffen hätten!

Am darauffolgenden Freitag kehre ich nach Bellinzona zurück. Um 23 Uhr stelle ich meinen Wagen auf dem bewachten Parkplatz des Polizeikommando in der Viale Stefano Franscini ab. Ich könnte das Gebäude unbemerkt durch einen Nebeneingang betreten, wie ich es immer getan habe, aber draufgängerisch wähle ich diesmal den Haupteingang. Dieser wird von einem Polizisten bewacht, den ich grüße. In der Tasche habe ich meinen Schlüsselbund mit dem Hauptschlüssel, der mir Zugang zu sämtlichen Büros verschafft, auch zu denen der Polizei, der Staatsanwaltschaft und des Polizeigeneralkommandos. Doch die einzigen Räumlichkeiten, die mich interessieren, sind die des Drogen-Informationsdienstes im vierten Stock, meiner Dienststelle.

Die mit der Überwachung des Gebäudes beauftragten Polizisten sind daran gewöhnt, mich zu jeder Tages- und Nachtzeit dort zu sehen; daher wundern sie sich nicht, daß ich an einem Freitagabend komme. In den Büros meiner Dienststelle fange ich sofort mit der Durchsuchung an. In den Aktenordnern zur Operation *Mato Grosso* finde ich die Berichte der OCRTIS über die Operation in Nizza. Ich lege sie auf die Seite. Dann öffne ich die Schubladen meiner Kollegen und sortiere die Dokumente aus, die für mich interessant sind. Um ja nichts zu übersehen, hebe ich auch die Schreibunterlagen an und sehe in den Papierkörben nach. Als ich nach zwei Stunden alles zusammengesucht habe, gehe ich wieder hinaus, ohne den im Gang thronenden Fotokopierer zu benutzen. Vorsichtshalber will ich möglichst wenig Gebrauch von ihm machen.

An diesem ersten Abend ist die kleine Herrentasche, die ich bei mir habe, gestopft voll mit Unterlagen. Ich gehe so aufrecht aus dem Gebäude, wie ich hineingegangen bin. Ich fahre zu einem befreundeten Paar, Journalisten, die nicht weit vom Polizeikommando wohnen. Ich habe sie ins Vertrauen gezogen, und sie haben einen guten Kopierer gemietet, um mir zu helfen. Sämtliche Dokumente werden in weniger als einer Stunde fotokopiert. Als wir fertig sind, kehre ich ins Büro zurück und lege alles wieder an seinen Platz.

Genauso mache ich es fast jedes Wochenende von März bis November 1992, ohne daß irgend jemand etwas davon ahnt. Ich weiß, daß ich eine Straftat begehe, aber meiner Meinung nach kann sie gemäß Artikel 34 des Schweizerischen Strafgesetzbuches* als Notstand angesehen werden. Ich suche Beweisstücke, auch wenn ich allein handle und die Staatsanwaltschaft nicht darüber informiert habe. Am Ende meiner Ermittlung habe ich 49 kompromittierende Dokumente zusammengetragen, die ich dem mit der internen Ermittlung betrauten Staatsanwälten eigenhändig übergeben werde.

Ich vertiefe mich in die handschriftlichen Notizen meiner Kollegen und in die offiziellen Berichte zur Verhaftung in Nizza. Im Abschlußbericht zu der Operation in Nizza lese ich, daß die französische Polizei die Sache bis zu einem kleinen Ganoven namens Sergio Bonacina zurückverfolgt hat. Dieser ist den Schweizer Justizbehörden wohlbekannt, mindestens zwei internationale Haftbefehle wegen Drogenhandels wurden gegen ihn erlassen. Die Schweizer Polizei kennt nun die Adresse seines Verstecks in Lugano, Bonacina wird jedoch nicht verhaftet. Nach Ansicht der französischen Polizei steht er in Kontakt mit wichtigen lateinamerikanischen Drogenhändlern, zu deren Verhaftung eine neue Operation durchgeführt werden soll. Die mit der Akte *Mato Grosso* betraute Staatsanwältin Carla Del Ponte erklärt sich damit einverstanden. Soweit gibt es nichts einzu-

---

* «Die Tat, die jemand begeht, um sein Gut, namentlich Leben, Leib, Freiheit, Ehre, Vermögen, aus einer unmittelbaren, nicht anders abwendbaren Gefahr zu erretten, ist straflos, wenn die Gefahr vom Täter nicht verschuldet ist und ihm den Umständen nach nicht zugemutet werden konnte, das gefährdete Gut preiszugeben.»

wenden. Eine wahre Kriegsmaschinerie mit französischen, schweizerischen, italienischen und brasilianischen Polizisten wird eingesetzt, um die Organisation bis zu den Drogenlieferanten des Ehepaars Bonacina zurückzuverfolgen. Aus den Protokollen der abgehörten Telefonate von Sergio Bonacina erfahre ich, daß er seine Frau Drissia nach Brasilien geschickt hat, um 150 Kilo Kokain für den italienischen Markt zu kaufen. Das läuft jedoch nicht wie geplant: Sie hat nicht die richtigen Kontakte und stellt sich überraschend ungeschickt an. Nach vielem Hin und Her schafft sie es endlich, einen Drogenhändler zu treffen. Dieser ist in Wirklichkeit jedoch ein brasilianischer Polizist, der einen Drogenbaron spielt. Von da an gerät die Sache immer mehr außer Kontrolle.

Anfang Mai stoße ich auf eine Mitteilung der OCRTIS vom 23. April 1992 mit der Überschrift «Erneute Darstellung des Sachverhalts». Darin wird erklärt, daß nach der Begegnung zwischen Drissia Bonacina und den brasilianischen Polizisten beschlossen worden sei, diese mit «Informanten, die für alle beteiligten Polizeieinheiten arbeiten», bekannt zu machen. Ich rechne mit dem Schlimmsten. Ein scheinbar harmloser Satz bestätigt meine Befürchtungen. Die Schweizer und die französischen Polizisten, die immer noch behaupten, die Namen der Kontaktleute des Ehepaars Bonacina nicht zu kennen, geben zu verstehen, es könne sich um dieselben Personen handeln, die auch die beiden in Nizza verhafteten Italiener beliefert haben. Wenn die Lieferanten in beiden Fällen identisch sind, handelt es sich demnach um Prämienjäger der OCRTIS, die vor dem Eingreifen der Polizei mit 800 000 Dollar «auf geheimnisvolle Weise verschwunden» sind.

Die aufeinanderfolgenden Berichte bekräftigen diese Hypothese. Der brasilianische Undercoveragent hat Kontakte zwischen Drissia Bonacina und einer Person hergestellt, die als einer der Bosse des Drogenkartells «vorgestellt» wurde.

Der Name dieses «Bosses» ist mir wohlbekannt: Carlos das Halbblut, der Prämienjäger! Die «Informanten, die für alle beteiligten Polizeieinheiten arbeiten», sind also tatsächlich die Prämienjäger der OCRTIS. Jetzt besteht kein Zweifel mehr: Die Operation hatte nicht zum Ziel, die Lieferanten des Ehepaars Bonacina aufzuspüren, sondern sollte letztere durch eine gezielte Provokation zu Fall bringen. Die OCRTIS und die Prämienjäger sind dabei, mit Bonacina genauso zu verfahren, wie sie es schon einmal erfolgreich mit den beiden Italienern getan hatten, und zwar diesmal mit Hilfe meiner Kollegen aus Bellinzona.

Die Sache wird in Paris eingefädelt, im Stammgebiet der OCRTIS. Mein Intimfeind Inspektor Azzoni erlebt alles aus nächster Nähe mit. Zusammen mit französischen Polizisten verfolgt er die Verhandlungen zwischen Drissia Bonacina, zu der sich bald der Ehemann gesellt, und Carlos dem Halbblut. Meine Kollegen in Bellinzona werden regelmäßig auf dem laufenden gehalten.

Unter einer Unterlage finde ich auf dem Schreibtisch eines Kollegen eine handschriftliche Notiz, die ich direkt vor Ort fotokopiere. Es ist das Protokoll eines Telefongesprächs mit Inspektor Loti am 12. Mai 1992 um 16.30 Uhr: «Anruf von Loti. Heute morgen Treffen zwischen Drissia Bonacina und dem Informanten; Bonacina möchte fünf Kilo. Der Informant weiß nicht, wie er sich verhalten soll und redet sich heraus, bis er entsprechende Instruktionen bekommt. Heute abend soll eine weitere Begegnung stattfinden. Die französischen Kollegen wollen von uns wissen, was zu tun sei. Italienische Kollegen fragen. Man soll den Informanten beauftragen, der Bonacina zu sagen, daß er keinen ‹Einzelhandel› macht und einen Auftrag von mindestens 20 Kilo erwartet.»

Das wird aber keineswegs so gehandhabt. In einem Papierkorb entdecke ich einen zerknüllten Zettel, den ein Beamter in der Eile nicht in den daneben stehenden Aktenvernichter geschoben hat. Es ist eine handschriftliche Notiz vom 13. Mai 1992, 15 Uhr: «Der Kommissar (Lecerf), Leiter der Pariser Dienststelle, bestätigt die Begegnung zwischen Drissia und dem Informanten. Dieser wird Bonacina eine Warenprobe von fünf Kilo Kokain aushändigen. 50 weitere Kilo sollen Bonacina in zirka zehn Tagen in Nizza übergeben werden.»

Eine Warenprobe von fünf Kilo! Das hat es noch nie gegeben, das ist der helle Wahnsinn! Normalerweise handelt es sich bei Proben um wenige Gramm, fünf Kilo sind eher eine volle Lieferung. Und warum diese Frist von «zirka zehn Tagen» zwischen der Übergabe der fünf Kilo und der kontrollierten Lieferung, die zur Verhaftung des Ehepaares Bonacina führen soll? So haben diese reichlich Zeit, um die Ware auf dem Markt abzusetzen. Sie nutzen die Gelegenheit und verkaufen das Kokain an Spanier weiter, die ihrerseits das Rauschgift strecken und dann mit dem Verkauf beginnen. Es kann also ohne weiteres behauptet werden, daß die Polizei selbst ein Kokaingeschäft in die Wege geleitet hat.

Was in der Notiz nicht vermerkt ist: Drissia Bonacina gibt dem Informanten für das Kokain 94 000 Dollar, die von der Polizei nie gefunden werden. Sie haben sich bestimmt nicht in Luft aufgelöst.

Wie es weitergeht, läßt sich leicht vorhersehen. Am 29. Mai 1992 wird das Ehepaar Bonacina verhaftet, ein paar Minuten nachdem es der «Drogenhändlerbande», die aus Polizeibeamten und ihren Informanten besteht, 150 000 Dollar für 50 Kilo Kokain gegeben hat. Gleich im Anschluß nimmt die Polizei die beiden Spanier fest, an die das Ehepaar Bonacina die fünf Kilo «Warenprobe» weiterverkauft hatte. Bei ihnen werden jedoch nur 3,5 Kilo Kokain gefunden. Natürlich sind die mysteriösen Lieferanten mit dem von den Bonacinas bezahlten Geld, und zwar den 94 000 Dollar für die fünf Kilo «Warenprobe» und den

150 000 Dollar für die 50 Kilo Kokain, verschwunden. 94 000 Dollar für fünf Kilo Kokain, das macht knapp über 18 000 Dollar pro Kilo, das ist ein günstiger Preis. Kein Drogenhändler, der diesen Namen verdient, würde allerdings in Europa ein Kilo Kokain für 3000 Dollar kaufen: dieser Preis ist viel zu niedrig für ein korrektes Geschäft. Weil sie die Sache möglichst schnell hinter sich bringen wollten, hatten die Prämienjäger den Preis stark gedrückt, womit sie zu ihrem Glück nicht das Mißtrauen der Bonacinas weckten. Das läßt darauf schließen, was für ein großer Fisch bei dieser «brillanten» gemeinsamen Operation verschiedener Drogeneinheiten ins Netz gegangen ist.

Rein juristisch gesehen war die Operation nicht sinnvoll. Die Polizei wußte, wo sich Sergio Bonacina aufhielt und daß zwei internationale Haftbefehle gegen ihn liefen. Sobald sie seine Adresse in Lugano kannten, und zwar bereits nach der Verhaftung der beiden Italiener in Nizza, hätten meine Kollegen ihn festnehmen können. In seiner Akte waren bereits genügend Tatbestände aufgeführt, um ihn für einige Jahre ins Gefängnis zu bringen.

In dieser Angelegenheit zögerten meine Kollegen nicht, den zuständigen Staatsanwalt anzulügen. Zuerst, als sie ihm weismachten, Bonacina habe wichtige Kontakte mit brasilianischen Drogenkartellen, und dann, indem sie verschwiegen, daß der Lieferant auch Informant war. Sobald sie wußten, daß Bonacina keinen anderen Lieferanten als den Informanten hatte, machte die ganze Operation keinen Sinn mehr. Nur die Informanten, die dafür 244 000 Dollar einstrichen, haben wirklich von der Sache profitiert.

Das ist aber noch nicht alles. Es sieht so aus, als ob Drissia Bonacina den Informanten weitere «Warenproben» abgekauft hätte. Bei einer Vernehmung behauptet sie, am 12. April 1992 Carlos dem Halbblut sechs Kilo Kokain für 94 000 Dollar abgekauft zu haben. Die Berichte bestätigen, daß Drissia an diesem Tag unter der Aufsicht von Kollegen Carlos in einem Hotel in Paris getroffen hat.

Als Drissia Bonacina dies enthüllt, weiß sie, welche Rolle die Informanten gespielt haben und daß sie in eine Falle gelockt wurde. Will sie sich auf diese Weise rächen? Vielleicht. Es ist klar, daß sie die Polizei dadurch mit hineinzieht. Hat sie diese Lieferungen, die in keinem Bericht erwähnt werden, erfunden? Ich kann es mir nicht vorstellen, denn das Eingeständnis eines weiteren Drogengeschäfts verbessert nicht gerade ihre Lage.

Wenn Drissia Bonacina die Wahrheit sagt, haben die Informanten im Rahmen einer Operation mit kontrolliertem Drogenverkauf ein richtiges Drogengeschäft abgewickelt. Es bleibt nur zu hoffen, daß meine Kollegen nichts von den Machenschaften ihrer Informanten wußten und daß keiner von ihnen etwas von der Beute von über einer Million Dollar für sich behalten hat.

Die Presse feiert diese hervorragende Operation. Die Polizei ist zufrieden: Ihre Statistiken bezüglich der Sicherstellung von Drogen werden dadurch aufpoliert. Wer weiß schon, daß das bei den beiden Operationen in Nizza beschlagnahmte Kokain (65 Kilo und 53,5 Kilo) aus bereits sichergestellten Beständen der Polizei stammte? Ein und dieselbe Drogenmenge wird einfach mehrmals beschlagnahmt – wie ist es da um die Glaubwürdigkeit offizieller Statistiken bestellt?

Gäbe es nicht die Versuchungen der Politik, wäre Kommandant Mauro Dell'Ambrogio der beste Polizeichef der Welt gewesen. Im Oktober 1992 schickt er sich an, die Polizeidirektion in Bellinzona zu verlassen, um einen Sitz im Verfassungsrat anzunehmen, der die Vorstufe zu einem Regierungsrat darstellt, als eine beispiellose Affäre seine Hoffnungen zunichte macht. Mauro Dell'Ambrogio hat erfahren, daß drei der im Rahmen der Operation *Mato*

Grosso verhafteten Personen mit der Beihilfe eines Wärters aus der Strafanstalt La Stampa in Lugano auszubrechen planen und beschließt, sie gewähren zu lassen, um die drei außerhalb des Gefängnisses zu verhaften. Die Entflohenen sind aber bewaffnet, und die Operation endet mit einer Schießerei, bei der drei Personen ums Leben kommen und eine schwer verletzt wird. Nach der Ernennung eines Untersuchungsausschusses scheint die politische Zukunft von Mauro Dell'Ambrogio ungewiß. Deswegen ist er keineswegs geneigt, sich auch noch mit meinem Dossier zu belasten. Wir können uns nicht verständigen. Ich weise ihn darauf hin, mit welchen schwerwiegenden Folgen die Operationen in Nizza abgedriftet waren, und zeige ihm die während meiner nächtlichen Durchsuchungen gesammelten Beweise: Er hört nicht auf mich.

Am 16. November 1992, einem Freitag, fahre ich nach meinen Vorlesungen an der Universität von Lausanne gegen Mittag nach Bellinzona. Drei Stunden später komme ich in meiner Dienststelle an. Ich weiß, daß Azzoni und einer meiner Kollegen dienstlich nach Brasilien reisen werden, und mache mir Sorgen um Isabel Maria. Ich suche Azzoni auf.

«Ich weiß, daß ihr übermorgen nach Brasilien fliegt. Laß dir eines gesagt sein: Falls ich zufällig erfahren sollte, daß du Isabel Maria gesehen hast, auch wenn du sie nur gegrüßt hast, dann garantiere ich dir, daß du ein toter Mann bist.»

Ich meine es wirklich ernst. Azzoni weiß das auch, das sehe ich ihm an. Wir müssen uns nicht länger etwas vormachen:

«Ich habe dir noch etwas zu sagen: Ich habe Beweise für die Schweinereien, die in Frankreich gelaufen sind. Ich habe alles fotokopiert. Seit Monaten nehme ich alle Unterlagen unter die Lupe und durchsuche die Papierkörbe in meiner Dienststelle. Ich will jetzt die Wahrheit aus deinem

Mund hören, sonst werfe ich dich aus dem Fenster. Wer hat das Kokain nach Frankreich gebracht?»

«Ich war es nicht, ich habe nur getan, was man mir befohlen hat.»

Drohend gehe ich auf ihn zu:

«Wer hat das Rauschgift transportiert?»

«Rudy Steiner.»

Das war es, was ich hören wollte.

Kurz darauf regt Staatsanwalt Jacques Ducry ein sogenanntes Schlichtungstreffen mit meinen «Kollegen» an, in dem ich mich allein gegen alle behaupten muß. Inspektor Azzoni spielt den Ankläger neben Ducry, der jede Beschuldigung für bare Münze nimmt. Ich halte das nicht länger aus, stehe auf und verlasse entrüstet diesen «Prozeß», dessen Ausgang von vornherein feststeht. Einer meiner Kollegen droht, mich zusammenzuschlagen, sollte ich weiterhin aufbegehren.

Ich habe nicht die Absicht, die Sache auf sich beruhen zu lassen. Ich schließe mich ein, um einen langen Bericht über die Operationen in Nizza abzufassen, in dem ich die von der Polizei begangenen Schandtaten anprangere, um die Einleitung eines Dienstaufsichtsverfahrens zu bewirken. Diesen Bericht übergebe ich dem neuen Polizeikommandanten Saverio Wermelinger, nachdem ich ihm die Hintergründe der Affäre erläutert habe. Ich teile ihm meine Absicht mit, für einige Zeit von der Bildfläche zu verschwinden. Ich habe so viel Urlaub nachzuholen, daß ich mir monatelang freinehmen könnte. Ich verlasse das Büro zusammen mit meinem ehemaligen Kommandanten Mauro Dell'Ambrogio, der bei der Unterhaltung dabei war. Ich hatte ihm eine Kopie meines Berichts zugeschickt.

«Wenn ich meinen Posten nicht verlassen hätte, mein lieber Kommissar», sagt er, «dann hätten Sie diesen Bericht nie geschrieben, der niemandem einen guten Dienst erweisen wird.»

«Das ist nicht gesagt. Was hätte ich denn tun sollen? Den Mund halten, die Angriffe und Verleumdungen wortlos hinnehmen? Es wie meine Kollegen halten und mich bereichern, indem ich die Geschäfte der Prämienjäger decke? Ja, natürlich, es wäre einfacher gewesen, beide Augen zuzudrücken und den Prämienjägern freie Hand zu lassen. Alle wären damit zufrieden gewesen. Sie hätten einen schönen Fang gemacht und jemanden vors Gericht stellen können. Die Informanten hätten ihr Geld kassiert, und ich hätte meinen Anteil gehabt. Und so kann das immer weitergehen: Das ist das System, das Sie durch Ihr Schweigen decken.»

Draußen regnet es in Strömen, tristes Herbstwetter. Mit meiner Gesundheit geht es bergab: Mein Herz macht langsam nicht mehr mit, und ich fühle mich depressiv. Auch ein langer Urlaub in Brasilien ändert nichts daran. Ich mache mir Sorgen um Isabel Maria. Ich habe nicht die geringste Lust, Brasilien wieder zu verlassen, aber Isabel Maria überzeugt mich davon, in die Schweiz zurückzukehren.

Am 30. März 1993 bin ich wieder zurück in der Schweiz. Schon auf dem Flughafen in Lugano habe ich den Eindruck, mich auf feindlichem Gebiet zu befinden. Eine verleumderische Pressekampagne bricht über mich herein. Zürcher Zeitungen zufolge, zu deren Echo sich schon bald die Tessiner Presse macht, führe ich ein lasterhaftes Leben: Champagner, Prostituierte und Drogen hätten mich zu den Rauschgifthändlern überlaufen lassen. So ungefähr liest sich das in den Zeitungsartikeln. Dieser Klatsch hat verheerende Auswirkungen auf mein berufliches Ansehen. Ich fühle mich verunsichert, allein, verlassen, mit Füßen getreten, besudelt, erniedrigt und verraten. Ich bin wie gelähmt und kann keinen klaren Gedanken mehr fassen.

Ich schreibe dem Polizeikommandanten: «Vor ein paar Tagen bin ich trotz zahlreicher Bedenken ins Tessin zurückgekommen. Leider haben sich meine Befürchtungen bewahrheitet. Ich fühle mich immer noch nicht in Sicherheit, um so weniger, als mein Leben schon mehrmals in Gefahr war und ganz konkret von verschiedenen Organisationen bedroht wird. Ich habe festgestellt, daß mindestens ein Staatsanwalt aus dem Tessin während meiner Abwesenheit durch eine bewaffnete Eskorte geschützt wurde. Ich hingegen muß allein mit diesen Sicherheitsproblemen fertig werden, die vorher nicht ausreichend berücksichtigt wurden.»

Meine Lage verschlimmert sich. Ich bin vom Dienst suspendiert, bis die Ergebnisse der vor kurzem eingeleiteten internen Ermittlung vorliegen. Nach jahrelangen Spannungen verlangt meine Frau nun die Scheidung und bekommt vom Gericht großzügige Unterhaltszahlungen zugesprochen, die direkt von meinem Gehalt abgezogen werden. Außerdem wird ihr die Nutzung der ehelichen Wohnung zuerkannt. Durch meine Scheidung finde ich mich buchstäblich auf der Straße wieder und bin vollkommen pleite. Ich bekomme nur noch knapp 350 Schweizer Franken pro Monat ausgezahlt und bin praktisch obdachlos. Die Welt um mich herum stürzt zusammen. Ich kann meinen Lebensunterhalt nicht mehr bestreiten, bin ohne einen Pfennig auf der Straße, werde von meinen Kollegen abgewiesen und von den Killern der Kartelle gesucht. Ich flüchte mich zu meiner Mutter in ein kleines Dorf in Graubünden, aber schon bald bittet mich die alte Dame wegen der Feindseligkeit der Dorfbewohner und des ewigen Gemunkels wieder zu gehen.

Ich wende mich an verschiedene staatliche Einrichtungen, selbst an den Kommandanten, und muß mich dazu erniedrigen, um Almosen zu bitten. Dabei verlange ich nur, was mir zusteht: ein Existenzminimum, um der Zukunft ins Auge sehen zu können. Niemand reagiert auf meine Hilferufe. Will man mich jetzt dafür strafen, daß ich in den achtziger Jahren so erfolgreich war? Wirft man mir vor, wiederholt internationale Orden bekommen zu haben? Niemand denkt mehr daran, daß dank meiner Ermittlungen mehrere hundert Millionen Dollar und mehrere Tonnen Rauschgift beschlagnahmt wurden, daß ich scheinbar über jeden Verdacht erhabene Staatsbürger entlarvt und eine Schweizer Bundesrätin zum Rücktritt gezwungen habe? Vielleicht ist es gerade das, was man mir nicht verzeihen kann?

Ich denke ernsthaft daran, meinem Leben ein Ende zu bereiten. Alles ist vorbereitet. Ich habe meiner Tochter einen Abschiedsbrief geschrieben. Im allerletzten Augenblick, als ich die Mündung der Waffe vor mir sehe, kann ich mich nicht dazu durchringen, auf den Abzug zu drücken. Ich will lieber kämpfen als sterben: mein Tod würde manchen meiner Kollegen eine zu große Freude bereiten.

Am nächsten Tag gehe ich zu einem befreundeten Anwalt, um ihn darum zu bitten, meine Interessen wahrzunehmen. Aber noch bevor ich ihm meine Lage erklären kann, merkt er, in welchem Zustand ich bin, und bringt mich zu einem sehr guten Psychologen. Es ist der Beginn einer kaum enden wollenden Höllenfahrt. Die Ängste, meine Mutlosigkeit und die einsetzende Not haben meine Gesundheit ruiniert. Kaum bin ich von einer Krankheit genesen, beginnt schon die nächste: eine Infektion der Prostata, eine Zyste, eine Darminfektion, ein entzündetes Knie, eine Zahnentzündung, Gichtanfälle, wiederholt ein vollkommen steifes Kreuz – ich werde als Notfall ins Krankenhaus eingeliefert.

Nach meiner Entlassung aus dem Krankenhaus – ich bin immer noch nicht ganz gesund – werde ich am 13. Mai 1993 in Lugano vor das Geschworenengericht geladen, um im Rahmen des Prozesses gegen José Francisco Do Nascimento und Edu de Toledo als Zeuge vernommen zu werden. Ich erhalte die Vorladung am Abend vor meiner Vernehmung um 22 Uhr. Ich bin nicht sehr erbaut davon, mich erneut in einem Gericht zeigen zu müssen und akzeptiere unter einer Bedingung: meine Zeugenaussage muß unter Ausschluß der Öffentlichkeit aufgenommen werden. Meine Identität wird geschützt, ich werde unter meinem Decknamen Franco Ferri vernommen. Als ich in den Gerichtssaal eintrete, bin ich nur noch ein Schatten meiner selbst, aber als ich die Staatsanwältin Carla Del Ponte sehe, spüre ich meine Kräfte in mich zurückkehren. Sie hat mich in der Hoffnung vorladen lassen, ich würde die Bedeutung dieses Prozesses bezeugen, in dem es um die Geldwäsche eines Teilerlöses aus dem Verkauf von 70 Kilo Kokain geht. Sie wird sich ihres Irrtums zu spät bewußt, als sie hört, wie ich erkläre, daß die Anklage nur die Spitze eines Eisbergs betreffe. Was sind schon 70 Kilo für eine Organisation, die das Kokain tonnenweise nach Europa importiert? Ich lasse es mir auch nicht nehmen, dem Gericht zu erläutern, daß ich José Francisco Do Nascimento vielleicht mit fünf Tonnen Kokain zu Fall hätte bringen können, wenn die Staatsanwaltschaft es nicht so eilig gehabt hätte, den Fall abzuschließen. Ich nutze die Gelegenheit auch, um zu berichten, wie mir die Ermittlung entzogen wurde. Carla Del Ponte wird sehr blaß.

Tags darauf versucht Inspektor Azzoni, die Sache wieder hinzubiegen, und behauptet, ich wäre José Francisco Do Nascimento nie im Rahmen einer Undercoveraktion begegnet. Das ist nicht gerade geschickt von ihm, denn José Francisco Do Nascimento hat bereits zugegeben, mich getroffen zu haben.

In Brasilien verschlechtert sich die Lage von Isabel Maria zusehends. Eines Tages kommt ein junger Mann mit einem Fotoapparat in den Juwelierladen, um angeblich Schmuckstücke zu fotografieren, die er in Argentinien verkaufen möchte. In Wahrheit will er eher Fotos von den Angestellten machen, um Isabel Maria zu identifizieren. Er wird vom Security-Leiter des Geschäfts, einem Freund von Isabel Maria, kurzerhand hinausgeworfen. Isabel Marias Eltern erhalten anonyme Anrufe, und manchmal verlangt sie ein Mann, der sich als Franco Ferri ausgibt, am Telefon.

Einmal sagt einer der Anrufer, ein Brasilianer, bevor er auflegt: «Bald ist die Abrechnung fällig.» Die meisten Anrufe kommen jedoch von einer jungen Frau, die behauptet, für *Veja*, eine brasilianische Zeitschrift, zu arbeiten. Sie will Isabel Maria sprechen und fragt dann nach der Adresse ihres Freundes, des «europäischen Polizisten».

Später ruft sie noch einmal an. Diesmal schlägt sie einen ganz anderen Ton an, und auch der Grund ihres Anrufes ist nicht mehr der gleiche: Sie möchte Isabel Maria treffen, um ihr eine Vorladung der brasilianischen Bundesstaatsanwaltschaft wegen «eidlicher Falschaussage» zu übergeben. Das ist jedoch eine Falle, eine tödliche Falle. Kurz danach dringen Polizisten mit der Waffe im Anschlag bei Isabel Marias Eltern ein. Sie wissen, daß sie dort lebt; sie suchen nach ihr und drohen mit einer von einem Staatsanwalt unterzeichneten Zwangsvorladung, durch die sie dazu gebracht werden soll, vor Gericht als Zeugin auszusagen. Zu ihrem Glück ist Isabel Maria gerade nicht bei ihren Eltern. Nachdem sie gewarnt wurde, hat sie ihre Arbeit verlassen und sich bei Freunden versteckt.

Sie ruft mich an. Da sie von der brasilianischen Polizei gesucht wird, kann sie ihr Land nicht verlassen, ihr Name wurde bestimmt an die Grenzposten übermittelt. Auch wenn ich noch so gern nach Brasilien fliegen würde, um ihr zu Hilfe zu kommen, ich kann es nicht. Ich tröste mich damit, daß sie dort genug Freunde hat, bei denen sie Zuflucht finden kann. Aber zuerst müssen wir herausfinden, was diese Geschichte zu bedeuten hat.

Ein Freund, der einen hohen Posten bei der brasilianischen Polizei bekleidet, deckt mir den wahren Sachverhalt auf. Die Polizisten, die Isabel Maria bei ihren Eltern abholen wollten, gehören zu einer Todesschwadron der Drogenkartelle. Wenn sie Isabel Maria gefunden hätten, wäre sie nicht mehr am Leben. Von meinem Freund erfahre ich, wer dahintersteckt. Im Rahmen ihrer Dolmetschertätigkeit für die Operation *Mato Grosso* hatte Isabel Maria unter anderem auch abgehörte Telefonate übersetzt, die am 30. Juni 1991 zur Verhaftung eines auf frischer Tat ertappten Drogenbarons führten. Der in erster Instanz zu zwanzig Jahren Freiheitsstrafe verurteilte Drogenhändler wurde von Ricardo Bolos verteidigt. Dieser «unberührbare» Anwalt stand im Mittelpunkt fast aller meiner Ermittlungen in Brasilien und in der Schweiz. Nach der Verhaftung eines ehemaligen italienischen Zollbeamten in Basel wurde in der Schweiz nach ihm gefahndet. Er war auch in ein von den Brüdern Fabbrocini, zwei neapolitanischen Bankiers, organisiertes Drogengeschäft mit 500 Kilo Kokain verwickelt, die zum Vatikan geschickt wurden. Kurz danach wurde Bolos selbst wegen Drogenhandels verhaftet. Auf Antrag des neuen Verteidigers des Drogenhändlers hat der Gerichtspräsident die Vorladung Isabel Marias als Zeugin angeordnet. Der Verteidiger bringt vor, sie habe bestimmte Telefongespräche fehlerhaft übersetzt.

Währenddessen wende ich mich in der Schweiz an meinen Kommandanten: «Der Abbruch der Operation *Mato Grosso*, meine überstürzte Rückkehr aus den Vereinigten Staaten, die zahlreichen Gefahren, denen ich vorher ausgesetzt war, die katastrophalen Folgen des Ganzen für mein Eheleben – das alles schafft für mich seit mehreren Monaten äußerst schwierige Lebensbedingungen ... Ich habe weder eine Wohnung noch ein akzeptables Einkommen, noch einen Ort, an dem ich mich nach pausenlosem Einsatz bei den

Undercoveroperationen «verstecken» könnte. Ich habe nicht einmal die Möglichkeit, wenn nicht mich selbst, so doch wenigstens mir nahestehende Personen zu schützen.

Ich möchte wissen, was mir der Staat zu tun rät oder von mir verlangt. Solange ich zum Warten verurteilt bin, solange ich auf die Wiederherstellung meiner Menschenwürde und meines beruflichen Ansehens warten muß, ist es mir vollkommen unmöglich, an meine Zukunft zu denken. Ich kann die, die mir nahestehen, nicht im Stich lassen, und ich kann auch nicht vergessen, daß ich dem Staat immer ergeben gedient habe und bereit bin, die Wahrheit zu bezeugen, auch wenn sie schmerzlich ist.

Die bedrohlichen Anrufe aus Brasilien, die ich jedesmal erhalte, wenn im Tessin entscheidende Fortschritte in der Angelegenheit gemacht werden, scheinen nur auf eines abzuzielen: Ich soll darauf verzichten, im Rahmen des Dienstaufsichtsverfahrens auszusagen, das der Staatsrat einzuleiten beschlossen hat, nachdem er die Berichte aus Bern und meinen ausführlichen «Bericht über die *Mato Grosso*-Ermittlung» gelesen hat.

[...] Abschließend möchte ich Sie auf meine gegenwärtige persönliche Lage und die meiner Angehörigen hinweisen. Ich glaube, dem Kanton Tessin und meinem Land alles gegeben zu haben, was in meiner Macht stand. Ich lebe derzeit allein und bin in einer äußerst schwierigen körperlichen Verfassung; die Risiken, denen ich permanent ausgesetzt bin, übersteigen die Grenzen des Erträglichen.»

Ich bitte den Leiter der Polizei von Bellinzona darum, dringend zu intervenieren, um Isabel Maria zu schützen, und stelle klar:

«Diese Situation ist für mich äußerst schmerzlich und peinlich. Ich fürchte angesichts der Spannungen, die in meiner Dienststelle nach der unglücklichen Geschichte in Nizza entstanden sind, daß man mir den grausamen und gefühllosen Vorwurf machen könnte, ich würde den Staat darum bitten, meine persönlichen Probleme zu lösen. Das wichtigste Kriterium ist in diesem Fall jedoch die akute Gefahr, in der die betreffende Person zur Zeit schwebt. Wenn die Operation *Mato Grosso* nicht den bekannten negativen Ausgang gehabt hätte, hätte ich weitaus wirksamer meine eigene Sicherheit und die der Personen, die mir geholfen haben, gewährleisten können.»

Ich erhalte keine Antwort auf diesen Brief.

Die Situation Isabel Marias beunruhigt mich immer mehr, und ich setze Himmel und Hölle in Bewegung, um ihr dabei zu helfen, aus Brasilien wegzukommen. Wie soll ich das anstellen? Die Schweizer Behörden könnten ihr vorübergehend einen Schweizer Paß geben, der ihr bei ihrer Ankunft hier sofort wieder abgenommen würde. Aber niemand möchte dafür einstehen.

Es bleibt mir nur eines: Ich muß sie heiraten. Wir sind beide geschieden. Aber trotzdem ist es alles andere als eine Vernunftehe. Doch zuerst muß ich meine Situation in Ordnung bringen: Ich bin seit meiner Rückkehr am 30. März 1993 krank geschrieben und erhalte eine Sondererlaubnis, um das Schweizer Staatsgebiet zu verlassen.

Als alle Vorbereitungen getroffen sind, schießt mir ein Freund das Geld für die Reise vor, und am 7. Oktober 1993 werden wir in Brasilien getraut.

Ich nutze meinen Aufenthalt dort, um mehr über unsere Situation herauszufinden. Wir wissen zwar, wer uns bedroht – die Bande des ehemaligen Anwalts Bolos –, wir wissen jedoch nicht, welche Ausmaße diese Bedrohung annehmen kann. Gilt sie nur für Brasilien, oder sind wir auch in der Schweiz gefährdet? Isabel Maria hat sich auf meine Bitte hin einen Anwalt genommen, der Strafanzeige wegen der Todesdrohungen erstattet hat, die während des Prozesses gegen die von Bolos geleitete Bande gegen sie gerichtet waren. Wir haben so Zugang zu allen Akten, die ich mit dem diplomatischen Kuriergepäck in die Schweiz schicke. Ich habe nicht das geringste Vertrauen in die brasilianischen Grenzposten und noch weniger in den Zoll oder die Polizei dieses Landes. Ich werde mir alles in Ruhe durchlesen, sobald ich zu Hause bin.

Isabel Maria kann noch nicht mit mir kommen. Ihre rechtliche Situation ist nicht einfach. Aus einer früheren Ehe hat sie eine sechsjährige Tochter. Bevor sie das brasilianische Staatsgebiet verläßt, muß sie das Sorgerecht für das Kind bekommen, damit wir in der Schweiz keine Probleme haben. Damals ist das Kind bei seinen Großeltern.

Isabel Maria versteckt sich in einem der Elendsviertel von Rio, in einer der Favelas, in die kein Polizist je einen Fuß setzt. Es ist das Viertel der Taxifahrer, die permanent für den Juwelierladen Acqua Marina Dienst tun. Sie übernehmen die Rolle ihrer Schutzengel, finden eine Unterkunft für sie und geben ihr als Bodyguards einen Trupp von *vigilantes* mit, die bis an die Zähne bewaffnet sind. Das sind Killer, die sich im allgemeinen darum kümmern, die kleinen Gauner in der Favela aus dem Weg zu schaffen.

Ich verlasse Brasilien in der Überzeugung, ein wenig Zeit zu haben, um die Ankunft Isabel Marias und ihrer Tochter in der Schweiz vorzubereiten.

Jacques Kaeslin ist einer meiner besten Freunde. Er ist auch einer der wenigen in der Bundesbehörde, auf die ich mich verlassen kann; er hat mich nie im Stich gelassen, auch nicht in den heikelsten Momenten. Ich flüchte mich zu ihm, in ein kleines Chalet oberhalb von Neuenburg, und wir verbringen dort drei Wochen damit, die Akte Bolos zu durchforsten und die darin enthaltenen Informationen miteinander zu vergleichen. Beim Durchlesen der Akte wird mir klar, daß Isabel Marias Lage schlimmer ist, als ich dachte. Die Drogenhändler sind zu allem bereit, um sie wiederzufinden. Selbst mitten in den brasilianischen Favelas ist sie nicht mehr in Sicherheit.

Jacques Kaeslin alarmiert seine Vorgesetzten und legt mit ihrer Billigung einen Plan zurecht, um Isabel Maria unversehrt aus Brasilien in die Schweiz zu holen. Er bittet einen befreundeten Piloten zu sich, mit dem wir besprechen, wie sie aus dem Land geschleust werden könnte. Der Pilot soll in Miami mit einer kleinen gemieteten Maschine starten, um bis in den Nordosten Brasiliens zu fliegen, wo wir zu ihm stoßen sollen. Aber um in die Vereinigten Staaten reisen zu können, muß Isabel Maria ein Visum beantragen, und der Schweizer Pilot braucht Zeit, um seinen Pilotenschein anerkennen zu lassen. Alles in allem wird das einen Monat dauern. Wir haben aber nicht so lange Zeit, um sie zu retten.

Ein paar Tage später holt mich einer der Taxifahrer, Isabel Marias «Schutzengel», am Flughafen in Rio de Janeiro ab. Nach vielen Umwegen und Schlichen, um mögliche Verfolger abzuschütteln, treffen wir uns mitten in der Favela la Roçinha.

Am nächsten Morgen bringt uns unser Schutzengel zum Busbahnhof, wo wir einen Überlandbus nehmen. Er ist vollkommen überfüllt: Straßenverkäufer, kleine Schmuggler und Schlepper aller Art. Der Bus fährt nach Foz do Iguazù, wo es weder Grenzposten noch Kontrollen gibt. Unsere Mitfahrer und wir haben einiges dabei, was Straßenräuber, die in Brasilien regelmäßig öffentliche Verkehrsmittel überfallen und ausrauben, interessieren könnte. Ich habe Bargeld bei mir, und Isabel Maria hat ihren Schmuck. Wir sind nervös und können die ganze Nacht kein Auge zutun. Unsere Anspannung steigt jedesmal, wenn wir zum Tanken anhalten und mit den anderen Fahrgästen aussteigen, um uns die Beine zu vertreten. Am nächsten Tag kommen wir mittags endlich in Foz do Iguazù an. Zu unserer Rettung müssen wir die Brücke der Freundschaft überqueren, die Brasilien von Paraguay trennt. Die Hitze ist unerträglich. Unter der sengenden Sonne werden wir von der

Menschenmasse mitgerissen, die zum paraguayanischen Grenzposten in Richtung der Läden von Punta de Este stürmt.

Ein paar Stunden später landen wir in Asunción. Wir haben insgesamt eine Strecke von über 3000 Kilometern zurückgelegt. Während der nächsten Woche gehen wir jeden Tag in ein anderes Hotel und warten dann auf das Flugzeug, um endlich gemeinsam Weihnachten im Tessin feiern zu können.

Epilog

Die Folgen für die gescheiterte Operation *Mato Grosso* sind noch immer nicht ausgestanden. Die Fährten, auf die ich gestoßen bin, haben sich als die richtigen erwiesen, und doch ist keine bis zu Ende verfolgt worden. Wir haben uns eine einzigartige Gelegenheit entgehen lassen, den lateinamerikanischen Drogenkartellen einen gehörigen Schlag zu versetzen. Doch trotz etlicher Störmanöver wird die Wahrheit eines Tages ans Licht kommen.

Die von den Informanten im Rahmen der Operationen in Nizza begangenen Straftaten lassen sich kaum verbergen. Sie sind auch bei dem Prozeß wieder aufgetaucht, der im Frühjahr 1994 im Gericht von Grasse stattfand. Mein Bericht, der die Rolle der Polizei in Frage stellte, gehörte zum Beweismaterial, aber man ließ mich nicht zu Wort kommen, meine Vorgesetzten hatten mir untersagt, als Zeuge aufzutreten. Der Staatsanwalt unternahm alles, um die französische Polizei in Schutz zu nehmen. Als er für die Drogenhändler Haftstrafen zwischen acht und achtzehn Jahren beantragte, ließ ihn das Gericht im Regen stehen und verurteilte niemanden zu mehr als acht Jahren.

Sergio Bonacina wurde zu sechs Jahren Freiheitsentzug verurteilt. Ich habe nie wieder etwas von ihm gehört, bis zu jenem Tag etwa zwei Jahre später, als ich den neuen Polizeikommandanten Ballabio traf, der mir sagte:

«Bonacina ist frei, er hat zwei Drittel seiner Strafe verbüßt. Ihnen hat er es zu verdanken, daß er nicht allzu schwer bestraft wurde. Er ist ins Tessin zurückgekehrt und wurde wegen einer alten Unterhaltsgeschichte festgenommen.»

«Das ist lächerlich. Gegen ihn laufen noch immer zwei internationale Haftbefehle wegen Drogenhandels. Was ist daraus geworden?»

«Nichts. Bonacina hat in Chiasso eingesessen, wo er nur wenige Tage geblieben ist. Ich wollte ihn vernehmen, aber man hatte ihn bereits freigelassen. Ich habe herausgefunden, daß ein anderer Polizist mit ihm gesprochen hatte, wahrscheinlich um ihn einzuschüchtern, um ihm zu befehlen, er solle den Mund halten. Ich habe nicht in Erfahrung bringen können, wer das war, aber wenn ich ihn je zu fassen kriege, lasse ich ihn verhaften.»

«Er ist wohl in nächster Nähe zu suchen, vermutlich gehört er zu dem kleinen Kreis Tessiner Polizisten, die ein Interesse daran haben, daß Bonacina schweigt.»

Auch der Fall José Francisco Do Nascimento ist noch nicht abgeschlossen. Am 5. März 1994 stellt die Polizei in Borgaro, einem kleinen Dorf bei Turin, endlich die fünf Tonnen Kokain sicher, um die es in dem abgehörten Telefongespräch eines der Männer von Do Nascimento ging. Unter den festgenommenen Händlern finden sich Do Nascimentos Leute und die des ehemaligen Rechtsanwalts Ricardo Bolos. Der italienischen Polizei zufolge hat die Organisation insgesamt neun Tonnen Kokain importiert. Ich hätte diese Bande zwei Jahre früher zu Fall bringen können, wenn die Staatsanwaltschaft mir Gehör geschenkt hätte. Die Verhaftung von José Francisco Do Nascimento erfolgte zu früh und hinderte mich daran, die Organisation zu infiltrieren. Jahre später, als ich die Berichte der italienischen Ermittler lese, stelle ich fest, daß die Spur zu einer namhaften Anwaltskanzlei in Lugano führt, zu der auch ein Rechtsanwalt gehört, der seither in der Politik in Amt und Würden ist. Ich hoffe, daß meine Untersuchung nicht abgebrochen wurde, um Bürger zu schützen, die angeblich über jeden Verdacht erhaben sind. Dazu möchte ich noch anmerken, daß wir, hätten wir Do Nascimentos Spur weiterverfolgt, auf luxemburgische Bankinstitute gestoßen wären, deren Namen erst sehr viel später im Rahmen der Ermittlungen des französischen parlamentarischen Untersuchungsausschusses zur Geldwäsche aufgetaucht sind.

José Francisco Do Nascimento, der vom Gericht in Lugano zu elf Jahren Freiheitsstrafe verurteilt worden war, floh Ende 1995 aus der Tessiner Haftanstalt La Stampa, ebenso sein Komplize Paulo Medrado, dem wenige Monate zuvor die Flucht gelungen war. Letzten Neuigkeiten zufolge gehen sie in Brasilien wieder ihrer gewohnten Tätigkeit nach. Omar Do Nascimento, der Bruder von José, wurde am 17. August 1997 in Campinas in der Nähe von São Paulo festgenommen, gemeinsam mit vier weiteren Personen: Sie hatten 63 Kilo Kokain bei sich.

Aldo Brivio, einer der beiden Italiener, die mir fünf Tonnen Kokain verkaufen wollten, wurde in Lugano mit 700 Gramm Kokain verhaftet, in einer Luxuswohnanlage, in der auch Mario Calderón und Severo Escobar Garzón einmal gewohnt hatten. Er wurde am 14. November 1997 zu vier Jahren und drei Monaten Haft verurteilt. Wegen der bestehenden Verbindungen zu den Brüdern José Francisco und Omar Do Nascimento bot der Prozeß die Gelegenheit, die Operation *Mato Grosso* ins Feld zu führen, doch der Staatsanwalt hat sich natürlich gehütet, mich als Zeugen zu laden, was ich auch verstehen kann.

Auch die Prämienjäger machen weiter wie bislang. Nach dem Wirbel um die Operationen in Nizza haben sich Bruno und die anderen Informanten nach Spanien und Lateinamerika aufs Land zurückgezogen. Geschäfte machen sie noch immer mit der einen oder anderen Polizeibehörde, und hier und da machen sie auch durch Skandale von sich reden.

Rudy Steiner wurde in Italien im Rahmen eines anderen Drogengeschäfts dingfest gemacht. Nachdem er fast ein

Jahr im Gefängnis von Varese verbracht hatte, wurde er freigelassen. Er ist nach Brasilien zurückgekehrt. Die Schweizer Behörden haben trotz eines gegen ihn bestehenden internationalen Haftbefehls nicht um seine Auslieferung nachgesucht.

Georges, der Prämienjäger, dem ich in Paris anläßlich der Magharian-Affäre begegnet war, wurde von den französischen Zollbehörden gestellt, den großen Rivalen der OCRTIS, und auf der Grundlage des vom Staatsanwalt in Lugano ausgestellten internationalen Haftbefehls festgesetzt. In Erwartung seiner Auslieferung ließ er uns aus Paris wissen, er fürchte um sein Leben, er sei in zu viele Geheimnisse eingeweiht. Hinter den Kulissen haben französische Polizisten sich vergeblich darum bemüht, die Auslieferung zu verhindern. Einer von ihnen hat sich an meinen Freund Jacques Kaeslin gewandt, der sich einschalten wollte. Schließlich wurde Georges in die Schweiz ausgeliefert. Nach einigen Monaten Haft in Lugano floh er nach Kanada.

Die Ernennung von Carla Del Ponte zur Chefanklägerin am Internationalen Kriegsverbrechertribunal in Den Haag im August 1999 war die Krönung einer Karriere, die ganz im Zeichen der Politik steht.

Ich habe Jacques Ducry etliche Monate nicht gesehen, als er am 16. April 1995 zu mir kommt. Der Versuchung der Politik hat auch er nicht widerstanden. Er hat sein Amt als Staatsanwalt ruhen lassen, um bei den Kommunalwahlen zu kandidieren. Nachdem er sich dort geschlagen geben mußte, schickt er sich nun an, zur Staatsanwaltschaft zurückzukehren.

An einem schönen Frühlingstag sprechen wir über Gott und die Welt. Verlegen kommt er auf die Operation *Mato Grosso* zu sprechen:

«Tato, du lagst auf der ganzen Linie richtig. Deinen Kollegen kann man nicht trauen. Ich möchte mich für die ungerechte Behandlung entschuldigen, die dir widerfahren ist.»

Überrascht danke ich ihm. Er macht mir den Vorschlag, gemeinsam mit Kollegen aus verschiedenen Kantonen, ausgenommen dem Tessin, sowie Agenten der DEA eine Arbeitsgruppe zu gründen. Im Grunde soll an die Arbeit angeknüpft werden, die in der Vergangenheit von einem kleinen Freundeskreis geleistet wurde. Die Arbeitsgruppe ist dazu gedacht, die Ermittlungen zu *Mato Grosso* noch einmal ganz von vorn aufzurollen; sie soll jedoch auch besonders heikle Fälle bearbeiten.

«Das trifft sich gut», sagt Ducry, «wir sind gerade auf eine Tretmine gestoßen. Vor einigen Monaten hat die Polizei im Flughafen von Zürich bei einer Routinekontrolle eine Frau aus Lateinamerika festgenommen. Sie hatte mehrere Kilo Kokain bei sich, die sie in Lugano übergeben sollte.»

«Und wem?»

«Da liegt der Hund begraben. Die Frau hat die Polizei zum fraglichen Ort geführt und den Empfänger identifiziert.»

«Wer ist es?»

«Bevor ich dir den Namen nenne, sollst du noch wissen, daß sie ihn mit absoluter Sicherheit identifiziert hat. Die Polizei hat alles überprüft, zweimal. Es besteht kein Zweifel. Wir sind hundertprozentig sicher.»

Umsicht ist in der Tat gefragt, denn es handelt sich um einen Politiker aus dem Tessin. Jacques Ducry weiß, daß er sich auf vermintem Gelände bewegt. Nichtsdestoweniger erweckt er den Eindruck, die eingeschlagene Richtung weiter verfolgen zu wollen.

Kurze Zeit darauf schildert mir der ehemalige Staatsanwalt Dick Marty, wie die Dinge wirklich liegen. Die Affäre begann im Herbst 1994, am Vorabend des Wahlkampfes.

Als Dick Marty von den Verstrickungen des Politikers erfuhr, regte er an, die Ermittlungen abzuschließen und den Mann vor Beginn des Wahlkampfes zu verhaften. Die Staatsanwaltschaft unternahm nichts.

Als Ducry mir von dem Fall erzählt, hat der Politiker die Wahlen verloren und schickt sich an, sein Amt in der Staatsanwaltschaft wieder aufzunehmen. Der besagte Politiker ist nie behelligt worden. Als ich Jacques Ducry Ende 1999 zum letzten Mal gesehen habe, hat er die Verantwortung für diesen Fehlschlag auf meine ehemaligen Kollegen abgewälzt.

Seitdem ich den Polizeidienst quittiert habe, hat sich die Lage im Tessin noch verschlimmert. Kaum zwei Jahre nach seiner Ernennung hat Kommandant Franco Ballabio die Tür hinter sich zugeschlagen und am 23. Januar 1997 sein Amt niedergelegt. Bei einer Pressekonferenz hat er die Polizisten beschuldigt, den Politikern zu Diensten zu sein, und sein Ausscheiden damit begründet, daß er sich auf seinem Posten einsam und isoliert gefühlt habe.

Wenn man sich die Summen vor Augen hält, die von den Drogenhändlern, die bei der Operation *Mato Grosso* ins Visier genommen wurden, in Schweizer Banken «gewaschen» wurden, könnte es einem schwindlig werden. Dabei stellen sie keine Ausnahme dar. Anfang der neunziger Jahre hat die Genfer Justiz 850 Millionen Dollar auf verschiedenen Konten bei mehreren Genfer Banken sichergestellt. Sie gingen auf eine Reihe von illegalen Operationen zurück, die eine Gruppe von brasilianischen Politikern und hohen Funktionären durchgeführt hatte, unter anderem Nestor N., ehemaliger Leiter einer brasilianischen Bundesstrafanstalt und zuvor als Staatsanwalt in Amt und Würden, der in seinem Büro im Justizpalast ohne die geringsten Skrupel lateinamerikanische Betrüger empfing. Im April 1991 wurde er verhaftet. Im Zuge der Ermittlungen wurden auch in der Schweiz, in Italien, Frankreich und den Vereinigten Staaten Dutzende von Personen festgenommen. In Belgien landeten mehrere belgische Staatsanwälte und Polizeibeamte hinter Gittern. Der Skandal ließ das Königreich erbeben. Zum ersten Mal konnte man das in diesem Lande herrschende Ausmaß institutioneller Korruption erahnen.

Auch wenn man einzelnen Verästelungen der *Russiangate* nachginge, die einer der größten Skandale des beginnenden Jahrhunderts zu werden scheint, würden sich einem beunruhigende Querverbindungen auftun. Man würde darauf kommen, daß ein Teil der 500 Millionen Dollar Provisionsgelder, die durch die Schweiz geschleust wurden, über Banken lief, über die ich bereits im Rahmen meiner Ermittlungen zur Geldwäsche in der Schweiz gestolpert bin. Heute erinnert sich anscheinend niemand mehr daran. Wenn die Ermittler ihre Tätigkeit einstellen, schwindet auch das Wissen um die Zusammenhänge, die sie zutage gefördert haben.

Verschiedene Journalisten haben sich an mich gewandt, nachdem Auszüge aus meinem Bericht über *Mato Grosso* in der Presse erschienen waren. Sie wollten Genaueres über vertrauliche Mitteilungen von Juan Castaneda wissen, der sich dazu geäußert hatte, in welcher Weise die Drogenkartelle Firmen aus dem Umfeld der Gruppe von Silvio Berlusconi zu ihrem Vorteil genutzt hätten. Damals hatte sich Berlusconi auf das Feld der Politik begeben und war mit Unterstützung der Lega Nord von Umberto Bossi Ministerpräsident geworden. Das Interesse der Journalisten leuchtete mir ein, doch konnte ich den Äußerungen des Anwalts nichts hinzufügen. Er schien integer zu sein, aber ich hatte nichts in der Hand, um die Richtigkeit seiner Behauptungen bekräftigen zu können. Meines Wissens zogen seine Angaben keine weiteren Untersuchungen nach sich. Normalerweise hätten sie auch gar nicht veröffentlicht werden dürfen, sondern der Ausgangspunkt für neue Ermittlungen sein müssen.

Im Dezember 1994 erklärte Umberto Bossi seinem Verbündeten den Krieg und stürzt die Regierung Berlusconi. Kurz darauf bitten mich zwei von Bossis Beratern, Gian Battista Gualdi, Parteisekretär der Lega Nord, und der Abgeordnete Roberto Calderoli, um eine Unterredung. Das Treffen findet an einem Sonntag in einer kleinen Ortschaft nahe Bellinzona statt. Die beiden Männer sprechen sich dafür aus, daß ich meine Ermittlungen fortsetze. Sie wollen den endgültigen Sturz Berlusconis herbeiführen.

Kurze Zeit später erreicht mich ein Anruf eines dritten führenden Politikers der Lega, Senator Boso. Er lädt mich ein, nach Mailand zu kommen, um Umberto Bossi zu treffen. Am 30. Januar 1995 suche ich in Begleitung zweier Zeugen, darunter ein pensionierter Polizeikommissar, Bossi in dessen Mailänder Büro auf. Der Empfang fällt kühl aus. Wir scheinen Bossi äußerst ungelegen zu kommen. Ich erlaube mir die Bemerkung, daß nicht ich derjenige gewesen sei, der um das Treffen nachgesucht habe. Er taut auf, ergeht sich in wüsten Beschimpfungen über Berlusconi und verlangt, ich solle ihm Beweise bringen.

Später bittet mich Gian Battista Gualdi, die Kosten für eine Reise nach Brasilien zu veranschlagen, und ermöglicht mir, mich in Begleitung eines Freundes des schweizerdeutschen Fernsehsenders dorthin zu reisen. Ich kehre an den Ort meiner Begegnung mit Juan Castaneda zurück und sammle ein paar Indizien, jedoch nichts Entscheidendes. Zurück in der Schweiz stelle ich in meinem Bericht an Gian Battista Gualdi klar, daß für weitere Ermittlungen die Finanzierung gewährleistet sein müsse. Seither habe ich nie mehr etwas gehört, weder von ihm noch von Umberto Bossi.

Wenn ich an die Ermittlung zu *Mato Grosso* denke, überkommt mich ein starkes Gefühl der Niedergeschlagenheit. Sofern sie nicht ein gewaltsames Ende gefunden haben, sind die meisten Drogenhändler, die ich hinter Schloß und Riegel gebracht habe, bereits wieder auf freiem Fuß, so zum Beispiel Escobar junior. Für die Finanziers, deren Namen im Rahmen der Ermittlungen über die Rückschleusung von Drogengeldern aufgetaucht sind, ist es nie wirklich eng geworden. Zwar wurden die Magharian-Brüder nach ihrer Verurteilung aus der Schweiz abgeschoben, gegen Mohammed Shakarchi wurde das Verfahren jedoch eingestellt.

Heute weiß ich, daß ich ins offene Messer gelaufen bin. Für meine Kollegen und meine Vorgesetzten ist die verdeckte Ermittlung eine Polizeiaktion wie jede andere auch. Aber wer übersteht dieses Spiel schon unbeschadet? Wenn man glaubwürdig sein will, muß man mit Leib und Seele dabeisein. Man kann nicht behaupten, mit einem Drogenhändler vom Schlage eines Mario Calderón gut befreundet zu sein, und am Abend nach Hause gehen, als wenn nichts wäre. Und man muß sich wirklich mit ihnen anfreunden, um ihnen dann das Handwerk zu legen. Selbst die amerikanischen Bundesagenten, die an solch schizophrene Übungen gewöhnt sind, tun sich sehr schwer damit, nach der Zahl der Alkoholkranken in ihren Reihen zu urteilen. Unter diesen Umständen ist es nicht erstaunlich, wenn ein kleiner Schweizer Polizeibeamter allein auf weiter Flur zusammenbricht, nachdem er zehn Jahre lang den Tod herausgefordert hat.

Für mich hat ein neues Leben begonnen. Isabel Marias Tochter ist zu uns in die Schweiz gekommen.

Am 27. Juni 1994 legt der Leiter des Departement für Sicherheit und Institutionen, der mit der internen Untersuchung in meiner Sache betraut ist, dem Großen Rat in Bellinzona, dem verschiedene hohe Beamte angehören, seine Schlußfolgerungen vor. Sie sind unwiderruflich: Ich habe meinen Auftrag erfüllt und mich stets im gesetzlichen Rahmen bewegt. Dies ist allerdings nur ein Sieg auf halber Strecke. Bei der internen Untersuchung nämlich wurde nicht ohne Grund die zentrale Frage ausgespart, das heißt die Beteiligung französischer, schweizerischer, italienischer und brasilianischer Polizeibeamten an kriminellen Handlungen.

Das Departement für Sicherheit und Institutionen läßt mir die Wahl: Ich kann, sofern meine gesundheitliche Verfassung dies zuläßt, nach und nach meine Arbeit wieder aufnehmen, mich innerhalb der Polizei auf einen anderen Posten versetzen lassen oder in den vorzeitigen Ruhestand gehen. Ich entscheide mich für letzteres. Seit dem 1. Dezember 1994 bin ich also frühpensioniert.

In meinen Alpträumen begegnet mir oft Richter Falcone, erst recht, seit er in Sizilien mit seiner Frau und dem Leibwächter brutal ermordet wurde. Es ist immer unser letztes Essen, wenige Tage nach dem Mord an dem Informanten Alessandro Troja, an dessen Seite sich die aufrecht hingestellte Patrone fand. Wir sitzen im Restaurant, Falcone dreht sich zu mir und sagt: «Aufgepaßt, lieber Kommissar, das ist eine Botschaft der Mafia. Diese Kugel gilt dir. Früher oder später erwischt sie dich.» Schreiend wache ich auf, naßgeschwitzt, mit stockendem Atem. Deshalb bin ich nur noch mit meiner schußbereiten Waffe unterwegs. Ich habe stets mehrere Magazine dabei, so leicht sollen sie mich nicht kriegen. Seit jenem Tag im Juni 1996 ist die Gefahr immer präsent.

Seit langem schon lasse ich mir meine Briefe an ein Postfach schicken, das ich jeden Morgen leere. Kaum betrete ich eines Tages das Gebäude, ruft mir die Angestellte auch schon zu:

«Na da schau her, wenn man vom Teufel spricht...»

«Wie bitte?»

«Vor nicht mal einer Viertelstunde hat mich ein Kellner vom Flughafenrestaurant in Locarno angerufen. Zwei Ausländer haben ihn gefragt, wo du wohnst. Er wußte es nicht, aber um ihnen einen Gefallen zu tun, hat er bei mir angerufen. Ich habe ihm gesagt, daß ich nicht einmal wüßte, wer du bist.»

«Sie wollten wissen, wo ich wohne?»

«Ja, sie haben sich nach Fausto Cattaneo erkundigt.»

Ich will sofort zum Flughafen, dann denke ich an Isabel Maria und ihre Tochter und rase nach Hause. Alles in Ordnung. Ein Kollege von mir fährt zum Flughafen. Die beiden Ausländer sind nicht mehr da, aber er hat eine Beschreibung von ihnen. Sie entspricht denen der *sicarios*, der von den Kartellen bezahlten Killer: 20–25 Jahre alt, der eine blond und langhaarig mit zusammengebundenen Haaren, der andere sehr dunkelhäutig mit kurzen Haaren, beide mit starkem spanischem Akzent redend.

Ein paar Tage später ruft ein Nachbar auf der Straße zu mir herüber.

«Kommissar, ich muß Ihnen von einem Vorfall berichten. Ich habe bis jetzt nichts gesagt, weil mir das nicht weiter wichtig erschien. Als mein Sohn neulich abends nach Hause kam, hat er zwei Männer bemerkt, die dort gestanden haben.»

«Wann war das?»

«Vor drei Tagen.»

«Hat Ihr Sohn Ihnen die Männer beschrieben?»

«Der eine war blond und hatte lange Haare, der andere war dunkel.»

«Was haben die beiden gemacht?»

«Etwas sehr Eigenartiges. Sie haben ein Stativ mit einem großen Apparat aufgebaut.»

«Einen Apparat? Was für einen Apparat?»

«Das konnte mein Sohn nicht erkennen. Er glaubt, daß es vielleicht ein Fotoapparat oder eine Kamera war. Er hat sich gesagt: ‹Eigenartig, zwei Männer, die nach Mitternacht in dieser Gegend Fotos machen. Das sind doch bestimmt keine Touristen.›»

Die *sicarios* haben also meinen Namen und wissen, in welchem Teil der Stadt ich lebe. Sie haben die Gegend ausgekundschaftet und vermutlich mit einer Infrarotkamera nachts mein Viertel abgelichtet, um mein Haus ausfindig zu machen. Ich habe daran gedacht, mit meiner Frau und ihrer Tochter die Flucht zu ergreifen. Aber wohin sollten wir gehen? Unser Kind geht zur Schule, Isabel Maria hat eine Arbeit. Wenn sie wollen, finden die *sicarios* uns. Ohne Unterstützung vom Staat kann ich nicht weg. Also habe ich einen langen Bericht verfaßt, den ich den entsprechenden Polizeistellen habe zukommen lassen, und dann Anzeige erstattet. Ich warte noch immer auf eine Antwort.

Eines Abends klingelt das Telefon. Eine Stimme mit starkem sizilianischem Akzent erklärt mir auf italienisch, daß «man» binnen kurzem käme, um mir «die Ohren langzuziehen». Und weiter: «Wir kriegen dich, wann auch immer. Du bist viel mit dem Rad unterwegs, da ist es einfach. Ein Auto fährt dich um und ist auch schon wieder weg. Ein Rowdy...» Erneut informiere ich meine ehemaligen Kollegen, aber niemanden scheint meine Sicherheit zu bekümmern.

Jetzt, da ich diese Zeilen schreibe, fühle ich mich hundsmiserabel. Nur ich allein weiß, wieviel lieber ich diesen Bericht nicht verfaßt hätte. Die alten Wunden haben sich wieder geöffnet. Wenn ich mich dafür entschieden habe, die Tatsachen offenzulegen, so geschah es nicht aus Rache, sondern aus meinem Gerechtigkeitsgefühl heraus. Der Staat hat die Aufgabe, für meine Sicherheit zu sorgen. Jeder soll seiner Verantwortung gerecht werden, so habe ich es auch gehalten, und ich bereue nichts.

»Die größte Geldwaschmaschine der Welt?«
le Figaro

Ernest Backes
Denis Robert
Das Schweigen des Geldes
Die Clearstream-Affäre
384 Seiten · geb. mit SU
sFr 48,– · € 24,90
ISBN 3-85842-546-X

Merkwürdige Todesfälle, geheime Konten und eine zweifelhafte Kundenliste – Clearstream International, eine Luxemburger Tochter der Deutschen Börse, steht im Zwielicht. Jährlich wickelt sie im internationalen Wertpapierhandel Transaktionen im Wert von mehreren Trillionen Euro ab. Ein Teil dieses Geldes stammt aus illegalen Quellen – und wird via Clearstream für Kunden aus Mafia, Geheimdienst und Industrie gewaschen. Ein Lehrstück über Geld, Macht und Moral.

»Dieses Buch demontiert minutiös die internationale Finanzwelt und zeigt, wie sich die Macht des Geldes über die Gesetze gelegt hat.« **Livres hebdo**

Geschichte / Politik

rowohlts monographien
Begründet von Kurt Kusenberg, herausgegeben von Wolfgang Müller und Uwe Naumann.

Eine Auswahl:

Konrad Adenauer
dargestellt von
Gösta von Uexküll
(50234)

Kemal Atatürk
dargestellt von Bernd Rill
(50346)

Anita Augspurg
dargestellt von
Christiane Henke
(50423)

Willy Brandt
dargestellt von Carola Stern
(50232)

Heinrich VIII.
dargestellt von
Uwe Baumann
(50446)

Adolf Hitler
dargestellt von
Harald Steffahn
(50316)

Thomas Jefferson
dargestellt von
Peter Nicolaisen
(50405)

Rosa Luxemburg
dargestellt von
Helmut Hirsch
(50158)

Nelson Mandela
dargestellt von
Albrecht Hagemann
(50580)

Mao Tse-tung
dargestellt von
Tilemann Grimm
(50141)

Franklin Delano Roosevelt
dargestellt von Alan Posener
(50589)

Helmut Schmidt
dargestellt von Harald
Steffahn
(50444)

Claus Schenk Graf von Stauffenberg
dargestellt von
Harald Steffahn
(50520)

Richard von Weizsäcker
dargestellt von
Harald Steffahn
(50479)

Weitere Informationen in der
Rowohlt Revue, kostenlos in
Ihrer Buchhandlung, und im
Internet: www.rororo.de

Lebenshilfe

Die praktische Psychologie ist traditionell ein Schwerpunkt im Sachbuch bei *rororo*. Praxisorientierte Ratgeber leisten Hilfestellung bei privaten und beruflichen Problemen.

Kuni Becker
Die perfekte Frau und ihr Geheimnis *Eß- und Brechsucht: Hilfen für Betroffene und Angehörige*
(rororo sachbuch 19576)

Annette Bopp /
Sigrid Nolte-Schefold
StiefKinder – RabenEltern – RabenKinder – StiefEltern
Leben in einer Patchworkfamilie: Probleme erkennen, Perspektiven gewinnen
(rororo sachbuch 60541)

Gerd Hennenhofer /
Klaus D. Heil
Angst überwinden *Selbstbefreiung durch Verhaltenstherapie*
(rororo sachbuch 16939)

Eleonore Höfner /
Hans-Ulrich Schachtner
Das wäre doch gelacht! *Humor und Provokation in der Therapie*
(rororo sachbuch 60231)

Eva Jaeggi
Zu heilen die zerstoßnen Herzen
Die Hauptrichtungen der Psychotherapie und ihre Menschenbilder
(rororo sachbuch 60352)

Spencer Johnson
Ja oder Nein. Der Weg zur besten Entscheidung *Wie wir Intuition und Verstand richtig nutzen*
(rororo sachbuch 19906)

Ursula Lambrou
Helfen oder aufgeben? *Ein Ratgeber für Angehörige von Alkoholikern*
(rororo sachbuch 19955)

Frank Naumann
Miteinander streiten *Die Kunst der fairen Auseinandersetzung*
(rororo sachbuch 19795)

Ann Weiser Cornell
Focusing – Der Stimme des Körpers folgen *Anleitungen und Übungen zur Selbsterfahrung*
(rororo sachbuch 60353)

Weitere Informationen in der **Rowohlt Revue**, kostenlos im Buchhandel, oder im **Internet:** www.rororo.de

rororo sachbuch

Stephen W. Hawking

Ein «Jahrhundertgenie wie Albert Einstein» *(Der Spiegel)*, ein Wissenschaftler, der der Weltformel auf der Spur ist, ein Mann, der entgegen allen Prognosen der Ärzte seit zwanzig Jahren mit einer unheilbaren tödlichen Nervenerkrankung lebt, kurz ein Mythos – **Stephen W. Hawking**, 1942 geboren, Physiker und Mathematiker an der Universität Cambridge, seit 1979 Nachfolger Newtons auf dem berühmten «Lukasischen Lehrstuhl» und der wohl bekannteste Wissenschaftler unserer Zeit.

Eine kurze Geschichte der Zeit
Die Suche nach der Urkraft
Deutsch von Hainer Kober.
Mit einer Einleitung von Carl Sagan
224 Seiten. Gebunden und als rororo science 60555
Der Bestseller, der Hawking weltberühmt machte. «Eine rasante Geisterbahnfahrt durch das Labyrinth kosmologischer Denkmodelle.»
Der Spiegel

Stephen W. Hawking (Hg.)
Stephen Hawkings Kurze Geschichte der Zeit
Ein Wissenschaftler und sein Werk
Deutsch von Hainer Kober.
Mit Illustrationen von Ted Bafaloukos
224 Seiten mit zahlreichen Abbildungen. Gebunden und unter dem Titel **Stephen Hawkings Welt** als rororo science 19961

Einsteins Traum *Expeditionen an die Grenzen der Raumzeit*
(rororo science 60132)

Die illustrierte Kurze Geschichte der Zeit *Aktualisierte und erweiterte Ausgabe*
Deutsch von Hainer Kober
248 Seiten. Gebunden
Der Klassiker der modernen Astrophysik, auf den aktuellen Erkenntnisstand gebracht, mit einem neuen Kapitel über Wurmlöcher und Zeitreisen, vielen Fotos und über 150 Farbillustrationen.

Stephen Hawking /
Roger Penrose
Raum und Zeit
(rororo science 60885)

Über Stephen Hawking:

Michael White /John Gribbin
Stephen Hawking
Die Biographie
(rororo science 19992)

Weitere Informationen in der **Rowohlt Revue**, kostenlos im Buchhandel, oder im **Internet:** www.rowohlt.de

rororo sachbuch